教育部人文社会科学研究“权利谦抑的法理诠释与实现路径研究”
项目资助（项目批准号：22YJC820037）

福建江夏学院学术著作资助出版

权利谦抑论

吴玉姣 —— 著

法律出版社
LAW PRESS · CHINA
—— 北京 ——

图书在版编目（CIP）数据

权利谦抑论 / 吴玉姣著. -- 北京 : 法律出版社, 2025. -- ISBN 978-7-5244-0256-5

Ⅰ. D920.0

中国国家版本馆 CIP 数据核字第 202539KQ41 号

权利谦抑论
QUANLI QIANYI LUN

吴玉姣 著

策划编辑 许 睿
责任编辑 许 睿
装帧设计 李 瞻

出版发行 法律出版社
编辑统筹 司法实务出版分社
责任校对 张翼羽
责任印制 胡晓雅
经　　销 新华书店

开本 710 毫米 × 1000 毫米 1/16
印张 18.75 **字数** 285 千
版本 2025 年 6 月第 1 版
印次 2025 年 6 月第 1 次印刷
印刷 北京盛通印刷股份有限公司

地址：北京市丰台区莲花池西里 7 号（100073）
网址：www.lawpress.com.cn
投稿邮箱：info@lawpress.com.cn
举报盗版邮箱：jbwq@lawpress.com.cn
销售电话：010-83938349
客服电话：010-83938350
咨询电话：010-63939796

书号：ISBN 978-7-5244-0256-5
定价：85.00 元

凡购买本社图书，如有印装错误，我社负责退换。电话：010-83938349

前　言

在权利意识膨胀的当下,权利主张过度行为甚多,基于权利主张过度而采取防御性应对措施的现象也极多,典型案例如“家长校闹”“教师不惩戒”等。权利的狂热,使人更加自私与个人主义,各式矛盾层出不穷的同时,人与人之间越发冷漠无情。“权利不得滥用”是人类史上最明确不过的自然法则,古往今来,与此有关的著作、学说比比皆是。2020 年颁布的《民法典》第 132 条“民事主体不得滥用民事权利”的规定,被视为权利不得滥用原则在我国的正式确立。然而,“禁止权利滥用”这一有关权利膨胀的主流研究范式实质的出发点是消极性的、反向的,针对权利狂热现象的研究,我们应该要有一个积极性的、正向的新视角,即权利不应当止步于禁止滥用,在有些时候还应该自觉地进行自我限制,应恪守谦抑精神,慎思明辨以实现道德内敛之自由王国。

至于“权利谦抑”这一研究的缘起,得益于博士期间我对地方立法谦抑的关注,当时有注意到法律繁杂可能会导致权利滥用,还可能会使人们因害怕承担法律风险而不敢创新,也隐约觉察出权利主张过度及其防御性应对所带来的社会难题。工作后,“校闹”“教育惩戒”“信访”等多项课题与调研均涉及权利主张过度的问题。因此,2020 年笔者以《权利主张过度化研究》为题申请省社科,并获得了批准。可在研究过程中发现,“权利主张过度化”这一词更侧重现象描述,较为口语化,缺乏学理性。随着博士论文《地方立法谦抑论》的出版,笔者对“谦抑”概念的理解越发成熟,对研究其在法学中的应用越发坚定与确信。故此,顺势提出“权利谦抑”的概念,并获得 2022 年教育部课题的资助。这也使自己的研究从地方立法这一公权力的谦抑转向私权利的谦抑。权利谦抑论的核心观点即当我们面对自己或他人的权利主张时,应注意到权利的有限性,秉承推己及人的宽仁与友善,保有权利谦抑之精神,通过限制权利来更好地实现权利。

当然,在上述研究的过程中,为防御权利滥用或者避免因此而承担法律风险所导致的公权选择不作为问题也逐渐清晰。甚至,不限于公共权力等,还包括平等主体间基于相对优势地位而发生的法律行为或交往行为中存在的不作为情形。暂时可以把这类行为统称为“权责保守”。特别是从学生到社会人身份的转变,我对权利滥用以及权责保守更有深刻的体会与反思。这一学术志趣,得到了福建江夏学院国家基金培育项目的认可。在本书的写作以及出版过程中,一直注重正确处理好“权利保护”“权利谦抑”“权力规制”“权力作为”四者的关系,只是该项研究还有待进一步探索。

本书是2022年度教育部人文社会科学研究青年基金项目“权利谦抑的法理诠释与实现路径研究”(项目批准号:22YJC820037)的最终成果,也是2024年福建江夏学院国家基金培育项目“权利滥用视角下权责保守的法理审视与法治化解研究”(项目批准号:JXS2024003)的阶段性成果。

本书由福建江夏学院学术著作资助出版,在此对学校以及学院各领导的大力支持深表感谢!特别感谢法学院领导们提供的美好工作环境以及对于学术研究意兴的宽容。本书部分案例及思考也得益于福建省高校人文社科基地地方立法咨询与创新研究中心、福建省高校人文社科基地教育法律实务研究中心的相关课题,感谢两个中心给予的研究机会。同时,也感谢法律出版社许睿编辑的辛劳。

本书构想、写作、出版之际,正值小女嘤嘤成长,从呱呱坠地、牙牙学语、蹒跚学步到稳步奔跑,感谢先生林伟毅博士付出众多,让我得以有充裕的时间和心思专注于工作。而对于家庭以及远在湖南的父母,深感歉意!

吾家有女初长成,仅以此书献给我可爱的小心云。

吴玉姣

2024年11月20日

于福建江夏学院法学院

目　录

绪 论

第一节 研究缘起与选题意义

一、研究缘起

（一）问题的提出

“权利神圣是我们坚定的信念，为权利而呐喊是我们永恒的责任。”[①]权利时代的到来，让每一位法律（学）人皆为之欢欣鼓舞，为权利呼唤、为权利斗争好似有着无上的荣光。然而，随着一个个鲜活案例的出现，我们发觉先前静躺在理论研究与法律文本中的权利概念已然沁入现实生活，抑或人们还会猛然觉察到“权利爆炸”所带来的迷惘与混沌。[②] 而同时，随着权利意识的觉醒，有些人开始凭借着简单化的直觉，大肆宣讲权利话语，已然陷入了权利狂热的旋涡。如当其想得到或想维护某个东西时，便尽其所能地将之描述为一种权利。这无疑会将权利贬损至对于无节制的欲望与需求的表达。总之，权利意识膨胀、权利话语狂热以及权利行使过度所带来的种种社会冲突已越发严峻。

---

① 教育部人文社会科学重点研究基地·吉林大学理论法学研究中心创办的“中国理论法学研究信息网”（https://www.legal-theory.org/）的主题语。参见张文显、姚建宗：《权利时代的理论景象》，载《法制与社会发展》2005年第5期。

② 这一现象早有学者进行过阐述：“我们的时代是一个迈向权利的时代，是一个权利备受关注和尊重的时代，是一个权利话语越来越彰显和张扬的时代。我们越来越习惯于从权利的角度来思考和解决社会问题。我们这个世界的权利问题正以几何级数的速度增长。经典的权利在新的时代背景下衍生出许多新的具体的权利问题，而新的社会关系要求在权利大家族中添列新的成员，新兴权利与日俱增；人的权利还没有从根本上解决，动物的‘权利’、植物的‘权利’以及其他自然体的权利已被提到日程；我们刚‘否定’‘自然权利’的概念，却又面对‘自然权利’的现实；法律权利与‘道德权利’、‘习俗权利’，国内法的权利与国际法的权利等‘权利’形式难解难分地交织在一起。”参见张文显、姚建宗：《权利时代的理论景象》，载《法制与社会发展》2005年第5期。

然而,在我们的这个时代,不仅“医闹”或“校闹”、“赔衣门事件”[①]、“为获购房资格而假离婚”、“缠诉滥告闹访”等权利主张过度的现象常见,“摔倒不敢扶”、“限制研学旅行”、“假前安全告知”、“教育惩戒缺位”和“术前签字”等职权保守的情形也屡见不鲜。而细想之会发现,家长“校闹”与教师“不惩戒”、患者“医闹”与“医院要求术前签字”等现实问题之间实际上还存在某种关联,即前者是权利主张狂热的行为,后者是基于权利主张狂热而采取防御性应对的措施,二者的根源在于权利狂热。佛系教师不敢惩戒或者放弃惩戒,其中很大的原因在于害怕家长的无理取闹与借题发挥,以此寻求法律规避风险与自我保护。权利狂热或者权利话语的狂热危害巨大,不仅可能有损公共秩序、不利于社会稳定、侵害公共利益、浪费司法资源等,还可能将人引向更加自私和个人主义的方向,同时权利也由此被反噬或遭到贬损直至毁灭——造成权利泛化进而消解权利,甚至还可能会导致社会生活中真善美的缺失,人人自危而不敢实行仁义行为。上述问题已然成为当下中国较为严重的社会病症,亟待找寻解决之道。

权利不得滥用是人类史上最明确不过的法则。在中外的传统思想中均可探寻到这一理念,古往今来学者们与此相关的著书立说也比比皆是。与之相关的立法表达不仅出现在古罗马法中,我国唐律中的“不应得为条”也可视作其具体表达,另外现行《宪法》第51条[②]对禁止权利滥用的相关原则有着详细规定,特别是《民法典》第132条[③]将“不得滥用”字词写入法条,被认为是权利不得滥用原则在我国的正式确立。然而,对于权利行使过度的规制不应当止步于禁止滥用这一层面,还应该要求权利要自觉地进行自我限制,亦即要求权利谦抑。可以说,现今学界对于权利膨胀问题的理论研究一般是从“禁止权利滥用”的视域出发,然而此

---

① 2017年9月武汉某医院在抢救患者时,医务人员为争取时间剪开了患者的衣物,几天后患者据此要求医院赔偿剪坏的衣裤、短裤里的500元现金以及身份证、银行卡、数据线等财物,总计1500元。在遭到院方拒绝后,患者选择报警,经过警察的调解,最终以医院赔偿1000元的结果停止了这场闹剧。参见张香梅:《医生抢救患者剪坏衣物遭索赔千元　称理解家属索赔行为》,载人民政协网,https://www.rmzxb.com.cn/c/2017-09-23/1811394.shtml。

② 《宪法》第51条规定:“中华人民共和国公民在行使自由和权利的时候,不得损害国家的、社会的、集体的利益和其他公民的合法的自由和权利。”

③ 《民法典》第132条规定:“民事主体不得滥用民事权利损害国家利益、社会公共利益或者他人合法权益。”

主流研究范式的实质出发点是消极性的、反向的，并且侧重于部门法的探讨。本书认为，我们应该更进一步地直白揭示“权利谦抑”这一法理精神，以便在法学理论领域为权利狂热现象的研究提供一个积极的、正向的新视角。具体来说，本书旨在重新审视“权利”的相关学说理念，借鉴“禁止权利滥用”“刑法谦抑”等原则，在此基础上提出并证成“权利谦抑”的法理原则，呼吁社会上具体相关难题的解决不仅应倚重立法、司法等外在路径，更应引导公民树立正确的权利观，合理合法适当地行使权利，进而以期人们在不够坚定的道德理性以及人性的弱点面前保持审慎与批判，慎思明辨以达至“良法善治”，推进国家治理现代化。

（二）研究基础

笔者对本课题有比较长时间的关注。最早可以追溯至2016年博士在读期间对地方立法谦抑的研究。当时在论述“从立法理论的角度来看地方立法谦抑确有其必要性”的观点时，笔者注意到法律繁杂可能会存在众多危害。比如，可能会干预私人领域进而吞噬自由，可能会带来权利主张的狂热进而妨碍公正，还可能会使人们因害怕承担法律风险而不敢创新，进而束缚人类进步。而这些权利主张狂热以及规避法律风险等的内容均可构成权利谦抑的研究基础。

具体来说，在学者们关于立法谦抑的论述中发现试图通过法律的名义保护多数人的权利，有其必要性与重要意义，但也可能带来不少问题。如依据托克维尔①、密尔②、巴斯夏③以及庞德④等人的相关论述，也许会导致在多数人利益得到

① 托克维尔认为，要杜绝利用多数人的名义去实现对少数人专制的统治，少数人的自由与利益同样需要受到关注。参见[法]托克维尔：《论美国的民主》（上册），董果良译，商务印书馆1988年版。

② J. S. 密尔认为多数人的权益总是与少数人的权益对立，“在一切国家，穷人都是多数，相比之下可以称为富人的则是少数。在这两个阶级之间，在许多问题上，显而易见的利益是完全相反的”。参见[英]J. S. 密尔：《代议制政府》，汪瑄译，商务印书馆1982年版，第98页。

③ 费雷德里克·巴斯夏认为“愚蠢的自私自利”使得“合法的掠夺”的存在，即人们被宣扬一种错误信念，以为正义源于法律，这就导致当少数人掌握制定法律的权力时，不免会自私自利地考虑，试图通过制定法律使得权利普遍化，进而导致类似的普遍的掠夺行径越来越多，如奴隶制就是通过法律将掠夺行径神圣化、合法化。参见[法]费雷德里克·巴斯夏：《财产、法律与政府》，秋风译，贵州人民出版社2003年版。

④ 社会法学派注意到自19世纪末开始，西方国家开始限制个人权利和自由而重视社会利益，开始运用法律对教育、劳动、福利经济等方面进行干预。罗斯科·庞德敏锐地感觉到了这一变化，提出了个人利益、公共利益和社会利益的划分。参见[美]罗斯科·庞德：《通过法律的社会控制》，沈宗灵译，商务印书馆2010年版。

保护的同时忽视少数人权益；另外，如基于莱奥尼①、哈耶克②、桑斯坦③等学者就相关问题的论证，可能导致少数人掌握法律制定权因而损害多数人利益。因此，笔者在博士论文中得出了要较少、审慎、节制制定法律或者不要过分依赖法律的结论，这就意味着对经由制定法律而确定的权利应当慎重考虑，进而可以理解成权利的生成也需要谦抑。同时，也有学者直接提出了权利主张过度这一观点。如

① 布鲁诺·莱奥尼在《自由与法律》一书中的主要观点认为，成文法律规范过多的在根本上有悖于个人主义的自由理念。原因在于，法律越来越类似于立法机构中获胜的多数人强加于少数人身上的一种命令，即使少数人从来没有参与过制定过程，甚至都不知道这一法律的存在，因此说立法之法反映的是立法团体中那些多数人的专断意志，在很多时候与个人自由是有冲突的。而且，立法的本质是群体决策，赢者通吃，输者一无所有，这就构成了对输者的强制。甚至其还从代议制和公意的角度讨论了立法之法与个人自由的关系。关于代议制的问题，具有选择代表资格的公民的人数与国民的实际结果是否一致，代表是否能确实表达其所代表的公民的意愿，代表是否能充分反映所代表的民众的所有意愿，这3个问题是无法解决的。莱奥尼认为立法者只是少数，没有任何人比本人更理解其意愿，且代议活动随着代议范围的扩展而越难达到目标。立法本应该是多数人中的多数决定，然而立法者却只能是且经常只是整体中的少数人。因此，立法机关的成员是被假定为代表选民，被假定知道选民的需求，以此委托立法委员按照多数投票做出决策，这一想法荒唐透顶。有关公意的问题，莱奥尼认为很多问题其实并不能达成全体一致，而规则更多地来自不成文法。立法之法反映的不应该是立法团体中那些多数人的专断意志，而是自生自发的造法过程。然而，在当今，造法不再被当作专家们从事的活动，而是取决于立法机构中有幸成为多数的那些人的意愿。一方面个人对造法过程变得越来越无力，只是一种空洞的形式的参与；另一方面规则其实更多地来自不成文法。所以，莱奥尼呼吁所有的立法活动，只要我们不能肯定地证明其是值得的，那么就应该将这个领域留给普通法。因为普通法是在发现法律而不是创造法律。参见[意]布鲁诺·莱奥尼：《自由与法律》，冯辉译，湖南教育出版社2008年版。

② 弗里德利希·冯·哈耶克在《法律、立法与自由》一书中，从个人的角度进行分析，当个人对人为发明的刻意性规则越依赖，则越会要求其实现某种正义，而刻意性规则也越会掌控这些个人。这样的立法不仅会增进政府机构所拥有的自由裁量权，还会渐渐变成一种帮助政府实现其特定目的的工具，而不再对政府活动设定限制，因而会形成全权性体制。相应地，当法律兑现不了预期目标时，会遭到人们的抱怨并强烈要求法律对此进行救济。立法机关好像因为民主而拥有了无限的权力，这样会导致全权性民主，甚至是平民表决的独裁。用多数同意的任何方式去解决任何特定问题，获益甚多的就是那些人数众多或者随时能够被组织起来的群体。一个群体可以把它所喜爱的任何事情都宣称为人们所共同关注的问题，并据此把这些所谓的共同问题置于那些公认的程序中予以决定，起决定作用的乃是多数人之间所进行的讨价还价或交易，而不是就不同的主张的是非曲直所达成的实质性共识，特殊利益群体便可凭此要求特权。而法律却仅因其源出于立法机关而被轻率地视为法律，法治变成了立法者之治，这就为以法律之名进行压制打开了大门，合法条化的腐败也就此产生。参见[英]弗里德利希·冯·哈耶克：《法律、立法与自由》(第1卷)，邓正来等译，中国大百科全书出版社2000年版；[英]弗里德利希·冯·哈耶克：《法律、立法与自由》(第2、3卷)，邓正来等译，中国大百科全书出版社2000年版。

③ 在《权利革命之后：重塑规制国》一书中，凯斯·R.桑斯坦也注意到了规制失灵的现实。在桑斯坦看来，规制法失灵可以分为两个方面的原因，其中利益集团操控制定法以转移私人财富等制定法本身的失灵、再分配被扭曲或产生相反的后果等制定法实施过程的失灵使少数人利益受损。因此，其提出要通过结构改革和实体改革进行重建，比如用管理和减少社会风险的观点取代建立在个人权利之上的规制观念。参见[美]凯斯·R.桑斯坦：《权利革命之后：重塑规制国》，钟瑞华译，中国人民大学出版社2008年版。

爱波斯坦开始注意到权利主张的狂热以及由此带来的后果。① 霍华德更进一步描述了人们面对权利狂热会因害怕承担法律风险而带来的种种危害。其在2011年出版的《无法生活:将美国人民从法律丛林中解放出来》一书中感慨:美国沦为了法律的“雷区”,美国人在法律丛林里如履薄冰,法律风险——被起诉的风险,好像任何人几乎可以就任何事情提起诉讼,隐藏在几乎所有的日常互动中,而对法律产生的恐惧让他们尽可能地避免一切可能引发法律纠纷的活动,这样不仅人们的日常决策受到影响,由此带来的法律风险和诉讼恐惧也使人们越来越不自由,因此其提倡法律简明化。②

---

① 理查德·A.爱波斯坦在《简约法律的力量》一书中注意到,从20世纪60年代后期开始,美国人对法律过于着迷渴望,总是在追求至善至美的公正,同时也越来越依赖律师解决日常事务,最终造成了格雷欣母法则(劣币驱逐良币的法则)的发生,使社会误入歧途,实则法律权利应该简约化,至善至美的公正并不值得追求。参见[美]理查德·A.爱波斯坦:《简约法律的力量》,刘星译,中国政法大学出版社2004年版。

② 具体来讲,霍华德先展示了现实中美国法律几乎无处不在的情形,与此同时,美国人越来越不自由。如禁止身体接触的规定,使教师对在教室里乱发脾气的小女孩无能为力,为了避免诉讼,最终教师请来了警察,将小女孩带走。又如,自20世纪60年代以来,食品、饮品、娱乐等几乎所有的日常生活领域都备受法律干预,而2005年还涉及了自然环境的领域——一个公民因为她的孙子对山核桃过敏而要求市长将其社区的山核桃树砍掉,市长出于对诉讼的恐惧而没有其他选择。此外,霍华德还论述了,在美国,防御性的个人权利变成了进攻性的向其他自由公民索取的权力。如残障儿童主张必须在正常课堂上课,但这会降低整个课程的水平。这种权利诉求其实跟尊严和自由无关,体现的是个人欲望的永无止境。而这种权利被法律保障,其实是对其他人的强制,这并不是一种公平和正义。而产生这种现象的原因是人们对权威的不信任,亦即“以对抗任何权威为明确目标的个人权利则导致了愤怒的个人暴政”。参见[美]菲利普·K.霍华德:《无法生活:将美国人民从法律丛林中解放出来》,林彦、杨珍译,法律出版社2011年版,第78页。因此,霍华德呼吁人们在合理的基础上主张权利,同时也应重塑权威,给予决策人进行决策的能力。也就是重塑那些身负职责的人的权威,让他们以权衡为导向进行决策,如明确学校的日常决策不受法律干预等。再有,霍华德认为法律淹没了人们的日常生活,让人们失去了日常决策的能力,也阻碍了社会的进步。如在美国浩如烟海的法律被制定,针对公立医院的就有超过60种不同的法律。面对法律过度化所造成的恐惧,人们耗费精力潜心研究所有潜在的法律风险,开始选择最稳妥的方式做事而不是最合理的。如医生们会经常对病人做一些不必要的检查,甚至在鱼钩上都要粘贴上“吞食下去将有害健康”的告示。所以,霍华德建议法律在禁止不当行为的同时,也应该积极保障自由决策的空间,使个人的力量充分发挥。霍华德指出,“华盛顿已经渐渐沉入法律、规章以及程序的海洋——现行有效的联邦法律和规章大约超过1亿个字,每年还在不断增加,而且几乎没有被废止的”。参见[美]菲利普·K.霍华德:《无法生活:将美国人民从法律丛林中解放出来》,林彦、杨珍译,法律出版社2011年版,第217页。这些规则为人们提供了规避风险的可能,亦即只要遵守规则就无法被责备,官僚们只顾遵守规则,政治的贪婪和虚伪也得以滋生,民主制陷入瘫痪。特色利益集团虽然无法获得立法,但其会死死地捍卫现状。该书作者认为创造出一个致力于目标和个人责任的全新政府,在所有领域,都必须用更加简明的法律代替现有的法律,亦即“除非我们重构美国的法律制度使其能够保障我们日常决策的自由,否则我们将无法改善教育、使人们能够受惠于医疗保险、重新激活民主制度、唤醒曾经成就美国伟大的‘能做精神’”。参见[美]菲利普·K.霍华德:《无法生活:将美国人民从法律丛林中解放出来》,林彦、杨珍译,法律出版社2011年版,第36页。

同时，笔者以《地方立法谦抑论》为题撰写博士论文时，还系统梳理了“谦抑”一词的由来、内涵及法学领域对其的研究等；工作后，在博士论文的基础上，专著《地方立法谦抑论》于2020年8月由知识产权出版社出版，并于2020年12月获得中国法学会法理学会第五届孙国华法学理论优秀青年学术成果奖，这更加强了笔者对“谦抑”这一法学理念相关问题研究的信心与热情。

此外，工作后笔者还借助教育法律实务研究中心（福建省高校人文社会科学研究基地）、信访工作理论与实践研究院（福建江夏学院与福建省人民政府信访局共建）等省级平台，参与“校闹”“教育惩戒”“信访”等多项调研和课题，对家校方面以及信访领域的一些权利主张狂热现象有过具体而深度的思考。这些课题最终形成的《深化信访工作制度改革的研究》《“校闹”专项调研报告》《教育部关于规范教育惩戒工作的意见建议稿及说明》等咨询报告，让笔者了解到部分社会“老大难”问题引发的根本原因在于权利膨胀，故而急需指引民众塑造正确的权利观。同时，笔者也留意到诸如“校闹”这一权利主张过度问题最终导致了学校及老师采取“不惩戒”类权责不作为的防御性应对措施。再有，笔者还完成了《教育法律实务典型案例解析》中有关“校闹”部分的案例汇编，先后刊发了《信访公力救济功能的定位及完善——基于现有26部信访地方性法规的分析》《信访地方立法现状的实证分析》《法治思维破解家校难题之困境及出路》《“校闹”立法的实证分析及其完善建议》《由教师教育惩戒缺位引发的权利谦抑之法理思考》《“教师惩戒权：原理与制度”学术研讨会综述》等论文，主持了《“校闹”困局之法治破解研究》《针对“校闹”与“教育惩戒缺位”现象的法学研究》《由“校闹”与“教育惩戒缺位”引发权利边界问题研究》《信访功能法教义学研究——基于26部现有信访法规的分析》《权利主张过度化研究》《权利谦抑的法理证成与实践研究》《权利谦抑的法理诠释与实现路径研究》等课题，为本书的写作奠定了坚实的学理基础。

二、选题意义

（一）研究的理论价值

本书的理论价值可以从以下五个方面进行总结。

第一，充分挖掘权利的有限性与宽容性，凝练权利概念中的谦让、审慎、节制等内涵，呼吁学者们在进行理论研究时不仅应注重权利的保障，也应该关注权利的有限性和宽容性。

第二，借助宪法中的基本权利禁止滥用原理，部门法如民法领域的禁止权利滥用原则以及刑法领域的谦抑理念，以及司法、立法领域中有关谦抑研究的成果，在此基础上提炼总结并论证权利谦抑这一法理原则，阐述权利谦抑是权利有限性、权利不得滥用、权利相对性等研究权利泛滥的进阶理论，突破了以禁止权利滥用为出发点研究权利膨胀的主流视域，试图提供积极的、正向的新视角来探讨权利狂热问题。

第三，全面梳理权利谦抑的思想渊源与制度基础，丰富权利谦抑的理论素材，增强权利谦抑正当性、合理性的说服力，直白揭示权利谦抑这一自古至今的法理学说及立法原则，并以权利谦抑概念为起点在法学理论领域建构与权利谦抑有关的系统性的学理言说，使权利谦抑成为法学的重要研究对象。

第四，将"家长校闹"与"教师不惩戒"等看似对立的现实问题视为权利主张过度行为与基于权利主张过度而采取防御性应对措施的对峙事件或现象，认为其根源在于权利狂热，故而拟通过权利谦抑论从法理角度进行理论回应，试图突破部门法的研究视角与专题讨论的对策性分析路径，从法学理论的高度对权利主张狂热行为，以及基于权利主张狂热而采取防御性应对措施的现象进行整体全面且深度的反思，寻求这些社会问题的共性，并追本溯源至权利本身。同时，尝试着思考"权利保护""权利谦抑""权力规制""权力作为"的关联，以破解权利滥用与权责保守的困境，建构健康良善的"权利—权力"法治关系。

第五，试图转变解决权利主张狂热问题侧重于依赖立法等外在路径的思维方式，认为这样的研究方法会带来法律繁杂，同时也会导致权利泛滥。本书提出正确权利观的塑造以及公民美德的培养等内在解决路径也应受到重视，并且我们还应优先考虑内在路径，这才是最本质最根源的解决方法。

(二)研究的实际应用价值

本书的实践意义主要体现在以下四个维度。

第一，试图缓解"家长校闹""学生举报泛滥""学生保研肆意毁约""患者医闹”“消费者肆意退货与差评索赔”“受救助人讹诈救助人与碰瓷”等权利主张过度行为,引导人们正确认识与主张权利,以恢复社会秩序,保障社会公平,提升司法效益。同时消解社会中的“休息权与娱乐权”“吸烟权与健康权”“女性堕胎权与胎儿生命权”“男性生育权与女性生育权”“动物权利与动物利用权”等权利与反权利间的冲突。

第二,试图减少“教师不惩戒”“限制研学旅行”“假前安全告知”“老师推诿不担当”“学校超发录取通知书”“医生过度检查与防御性治疗”“医院要求术前签字”“生产经营者不再赠送运费险”“整蛊差评或花钱买好评”“救助人摔倒不敢扶与见危不救”等基于权利主张过度而采取的防御性应对措施,减少人们对法律风险的恐惧,避免形式主义与责任规避等事件的发生,实现社会正义与自由。

第三,权利泛化要求通过更多立法以增添法律权利,故本书呼吁改变立法工具主义的思考方式,树立立法法理学思维,克制权利以减少立法冗杂,注重法条可实现性,进而保障立法理性化、科学化,提高法律法规的质量,改变立法繁杂的现状,最终达至“良法”。

第四,引导公众正确权利观的塑造,培养公民美德,重拾社会生活中的真善美,以整顿社会风气,建立和谐家园,兼顾“个体善”与“共同善”,最终实现“善治”。

第二节 研究现状及趋势

一、权利限制相关基本理论的研究

权利有限性、权利滥用、权利相对性、权利泛化等相关权利限制基本理论的研究成果丰硕。具体来说:

权利有限性是权利的基本属性,是法理学研究的基础性问题,相关研究出现较早且成果丰富。知网最早有关权利有限性的专题论文应属张光博 1981 年发表的《试论法定权利的界限》一文;①另外,如孔庆明 1990 年主编的《马克思主义法

① 参见张光博:《试论法定权利的界限》,载《社会科学战线》1981 年第 4 期。

理学》第十八章“第三节权利的界限”与“第四节权利的滥用”[①],徐显明1991年主编的《公民权利义务通论》“第三章第一节权利的界限”[②]与“第四章第二节权利滥用的构成”[③]等早期教材与著作中均谈论到权利有限性问题,并提及了权利滥用问题。1999年,张文显主编的高等教育出版社《法理学》第一版出版发行,其中第九章第六节就是“权利界限与权利滥用”。[④] 而今,权利有限性理论早已成为学界的共识,如胡玉鸿主编的《法律原理与技术》一书就提到,法律权利的特征之一为权利有限性,超过权利边界即构成权利的滥用。[⑤]

禁止权利滥用作为民法的基本原则研究成果颇丰,如1970年史尚宽的《民法总论》一书第七章提到权利滥用问题。[⑥] 而后,就专题文章而言,1992年徐国栋发表了《论权利不得滥用原则》[⑦],1995年汪渊智刊发了《论禁止权利滥用原则》[⑧]。教科书方面彭万林主编的《民法学》第二章第二节“各民法基本原则”中提及“权利不得滥用原则”[⑨],梁慧星《民法总论》第一章第五节“民法的基本原则”提到“权利滥用之禁止原则”[⑩],魏振瀛《民法》第二章第五节为“禁止权利滥用原则”[⑪]。而今在宪法如高慧铭的《论基本权利的滥用禁止》[⑫]、知识产权法如易继明的《禁止权利滥用原则在知识产权领域中的适用》[⑬]、商法如贾林青的《论法国公司法关于防止股东滥用权利制度的借鉴价值》[⑭]、诉讼法如陈雪萍的《诚实信用原则与民事诉讼权利滥用之制约》[⑮]、经济法如陈宝英的《论消费者维权过度——

① 孔庆明主编:《马克思主义法理学》,山东大学出版社1990年版,第335~344页。
② 徐显明主编:《公民权利义务通论》,群众出版社1991年版,第28~33页。
③ 徐显明主编:《公民权利义务通论》,群众出版社1991年版,第43~47页。
④ 张文显主编:《法理学》,高等教育出版社1999年版,第93~96页。
⑤ 参见胡玉鸿主编:《法律原理与技术》,中国政法大学出版社2002年版,第149页。
⑥ 参见史尚宽:《民法总论》,台北,正大印书馆1970年版,第713~714页。
⑦ 参见徐国栋:《论权利不得滥用原则》,载《中南政法学院学报》1992年第3期。
⑧ 参见汪渊智:《论禁止权利滥用原则》,载《法学研究》1995年第5期。
⑨ 彭万林主编:《民法学》,中国政法大学出版社1994年版,第39~40页。
⑩ 梁慧星:《民法总论》,法律出版社1996年版,第45~46页。
⑪ 魏振瀛主编:《民法》,北京大学出版社、高等教育出版社2000年版,第27~29页。
⑫ 参见高慧铭:《论基本权利的滥用禁止》,载《清华法学》2015年第1期。
⑬ 参见易继明:《禁止权利滥用原则在知识产权领域中的适用》,载《中国法学》2013年第4期。
⑭ 参见贾林青:《论法国公司法关于防止股东滥用权利制度的借鉴价值》,载《法学家》2007年第2期。
⑮ 参见陈雪萍:《诚实信用原则与民事诉讼权利滥用之制约》,载《当代法学》2002年第8期。

自权利滥用的视角》[①]等领域都有权利滥用原则的相关研究，甚至该理论还拓展至法史领域如段晓彦、徐琨捷的《“权利不得滥用”原则在近代中国的继受——以民初大理院民事裁判为中心》[②]，可见该原则的研究呈现扩张趋势。但相对来说，法理方面的探讨较少，只有早期几个学者有过研究，如钱玉林的《禁止权利滥用的法理分析》[③]、黄凯的《法哲学视野中的权利滥用》[④]，未能形成研究热潮。

权利相对性理论最早见王伯琦翻译的法国学者若斯兰《权利相对论》一书[⑤]。另外，陈云生在《权利相对论》一书中第三编第十章第二节“权利相对论在我国现行法律规范体系中的体系”中对我国《宪法》、《民法典》、《刑法》和《刑事诉讼法》中的相关规定，从权利与义务相对的角度进行了分析，[⑥]但我国对于这一理论的研究有限，一般仅将其作为权利的基本特征，专题研究如《论相对性是权利的基本特征》一文[⑦]。另外，这一理论得以发扬主要归功于刘作翔的《权利相对性理论及其争论——以法国若斯兰的“权利滥用”理论为引据》一文[⑧]，其中提出“权利的限度理论、权利的滥用理论、权利的相对性理论，是认识权利现象及其本质的一个逐步递进的逻辑理论链条”。但学界相关研究并未充分展开。鉴于此，本书所提的权利谦抑论是相对于权利相对性理论更直白、更积极、更正向的法理论题。

权利泛化的法理研究，学者们主要从法学理论的角度探讨权利泛化这一主题，且涉及的具体内容一般为讨论权利泛化现象是否存在，权利泛化是消极还是积极的，对权利泛化的职责是否合理。如汪太贤的《权利泛化与现代人的权利生存》[⑨]、陈林林的《反思中国法治进程中的权利泛化》[⑩]、张曦的《“权利泛化”与权

① 参见陈宝英：《论消费者维权过度——自权利滥用的视角》，载《河南师范大学学报（哲学社会科学版）》2010 年第 4 期。

② 参见段晓彦、徐琨捷：《“权利不得滥用”原则在近代中国的继受——以民初大理院民事裁判为中心》，载《法治现代化研究》2021 年第 5 期。

③ 参见钱玉林：《禁止权利滥用的法理分析》，载《现代法学》2002 年第 1 期。

④ 参见黄凯：《法哲学视野中的权利滥用》，载《湖北社会科学》2007 年第 7 期。

⑤ 参见［法］路易·若斯兰：《权利相对论》，王伯琦译，中国法制出版社 2006 年版。

⑥ 参见陈云生：《权利相对论》，人民出版社 1994 年版，第 325～341 页。

⑦ 参见黄俊辉：《论相对性是权利的基本特征》，载《社科纵横》2008 年第 10 期。

⑧ 参见刘作翔：《权利相对性理论及其争论——以法国若斯兰的“权利滥用”理论为引据》，载《清华法学》2013 年第 6 期。

⑨ 参见汪太贤：《权利泛化与现代人的权利生存》，载《法学研究》2014 年第 1 期。

⑩ 参见陈林林：《反思中国法治进程中的权利泛化》，载《法学研究》2014 年第 1 期。

利辩护》[①]、陈景辉的《回应“权利泛化”的挑战》[②]等文章。

上述权利有限性、权利滥用、权利相对性、权利泛化等基本理论的研究与本书权利谦抑的探讨有着密切联系，但是总的来说，权利谦抑这一根源性问题的研究并未受到该有的重视，且学者们一般是从纯法学理论的角度进行抽象思考，并未针对具体社会问题，比较重视理论规范研究而轻视社会实证分析。当然，这些相关理论以及权利概念、权利思想史、权利属性、权利冲突等学术成果均可作为权利谦抑的法理基础，同时权利谦抑原则是权利有限性、禁止权利滥用原则、权力相对性原则在法理上的拓展和延续，顺应了学术研究的发展规律。

二、“谦抑”在法学中的相关研究

“谦抑”在法学领域并不是一个生硬的低频词，其最早被日本学者宫本英脩应用于刑法领域，20 世纪 80 年代被我国刑法学者甘雨沛和何鹏引入[③]，后张明楷的《论刑法的谦抑性》[④]、陈兴良的《刑法谦抑的价值蕴含》[⑤]都是有关刑法谦抑的研究。继而，在司法（如陈云生的《宪法监督司法化》[⑥]、吴富丽的《刑法谦抑之司法实现》[⑦]、黄先雄的《司法谦抑论——以美国司法审查为视角》[⑧]），民法（如王立争的《民法谦抑性的初步展开》[⑨]、周华的《以权利为视角论民法之谦抑性》[⑩]），行政法（如黄温泉的《论行政行为的谦抑性——从“馒头必须是圆的”谈政府行为的边界》[⑪]、张弘的《论行政权的谦抑性及行政法的相应对待》[⑫]、邓佑文的《谦抑理

---

① 参见张曦：《“权利泛化”与权利辩护》，载《华东政法大学学报》2016 年第 3 期。

② 参见陈景辉：《回应“权利泛化”的挑战》，载《法商研究》2019 年第 3 期。

③ 参见甘雨沛、何鹏：《外国刑法学》（上册），北京大学出版社 1984 年版，第 175 页。

④ 参见张明楷：《论刑法的谦抑性》，载《法商研究（中南政法学院学报）》1995 年第 4 期。

⑤ 参见陈兴良：《刑法谦抑的价值蕴含》，载《现代法学》1996 年第 3 期。

⑥ 参见陈云生：《宪法监督司法化》，北京大学出版社 2004 年版。

⑦ 参见吴富丽：《刑法谦抑之司法实现》，载《国家检察官学院学报》2008 年第 6 期。

⑧ 参见黄先雄：《司法谦抑论：以美国司法审查为视角》，法律出版社 2008 年版。

⑨ 参见王立争：《民法谦抑性的初步展开》，载《法学杂志》2009 年第 7 期。

⑩ 参见周华：《以权利为视角论民法之谦抑性》，载《学术交流》2015 年第 5 期。

⑪ 参见黄温泉：《论行政行为的谦抑性——从“馒头必须是圆的”谈政府行为的边界》，载《江汉大学学报（社会科学版）》2012 年第 1 期。

⑫ 参见张弘：《论行政权的谦抑性及行政法的相应对待》，载《政法论丛》2017 年第 3 期。

念在行政处罚中的展开》①)，经济法(如刘大洪和段宏磊的《谦抑性视野中经济法理论体系的重构》②与《从“国家干预”到“谦抑干预”——谦抑性理念下中国经济法学逻辑起点之重构》③、王惠的《试论税法谦抑性》④、叶金育的《税法解释中纳税人主义立场的证成——以谦抑理念为观测中心》⑤)，立法(黄文艺的《谦抑、民主、责任与法治——对中国立法理念的重思》⑥)以及地方立法(笔者的《地方立法谦抑论》⑦)等领域都有探讨。谦抑相关的法学研究呈现扩张趋势，将谦抑理念引入法理领域具备一定的研究基础及合理性。另外，上述谦抑的法学研究意指权力的有限性及宽容性，是公权力的谦抑，与本书主旨私权利谦抑有着明显区别。

三、权利狂热具体问题的研究

一方面，学术界对权利狂热的具体问题以及基于权利主张狂热而采取防御性应对措施的现象，较多的是从部门法角度或通过专题讨论形式进行对策性分析，如陈玉璜的《G市“医闹”案件原因探析及对策建议》⑧以及杨立新、贾一曦的《〈民法总则〉之因见义勇为受害的特别请求权》⑨等，只有少数从法理方面探讨此类问题，如冯辉的《判决、公共政策与社会主流价值观——“跌倒争议案”的法理省思》⑩。

另一方面，如“校闹”“教师不惩戒”等一般被认定为两类社会问题，学者们分

---

① 参见邓佑文:《谦抑理念在行政处罚中的展开》，载《法学》2022年第10期。

② 参见刘大洪、段宏磊:《谦抑性视野中经济法理论体系的重构》，载《法商研究》2014年第6期。

③ 参见刘大洪、段宏磊:《从“国家干预”到“谦抑干预”——谦抑性理念下中国经济法学逻辑起点之重构》，载《经济法研究》2015年第1期。

④ 参见王惠:《试论税法谦抑性》，载《税务研究》2011年第2期。

⑤ 参见叶金育:《税法解释中纳税人主义立场的证成——以谦抑理念为观测中心》，载《人大法律评论》2017年第2期。

⑥ 参见黄文艺:《谦抑、民主、责任与法治——对中国立法理念的重思》，载《政法论丛》2012年第2期。

⑦ 参见吴玉姣:《地方立法谦抑论》，知识产权出版社2020年版。

⑧ 参见陈玉璜:《G市“医闹”案件原因探析及对策建议》，载《法治论坛》2017年第4期。

⑨ 参见杨立新、贾一曦:《〈民法总则〉之因见义勇为受害的特别请求权》，载《国家检察官学院学报》2017年第3期。

⑩ 参见冯辉:《判决、公共政策与社会主流价值观——“跌倒争议案”的法理省思》，载《政法论坛》2012年第4期。

别予以研讨,如戴国立的《"校闹"生成的机理与法律治理路径》[①],余雅风、张颖的《论教育惩戒权的法律边界》[②]。然而上述现象其实是一种对峙行为,可视为权利主张过度行为以及基于权利主张过度而采取的防御性应对措施,最终可归结为权利狂热这一根源性问题。有学者进行过相关探讨,如笔者的《由教师教育惩戒缺位引发的权利谦抑之法理思考》,[③]但研究不够深入。

至于如何化解上述社会难题,目前的研究主要是试图通过外在路径加以规制,尤其偏爱采用立法工具主义思维,如郑丽清、俞煌霞的《被救助者讹诈行为的法律规制途径探析——以"扶老人被讹"为视角》[④],仅少数研究关注到内在路径的应用,如王方玉的《权利的内在伦理解析——基于新兴权利引发权利泛化现象的反思》。[⑤]

总的来说,权利狂热现象的研究较为重视具体权利问题的部门法研究,而相对忽视了抽象权利理论的法理研究。另外,欠缺整体意识和系统思维,仅仅是单个地研究某一问题,而忽视了这实则可以归结为权利主张狂热问题,并最终可归结至权利谦抑这一法理原则的讨论。此外,相较于常见的外在路径规制,权利谦抑原则的实现更多依靠内在路径,这更有利于从根本上解决问题,故权利谦抑的相关研究应被重视。

四、国外相关研究

就国外相关研究而言,权利有限性(Andrei Marmor,*On the limits of rights*[⑥])、禁止权利滥用理论(路易·若斯兰《权利相对论》[⑦])、权利话语绝对化(玛丽·安·

---

① 参见戴国立:《"校闹"生成的机理与法律治理路径》,载《青少年犯罪问题》2019年第6期。

② 参见余雅风、张颖:《论教育惩戒权的法律边界》,载《新疆师范大学学报(哲学社会科学版)》2019年第6期。

③ 参见吴玉姣:《由教师教育惩戒缺位引发的权利谦抑之法理思考》,载《齐齐哈尔大学学报(哲学社会科学版)》2021年第10期。

④ 参见郑丽清、俞煌霞:《被救助者讹诈行为的法律规制途径探析——以"扶老人被讹"为视角》,载《行政与法》2016年第9期。

⑤ 参见王方玉:《权利的内在伦理解析——基于新兴权利引发权利泛化现象的反思》,载《法商研究》2018年第4期。

⑥ See Andrei Marmor, *On the Limits of Rights*, 1 Law and Philosophy 1(1997).

⑦ 参见[法]路易·若斯兰:《权利相对论》,王伯琦译,中国法制出版社2006年版。

格伦顿《权利话语:穷途末路的政治言辞》[①])、权利爆炸现象(Marc Galanter,*Law Abounding:Legalisation Around the North Atlantic*,[②]伯纳德·施瓦茨《美国法律史》[③]),以及基于权利主张狂热而采取防御性应对措施的现象(菲利普·K. 霍华德《无法生活:将美国人民从法律丛林中解放出来》[④])等,均有相关论述。然而,同样直接正向提出权利谦抑的学者较少。其中格伦顿虽有提到节制的美德,但其角度在于权利绝对化导致美德沦丧,因而呼吁我们在面对他人的合理要求时,克制自己的主张,所以其并没有直接提炼权利节制的概念,且关于节制的美德也缺乏系统论述。

综上所述,权利谦抑是相较于“权利的限度理论、权利的滥用理论、权利的相对性理论”更直白、正向、积极的进阶理论,是“谦抑”法学研究在法理学领域的有效正当拓展,是对权利主张过度以及基于此采取应对措施这一对峙行为的综合法理分析,其实现注重内在路径与外在路径的统一。本书正试图结合相关理论和实践问题,指明权利应当自觉自我受限,提炼并阐释权利谦抑这一法理原则,全面分析和深入探讨后呼吁公民合法、合理、正当地行使权利。

第三节 研究内容与研究方法

一、研究目标与研究思路

(一)研究目标

本书的研究目标可以总结为以下三点。

第一,在谦抑理念以及禁止权利滥用原则的基础上提出权利谦抑概念,阐释其研究基础,证成其合理性,说明权利应当主动受限,突破禁止权利滥用这一消极

---

① 参见[美]玛丽·安·格伦顿:《权利话语:穷途末路的政治言辞》,周威译,北京大学出版社2006年版。

② See Marc Galanter, *Law Abounding:Legalisation Around the North Atlantic*, 1 The Modern Law Review 1 (1992).

③ 参见[美]伯纳德·施瓦茨:《美国法律史》,王军等译,法律出版社2007年版。

④ 参见[美]菲利普·K. 霍华德:《无法生活:将美国人民从法律丛林中解放出来》,林彦、杨珍译,法律出版社2011年版。

的、反向的主流研究视域，主张权利谦抑以为权利狂热现象的研究提供积极的、正向的新视角。

第二，全面梳理权利谦抑的思想渊源与制度基础，直白地揭示权利谦抑是自古有之的法理精神与立法原则，为权利谦抑理念的证成提供丰富的理论与制度素材。

第三，揭示理论与司法实践中权利滥用现象。将权利主张过度行为与基于此而采取防御性应对措施的两种现象总括为权利狂热而引发的对峙行为，展示权利与反权利的双重合理困境，试图通过权利谦抑精神的研究，引导人们正确主张权利，减少人们对“法律风险”的恐惧，解决上述社会难题；打破以往通过单个专题研究以及对策性分析的方法，从法学理论的高度进行整体全面的研究，而不再局限于部门法领域的探讨；指明权利谦抑的实现需要同等关注内在路径与外在路径，转变立法工具主义思想，提出立法法理学思维，并主张注重培养公民美德，以重拾社会生活中的真善美，达到“良法善治”。

（二）研究思路

本书的研究思路可以概括为提出概念及阐释内涵——梳理思想渊源与制度基础——联系社会现实问题——探讨理论的实现路径——注意理论应用限度。

本书首先对权利内涵的不确定性、权利基本属性的相对性、谦抑原则在法学研究中的展开、权利谦抑内涵诠释、权利谦抑的法理证成等进行阐释，交代与本书相关的一些基础性概念、知识以及理论，明晰本书的研究对象，界定本书的研究范畴，这是研究起点的内容。其次，探索西方世界中的权利谦抑理念及其表达的历史流变以及权利谦抑精神在我国的缘起及生成，丰富权利谦抑的理论素材，增强权利谦抑正当合理的说服力，以揭示权利谦抑的法理逻辑和制度基础，以此作为研究支撑点，这是对权利谦抑这一法理原则的合理性和合法性论证。再次，联系社会现实问题，具体描述、分析权利滥用现象泛滥的理论与司法表现、由于权利主张狂热以及基于权利主张狂热而采取防御性应对措施的对峙案例、权利与反权利双重合理性的典型困境以及由此带来的种种危害，说明研究权利谦抑的现实需要，这也是本书研究的实践意义之所在。又次，探讨理论的实现路径，即具体探究权利谦抑实现的内外路径，即正确权利观的塑造，公民美德的培养，立法、司法以及社会舆论等方面的举措，试图缓解权利狂热现象，实现良法善治，这是本书研究的落脚点。最后，本书还注意到理论应用限度问题，即在秉承权利谦抑的同时也要注重权利保障，应审慎宽容地认定新兴权利，倡导权力作为同时也应规制权力。具体见图 0－1。

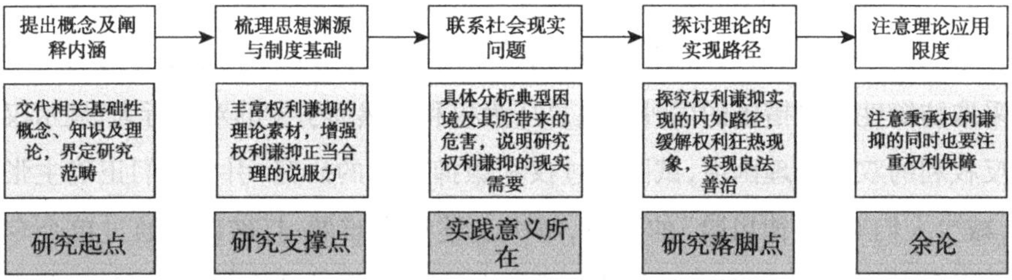

图 0－1　本书研究思路示意

二、结构安排

本书共分为七部分。

绪论部分主要交代研究缘起与选题意义、研究现状及趋势、研究内容与研究方法等。

第一章“权利谦抑概念的提出”，首先从权利内涵的不确定性与权利基本属性之相对性论证，就权利的本质而言，权利并不是绝对的。接着概述了谦抑原则在法学研究中的展开，进而说明将“谦抑”扩展至法理领域，符合其研究趋势。其次从权利的抽象定义、具体权利的认定、权利的结构类型等方面解释阐明权利谦抑的内涵，即权利谦抑的构成要素包括对己以及对人这两个维度，其中对己的维度，主要体现的是权利谦抑的有限性；对人的维度则主要体现的是权利谦抑的宽容性。具体而言权利谦抑则包括审慎对待权利、节制主张权利、尊重他人权利、宽仁化解权利冲突等内容。最后指出权利谦抑提出的正当合理性即权利谦抑的法理证成，认定权利谦抑作为权利泛滥研究的进阶理论。

第二章“西方世界中权利谦抑理念及其表达的历史流变”按照时间顺序，梳理总结了 16 世纪以前、16 世纪至 19 世纪初、19 世纪中后期以及 20 世纪以来四个时期权利谦抑精神及其立法表达在西方世界中的历史流变。

在西方中世纪之前，学者们并没有直接研究过权利语词概念，但这不代表古代思想家未探讨过权利相关问题。在16世纪以前主要是在古典自然权利论的视域下讨论权利节制的品格。16世纪至19世纪初，资产阶级提出“权利神圣不可侵犯”理念，“天赋人权”被大肆渲染，特别是《人权宣言》《独立宣言》《人权法案》等的出台造成了对权利绝对的有意误导，然而若仔细斟酌也不难发现，权利谦抑精神在当时学者们的观念中还是有迹可循的。19世纪中后期，自然权利或者说绝对权利的思想受到历史法学派、功利主义法学派、马克思主义法学派、英美分析法学派、社会法学派、新自然法派等诸多法学流派多维度的冲击。20世纪以来，权利谦抑理念被逐渐生成成文法上的具体规则，即各国均出现了权利不得滥用的相关立法表达。具体来说，主要体现于民法领域中的权利禁止滥用原则、宪法领域中的基本权利禁止滥用原理、国际公约中的权利限制规定等三个部分。

第三章“权利谦抑精神在我国的缘起及生成”主要从我国传统文化中探寻权利谦抑理念的缘起，从古代、近代及当代的立法表达中论述权利谦抑原则的生成。

权利谦抑精神在我国的缘起可以从“谦下不争”“尊礼崇让”“忠恕之道”“和合中庸”等古典文明中总结，这是权利谦抑精神的中国本土基因。而权利谦抑精神在我国的立法表达则可以包括近现代及以前立法中的权利不得滥用理念，当代法律中权利不得滥用原则的文本显现两部分。近现代及以前立法又进一步包括刑法领域中的权利谦抑理念以及民法领域的权利谦抑原则。至于当代立法中的权利谦抑原则的论述，本书是通过以“滥用”“利益”等为检索词，对整个现存有效的法律进行分析，得出其基本概况。

第四章“权利谦抑的现实必要”主要描述了理论与司法实践中的权利滥用现象、权利主张过度行为以及基于此采取防御性措施的对峙情形、权利与反权利双重合理性的困境典型案例等三个方面与权利谦抑相关的现状，以此说明权利谦抑的现实需要。

在权利滥用现象滥觞部分，主要是从各国或各地区的立法、学者们的理论研究、司法实证研究等方面梳理了权利滥用多元而不统一的判断标准；后又对司法案例的总体概况以及权利滥用典型案例进行了解析。权利主张过度行为以及基于此采取防御性措施的部分主要探究了学生（家长）的权利主张过度与教师（学校）的防御性应对、患者（家属）的权利主张过度与医生（医院）防御性应对、消费者的权利主张过度与生产经营者的防御性应对、受救助人的权利主张过度与救助人的防御性应对等四对关系。权利与反权利双重合理性的困境案例则主要列举了“休息权与娱乐权”“吸烟权与健康权”“女性堕胎权与胎儿生命权”“男性生育权与女性生育权”“动物权利与动物利用权”等具体案例所反映的权利与反权利间的冲突。

第五章“权利谦抑的实现路径”主要从内在要求和外在措施两个方面尝试探讨如何对权利进行适度限制,以实现权利谦抑。

权利谦抑实现的内在要求是围绕权利基本的内在标准而主张的,可以从权利观念以及公民美德等方面提出。本书认为,正确权利观的塑造至少可包括人本主义的权利主体观、权利的良善与无恶性、法律权利的审慎推定等三个方面。公民美德的培养,如节制主张权利与宽容他人权利。权利谦抑实现的外在措施可以理解为权利内在伦理的应用实践,主要可以从立法、司法、社会舆论等方面把握。立法方面即权利谦抑要求立法谦抑,完善权利谦抑相关原则制度,加大相关法律法规与司法解释等的宣传普及。司法方面,首先是滥用诉权行为的甄别与规制;其次,也需要建立规制滥用诉权行为的配套机制;最后,还应及时处罚违法行为。社会舆论方面则应该加大对舆论的正确引导。

结语部分即“权利谦抑的限度”。限制权利并不是要阻碍权利,而是为了更好地实现权利。本书也注意到权利谦抑的限度问题,认为我们需要把握权利保护的边界与权利谦抑的限度的平衡,实现权利谦抑与权利保护并重,达至“个体善”与“共同善”的“善治中国”;应该冷静认真对待新兴权利①,给予其适度宽容,审慎认定并以保持开放动态的权利体系,但同时不能有损其他权益;同时应注意通过限制公权来保护私权,但私权主张也不能变成进攻性的,一味地要求公权保守,要保持权利谦抑与限制公权间的平衡,正确处理好“权利保护”“权利谦抑”“权力规制”“权力作为”四者的关系。

---

① 截至2023年12月,国内已经召开了十一届专门以新兴权利为主题的学术研讨会,前五届会议名称是“新兴(型)权利与法治中国”研讨会,从第六届开始,此会议更名为“新兴权利与法治中国”研讨会。因此本书用的是新兴权利而不是新型权利。

三、研究方法与创新之处

(一)研究方法

本书的研究方法主要可以分为以下两类:

第一,实证研究方法。具体包括:其一,案例分析法。如全面收集"医闹"或"校闹"、"赔衣门事件"、"为获购房资格而假离婚"、"缠诉滥告闹访"、"摔倒不敢扶"、"限制研学旅行"、"假前安全告知"和"术前签字"等事例,归纳总结事件的原委及危害,以论证权利谦抑的现实需要。其二,调查研究法。利用现有课题与平台对"校闹""信访"等问题展开实地调研,力争掌握第一手资料,以求全面了解相关权利行使、权利保障的具体情况,探求权利保障与权利谦抑之间的平衡关系,使相关建议具有现实针对性和可行性。

第二,规范分析方法。具体包括:其一,文献研究法。通过文献研究法对有关谦抑理念、权利属性、权利泛化、禁止权利滥用、权利相对性理论等的研究成果进行规范分析,了解本课题相关研究的动态和发展趋势,明确本课题研究的问题和框架。其二,法规分析法。对德国、瑞士、奥地利、日本等国的民法典,我国唐律、《庆元条法事类》、《大元通制条格》、《大清民律草案》、《中华民国民法》以及新中国成立以来的《宪法》、《专利法》、《民法通则》、《著作权法》、《合同法》、"三大诉讼法"、《民法典》等相关法律文本进行规范分析,挖掘现有原理、原则或制度的特点及弊病,寻求权利谦抑的制度基础,探究需要改进之处。

(二)创新之处

本书可能的创新之处可以从以下三个方面进行总结。

第一,学术视角的创新。本书试图突破部门法的研究视角与专题讨论的对策性分析路径,从法学理论的高度对权利主张狂热行为进行整体全面且深度的反思,并直白总结出权利谦抑法理原则,同时突破以往研究权利泛化问题的消极的、反向的视角,以从积极的、正向的角度探究相关问题。

第二,学术观点的创新。首先,本书在借鉴民法领域的"禁止权利滥用原则"以及刑法领域的"谦抑理念"的基础上提炼总结并证成"权利谦抑"这一法理原则,并将权利谦抑证成为权利有限性、权利不得滥用、权利相对性等研究权利滥用的进阶理论;其次,本书试图转变解决权利狂热现象侧重于依赖立法等外在路径的立法工具主义思维方式,提出正确权利观的塑造以及公民美德的培养等内在解决路径,同时提出应优先考虑内在路径。

第三,研究方法的创新。本书综合运用实证研究方法与规范分析方法这两大研究方法,具体细分为案例分析法、调查研究法、文献研究法、法规分析法,如"研究方法"所述,本书的研究方法是实践探讨与理论研究的统一。

第一章　权利谦抑概念的提出

第一节　权利内涵的不确定性

“权利”作为法学的基本概念，在法学理论与部门法的研究中均具有举足轻重的地位，甚至可以说几乎所有的法学研究都是围绕“权利”这两个字展开的。然而权利的内涵却具有不确定性，对于其定义或概念的界定十分艰难。如美国学者米歇尔·弗雷登指出：“在政治理论中，权利已成为一个最受人尊重而又确实模糊不清的概念。想要在原理上阐发权利概念所代表的观念，与阐发诸如平等、民主乃至自由之类的观念一样是容易引起论战的。”①费因伯格在《权利的本质与价值》一文中亦提到，给权利下一个“正规的定义”是不可能的，应该把权利看作一个“简单的、不可定义、不可分析的原初概念”。② 当然，即便如此，学者们也没有因此而停止对权利概念的研究，对于何为权利这一极为重要的法学问题，每个学者都试图作出自己的回答。甚至，不同法学流派均对权利内涵进行界定来确定其理论体系的基点，并以此阐述该法学流派的主张，不过这也进一步造成了权利概念的混乱。但总的来说，有关权利的释义可以从中外法学中概括出资格说、主张说、自由说、利益说、法力说、可能说、规范说、选择说这 8 种具有典型代表性的观点。

一、权利资格说

权利资格说即认为权利是一种资格，是做某一个行动或者完成某一个行为的

---

① Michael Freeden, *Right*, Open University Press, 1991, p. 1.

② See Joel Feinberg, *The Nature and Values of Rights*, 4 Journal of Value Inquiry 243(1970).

资格,是占有某种东西或者享受某种事物的资格。这一学说揭示了权利的核心内涵,即只有拥有资格才能享有权利。最初论述这一观点的是荷兰法学家格劳秀斯,他在《战争与和平法》一书中写道,权利是人所固有的自然道德品质,“由于它,一个人有资格正当地占有某种东西或正当地做出某种事情”。[①] 这一观点获得了不少学者的推崇。如英国法学家米尔恩就支持道:“权利概念之要义是资格。说你对某物享有权利,是说你有资格享有它,如享有投票、接受养老金、持有个人见解,以及享有家庭隐私的权利。……如果你有资格享有某物,那么,因他人的作为或不作为而否认你享有它,就是不正当的。他人因你享有它而使你陷于不利或使你受难,也是不正当的。此乃资格应有之义。”[②]澳大利亚学者麦克拉斯基也认为:“最好把权利看作资格,即去行动的资格、占有的资格或享受的资格,而不管其客体是什么。”[③]当下也有学者持这一观点,如“权利是法律关系的主体具有这样行为(或不这样行为),或要求他人这样行为或不这样行为的能力或资格”[④]。“权利通常指个人不受别人(包括政府)干涉而自由正当行为的资格。”[⑤]但是,资格说仅注意到了权利主体的身份,未强调请求的内容以及权利主体的行为能力等,这是该理论的问题之所在。

二、权利主张说

权利主张说把权利理解为具有正当性、合法性、有效性、可强制执行的理由要求或者主张。如费因伯格就直白地提及:“拥有某项权利就是针对某人某事提出某种主张。”[⑥]梁治平也持此理论学说,其认为:“权利概念,可以由两方面去理解,

---

① 参见张文显:《法学基本范涛研究》,中国政法大学出版社 1993 年版,第 74 页;[美]莫里斯编:《伟大的法律哲学家》,张学仁译,美国宾夕法尼亚大学出版社 1959 年版,第 86 页。

② [英]A. J. M. 米尔恩:《人的权利与人的多样性——人权哲学》,夏勇、张志铭译,中国大百科全书出版社 1995 年版,第 111 页。

③ 参见张文显:《法学基本范畴研究》,中国政法大学出版社 1993 年版,第 74 页;[澳]麦克拉斯基:《权利》(英文版),载《哲学季刊》1965 年第 15 卷。H. J. 麦克洛斯基:《权利:若干概念问题》(英文版),载《澳洲哲学家杂志》1976 年第 54 卷。

④ 陈守一、张宏生主编:《法学基础理论》,北京大学出版社 1981 年版,第 350 页。

⑤ 俞可平:《社群主义》,中国社会科学出版社 1998 年版,第 80 页。

⑥ 张文显主编:《马克思主义法理学——理论、方法和前沿》,高等教育出版社 2003 年版,第 283 页;Joel Feinberg, *Duties*, *Rights and Claims*, 2 American Philosophical Quarterly 137(1966)。

一方面,它表现为主张、要求或者合理的期待。另一方面,这些主观意向又同客观的利益发生密切的关联。"①英国哲学家密尔在《代议制政府》一书中也是将权利认为是一种主张,即"当我们把某种东西称作一个人的权利时,我们的意思是:他可以有效地要求社会用法律的力量,或者用教育和舆论的力量来保护他的占有"②。从上述学者们的阐述中也不难看出,权利主张说要求权利与义务一一对应,即有主张必然有义务,义务是被主张的对象或内容。但是,该学说忽视了一个重要的内容,即主张的提出并不代表主体资格的享有。"有些权利如果被当作要求,肯定是值得怀疑的,如虽然我们享有大笑、夫妻生活,以及感到愉快的权利,但如果将它们作为要求提出来,就荒唐可笑了。"③这便是这一观点存在的问题。

三、权利自由说

权利自由说的学者们往往会把权利与自由等同,他们认为自由是权利的本质,权利是法律主体的意志自由和行动自由,是免受他人强制的自由。持这一观点的学者较多,如我国思想家梁启超就曾说过,"自由者,权利之表证(征)也"④。在西方,最先提出这一观点的是荷兰哲学家斯宾诺莎,他指出权利就是一种免于干扰的条件。而后,霍布斯最早将法律与自由的关系明确化,其认为,权利是做什么或者不做什么的自由,是法律允许的自由,并受法律的保护。德国哲学家康德认为权利是自由意志之行使,法律的目的是个人的最大自由。黑格尔对权利的认定为:"法定的权利,不论是私人的或是国家、市政等公共的,原先就称之为'自由'……每一个真正的权利就是一种自由。"⑤而在我国,主张此观点的学者也非常多。如程燎原与王人博的"权利就是自由意志支配的,以某种利益为目的的一

---

① 梁治平:《寻求自然秩序中的和谐——中国传统法律文化研究》,中国政法大学出版社 1997 年版,第 173 页。

② 参见张文显主编:《马克思主义法理学——理论、方法和前沿》,高等教育出版社 2003 年版,第 283 页。Mill, Utilitarianism, *On Liberty and Considerations on Representative Government*, J. M. Dent & Sons Ltd, 1972, p. 50.

③ 夏勇:《权利哲学的基本问题》,载《法学研究》2004 年第 3 期。

④ 《饮冰室合集·十种德性相反相成义·自由与制裁》。

⑤ 周辅成编:《从文艺复兴到十九世纪资产阶级哲学家政治思想家有关人道主义人性论言论选辑》,商务印书馆 1966 年版,第 681 页。

定的行为自由"[①]。谢晖认为的"所谓权利,是主体自由的普遍实现受到困扰时,对自由的法律界定"[②]。郭道晖的"从法理上说,权利是人的自由、人格的具体化、客观化的表现"[③]。卓泽渊的"法律权利是指社会主体享有的法律确认和保障的以某种正当利益为追求的行为自由"[④]。但实则自由权仅仅指特定的自由,而就一般的自由而言,自由权的概念只包括狭义的自由,并未包括所有的自由,因此权利即自由的观点过于宽泛。另外,对于自由这一概念暂且也未能有公认的定义,自由内涵的抽象性更加强了权利概念界定的不可确定性。

四、权利利益说

权利利益说的观点最早可追溯至18世纪末至19世纪初的功利主义法学派形成时期,以边沁为代表,其认为法律就是为实现最大多数人的最大利益而存在的,因而权利源于利益的要求,权利是法律承认和保障的利益,总的来说,利益是权利的基础。后继者奥斯丁也认为"权利之特质在于给所有者以利益"[⑤]。而德国法学家耶林更是直接将利益作为权利概念的指称范畴。耶林对于权利概念的贡献甚至被庞德赞誉为:"耶林通过使人们注意权利背后的利益,而改变了整个权利理论。"我国也有学者采用这种观点。具体阐述如"权利者,为法律所设定及保护之利益,而为特定人所享有者也"[⑥]。"权利是国家用法律明确规定并用国家的力量保障公民享受的某种利益。"[⑦]"权利的基本要素是利益,利益既是权利的基础和根本内容,又是权利的目标指向,是人们享受权利要达到的目的(以及起始动机)之所在。"[⑧]"法律赋予人们享有的某种权益,表现为享有权利的人有权作出一定行为和要求他人作出相应的行为(义务),在必要时可请求有关国家机关

① 程燎原、王人博:《赢得神圣——权利及其救济通论》,山东人民出版社1993年版,第31页。

② 谢晖:《法律信仰的理念与基础》,山东人民出版社1997年版,第339页。

③ 郭道晖:《法的时代呼唤》,中国法制出版社1998年版,第61页。

④ 卓泽渊主编:《法理学》,法律出版社2002年版,第107页。

⑤ Austin, *The Province of Jurisprudence Determined*, Weidenfeld & Nicholson, 1954, p. 140.

⑥ 袁坤祥:《法学绪论》,台北,三民书局1981年版,第115页。

⑦ 李步云、徐炳:《权利和义务》,人民出版社1986年版,第1页。

⑧ 文正邦:《有关权利问题的法哲学思考》,载《中国法学》1991年第2期。

(法院、行政机关)以强制性的协助实现其权益。”[①]然而,对于这一观点的质疑也同样存在。首先,并非所有的利益都是权利,如特权是个别人的利益,其不能被视为权利;其次,利益是相对的,因人而异,因时而异,不具备普遍性;最后,权利与利益并不能等同,不能认为享有权利就等于获得实际利益,很多时候行使权利并不能获得预期利益。

五、权利法力说

权利法力说将权利表述为法律赋予权利主体的维护或享有特定利益的力量,是对权利相对人的支配力。如19世纪德国法学家梅克尔认为,权利是由法律和国家权力保证人们为实现某种特定利益而进行一定行为的“力”。[②] 霍菲尔德认为,权利是一个人通过作一定行为或不作一定行为而改变法律关系的能力或权力。庞德指出,权利是指创立、改变或剥夺各种狭义的法律权利而创立或改变各种义务的能力(权力)。美国学者萨拜因此讲到权利是指“一个人在行使自愿行动的能力时应得到法律的保护和国家当局的支持”[③]。我国学者也有持这一观点的。如“权利者,法律所确认之利益而具有排除力也”[④]。“权利者,据法律使他人得认自己正当行为之力之谓也。”[⑤]“所谓权利,同为权利主体在法律上应有之力。”[⑥]“权利者法律上之力也。”[⑦]总之,法力说强调权利与能力或权力的内在逻辑关系,这一学说将权利作为一种手段,赋予了权利积极主动性,是权利主体对权利的实现,只是该学说过于强调权利源于国家和法律的观点,忽视了权利构成的内容。

---

① 侯宗源主编:《马克思主义法学原理与社会主义法制建设》,河南人民出版社1992年版,第258页。

② 参见佟柔主编:《中国民法学·民法总则》,中国人民公安大学出版社1990年版,第68页。

③ [美]萨拜因:《政治学说史》(上册),盛葵阳、崔妙因译,商务印书馆1986年版,第82页。

④ 丘汉平:《法学通论》,商务印书馆1935年版,第91页。

⑤ 高维濬:《法学通论》,国立编译馆1943年版,第89页。

⑥ 李肇伟:《法理学》(第4版),中国人民大学出版社1979年版,第273页。

⑦ 郑玉波:《法学绪论》(影印本),台北,三民书局1981年版,第115页。

六、权利可能说

权利可能说旨在说明权利是法律宣告的处于待行使状态的规范，是权利人作出一定行为的可能性，是义务人作出相应协助行为的可能性，是国家机关或国家强制力给予保障的可能性。这是苏联法学界的主流观点。[①] 马克斯·韦伯也曾提到过这一观点，即"我们已经将权利的存在定义为：某人一定希望实现的可能性"[②]。这些观点对我国法学也产生过深远影响。如吕世伦所讲的"所谓权利，实际上就是人们为满足一定的需要，获求一定利益而采取一定行为的资格和可能性"[③]。这实则就是将权利作为一种可能。但这一观点只表达了权利的应然状态，未关注到权利的实然层面。

七、权利规范说

根据权利规范学说，权利被理解为法律所允许作出的，或者所保障的，权利主体作出或不作出一定行为，义务主体相应地为或不为一定行为的尺度。如苏联学者雅维茨认为："个人的权利是一个人得到法律保证的能做行为的尺度，它保证在现有的生产和交换关系基础上的自主性、选择自由和对物质和精神福利的享用。"[④]我国学者孙国华也指出："权利是权利人为了满足他的利益而采取的，并由其他人的法律义务所保证的被允许的行为的尺度。"[⑤]《中国大百科全书·法学》也提到："权利指法律对法律关系主体能够作出或不作出一定行为，以及要求他人相应作出或不作出一定行为的许可与保障。"[⑥]其他学者同样认为："权利是指国家对人们依照法律规定可以自主决定作出的某种行为的许可与保障，人们通过

---

① 参见吕世伦、文正邦主编：《法哲学论》，中国人民大学出版社1999年版，第544页。

② ［德］马克斯·韦伯：《论经济与社会中的法律》，张乃根译，中国大百科全书出版社1998年版，第99页。

③ 吕世伦、文正邦主编：《法哲学论》，黑龙江美术出版社2018年版，第351页。

④ ［苏］雅维茨：《法的一般理论——哲学和社会问题》，朱景文译，辽宁人民出版社1986年版，第159页。

⑤ 孙国华：《法学基础理论》，天津人民出版社1988年版，第348～349页。

⑥ 中国大百科全书出版社编辑部编：《中国大百科全书·法学》，中国大百科全书出版社1984年版，第458页。

实施这样的行为直接或间接地获取一定的利益。”①“从实质上看,权利是国家通过法律规定,对人们可以做出某种行为的许可与保障。”②“可以把权利解释为规定或隐含于法律规范中,实现于法律关系中的,主体以相对自由的作为或不作为的方式获得利益的一种手段。”③但这一学说将权利与法律、权利与义务相混同,这是它的局限性。④

八、权利选择说

权利选择学说主要在于论述权利是可以选择的,而义务则是被排除了选择,是不自由的。也就是说,权利主体的选择优于义务主体的选择,而法律保障权利主体这种选择的实现,即权利主体可以选择做或者不做某事,可以选择得到或者放弃某物,甚至可以强制要求取消或免除相对应的义务等。选择说有利于权利主体利益和自由的实现,给予了权利主体更多的主体性及相对于义务主体的优越性。比如,萨维尼、普赫塔和温德沙伊德以及哈特等人就比较提倡这一论点。然而,现实生活中也有部分权利是不具有可选择性的,如公民的人身自由不可剥夺也不可自我放弃,儿童接受父母教育的权利也不能拒绝。⑤

九、小结

康德在总结权利的定义时感慨道,问一位法学家什么是权利就像是问一位逻辑学家什么是真理那样,会让他感到为难。⑥ 诚然,权利的概念还总是不断地被不同学者加以阐释。然而,究竟何为权利?可以说有关权利学说都包含了对权利的某个或某些要素的真理性认识,是对权利内涵的局部性反映和表述。“权利是一个比自由、意志、利益、可能性、要求或主张等更基础的概念,即权利的各种属性和要素均基于权利这一基础性、母体性上位概念派生出的次概念。”⑦本书认为,

① 王勇飞、张贵成主编:《中国法理学研究综述与评价》,中国政法大学出版社 1992 年版,第 286 页。

② 刘金国、张贵成主编:《法理学》,中国政法大学出版社 1992 年版,第 164 页。

③ 张文显主编:《法理学》,高等教育出版社 1999 年版,第 86 页。

④ 参见范进学:《权利政治论》,山东人民出版社 2003 年版,第 13 页。

⑤ 参见张文显:《法学基本范畴研究》,中国政法大学出版社 1993 年版,第 81 ~ 82 页。

⑥ 参见[德]康德:《法的形而上学原理》,沈叔平译,商务印书馆 1991 年版,第 39 页。

⑦ 范进学:《权利政治论》,山东人民出版社 2003 年版,第 20 页。

也许只能采用分析综合的方法进行概述。正如夏勇在《人权概念的起源》一书中所提到的，权利最基本的要素可以归结为利益、主张、资格、权能、自由等5个方面，“以其中任何一种要素为原点，以其他要素为内容，给权利下一个定义，都不为错”①。这也可以看作对于权利内涵不确定性的揭示。当然，权利概念的难以界定与其过度使用也存在一定的关系，这一点将在第五节中进行阐述。

第二节　权利基本属性之相对性

相对性是权利的基本属性或基本特征之一，几乎所有的法理教科书都认可这一观点的成立。另外，通过对知网的检索可发现，关于权利相对性这一问题的专题论述文章也比较多。如刘作翔在《权利相对性理论及其争论——以法国若斯兰的“权利滥用”理论为引据》一文中论述到，相对性是现代法律观念谱系中的一个重要种类，权利相对性理论是一个更加具体化的、更具现代性的理论，是认识权利现象的途径。② 黄俊辉在《论相对性是权利的基本特征》一文中从权利的产生依据、存在状态、实现条件以及社会发展的外在要求等方面总结了权利的相对性特征。③ 另外，不少学者在权利的理论探讨或具体权利的研究中均涉及权利相对性的内容。④ 总之，权利应受到限制是一条不言自明的公理学说，并不存在绝对化的权利。

---

① 夏勇：《人权概念的起源》（修订版），中国政法大学出版社2001年版，第43～44页。

② 参见刘作翔：《权利相对性理论及其争论——以法国若斯兰的“权利滥用”理论为引据》，载《清华法学》2013年第6期。

③ 参见黄俊辉：《论相对性是权利的基本特征》，载《社科纵横》2008年第10期。

④ 如李燕：《未经同意的治疗：知情同意权的相对性——兼评〈侵权责任法〉第56条》，载《法学论坛》2011年第5期；胡素清、郑国庆：《从SARS防治看患者权利的相对性》，载《中国医学伦理学》2003年第3期；洪彩霞：《债权与物权的相对性——读我妻荣的〈债权在近代法中的优越地位〉》，载苏力主编：《法律书评》第3辑，法律出版社2005年版，第159页；孙世彦：《从〈公民权利和政治权利国际公约〉看人权的普遍性与相对性》，载《人权》2009年第4期；李林：《人权的普遍性与相对性：一种国际的视角》，载《学习与探索》2006年第1期。

一、权利的相对性

“权利相对性揭示了权利的真相和本相，反映了权利的本质属性。”①之所以认为相对性是权利的基本属性，本书主要从以下三方面进行阐释。

（一）权利的相对性产生于人的社会性

“对基本权利之限制，根本还在于吾乃人之社会，个人不可能无视与社会的关系而生存，所以，人权尤其在与他人的人权之关系上受到制约，也是当然的。”②人作为群居动物，是类的存在，并不是单个个人的存在，因而人总处在一定的社会关系中。而作为社会形式的个人，总会与他人发生各种各样的联结。因此，在人与人复杂的交往关系之中，当一方主体具备一定条件时，如身份、年龄、行为的动机或者目的等，作为其资格利益的享有或自由意志的主张之权利也得以产生。这便是权利产生的社会性以及条件性。另外，产生于社会交往中的权利也具有社会的属性。权利不能外在于社会而存在，故任何权利不能脱离社会环境的影响，不能离开历史条件的制约，权利是与其所在的社会历史息息相关的。同时，作为社会关系范畴的权利概念，也必须考虑到权利主体权益与他人权利、集体利益或国家公益之间的相互影响与相互作用，不能为所欲为，权利的有限性也因此被提出。③ 概言之，人的社会性决定了权利的相对性，进而对权利谦抑提出了要求，即“在这里，‘为权利而斗争’并没有像它应当做到的那样带来和平，而是带来了最剧烈、最恶意的冲突”。因为“在每一件事上都坚持自己的利益的人，会使得生活对他自己和他周围的人都难以忍受。某种程度的忍让是和睦交往的一个绝对的前提”④。

（二）权利的相对性由权利的利益内核所决定

权利本质上是对利益的保护或对自由的追逐，极易造成扩张的危险。“利益

① 刘作翔：《权利相对性理论及其争论——以法国若斯兰的“权利滥用”理论为引据》，载《清华法学》2013 年第 6 期。

② ［日］芦部信喜著、高桥和之增订：《宪法》（第 3 版），林来梵等译，北京大学出版社 2006 年版，第 95 页。

③ 参见［法］孟德斯鸠：《论法的精神》，张雁深译，商务印书馆 2004 年版，第 183 页。

④ ［德］弗里德里希·包尔生：《伦理学体系》，何怀宏、廖申白译，中国社会科学出版社 1988 年版，第 535 页。

是人们满足一定的客观产生的需要的集中的持续较长的目的……有时是更加增强的要求。”[①]利益是对人们需求的满足，从利益满足的内在要求来看，在利益追求满足之始，满足的边界便已经产生了。故此，利益满足的程度并不是无止境的，利益的满足应局限在合法合理的范围内。另外，由于社会资源的有限性，私人之间的利益或私人的利益与集体或国家的公益势必会存在冲突，因此个人的利益的满足也并不是漫无边际的，需要在社会利益或国家利益之间寻找平衡。再有，人性的缺陷会导致利益欲望的扩张，若不加以限制，人性中的“恶”将会推动利欲走向极端，这就是权利应受到限制的先验基础。如休谟就提出著名的“无赖原则”，即“必须把每个人都设想为无赖之徒确实是条正确的政治箴言”[②]。综上，权利的相对性是权利利益内核的内在要求。

（三）权利的相对性体现为权利与义务的一致性

权利与义务关系的一致性是权利相对性的法理体现。首先，权利与义务相伴而生，权利与义务所指向的对象是同一的，权利与义务的内容是统一的。权利与义务是相互依存的，权利与义务针对的是同一行为，并且这一行为对当事人一方来说是权利，对另外一方来讲是义务。其次，权利的实现需要相对方的配合。“没有无义务的权利，也没有无权利的义务。”一方权利得以行使取决于另一方义务的履行，如果义务人不履行义务，则权利人不可能享受到权利。最后，权利与义务一一对应。在具体的法律关系中，权利与义务在数量上是等值的，不可能存在权利多于义务的情形。并且，就整个社会生活中权利与义务的总量来讲，两者也是基本对等的。

二、对权利绝对性理论的澄清

（一）并不存在绝对权利

“任何权利都会受到一定的限制，绝对的不受限制的权利是不存在的。”[③]首

---

① ［捷］奥塔·锡克：《经济—利益—政治》，王福民、王成稼、沙吉才译，中国社会科学出版社 1984 年版，第 77 页。

② ［英］休谟：《休谟政治论文选》，张若衡译，商务印书馆 1993 年版，第 27 页。

③ 赵宏：《限制的限制：德国基本权利限制模式的内在机理》，载《法学家》2011 年第 2 期。

先,根据社会契约理论的建构模型,从人类最初的自然状态到契约社会,就是人类对绝对自然权利的放弃,以此转向权利的相对性。学者们也多次谈及权利限制的正当性。如孟德斯鸠与博登海默从自由的限制谈及权利限制,即孟德斯鸠曾论述:“自由是做法律许可的一切事情的权利,如果一个公民能够做法律禁止的事情,他就不再有自由了,因为其他的人同样会有这个权利。”[①]博登海默也认为,无论如何也不能把自由权利看作绝对的和无限制的权利。为了社会福利,自由必须受到某些限制。如果自由不加限制,那么任何人都会成为滥用自由的潜在受害者。[②] 另外,我国学者也论述过权利乃至基本权利的限制,即“国家基于对人性善恶、权利性质、公私权益的合理考量,获得限制公民基本权利之正当性”[③]。“公民基本权利限制具有坚实的法哲学基础,人性预设奠定了其理论原点,利益选择是其逻辑起点,解决权利冲突是其直接原因,具有权利保障之根本目的是其目的正当性的基础,社会秩序与国家目标的现实需要,保证了公民基本权利限制的现实合理性基础。”[④]

其次,在实践中,绝对的权利是不存在的。如边沁在《答宣言》中所描述的:“如果追求幸福的权利是一项不可剥夺的权利,那么为什么要禁止盗贼通过盗窃来实现这种权利呢?”[⑤]法国卡尔曼法院在烟囱案件中也阐明了权利应该受到限制这一观点——“财产权在原则上虽似乎是一种绝对的权利,准许所有权人使用而滥用一种物件,然而这权利的行使,如一切权利的行使,应以满足一种合法而正当利益为范围”[⑥]。我国学者程燎原、王人博也指出:“有了权利的人也不能对权利肆意放纵,掠夺式的权利不仅会使人丧失尊严,而且也会毁坏秩序的和谐。”[⑦]

最后,虽然直到20世纪80年代,学者们还在追问权利的绝对性,可是详细分析他们的研究内容后可以发现,就算学者肯定绝对权利的存在,但这个绝对权利

---

① [法]孟德斯鸠:《论法的精神》,张雁深译,商务印书馆2004年版,第183页。

② 参见公丕祥:《法制现代化的理论逻辑》,中国政法大学出版社1999年版,第273页。

③ 胡肖华、徐靖:《论公民基本权利限制的正当性与限制原则》,载《法学评论》2005年第6期。

④ 张勇:《论公民基本权利限制的法哲学基础》,载《经济与社会发展》2007年第7期。

⑤ [美]罗纳德·德沃金:《认真对待权利》,信春鹰、吴玉章译,中国大百科全书出版社1998年版,第126页。

⑥ [法]路易·若斯兰:《权利相对论》,王伯琦译,中国法制出版社2006年版,第13页。

⑦ 程燎原、王人博:《赢得神圣——权利及其救济通论》,山东人民出版社1993年版,第1页。

也是相对的绝对。如美国学者阿兰·格沃斯(Alan Gewirth)在《存在绝对的权利吗?》和《存在绝对的权利》两篇文章中阐述的就是相对的绝对权利。[①] 也就是说,在格沃斯那里,绝对的权利意味着在权利相互冲突的情况下,绝对的权利是不会受到侵害的。当然,这一绝对权利并不是抽象意义上的,而是在某一情况下的绝对,可以说是"相对的绝对",或"具体的绝对主义"。这样意义上的绝对权利并不是通过抽象的概念逻辑推导出来的,而是必须与经验的、历史的结果相符合。

(二)权利绝对性是一种误读

我国古代较多的是体现家庭集体主义的法律文化思想,特别是封建时期,社会均以家庭为单位享有权利、承担责任。改革开放之前,人们的权利观念未能充分觉醒,权利的相关制度没有建构完善,权利在现实生活中的实现也不够充分。改革开放以后,经济飞速发展的同时,人们的权利意识迅速提升,权利话语的兴起在一定程度上表明了社会的进步。然而,需要注意的是,"权利"一词在我国出现是受到西方法律文化的影响。[②] 但是,认为权利是绝对的实则是对西方权利观念的一种误解,也是对思想家们权利学说的片面解读,或者说,权利绝对理念是对西方权利观念的偏见。原因如下:

首先,人们在吸收西方自由主义权利观与个人主义权利观时,往往忽略了上述权利观产生的社会背景。自然权利理论的发明,主要是基于资产阶级反对封建统治的斗争。在人们权利得不到保障的封建时期,在人与人所享有的权利并不平等的特定背景下,"天赋人权"理念的出现有其社会使命,对于权利的实现也有着重要意义。

其次,"私有财产神圣不可侵犯"更多是作为一种政治权利话语被大肆宣扬,所以人们也很容易被政治权利的话语所影响,进而忽略学者们在论述相关权利时所一同论述的权利有限性。以作为将"天赋人权"理论系统化的大思想家洛克和卢梭为例,他们在阐释自然权利的同时也强调权利的限制。比如,洛克指出,一个

---

① See Alan Gewirth, *Are There any Absolute Rights*? 122 The Philosophical Quarterly 1(1981). Alan Gewirth, *There are Absolute Rights*, 129 The Philosophical Quarterly 1 (1982).

② 如在我国,最早将"权利"一词译为"right"是在1864年的《万国公法》一书中。参见[美]惠顿:《万国公法》,[美]丁韪良译,何勤华点校,中国政法大学出版社2003年版。

人的权利要受到冷静的理性和良心的指示,需要受到约束他的自然义务的限制。此外,洛克还提出关于私有财产权的限制,即人被禁止获取和占有多于在其所得之物腐败前他能使用的财产。又如,卢梭虽高呼人人生而平等,但也在主张个人拥有自然权利的同时,提出主权性的集体公意具有至高无上的位置。另外,卢梭还阐明了自然人有最初的怜悯,而这使人有将自身置于受害者位置的能力,进而爱己的冲动被缓解,追求自身福利的激情被缓和,个人权利也因此具有内在边界。

最后,我国非常重视私有财产的保护,但在我国所有现行有效的法律法规中,并未将私权上升至私权神圣不可侵犯的高度。无论是拥有最高法律效力的《宪法》,还是开启私权保护新时代的《民法典》,均未对这一原则有明确的交代。如《宪法》第 13 条第 1 款规定的是"公民的合法的私有财产不受侵犯"。《民法典》第 3 条也明确"民事主体的人身权利、财产权利以及其他合法权益受法律保护,任何组织或者个人不得侵犯"。由此可见,在我国合法的私有财产才受到保护,合法是对私权的规范性限制。

第三节　谦抑原则在法学研究中的展开

"谦抑"一词,虽然在我国日常用语中并不常见,但"谦抑"确实是一个地道的汉语词汇。就内涵来看,该词汇包含了"谦让""恭敬""不自满""慎密""遏止"等意思。另外,在法学领域,"谦抑"并不是一个生硬的低频词,其相关的法学研究最先出现在刑法领域,而后谦抑理念广泛应用于经济法、民商法、行政法等部门法领域以及司法、立法领域。因而,将"谦抑"一词引入法理学领域有其研究基础,也符合学术发展趋势。

一、"谦抑"一词的概念界定

从词源方面来说,"谦抑"是地道的汉语词汇还是作为舶来品的外文词汇,是存在争议的。一般来说,学者们习惯于将"谦抑"作为日译法律概念。如在 2006 年的"刑法谦抑在中国"的"四校"刑法学高层论坛中,刑法学界的专家们就倾向于这一观点。甚至陈忠林主张"谦抑"一词在汉语词典里查不到,它不是汉语,是外国语,因而刑法谦抑的提法并不科学,应该用"不得已"替代谦抑。[①] 然而,也有个别学者对此进行了澄清,如当时在日本东京大学攻读硕士课程的刘淑珺就认为实际情况反而是"日语中的'谦抑'一词原本来源于汉语"[②]。受其启发,在《地方立法谦抑论》一书中,笔者提出了倾向于支持"谦抑"是一个地道的汉语词汇的观点。[③] 理由有:第一,在我国古代有诸多关于"谦抑"一词的应用。如《新五代史》[④]、《旧唐书》[⑤]等古籍中均出现了"谦抑"一词。第二,日本文字深受汉字影响,因而,很多日语中的字词其实是源于汉字。这一点从两国历史文化的交流过程中就可以得到印证。而"谦抑"是日本从中国借用的汉字,这一可能性很大。如日本《新明解汉和辞典》中对"谦抑"一词进行深度解释的例句就是引用了王守仁《教条示龙场诸生》中的"不以聪慧警捷为事,而以勤确谦抑为上"[⑥]。更有日本学者认为刑法谦抑的思想源于我国古代,如小暮得雄用"约法三章"的典故来说明刑法要有限度。[⑦] 第三,"谦抑"一词在日本也并不是日常用语。日本著名刑法学者中山研一在2005年的博客日志《专门的法律用语》中就专门提到,其在出版《刑法的基本思想》一书时就有很多读者反馈"谦抑"一词并不常使用。[⑧]

然而,确实需要承认的是,"谦抑"作为一个汉语词语,在我国的日常用语甚至是书面语言中使用的频率也都较低。比如,《现代汉语词典》《辞海》等大多数词典工具书都没有收录这一词,而在当今世界上规模最大、收集汉字单字最多、释义最全的一部汉语字典——《汉语大词典》中可以查到该词语,但其对该词也没有作过多的释义。该词典仅表示"谦抑"一词"犹谦逊",然后列举了"谦抑"在古

---

① 参见徐卫东、李洁等:《刑法谦抑在中国——四校刑法学高层论坛》,载《当代法学》2007年第1期。

② 刘淑珺:《日本刑法学中的谦抑主义之考察》,载《刑事法评论》2008年第1期。

③ 参见吴玉姣:《地方立法谦抑论》,知识产权出版社2020年版,第5~6页。

④ 《新五代史·世家·南唐世家第二》:"徐氏诸子请昇复姓,昇谦抑不敢忘徐氏恩,下其议百官,百官皆请,然后复姓李氏,改名曰昇。"

⑤ 《旧唐书》中有"帝既视朝前后殿,而于听事犹持谦抑""位即将相,无忘谦抑"等有关"谦抑"一词的应用。

⑥ 刘淑珺:《日本刑法学中的谦抑主义之考察》,载《刑事法评论》2008年第1期。

⑦ 参见刘淑珺:《日本刑法学中的谦抑主义之考察》,载《刑事法评论》2008年第1期。

⑧ 参见中山研一:《専門の法律用語》,载中山研一の刑法学ブログ博客2005年10月15日,https://knakayam.exblog.jp/2893851/.2024-5-30。

文中的三处应用以此来说明“谦抑”一词的内在含义。这三处应用即“唐沈传师《次潭州,酬唐侍御、姚员外游道林岳麓寺题示》诗:‘含香珥笔皆眷旧,谦抑自忘台省尊。’明沈德符《野获编·内阁三·宰相对联》:‘然词旨谦抑,胜张之夸诩多矣。’端木蕻良《科尔沁旗草原》十六:‘王灵仙便谦抑地把功德都推在老佛的身上,说明了自己的清高。’”①。另外,“谦逊”一词在《汉语大词典》中的释义是“谦虚恭谨”。②

“谦抑”的含义究竟为何,本书斟酌再三,以《康熙字典》为依据,进行了相应的总结概述。作为汉字研究最主要参考文献的《康熙字典》,其虽然没有收录谦抑一词,但“谦”“抑”这两个字都有被收录其中。该字典中“谦”“抑”这两个字的解释均有几种。经过详细对比分析,在本书的讨论范畴内:“谦”字应该取第一种意思,即“敬”“让”“恭”“不自满”;“抑”字应该取第二种和第五种意思,即“慎密”与“遏、止”。具体为:“谦”——“《说文·言部》:‘敬也。’《玉篇·言部》:‘让也。’《增韵》:‘致恭也。不自满也。’”③“抑”——“慎密也。《诗·小雅·甫宾》:‘威仪抑抑。’”“遏也,止也。《史记·平准书》:‘抑天下物名曰平准。’《后汉书·明帝纪》:‘章奏若有过称虚誉,《尚书》宜抑而不省。’”④

综上所述,结合“谦”“抑”“谦逊”等的词义来看,“谦抑”一词至少应该体现“谦虚”“抑制”“恭谨”“敬让”等意思,其中“谦虚”“抑制”表示己方行为,“恭谨”“敬让”则指向人与人的关系问题。

二、法学研究中的谦抑原则及其释义

法学中的谦抑原则最早出现在20世纪20年代的日本,主要应用于刑法领域。就我国法学界的相关研究来说,谦抑原则是在20世纪80年代刑法学者们从日本引入。随着刑法谦抑研究在我国的兴起,在司法领域,经济法、民商法、行政法等部门法领域,甚至立法领域,相关谦抑问题的研究也渐渐地被一些学者讨论,并且各领域的学者们都尝试阐述了各自学术领域谦抑所应具有的本质

① 罗竹风主编:《汉语大词典》(第十一卷上册),上海辞书出版社2008年版,第387页。

② 参见罗竹风主编:《汉语大词典》(第十一卷上册),上海辞书出版社2008年版,第390页。

③ 张玉书撰、冯涛主编:《康熙字典》,九州图书出版社1998年版,第2478页。

④ 张玉书撰、冯涛主编:《康熙字典》,九州图书出版社1998年版,第781页。

内涵。

在日本明确提出刑法谦抑的第一人是宫本英脩,其在1926年就提到了刑法的谦抑主义,大致意思是刑罚的行使是有限度的。[①] “二战”以后,谦抑主义在日本受到前所未有的重视,并继而发展成日本刑法学领域的关键词。而后,日本学者平野龙一在刑法谦抑内涵的具体化过程中做了重要工作,其将刑法谦抑这一理论的含义发展扩大化,认为刑法谦抑应该包含刑法的补充性、刑法的不完整性以及刑法的宽容性这三个方面的内容,奠定了刑法谦抑的内涵基础。[②]

在我国,刑法谦抑最早出现在甘雨沛和何鹏编写的《外国刑法学》中,该书于1984年出版,在他们看来,“谦抑就是意味着缩减或压缩”[③]。随后,在1995年、1996年,张明楷、陈兴良等学者相继阐述了刑法谦抑性的概念。如张明楷在《论刑法的谦抑性》一文中认为“刑法的谦抑性,是指刑法应依据一定的规则控制处罚范围与处罚程度,即凡是适用其他法律足以抑止某种违法行为、足以保护合法权益时,就不要将其规定为犯罪;凡是适用较轻的制裁方法足以抑止某种犯罪行为、足以保护合法权益时,就不要规定较重的制裁方法”[④]。陈兴良在《刑法谦抑的价值蕴含》一文中认为:“刑法的谦抑性,是指立法者应当力求以最小的支出——少用甚至不用刑罚(而用其他刑罚替代措施),获取最大的社会效益——有效地预防和控制犯罪。”[⑤]由此可见,刑法谦抑主要强调刑法制定和适用等方面的限度。经过二位学者的阐述,谦抑相关研究在刑法领域中大放异彩,并逐渐形成了刑法谦抑原则。而今,刑法领域中有关谦抑的研究可谓是经过了几十年的研习探讨,我国刑法学界对刑法谦抑的内涵以及刑法谦抑作为刑法的基本特征已基本达成共识,不仅相关理论研究较为成熟,在具体问题中有关刑法谦抑的探讨也

---

① 宫本英脩认为,刑法进行自我谦抑,不把所有一切违法的行为都作为处罚的原因,而是仅仅限定于特定的种类与范围,只处罚那些征表出适于科刑的特殊反规范性的违法行为,以上这样的态度,宫本英脩将其命名为刑法的谦抑主义。

② 参见[日]平野龍一、岩波书店编:《岩波讲座现代法.11,現代法と刑罰》,東京,岩波書店1965年版,第21~22页。

③ 甘雨沛、何鹏:《外国刑法学》(上册),北京大学出版社1984年版,第175页。

④ 张明楷:《论刑法的谦抑性》,载《法商研究(中南政法学院学报)》1995年第4期。

⑤ 陈兴良:《刑法谦抑的价值蕴含》,载《现代法学》1996年第3期。

是多角度、多方位的。[①]

随着刑法谦抑在定罪量刑方面的讨论,谦抑相关研究在法学领域首先外溢至司法领域,在民刑案件的审判、宪法与行政法方面的诉讼等研讨中均有谦抑的研究。司法谦抑的内涵在我国被陈云生较完整地阐述为:“司法谦抑,同义上也可以称为司法谦逊或司法谦让,完整的说法是‘司法谦抑(逊、让)与敬意’。”[②]在其看来,司法谦抑有广义与狭义的区别,其中广义的司法谦抑是包含刑事诉讼、民事诉讼、宪法诉讼、行政诉讼、劳动诉讼、知识产权诉讼等各个领域的审理和判决上的谦逊或谦让,而狭义的司法谦抑仅指宪法诉讼意义上的谦抑,指法院在进行宪法意义上的司法审查时对立法以及行政机关的行政法规、决定、命令、行为等表现出来的谦抑与敬意。而后黄先雄在其博士论文中对司法谦抑进行了更为详细的阐述,即“司法谦抑是指法院在裁判案件的过程中,在司法自由裁量权的范围内,基于各种原因对立法机关和行政机关的谦让与自我克制”[③]。

随即,在民法、经济法、行政法等其他部门法领域,学者们也开始研究相关谦抑问题,并试图阐释谦抑在各个部门法领域中的具体含义。如王立争在《民法谦抑性的初步展开》中指出民法谦抑性包括有限性和宽容性,有限性指民法不强制规定当事人意思自治可决定的事项,宽容性指民法应自觉担负起尊重和保护民事主体自由和权利的责任。[④] 王惠在《试论税法谦抑性》中论证,税法的谦抑性,是指税法基于物质制约性的本性而先天具备的,并经过立法、行政与司法体现出来的征税主体税权的收敛和对纳税主体私权的敬畏。[⑤] 经济法的谦抑,是指经济法应该保持谦恭和内敛,使国家干预让位于市场机制,经济法仅作为最后手段性

① 参见段晖、周卫军:《缓刑的刑罚谦抑性考察——兼缓刑的发展趋势探究》,载《当代法学》2001年第7期;徐岱、王军明:《刑法谦抑理念下的刑事和解法律规制》,载《吉林大学社会科学学报》2007年第5期;郭云忠、常艳、杨新京:《检察权谦抑性的法理基础》,载《国家检察官学院学报》2007年第5期;孔明:《刑法对经济犯罪规定的谦抑性缺失分析——以经济犯罪刑罚的现实配置为视角》,载《湖南社会科学》2008年第3期。

② 陈云生:《宪法监督司法化》,北京大学出版社2004年版,第395页。

③ 黄先雄:《司法谦抑论:以美国司法审查为视角》,法律出版社2008年版,第5页。

④ 参见王立争:《民法谦抑性的初步展开》,载《法学杂志》2009年第7期。

⑤ 参见王惠:《试论税法谦抑性》,载《税务研究》2011年第2期。

和补充性的机制而存在。[①] 行政法方面的谦抑[②]则包括适用范围谦抑以及在适用范围内程度的谦抑,即广度的谦抑和力度的谦抑。[③] 王春业在《论行政权谦抑性品格》一文中将行政权的谦抑品格要求为自我克制性、宽容性、谦卑性、合比例性。[④]

立法领域的谦抑研究体现在两方面:一是刑法、行政法、民法等部门法在提倡谦抑理念时,会涉及相关领域的立法谦抑,但这些只是在部门法谦抑的背景下提出来的立法方面的探讨,并不是专门性的研究,因而一般未对立法谦抑进行界定。二是专门研究立法领域的立法谦抑问题[⑤],具有代表性的是黄文艺的《谦抑、民主、责任与法治——对中国立法理念的重思》,其对于立法谦抑的阐释是:"把谦抑理念应用到立法领域,意味着立法要慎重和节制。当其他社会调整手段足以有效调整社会关系时,就不必进行立法;只有当其他社会调整手段不能有效调整社会关系时,才能立法加以调整。立法者既要有所为,该立的法必须立,同时也要有

① 参见刘大洪、段宏磊:《谦抑性视野中经济法理论体系的重构》,载《法商研究》2014 年第 6 期。"在自由主义和市场竞争基本假设下的私法能够发生作用的范畴内,经济法应保持必要的谦恭和内敛,让位于起决定性作用的市场机制,而不轻易使用国家干预,令经济法作为一个补充性和最后手段性的机制而存在。"

② 另外,黄温泉在《论行政行为的谦抑性——从"馒头必须是圆的"谈政府行为的边界》一文中阐明"行政行为的谦抑性,是指行政主体力求以最小的支出,少用甚至不用行政行为(而用其他替代措施)实现行政目标,获得最大的社会效益,以维护法治秩序"。参见黄温泉:《论行政行为的谦抑性——从"馒头必须是圆的"谈政府行为的边界》,载《江汉大学学报(社会科学版)》2012 年第 1 期。邓佑文在《谦抑理念在行政处罚中的展开》一文中认为行政处罚的谦抑蕴含谦和、节制和恰当三层意涵。参见邓佑文:《谦抑理念在行政处罚中的展开》,载《法学》2022 年第 10 期。

③ 参见张弘:《论行政权的谦抑性及行政法的相应对待》,载《政法论丛》2017 年第 3 期。

④ 参见王春业:《论行政权谦抑性品格》,载《广东行政学院学报》2015 年第 1 期。

⑤ 立法领域有关立法谦抑的研究如下:赵晓耕以及沈玮玮在研究中国古代立法时有提到过立法谦抑,但没有具体分析。参见赵晓耕、沈玮玮:《专业之作:中国三十年(1979-2009)立法检视》,载《辽宁大学学报(哲学社会科学版)》2010 年第 5 期。沈玮玮:《持法深者无善治:中国古代立法繁简之变》,法律出版社 2016 年版。周赟在对立法语言进行分析时,对立法(权)的谦抑做过大致描述,其认为立法(权)的谦抑包括宏观和微观两个方面,宏观上即"尽可能少而恰当地制定法律""立法者制定的法律不应动辄追求所谓的具体、详细",微观上即"尽可能少地干涉社会对立法之法的理解"。参见周赟:《立法语言的特点:从描述到分析及证立》,载《法制与社会发展》2010 年第 2 期。

所不为，不该立的法坚决不立。”[①]有关地方立法谦抑[②]的系统性表述是在《地方立法谦抑论》一书中，其是指“在地方立法领域，地方立法者以及地方立法参与者有必要秉承谦让、抑制、慎密、恭谨的宗旨进行地方立法活动，尽可能地达到地方性法规数量恰当以及地方性法规质量良好的目的”[③]。

当然，也有学者关注到政府权力谦抑问题以及数据主权的谦抑性问题。如《行政权力要恪守谦抑》、《权力越谦抑，权利越自觉》、《论服务型政府的谦抑性》、《从公权力的有限性论谦抑法治思维的应然》、《网民批评性表达追责应体现权力谦抑品质》以及《论数据主权谦抑性：法理、现实与规则构造》等文章。[④]

以上可以看出，谦抑的法学研究主要集中于公领域，或者主要针对权力的有限性及宽容性。至于直接关涉权利谦抑的相关研究，仅《由教师教育惩戒缺位引发的权利谦抑之法理思考》一文。该文明确提出：“权利谦抑是指主张‘权利’时应该秉承有限性与宽容性，警惕权利话语的狂热与过度。”具体而言，主要讲述“家长方在遇到教师正当教育惩戒时，应该保持有一份宽容、理解的心态，允许教师合理合法地适用一定的惩戒措施；而当教师教育惩戒过度时，家长方在维权的同时，也应该注意到不过分放大自己的权利，需要考虑教师在实施教育惩戒行为

---

① 黄文艺：《谦抑、民主、责任与法治——对中国立法理念的重思》，载《政法论丛》2012年第2期。

② 关于地方立法谦抑的提法之前仅见于报纸及领导讲话，且并没有对地方立法谦抑的含义进行阐释。如发表在《中国青年报》的《“停网停机”与立法的谦抑精神》一文讲述的是《辽宁省计算机信息系统安全管理条例(修订草案)》中有关停网停机的规定不符合立法谦抑性精神。参见邓海建：《“停网停机”与立法的谦抑精神》，载《中国青年报》2013年9月25日，第2版。江苏省政协十二届一次会议上王鸿声委员提出立法要遵守法的谦抑性原则。仅王春业的《论立法权扩容背景下地方立法的节制》(2018)提到了地方立法节制，但没有做过多的阐述，也没有将“地方立法节制”表述为“地方立法谦抑”一词。参见王春业：《论立法权扩容背景下地方立法的节制》，载《法学论坛》2018年第1期。

③ 吴玉姣：《地方立法谦抑论》，知识产权出版社2020年版，第9页。

④ 参见浦江潮：《行政权力要恪守谦抑》，载《山东人大工作》2014年第8期；晏扬：《权力越谦抑，权利越自觉》，载《领导科学》2008年第15期；汤梅、叶敏：《论服务型政府的谦抑性》，载《社会科学辑刊》2008年第6期；周晓燕、赵芳芳：《从公权力的有限性论谦抑法治思维的应然》，载胡卫列、韩大元主编：《法治思维与检察工作——第九届国家高级检察官论坛论文集》，中国检察出版社2013年版，第151～154页；陈堂发：《网民批评性表达追责应体现权力谦抑品质》，载《贵州省党校学报》2017年第5期；卜学民、马其家：《论数据主权谦抑性：法理、现实与规则构造》，载《情报杂志》2021年第8期。

时的教育本质,因而应当节制审慎地行使权利”①。但该文并没有深入展开探讨该问题。

第四节　权利谦抑的内涵诠释

一、权利谦抑的内涵

权利谦抑的内涵诠释首要是界定权利这一概念,然而对于权利概念的诠释并非易事。凯尔森曾写道:“毫不夸张地说,在所有的基本法律概念中,权利是在理论文献中最频繁地被讨论的概念。”②本书试图从权利的抽象定义、具体权利的认定、权利的结构类型等三个方面,概述笔者对权利这一概念的认知。

(一)权利的抽象定义

本章第一节论述了权利的内涵具有不确定性,至少存在 8 种学说解读,因此,要给权利下一个定义,只能采用分析综合方法,以一个要素为基点,以其他要素为补充,以此来说明权利的内涵。基于这一方法,张文显认为法律权利是“规定或隐含在法律规范中,实现于法律关系中的,主体以相对自由的作为或不作为的方式获得利益的一种手段”③。其试图对权利下一个具有普遍意义的定义。当然,这种致力于关注抽象的权利概念的定义方法存在一定问题,也有学者表示过反对。如夏勇在尝试着总结权利抽象定义的同时也不忘说明这样的定义是没有多大意义的——“权利是为道德、法律或习俗所认定为正当的利益、主张、资格、力

---

① 吴玉姣:《由教师教育惩戒缺位引发的权利谦抑之法理思考》,载《齐齐哈尔大学学报(哲学社会科学版)》2021 年第 10 期。吴玉姣在《法治思维破解家校难题之困境及出路》中提出:“在笔者看来,权利谦抑主要是指主张‘权利’时应该秉承有限性与宽容性,保有谦让抑制等法理精神,合理合法恰当地主张权利,警惕权利话语的狂热与过度。”吴玉姣:《法治思维破解家校难题之困境及出路》,载《黑龙江省政法管理干部学院学报》2024 年第 1 期。当然并不是说权利谦抑的相关问题没人研究,也有学者注意到权利宽仁的相关问题。参见郑智航、王刚义:《宽容意识与权利话语的逻辑转向》,载《法制与社会发展》2009 年第 3 期;陈根发:《宽容的权利》,载《法学研究》2009 年第 4 期。

② 雷磊:《法律权利的逻辑分析:结构与类型》,载《法制与社会发展》2014 年第 3 期。

③ 张文显主编:《马克思主义法理学——理论、方法和前沿》,高等教育出版社 2003 年版,第 289 页。

量或自由。不过,这个定义并不是完美的,甚至可以说是没有多大意义的”[①]。由此可见,对于权利概念内涵的认知,我们不能仅停留在抽象层面。

（二）具体权利的认定

介于抽象权利定义存在的问题,有学者开始探索具体权利概念的定义方法。如张恒山就指出,抽象的一般的权利概念界定只适用于一部分具体的权利,无法普及适用。但可能也正因如此,学者们关注到的具体权利并不同一,这便导致了权利之定义的不同,进而造成了权利定义的繁多。因此,张恒山最后提出从具体权利概念的结构入手解析权利概念问题,具体来说可以分为两类:一类是以人的行为为载体,蕴含着承认主体选择行为的自由或自主之义,表达着社会群体的赞同性评判意见的正当性（正当、可以）的精准意义上的“权利（抽象、一般的权利）”;另一类是以人的特定利益为载体,表达着社会群体的保护意愿,但并不赋予主体行为自由,这种“权利”概念被定义为“不应当”（侵犯）,是对外在主体（其他个体、组织和国家）提出的义务性行为约束。[②] 然而,这种权利概念的定义将一部分具体权利认定为义务,会带来权利与义务的混乱,进而可能造成理解上的困难。

（三）权利的结构类型

“在某种程度上,‘权利’一词界定的困难与其过度使用有关。”[③]权利的概念确实难以界定,笔者将试图通过概括权利的结构以及类型来认识权利。

对于权利的结构,学界一般认为可分为由自主行为权、要求他人权、保护请求权等三要素构成的内在结构,以及由人权、私权、公权等三个方面组成的外在结构。[④] 而关于权利的分类有很多种,比如从权利的存在形态来看,权利可以分为应有权利、习惯权利、法定权利、现实权利。其中,应有权利指的是应当享有且能

① 夏勇:《权利哲学的基本问题》,载《法学研究》2004 年第 3 期。

② 参见张恒山:《论具体权利概念的结构》,载《中国法学》2021 年第 6 期。

③ 夏勇:《权利哲学的基本问题》,载《法学研究》2004 年第 3 期。

④ 参见胡平仁主编:《法理学》,湖南人民出版社 2008 年版,第 70 ~ 72 页。“权利的内在结构:自主行为权即权利主体可以依法自主做出一定行为;要求他人权即权利主体可以依法要求他人履行与权利相关的义务;保护请求权即当权利受到侵犯时,权利主体可以要求国家机关予以保护。权利的外在结构:人权即人依据其自然属性和社会本质所固有的或应该享有的各种权利;私权即自然人作为市民社会成员所拥有的或应该拥有的享受个人生活、处理私人事务的权利;公权即公民个人给予以保护个人利益为目的的强行性法律规范而向国家提出某种请求或为某种行为的各种权利的总称。”

够享有但未经法律化的正当权利,又被称为道德权利;习惯权利是指在长期社会发展的过程中形成的,存在于人的意识或者社会生活中的权利,也被称为历史权利;法定权利是指经由立法宣布的法律明确规定的权利,或者依据法律精神或逻辑经验推定的权利,因此包括客观权利和推定权利两类;现实权利是实际享有以及实际行使的权利,也被称为主观权利。此外,权利的分类还有公权利与私权利;绝对权利与相对权利;主权利与从权利;实体权利与程序权利;原权利(第一性权利)与补救权利(第二性权利);基本权利与普通权利;一般权利(亦称绝对权利、对世权利)与特殊权利(亦称相对权利、对人权利、特定权利);个体权利、集体权利、国家权利、人类权利;人身权利、政治权利、经济权利、社会权利、文化权利、法律救济权利;等等。总之,从不同的侧重点出发可以将权利划分为不同的类型。

对权利的结构和类型论述比较清晰的是雷磊的《法律权利的逻辑分析:结构与类型》一文。"对权利进行分析的明智的开始,尽管不是终结,就是威斯利·霍菲尔德对'基本法律概念'的卓越的分类。"[①]雷磊以此为出发点,将法律权利分为请求权与自由两个部分。请求权的内部结构为"a 有权请求 b 做或不做 G",类型上包括不阻止行为请求权、不损害法益请求权、不消除法律地位请求权这三种消极行为请求权,以及积极的事实行为请求权、积极的规范行为请求权这两种积极行为请求权;而自由的基本结构为"a 相对于 b 可以做 G,也可以不做 G",类型上包括弱自由,以及包含消极自由权、积极自由权在内的两种强自由。强自由可以被还原为弱自由与特定请求权的结合,因此法律权利的结构与类型最终被表示为请求权与弱自由。[②]

二、权利谦抑的构成要素

无论是具体权利的认定还是权利的结构类型,实则均可以从对己以及对人关系论两个视角来解剖权利内涵。如现实生活中使用的具体、特定权利概念一般都是由"行为 + 权利(抽象、一般的)"所构成,其权利载体是人的行为,应该满足行为本体、意志支配、作用他人、非损他性等四要素。从这四要素就可以看出,以人

---

① L. W. Summer, *The Moral Foundation of Rights*, Clarendon Press, 1987, p. 18.

② 参见雷磊:《法律权利的逻辑分析:结构与类型》,载《法制与社会发展》2014 年第 3 期。

的行为为载体的权利蕴含着人与人的关系论。而另外少数具体、特定权利概念以特定利益为权利载体，要求外在主体（其他个体、组织和国家）履行一定义务。其仅对关系中的一方作出要求。此外，从法律权利的结构与类型最终被表示为请求权与弱自由来看，请求权是要求另外的主体做或不做某种行为，这涉及人与人的关系；而弱自由针对的是权利主体做或不做某一行为，仅规范了一方主体。同样地，“谦抑”的内涵也可以用关系论的视角来解析。如上述论证，“谦抑”一词至少体现了“谦虚”“抑制”“恭谨”“敬让”等意思，其中“谦虚”“抑制”表示己方行为，“恭谨”“敬让”指向人与人的关系问题。而根据法学中谦抑原则的研究以及笔者的前期探讨，权利谦抑主要表现在权利的有限性与宽容性两个方面。综上，权利谦抑的构成要素包括对己的有限性以及对人的宽容性这两个维度。具体而言：

权利谦抑中对己的维度，主要体现的是权利谦抑的有限性。具体包括两个方面的内容：第一个方面是对于权利的认知，要秉承权利的相对性以及有限性这一本质属性，审慎对待权利；第二个方面是在己方权利的行使中不能超过权利界限，需要自觉防范自我权利主张过度，节制主张权利。

权利谦抑中对人的维度，主要体现的是权利谦抑的宽容性，也包括两个方面的内容：一是面对其他主体的权利时，不能对他人、集体、社会、国家等的利益造成损害，要尊重他人权利；二是在权利互相冲突之时，应该保有推己及人的仁爱与友善，警惕权利话语的狂热，宽仁化解权利冲突。也就是说，无论是基于公益对私权的规范，还是基于私权间的相互制衡，权利均应恪守谦抑精神。

由此可见，权利谦抑的构成要素包括对己与对人两个维度，对己的维度体现的是有限性，主要有审慎对待权利与节制主张权利两方面内容；对人的维度体现的是宽容性，主要包含尊重他人权利、宽仁化解权利冲突等内容。

三、权利谦抑与其他概念的区分

权利谦抑内涵的明晰还需阐述其与权利有限性、权利滥用、权利冲突、侵权等相关概念的区别。本部分将明晰以上基础性知识。

（一）权利有限性

权利有限性以权利的存在为前提，用以说明权利自身的范围及界限。如作为重要物权之一的所有权，我国《民法典》中就详细规定了其各项内容，大致包括所有权的种类、所有权的具体内容、权利人及其行使的条件范围等，以此表示所有权也有其限制。权利有限性旨在明晰权利与非权利、此权利与彼权利的界限。

权利谦抑的重要内涵之一是认识权利的有限性，不把非权利当权利，不超过权利的界限范围，审慎对待权利。另外，权利谦抑有自觉的意味，即主动地自我节制权利主张，而权利有限性很多时候只是在描述一种权利的基本属性，或者权利有限性的提法是被动的。

(二)权利滥用

权利滥用一般指的是权利人享有权利，但是在权利行使或维护过程中违背权利所设定的宗旨，对他人、集体、社会、国家等的利益造成损毁。“权利滥用的构成应以故意或通过合比例性分析得出的过错推定为主观要件，以造成损害为客观要件。虽无主观过错但仍造成损害的权利行使行为，可能不构成权利滥用，而属于超出权利边界的行为。”①可以说，权利滥用的前提是权利的有限性，当权利的行使超过限度时构成权利滥用，权利滥用的后果可能构成民事侵权行为，也可能构成行政违法或刑事犯罪行为等。与此同时，权利滥用或禁止权利滥用是他者的眼光，是一种关于权利行使是否恰当合理合法的事后评价。另外，权利滥用的概念备受诟病。法国学者普拉尼奥尔亦持此种观点，他认为“滥用权利本身是个矛盾的字眼，权利不存在滥用，当滥用的时候权利已经不存在，它已经不是法律所承认的，在一定范围内行使的权利”②。我国学者也阐述过相似观点：“权利滥用的用语，其自身即属矛盾，因为我们行使我们的权利，则我们的行为不能不说是适法，假若认为违法时，则必然是逾越了权利的范围，而属于无权利行为。权利滥用伊始，即同时失去了其权利滥用的性质。”③

而权利谦抑意味着要主动地、自觉地防范自我权利主张过度，是站在己方的角度对即将作出的权利行使行为的一种事先规制，节制主张权利以免对其他权益造成

---

① 刘权：《权利滥用、权利边界与比例原则——从〈民法典〉第132条切入》，载《法制与社会发展》2021年第3期。

② 王利明：《民法新论》(上)，中国政法大学出版社1988年版，第135页。

③ 郑玉波：《民法总则》(影印本)，台北，三民书局1979年版，第407页。

损害。另外,权利谦抑不仅指权利滥用,还包括权利的不合理使用,如权利的行使不仅要符合法律规定以禁止滥用,还要求具备合理性,要在道德的容忍范围内。

(三)权利冲突

权利冲突包括权利的内部冲突与权利的外部冲突,内部冲突是指各种权利之间的冲突,外部冲突是指权利与秩序、安全、平等、福利等之间的冲突。[①] 本书聚焦于权利的内部冲突。权利冲突侧重的是权利不能共存的状态。权利滥用可能会产生权利冲突,但权利冲突的产生并不一定归因于权利滥用。如同一物上的两个物权或物权和债权的共存等,这样的情形下必然会产生权利冲突,需要法律进行具体规范或调整。"存在各种人的权利发生冲突的情况。在大多数场合,虽然不是在所有的场合,这种情况展现在某人所承担的与每一项权利相应的义务之间的冲突之中。他不可能同时履行它们,这意味着他必然要不尊重其中的一项权利。"[②]此外,在权利行使的过程中,权利冲突的情形也是存在的。而权利冲突的解决办法,一般是对两种权利的重要性进行衡量以作出抉择,同时要确保两者的相对平衡,因此出现权利位阶以及比例原则等学理探讨。当然,在权利冲突时,也要警惕权利滥用的出现。

而权利谦抑则偏向于,应待之以仁爱与友善,己所不欲勿施于人,警惕己方权利狂热以避免权利冲突或者权利发生冲突以后宽仁化解权利冲突。

(四)侵权

侵权是指侵害他人的财产和人身权益,构成民事侵权、行政违法或者刑事犯罪等行为。权利滥用是以权利合法存在为前提,但侵权的产生并不一定是以权利的存在为前提,侵权在很多时候是相关主体不享有合法权益而出于私利的目的行使的行为。当然,权利滥用在某些情况下可能构成侵权,如权利滥用对他人的合法权益造成损害,且这一损害达到相当程度时。另外,侵权是一种违法行为,有明确的法律依据或者具体法条规定。

---

① 参见程燎原、王人博:《赢得神圣——权利及其救济通论》,山东人民出版社 1993 年版,第 208 ~ 209 页。

② [英]A. J. M. 米尔恩:《人的权利与人的多样性——人权哲学》,夏勇、张志铭译,中国大百科全书出版社 1995 年版,第 145 页。

而权利谦抑则指在权利的享有、维护等过程中，要主动抑制侵权的产生，不仅包括法律所明示的权利，隐含的权益也在保护范围之内。

总之，权利谦抑实则是呼吁正当合理地认识权利、主张权利、维护权利，以及宽仁地尊重他人权利，以实现和合社会。因此，一切权利的非正常状态，权利主张过度、权利滥用、过度维权等均是本书的探讨范围。再有，权利谦抑精神还适用于本身无权而提出相关主张的情形，甚至也适用于自身有权但所提主张过分的情形，这也就意味着权利谦抑的应用场域并不以权利的真实存在和切实享有为前提，因而不仅在权利的正当行使时，在无权、越权乃至侵权的情境中，均应当呼吁权利谦抑精神。另外，不只是实体权利，权利谦抑也要求包括程序性权利。如滥用民事权利、刑事权利、消费者权利等实体权利，恶意诉讼、虚假诉讼等滥用诉讼权利，均与本书表述的权利谦抑精神不相符。权利谦抑所指向的并不只是公益，也包括私权。因而，不管是基于公益对私权的规范，还是由于私权间的相互制衡，权利均应恪守谦抑精神。这也就是为何本书第四章论证权利谦抑的现实必要时所剖析的案例并不仅限于权利的正当行使。当然，权利谦抑并不一味地要求忍让退却，而是主张有节制审慎地对待权利，因此也要注意权利谦抑的限度问题。这将在本书结语“权利谦抑的限度”部分予以说明。

第五节　权利谦抑的法理证成

基于“权利”一词的过度使用以及权利的确定需要长时间的积淀，权利谦抑概念的提出有其必要性，且权利谦抑是权利有限性、权利不得滥用、权利相对性等理论的更直白、正向、积极的进阶表达，由此权利谦抑有其正当合理性。以下将从两个方面证成权利谦抑理论。

一、权利谦抑概念提出的必要性

因权利概念被严重使用不当和过分使用，提出权利谦抑这一概念，以期能够缓解权利滥用现象，是权利谦抑概念提出的原初用意。不仅如此，权利的确定是一个历史范畴，需要经过长时间沉淀，这也提醒我们要审慎对待权利。

(一)权利概念被过度使用

权利概念被过度使用主要体现为权利观念从防御性权利到进攻性权利的转变、权利的扩张性以及变化性、权利权力化趋势、权利语词的抽象性等方面。

第一,权利观念的转变,即从防御性权利转变成进攻性权利。权利产生之初主要是为了制约与规范公权。当时法治并不完善,人们权利受损的情形时有发生,而与之相对,人民的权利意识尚未觉醒,因此需要更主动地对权利进行保障。当下我们进入权利的时代,[①]当然,权利仍应该受到保护,但与此同时"权利"好像被赋予了一个天然的、道德的、正当的光环,权利浪漫主义色彩严重,权利滥用现象突出。从熟人社会进入半熟人社会,[②]人与人之间的交往渐渐变得淡漠,权利内涵开始泛化,人们的权利观念也从之前的为权利斗争演变为争夺权利,甚至私权开始具有进攻性。如当我们想维护某个东西时,我们便努力地将其描述为一种权利,几乎一切诉求均可以被冠以权利之名,获得权利的保护。防御性权利转变成进攻性权利,大有从"风可进雨可进国王不可进"转变成"我在我的国度为所欲为"的趋势。而对象方面,权利之前所防备的是公共领域中公权力的侵犯,因此我们应为权利而斗争。然而,现在权利更多的是针对私领域的其他私主体的私权利,这种情形下,公众动不动就要争取权利,必然会带来各种问题。总之,并不是所有宣称的权利都值得一瞥,并不是所有宣称的权利都是权利。在私领域秉持权利谦抑精神有其必要性。

第二,权利的扩张性以及变化性。随着社会的发展、科技水平的飞速提升,权利主体与权利客体均处于增量状态。"'二战'后,人权的理论与实践(理论比实践更甚)实质上是沿着两个方向在发展,即普遍化与增值。"[③]诸如动物权的提出使权利主体从人扩张至动物。权利客体也有相应变化。总有新的权利不断产生,如工业污染的严重,使得对环境的保护日益迫切,由此与环境相关的权益相继出现;同时人随着需求的变化也会对原有权利有新的认识,如伴随信息技术的发达、

① 参见[美]路易斯·亨金:《权利的时代》,信春鹰等译,知识出版社1997年版。前言中称:"我们的时代是权利的时代。"

② 参见贺雪峰:《半熟人社会》,载《开放时代》2002年第1期。

③ [意]诺伯托·博比奥:《权利的时代》,沙志利译,西北大学出版社2016年版,第63页。

人工智能的出现,各种自媒体繁荣使“人人皆媒”,隐私权越发重要与迫切,而相对的,这就要求改变民众对知情权的认知与行使,以加强对隐私权的保护。总之,各种权利均需要根据社会发展情况来准确界定,以避免滥用。

第三,权利权力化现象日益增多。随着公法与私法划分的界限不再明显,社会法出现,私权利主体将权利当作公权力而行使的情形也日渐突显。如在现实的劳动合同关系中,资方和劳方并不处于一种平等地位,资方处于优势地位,总扮演着发号施令的权力者角色,而劳方更多的是作为接受指令的服从者。当然,权利权力化还表现为私权利主体通过对公权力主体的各种诸如利益输送、拉拢诱惑、诱蚀恐吓等方式,迫使权力主体将权利权力化。

第四,权利语词的抽象性。具体权利的核心意思一般较为明确,然而由于语词的抽象概括性,使其边界难以界定,因此权利的种类无法穷尽。当理论的权利具象化为现实生活中形形色色的行为时,权利行为的行使能否正当合理,在纷繁复杂的现实中也难以得到保证。这些均为权利的滥用提供了更多可能。

权利滥用最终将导致权利成为欲望的表达。将权利简单等同于请求、愿望、需要或资格,在提出权利的主张时不考虑这一权利是否存在迫切的社会需求,没有注意到原来行使权利的个人也可能受到诱惑把权利用到极限,这样的绝对化权利观最终只会将权利贬损至仅仅是对于那些无节制的欲望与需求的表达。例如“乞讨权”“亲吻权”“视觉心理卫生权”等权利主张就曾引发过热烈讨论。“权利话语广泛的社会普及所可能带来的一个消极后果就是,‘权利’的神圣性与严肃性在这种普及性的权利话语的言说中被有意无意地消解或者媚俗化。比如,只要打开网络查询‘权利’一词,诸如‘哭的权利’和‘不快乐的权利’之类的说法为数不少,而这就是这种‘权利’被庸俗化的现实例证。”①另外,权利的行使与权利的实现并不是时常处于同频,也可能存在背反的情形。甚至还有学者直接提出:“随着对权利的需求逐渐猛增,它们的实现也变得越来越困难。”②

学者们也很早就注意到“权利”一词已被过分使用。如 1988 年出版的英国《牛津法律大辞典》“权利”条目就直截了当地感叹道:“权利,这是一个受到相当

① 姚建宗:《新兴权利论纲》,载《法制与社会发展》2010 年第 2 期。

② [意]诺伯托·博比奥:《权利的时代》,沙志利译,西北大学出版社 2016 年版,第 59 页。

不友好对待和被过度使用的词。”[①]在当下中国，权利概念越发被严重不当使用。如姚建宗在《新兴权利论纲》一文中提出：“在当代中国，当权利已经逐渐登上社会主义法治的圣坛并日享神圣的荣耀时，我们也真真切切地需要对权利保持着欣喜与忧虑、激情与理性、鼓动与克制之间的微妙的平衡。”[②]张恒山甚至发出感慨，人们随心所欲地将权利与任意的实体性事物连接起来，创造出了众多的未经证成的非规范的具体权利名目，这就导致了用一个统一的定义去界定何为权利，或者用一个统一的功能性解释去统摄所有种类的权利，注定是徒劳无功的，权利概念的释义是公认的世界性法学难题。[③] 这也是本书在权利内涵的不确定性这一节所提到过的，“权利”一词的过度使用，导致了权利的无法界定。“问一个法学家‘什么是权利？’就像问一位逻辑学家一个众所周知的问题‘什么是真理？’同样使他感到为难。”[④]法学家尚且难以回答何为权利，更何况普通公民。因此，对于什么是权利、该行为属不属于权利的范畴、权利应该如何行使才正当合理进行界定是存在一定困难的。这也是本书主张应当秉承权利谦抑的原因。

综上所述，本书提出权利谦抑，试图遏制将权利主张仅仅作为一种与权利相关的策略性行为或者修辞而大加宣扬的现象。当然，也正因如此，为解决上一问题，本书权利谦抑中的权利概念仅作为一个描述性用语，或在观念性意义上使用，并非严谨的定义式概念或者严格的法学范畴概念，即其是用来大体上描述某些权利诉求现象或权利主张状态的一个模糊而松散的概念，是在社会中被提出的并在努力寻求保障的观念性权利。至于权利的存在样态也是各式各样的，包括已经被法定化的某些权利，也不排斥特定权利在被法定化之前以习惯权利、道德权利等样态存在。[⑤]

---

① ［英］沃克编：《牛津法律大辞典》，李双元译，光明日报出版社 1988 年版，第 773 页。

② 姚建宗：《新兴权利论纲》，载《法制与社会发展》2010 年第 2 期。

③ 参见张恒山：《论具体权利概念的结构》，载《中国法学》2021 年第 6 期。“人们随心所欲地使用权利概念——把权利和任意实体性事物连接起来从而创造出众多的具体权利名目，而法学家们试图用一个统一的定义或者一个统一的功能性解释去统摄这些各不相同的‘权利’就注定徒劳无功。”

④ ［德］康德：《法的形而上学原理》，沈叔平译，商务印书馆 1991 年版，第 39 页。

⑤ 参见杨春福：《论权利的起源与基础》，载《南京大学法律评论》1998 年第 1 期。“道德权利表示一种观念的存在，由哲学、宗教里的道德原则来支持；而习惯权利则表示一种事实的存在，由约定俗成的实际生活规则来支持。在道德权利、习惯权利和法定权利这三者之间，道德权利可以表现为法定权利，习惯权利也可以提升为法定权利，但它们本身是可以不依赖法律而存在的。”

(二)权利的确定需要长时间积淀

“要拥有一项权利必须基于某种事实或者是源于某种情势或者由某个拥有权利的人(当局或有权利的人)授予。”①权利是一个历史的范畴,在人类社会形成之初并不存在,而新权利的出现与认定也并不是一蹴而就的。无论是道德权利、习惯权利还是法定权利,从观念意识的形成到逐渐被察觉认知再到权利的确定,均与人类社会的现实关系密切连接,是人类物质交往活动的交织,需要经过一段长时间的沉淀累积。另外,“立法设计过去、现在和未来三个时间点,立法者是站在利用对过去人类行为规律性的认识为未来的人类行为制定规则”②。同样地,权利的形成也是一个不断发现权利保护存在空白地带,然后填补这一缺憾的过程。美国学者德肖维茨甚至提出权利应该来自不正义的人类经验,即“权利是人类心智以人类经验为基础而设想出来的法律建构物,这些建构物必须在公众意见的法庭中通过一贯的辩护。它们必须来自人类对不正义的经验”③。如以美国同性婚姻合法化的历程来看,其就经历了从不合法到合法的过程,并且这一过程相当曲折。

在美国,以前一直有关于同性恋的罪名,《反鸡奸法》就是主要作为惩罚同性性行为的法律而存在的,其相应刑事处罚在一些州甚至最高可达终身监禁。直到1962年,《反鸡奸法》才最先在伊利诺伊州被废除。然而,这只是对同性恋处罚的松动,并未带来同性恋的开放,同性恋者仍然只能悄悄地活动。

之后,同性恋慢慢“阳光化”,同性婚姻也开始被公开讨论。1971年,全美第一宗同性婚姻案件“Baker v. Nelson案”④在明尼苏达州发生。这一案件最终以“禁止同性婚姻”判例的形成而告终。

---

① Alan R. White, *Rights*, Clarendon Press, 1984, p. 93.

② 徐国栋:《民法典与民法哲学》,中国人民大学出版社2007年版,第429页。

③ [美]艾伦·德肖维茨:《你的权利从哪里来?》,黄煜文译,北京大学出版社2014年版,第7页。

④ 一对男同性恋情侣贝克尔(Richard John Baker)和麦克康纳尔(James Michael McConnell)因要求被告纳尔逊(Nelson)颁发结婚证遭到拒绝,将其起诉至明尼苏达州最高法院。原告认为,明尼苏达州的法律并未明确禁止同性结婚,如果该州的婚姻法只被解释为适用异性婚姻,将会违背联邦宪法。

1996年，“Baehr v. Lewin案”[①]的最终判决认定，拒绝同性伴侣的结婚申请构成性别歧视、违反《夏威夷宪法》的平等保护规定。据此，同性婚姻在夏威夷州合法。然而，同年9月，明确禁止同性婚姻的《婚姻捍卫法》在美国国会通过，同性婚姻合法化又出现了拐点。受其影响，夏威夷州在1997年通过了捍卫传统异性婚姻的宪法修正案，但同时也制定了保护同性恋伴侣享受健康保险、继承等部分配偶间权利义务的《互惠法》，以此折中妥协。

1999年，加利福尼亚州认同同性恋伴侣的伙伴关系，并建立了注册登记处。同性婚姻合法化的新纪元开启。2000年，佛蒙特州允许同性恋伴侣民事结合。2003年，美国联邦最高法院推翻了得克萨斯州的《反鸡奸法》，这意味着同性性行为在全美各州不再被禁止。同年，美国第一个确立同性结婚合法化的州出现——马萨诸塞州最高法院在古德里奇诉公共卫生部案中判决禁止同性结婚的婚姻法案违反州宪法，要求州议会在180天内修改。

然而，2004年出现反转，时任美国总统布什支持禁止同性结婚的联邦婚姻法修正案，虽然参议院和众议院都否决了该修正案，但仍有密歇根州、密西西比州等11个州通过了将婚姻界定为男女异性结合的宪法修正案。2006年，相继又有弗吉尼亚州、亚利桑那州等8个州响应，不过只在亚利桑那州得以通过。

2008年，加利福尼亚州、康涅狄格州的最高法院裁定同性恋情侣可以合法结婚。虽然4个月后加利福尼亚州将婚姻权限定为男女异性的8号提案被通过，但随后艾奥瓦州、佛蒙特州、新罕布什尔州等州相继允许同性结婚，掀起了同性婚姻合法化的浪潮。2015年6月26日，美国最高法院依据宪法裁定所有人平等地享有婚姻的权利，从此同性婚姻在全美受到法律保护（见图1-1）。

---

① 1990年12月17日，夏威夷州檀香山市的居民，女同性伴侣巴赫尔（Ninia Baehr）和丹赛尔（Genora Dancel），男同性伴侣罗德里格斯（Tammy Rodrigues）和普列吉尔（Antoinette Pregil），梅里罗（Joseph Melillo）和拉贡（Pat Lagon），分别向夏威夷州的卫生部提出结婚申请，均遭拒绝。他们于1991年5月以卫生部为被告向该州巡回法院提起共同诉讼，开始了“Baehr v. Lewin案”的漫长诉讼。当时的州卫生部长雷文（John Lewin）参加了诉讼。

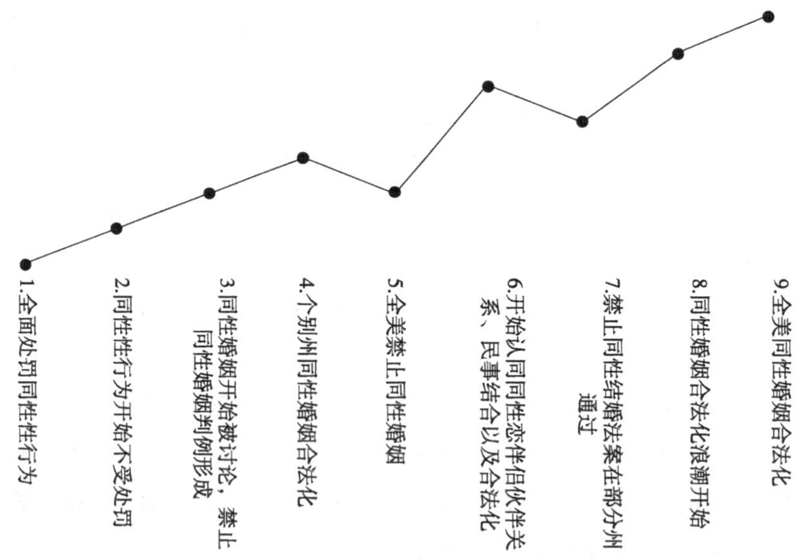

图1－1　美国同性婚姻合法化路径曲线

二、权利谦抑作为权利滥用研究的进阶理论

学界对于权利泛滥现象的研究大致形成了权利有限性、权利不得滥用、权利相对性等理论路径，而本书试图证明权利谦抑精神是上述理念的进阶表达，更为正向与积极，更显主动性，故而以此论证权利谦抑的提出具有正当合理性。

（一）权利有限性理论

权利有限性作为权利的基本属性，旨在说明权利自身的范围及界限，相关研究出现较早且成果较多。如早在1981年张光博就发表了专题文章《试论法定权利的界限》[①]，1988年张贵成的《论权利》一文对权利的限制也做了探索性研究[②]。而有关权利限制的问题是法学的基本问题，学界达成了基本共识，甚至权利限制问题成为法理教科书必须提到的内容。如孔庆明1990年主编的《马克思主义法理学》第十八章“第三节权利的界限”与“第四节权利的滥用”[③]、徐显明1991年

① 参见张光博：《试论法定权利的界限》，载《社会科学战线》1981年第4期。

② 参见张贵成：《论权利》，载《政法论坛》1988年第1期。

③ 参见孔庆明主编：《马克思主义法理学》，山东大学出版社1990年版，第335～344页。

出版的《公民权利义务通论》“第三章第一节权利的界限”[①]与“第四章第二节权利滥用的构成”[②]。1999年,张文显主编的《法理学》第一版出版发行,其中第九章第六节即“权利界限与权利滥用”。在其看来,权利的界限包括两个方面的内容:一个是立法时的界限,即以此来具体区分应当有与不应有、能够有与不能有等权利类别;另一个是权利在现实生活中运行的界限,即以此来辨别权利的时间性、空间性、对人性的问题,亦指权利在何时、何范围、对何人能够实现。[③] 可见,权利有限性是作为权利的基本属性所提出来的概念理论,因而有关这一理论的研究,一般仅仅将其作为权利属性进行抽象的法理基础问题的探讨,很少将其用于解决具体实践问题。

(二)权利不得滥用理论

权利滥用的前提是权利的有限性,当权利的行使超过限度时构成权利滥用。权利滥用问题的研究也非常早,如1970年史尚宽所著《民法总论》一书第七章提到“权利之行使,有一定界限,逾此界限,则为权利之滥用法律于一定之条件,容许为维持自己之利益,依自己之力对于他人之权利加以攻击,使其行为不为违法”,甚至对于权利滥用的内涵进行了阐释,即“权利滥用谓逸出权利的、社会的、经济的目的或社会所不容许的界限之权利行使……权利之行使应于权利者个人之利益与社会全体之利益调和之状态为之,从而权利之行使,以加害于第三人之意思目的为之者,称为恶意的权利行使。违反公序良俗或权利人方面无正当的利益,或权利人因权利之行使所得利益极小,而于他人损害莫大,不能相比者皆为权利滥用”[④]。徐显明在1990年的《论权利》中就专门讲到权利滥用问题,其认为突破权利的界限就造成了权利滥用,权利滥用的概念可以概括为权利主体在权利行使过程中故意超越权利界限损害他人利益的行为,因而权利滥用由四方面的要素构成,即主体是正在行使权利的权利人,客体是其他公民权益或国家、集体、社会的利益,主观方面是故意而非过失,客观方面是有危害他人权益后果发生的行为,

① 参见徐显明主编:《公民权利义务通论》,群众出版社1991年版,第28~33页。

② 参见徐显明主编:《公民权利义务通论》,群众出版社1991年版,第43~47页。

③ 参见张文显主编:《法理学》,高等教育出版社1999年版,第93~95页。

④ 史尚宽:《民法总论》,中国政法大学出版社2000年版,第713~714页。

而这行为大致可以分为追求权利超过法定量的行为、以不正当方式维护自己利益的行为、行使权利时牺牲他人权利的行为、把行使权利作为损害他人手段的行为等四类。① 另外,我国台湾学者黄异认为:"所谓权利滥用是指,权利之行使非为该权利存在之目的,而是为达到其他目的。……在权利滥用情形中,在外观上仍然是权利的行使,但是该权利之行使并非为达到设立该权利之原始目的,而是为达到其他目的,例如损害他人是故有关之权利的行使值得非议。"②可见,权利不得滥用理念是基于权利有限性而提炼的观点。

而后,权利滥用一般作为民法中禁止权利滥用的原则进行探讨,如 1992 年徐国栋的《论权利不得滥用原则》一文就是以我国《民法通则》第 7 条规定的权利不得滥用原则为研究起点,对该原则进行了简要回顾以及对其构成标准和后果做了相关研究。③ 另外,禁止权利滥用作为民法的基本原则研究成果颇丰,论文方面如汪渊智、王艳玲、陈醇、武长海、李敏、刘权、龚炜等学者都发表了相关文献。④ 教科书方面彭万林《民法学》第二章第二节"各民法基本原则"中提及"权利不得滥用原则"⑤,梁慧星《民法总论》第一章第五节"民法的基本原则"提到"权利滥用之禁止原则"⑥,魏振瀛《民法》第二章第五节为"禁止权利滥用原则"⑦。

---

① 参见徐显明:《论权利》,载《文史哲》1990 年第 6 期。

② 孙天全:《权利滥用概念解析》,载《北京理工大学学报(社会科学版)》2005 年第 5 期。

③ 参见徐国栋:《论权利不得滥用原则》,载《中南政法学院学报》1992 年第 3 期。

④ 参见汪渊智:《论禁止权利滥用原则》,载《法学研究》1995 年第 5 期;王艳玲:《关于民法中确立禁止权利滥用原则的思考》,载《河北法学》2006 年第 7 期;陈醇:《集中性民事权利的滥用及其控制——兼论公法控权理论之引入》,载《法商研究》2008 年第 6 期;武长海:《论民法之权利不得滥用原则》,载《政法论丛》2009 年第 6 期;李敏:《我国民法上的禁止权利滥用规范——兼评〈民法总则〉第 132 条》,载《法律科学(西北政法大学学报)》2018 年第 5 期;刘权:《权利滥用、权利边界与比例原则——从〈民法典〉第 132 条切入》,载《法制与社会发展》2021 年第 3 期;龚炜、徐婷:《论禁止权利滥用与和谐社会》,载《学习与探索》2007 年第 2 期。

⑤ 彭万林主编:《民法学》,中国政法大学出版社 1994 年版,第 39 ~ 40 页。

⑥ 梁慧星:《民法总论》,法律出版社 1996 年版,第 45 ~ 46 页。

⑦ 魏振瀛主编:《民法》,北京大学出版社、高等教育出版社 2000 年版,第 27 ~ 29 页。

而今在宪法①、知识产权法②、商法③、经济法④、诉讼法⑤等领域都有相关研究，甚至还拓展至法史领域⑥。法理方面的探讨相对来说较少，只有钱玉林、黄凯等少数几个学者发表过相关研究成果。⑦ 立法方面，《民法典》等少数几部法律在法条中有"权利不得滥用"等规范表达。⑧

---

① 参见高慧铭：《论基本权利的滥用禁止》，载《清华法学》2015年第1期；高慧铭：《论基本权利滥用的认定标准》，载《比较法研究》2016年第1期。

② 论文有李颖怡、罗君丽：《产业标准与知识产权结合引致的权利滥用问题》，载《学术研究》2005年第6期；王海英：《驰名商标权利滥用的法律规制——以驰名商标的"霸权"主义倾向为视角》，载《东南学术》2007年第5期；韩赤风：《论知识产权权利滥用的界定——以立法和司法实践为视角》，载《法治研究》2011年第7期；易继明：《禁止权利滥用原则在知识产权领域中的适用》，载《中国法学》2013年第4期。书籍有王先林等：《知识产权滥用及其法律规制》，中国法制出版社2008年版；张伟君：《规制知识产权滥用法律制度研究》，知识产权出版社2008年版；李艳：《从私法的角度规制知识产权滥用问题》，法律出版社2013年版；吕明瑜：《知识产权垄断的法律控制》，法律出版社2013年版。

③ 参见贾林青：《论法国公司法关于防止股东滥用权利制度的借鉴价值》，载《法学家》2007年第2期；楼秋然：《〈公司法〉第20条中"滥用股东权利"规定的理论与实践》，载《西部法学评论》2016年第3期；贺茜：《股东滥用权利的司法规制——法院适用〈公司法〉第20条的实证分析》，载《山东大学学报（哲学社会科学版）》2017年第6期。

④ 参见陈宝英：《论消费者维权过度——自权利滥用的视角》，载《河南师范大学学报（哲学社会科学版）》2010年第4期；杨猛：《消费者权利滥用行为的刑民法域定性逻辑》，载《法律方法》2021年第2期。

⑤ 论文有陈雪萍：《诚实信用原则与民事诉讼权利滥用之制约》，载《当代法学》2002年第8期；张晓薇：《滥用诉讼权利之比较研究》，载《比较法研究》2004年第4期；李云鹏：《论滥用诉讼权利及其规制》，中国政法大学2012年硕士学位论文；王连国：《诉讼权利的滥用与规制》，载《上海政法学院学报（法治论丛）》2012年第5期；刘萍：《专利侵权诉讼中的权利滥用》，载《天津大学学报（社会科学版）》2009年第5期；彭诚信：《论禁止权利滥用原则的法律适用》，载《中国法学》2018年第3期；蒋大兴：《股东滥用诉权损害公司利益之研究——从雪莱特公司诉李正辉滥用股东权利赔偿案说起》，载《人大法律评论》2016年第1期；傅穹、虞雅曌：《控制股东滥用权利规制的司法观察及漏洞填补》，载《社会科学战线》2022年第1期。书籍有侯海军：《民事诉讼中权利滥用行为研究》，人民法院出版社2011年版。张晓薇的2005年博士学位论文是《民事诉权滥用规制论》且其发表了一系列文章。诸如张晓薇：《民事诉权滥用规制论》，四川大学2005年博士学位论文；张晓薇：《规制滥用诉权行为的场域选择》，载《河北大学学报（哲学社会科学版）》2005年第1期；张晓薇：《滥用诉权行为的法律规制》，载《求索》2004年第8期；张晓薇：《滥用诉权行为的性质和法律规制》，载《云南大学学报（法学版）》2005年第2期；张晓薇：《滥用诉讼权利之比较研究》，载《比较法研究》2004年第4期；张晓薇：《论民事诉权滥用在我国出现的外在诱因》，载《河北大学学报（哲学社会科学版）》2006年第3期。

⑥ 参见段晓彦、徐琨捷：《"权利不得滥用"原则在近代中国的继受——以民初大理院民事裁判为中心》，载《法治现代化研究》2021年第5期。

⑦ 参见钱玉林：《禁止权利滥用的法理分析》，载《现代法学》2002年第1期；黄凯：《法哲学视野中的权利滥用》，载《湖北社会科学》2007年第7期。

⑧ 如《民法典》第132条规定："民事主体不得滥用民事权利损害国家利益、社会公共利益或者他人合法权益。"

权利不得滥用理论对于权利滥用问题的解决助力颇大，不过这一理论更多的是从外界视角对权利进行限制，是消极地、被动地、反向地要求权利人不得做何种行为。

（三）权利相对性理论

权利相对性理论最早的阐释见王伯琦翻译法国学者若斯兰的《权利相对论》一书[①]，以该理论为引据刘作翔在《权利相对性理论及其争论——以法国若斯兰的“权利滥用”理论为引据》[②]一文中提出权利的相对性理论，其认为权利相对性理论对于揭示权利的真相和本相、反映权利的本质属性有着重要意义，并且权利相对性理论是在权利的限度理论以及权利的滥用理论上发展的，是可以进一步认识权利现象及本质的递进的逻辑理论。其论证如下：“权利相对性理论有益于权利如同任何其他事物一样，也是有其限度的。拥有了权利的同时，也就意味着拥有了限度。权利相对性理论来自权利限度理论，有权利就有限度，超越了权利的限度，就可能走向权利滥用。承认权利的限度，就是承认权利的相对性；承认权利的限度，就是承认权利的滥用。权利的限度理论、权利的滥用理论和权利的相对性理论，是认识权利现象及其本质的一个逐步递进的逻辑理论链条。”[③]最终，刘作翔认为权利相对性理论来自权利的限度理论，同时也揭示了权利的滥用理论，即一方面，权利相对性理论表明了权利的限度——权利有限则权利是相对的，不是绝对的；另一方面，其也说明了权利滥用的禁止——权利是相对的，超出限度则构成权利滥用，因此权利相对性禁止权利滥用。只是，该文虽然提到了权利相对性理论，但其并没有明晰权利相对性理论的概念，也未对权利相对性理论进行更深入的研究。另外，权利相对性理论在学界也并未获得广泛研讨。

（四）权利谦抑理论

本书所提的权利谦抑论可以说是权利的限度理论、权利的滥用理论、权利的相对性理论等研究权利滥用现象的更进阶的法理论题。或者说，相较于此三种理论，权利谦抑理论是更好的学理表达。主要原因如下。

---

① 参见［法］路易·若斯兰：《权利相对论》，王伯琦译，中国法制出版社2006年版。

② 参见刘作翔：《权利相对性理论及其争论——以法国若斯兰的“权利滥用”理论为引据》，载《清华法学》2013年第6期。

③ 刘作翔：《权利相对性理论及其争论——以法国若斯兰的“权利滥用”理论为引据》，载《清华法学》2013年第6期。

权利谦抑理论中的对己维度，即权利有限性，具体有两个方面的内容——认识到权利的有限性以审慎对待权利；自觉防范权利行使过度以节制主张权利。其对人的维度，即权利宽容性，也包括两个方面的内容——尊重他人权利，不滥用权利损害他人或国家、社会公共利益；宽仁化解权利冲突，保有推己及人的仁爱与友善。而上述三种理论，权利有限性揭示了权利的有限性，权利滥用表明了禁止权利滥用的观点，权利相对性是两者的结合，但权利谦抑不仅包括了权利有限性以及禁止权利滥用的内容，还提及了权利行使时的自我克制即节制主张权利，以及权利冲突处理时的宽忍谦卑即宽仁化解权利冲突，内涵更为全面翔实。

另外，权利有限性很多时候只是在描述一种权利的基本属性，或者说权利有限性的提法是被动的。但权利谦抑有自觉的意味，即主动地自我节制权利主张。权利滥用或禁止权利滥用是他者的眼光，更多的是从外界视角对权利进行限制，是一种关于权利行使是否恰当、合理、合法的事后评价，是消极地、被动地、反向地要求权利人不得做何种行为。而权利谦抑意味着要主动地、自觉地防范自我权利主张过度，是站在己方的角度，对即将做出的权利行使行为的一种事先规制，节制主张权利以免对其他权益造成损害。权利相对性的表述较为客观，但权利谦抑的表达更为直白、正向、积极。

权利谦抑理论相较于其他理论而言，内容更加丰富，表达更为直白、正向、积极，是研究权利滥用现象的更进阶的法理论题。因而，借助刘作翔"权利的限度、权利的滥用和权利的相对性"层次渐进的理论模型，本书认为权利有限性、权利不得滥用、权利相对性、权利谦抑，是逐步递进的认识权利或缓解权利泛滥现象的法理精神。

徐贲在《宽容、权利和法制》一文中论述了宽容、权利、法制三者的关系，即"宽容最终将不仅成为一种政治之善，而且也成为一种与自由、平等和正义具有同等实质价值的社会之善"①。在权利时代的当下，权利宽容性将越发重要，权利行使时自我节制，冲突时宽忍友善，也显得越发必要。由此本书在上述理论研究基础上提出权利谦抑概念，有其法理逻辑，并不是哗众取宠或者重复研究。

---

① 徐贲：《宽容、权利和法制》，载搜狐网 2016 年 5 月 19 日，https://www.sohu.com/a/76277436_120059。

第二章 西方世界中权利谦抑理念及其表达的历史流变

17 世纪思想家洛克在《论宗教宽容——致友人的一封信》中，一方面认为宽容是有限度的，另一方面又把宽容当作一种己所不欲勿施于人的普遍道德原则。[①] 这种矛盾性也体现在对于权利宽容的认知上。在 16 世纪之后，学者们的著作、各国的司法判决以及立法表达中，更多的是有关权利有限性、权利禁止滥用的论述。但实则，无论是在实践层面，还是在理论层面，宽容意识与权利话语都存在一定的关联性。而“权利发展是一个持续的人类过程，因为不断变动的经验证明了对不断变动的权利的需求”[②]。同样地，权利谦抑理念的历史流变也展示了这么一个历程。当下，受权利话语的影响，权利主张过度的现象时有发生。而现代权利话语强调“主体性逻辑”与斗争逻辑，在一定程度上背离了宽容意识，我们应该让权利话语重新与宽容意识保持内在的一致性。[③] 故在民众权利意识已然觉醒的当下，我们宣召“权利神圣”的同时也应关注到权利内敛属性。

实则西方世界中权利有限性或禁止权利滥用的精神自古有之，无论是在学术思想理论还是在现实生活秩序中均被视为人类史上最明确不过的自然法则。权利滥用的思想最初缘起于古典自然权利论的有关理念，发展于自然权利理论中的权利有限性观点，确立于诸多法学流派对绝对权利思想的多维度冲击争论。权利禁止滥用理论的立法表达也经历了这一过程，即从最初仅作为观念而存在的法制度理念，逐步地被解释与运用于判例中，最终生成成文法之规则与原则。其大致

---

① 参见徐贲：《宽容、权利和法制》，载搜狐网 2016 年 5 月 19 日，https://www. sohu. com/a/76277436_120059。

② [美]艾伦·德肖维茨：《你的权利从哪里来？》，黄煜文译，北京大学出版社 2014 年版，第 79 页。

③ 参见郑智航、王刚义：《宽容意识与权利话语的逻辑转向》，载《法制与社会发展》2009 年第3 期。

缘起于罗马法中对所有权的限制，出现于法国民法判例，至《德国民法典》正式生成。只是，相较于浩瀚的“权利神圣”“权利至上”的学术研究，“权利有限性”的相关理论并未受到应有的重视，很少有法学学者对此进行系统的梳理，甚至有些研究还停留在个人主义或自由主义的权利绝对话语中，可“权利绝对”更多的是一种政治话术。

鉴于权利谦抑论是权利有限性、权利不得滥用、权利相对性等研究权利泛滥理论的进阶理论，因此权利谦抑精神同样体现于权利有限性、权利禁止滥用等学说及制度中，故此本部分将通过对学者的权利有限性、权利禁止滥用等相关理论及不同国家相关立法的梳理，展示权利谦抑理念及其立法表达的历史流变，以求人们在聚焦“权利至上”理论之时也注意到权利有限性，并以此呼吁在权利泛化的当下，在保护权利的同时关注到权利之内敛属性，在权利行使时秉持权利谦抑之精神，保有对己的克制与对他人的宽仁，兼顾权利保障及权利规制。

第一节 16世纪以前：古典自然权利论中权利节制的品格

“直至中世纪临近结束之时，在任何古代的或中世纪的语言里，都没有可以用我们的词语‘权利’来准确翻译的词语。”①由此可见，在中世纪之前，学者们并没有直接讨论研究过权利语词概念。但这不代表古代哲学家们未探讨过权利相关问题。正如恩格斯所论述的：“在希腊哲学的多种多样的形式中，差不多可以找到以后的各种观点的胚胎、萌芽。”②在古希腊哲学家的著作中会涉及何为正当、何为正义等内容，这些就触及权利的相关思考。因此，有关权利谦抑的思想渊源，我们也需要从哲学、伦理学、政治学等著述论说中探寻。施特劳斯将由苏格拉底始创，为柏拉图、亚里士多德、斯多亚派和基督教思想家们（阿奎那）所发展的

---

① 张文显：《二十世纪西方法哲学思潮研究》，法律出版社2006年版，第412页。

② ［德］马克思、恩格斯：《马克思恩格斯选集》（第3卷），中共中央马克思恩格斯列宁斯大林著作编译局译，人民出版社1972年版，第468页。

那种特定的自然权利论,称为古典自然权利论。① 故此,本节将通过16世纪以前古典自然权利论中学者们的思想以及相关制度来探讨,在当时社会所存在的权利节制这一品格,此即权利谦抑理念之缘起。

一、古希腊:节制品格的理念与相邻关系制度中的权利有限性

权利谦抑精神最早可追溯至古希腊时期,虽然学者们并未直接探讨过权利语词概念,但在研究美德、正义、智慧等相关主题时会触及权利的相关思考。如在古希腊人看来,正义是将冲突限缩在一定范围之内,以及冲突各方相互礼让的结果。② 这就体现了权利的谦让。另外,诸如苏格拉底提出节制是人类的美德,柏拉图主张各守本分的正义,亚里士多德倡导审慎的智慧与矫正的正义,这些均可视为权利禁止滥用精神最早的渊源。

(一)苏格拉底:节制的美德以及守法的义务

在苏格拉底时期,就已经有了权利谦抑的理念。原因在于,苏格拉底不仅提出节制是人类美德的主张,甚至他用自己的死亡来提醒人们,当一个人享受了城邦的权利时,就应该履行城邦法律规定的义务,个人守法的义务便是对其权利的限制。

首先,苏格拉底阐释的人类美德中就包括节制。如他论述:"让我们考察一下灵魂的善:它们是节制、正义、勇敢、敏悟、强记、豪爽,以及如此等等这些内容。"③不仅如此,苏格拉底还将自制视为一切美德的基础,其认为"每一个人的本分岂不就是把自制看作是一切德行的基础"④?

其次,在苏格拉底那里,其认为不节制的人没有自由,同时也提出人需要依据理性实现节制,以达到至善这一世界本原,而这就是自由。由此,苏格拉底将节制、自由与善三者相关联。苏格拉底认为"善"是世界的本原,是一切的价值归旨,是最高的哲学范畴,而自制最终可以达到至善。具体来说,一方面,苏格拉底

---

① 参见[美]列奥·施特劳斯:《自然权利与历史》,彭刚译,生活·读书·新知三联书店2003年版,第120页。

② 参见周沂林:《权利观念史论》,载《中国社会科学院研究生院学报》1985年第4期。

③ 北京大学哲学系外国哲学史教研室编译:《古希腊罗马哲学》,商务印书馆1982年版,第465页。

④ [古希腊]色诺芬:《回忆苏格拉底》,吴永泉译,商务印书馆1984年版,第33页。

认为凡是不自制的人就没有自由，自制是获得自由的基础。另一方面，他解释道人可以依据理性实现自制，进而去实现善，这才是自由。苏格拉底还提出宽容是通往幸福的唯一道路，宽容以及克制待人最终会使灵魂受益。[①] 再有，苏格拉底用失恋者的例子说明，在自己行使权利的时候不能剥夺别人行使权利的自由，否则将会导致不公平。[②]

最后，从苏格拉底之死中也能体会其有关权利谦抑的思想，即与享受城邦权利相对应的守法义务，这是权利受限的边界。苏格拉底拒绝朋友们的越狱安排，认为越狱并非正当。其认为，国家的普遍秩序高于个人的判决公正，不能以法律判决不公正来逃避法律的制裁；而且当个人自愿享受了城邦的权利后，相当于接受了城邦订立的法律发出的权利享受的意思表示，因而也就建立了契约关系，接受了城邦法律的义务规定，因此必须承担起服从城邦法律的义务，否则即为毁约。最终苏格拉底从容赴死，向我们揭示了作为公民遵守法律的义务就是对权利的限制。

（二）柏拉图：各守本分的正义

苏格拉底并没有著书立说，其思想见于柏拉图的各种著作中，而柏拉图也基本上同意苏格拉底的观点，他把苏格拉底当成阐明他本人哲学的代言人。[③] 故此，上述苏格拉底有关权利谦抑的思想同样适用于柏拉图。不仅如此，柏拉图有关权利谦抑的思想还体现在其关于正义即各守本分的阐释中。柏拉图在其《理想国》一书中，将社会中的人分为金银铜铁等各种级别，每个等级的人都应当将自己的活动严格限制在对本等级具体职责的恰当实施中。他在书中写道："各守本分、各司其职，就是正义。"[④]而正义在与勇气、节制和智慧的关系中获得认知，也就是正义与勇气、节制和智慧息息相关。国家社会的人由士兵、人民与统治者组成，其中士兵需要践行勇敢的美德，人民践行节制的美德，统治者践行智慧的美

① 参见［英］凯伦·阿姆斯特朗：《轴心时代：人类伟大思想传统的开端》，孙艳燕、白彦兵译，上海三联书店2019年版，第323页。

② 参见段姝编著：《快乐悦读：哲学知识》，现代出版社2014年版，第102页。

③ 参见［美］E.博登海默：《法理学：法律哲学与法律方法》（修订版），邓正来译，中国政法大学出版社2004年版，第8页。

④ ［古希腊］柏拉图：《理想国》，郭斌和、张竹明译，商务印书馆1986年版，第158页、第169页。

德，以此便可实现理想国的统治。这也是学者所概述的，对于古典时代的希腊人来说，实现自然正当就是要做到正义、勇敢和节制，但首要的是要做到有智慧。[①]

(三)亚里士多德：审慎的智慧与矫正的正义

亚里士多德同意柏拉图式的自然正当观念，即自然意味着对智慧的追求与统治。不仅如此，亚里士多德的思想中还有关于审慎的智慧的研究，这就是权利谦抑精神的体现。具体来说，亚里士多德将智慧一分为二，一是理论智慧，二是实践智慧或者审慎智慧。其中审慎智慧关注行动，关心人的完善。另外，亚里士多德还认为人的德性有伦理德性与理智德性两种形式，其中也有关于审慎、节制等具体相关品格的体现。如他认为“智慧、理解、审慎属于理智的德性，慷慨、节制是伦理的德性”[②]。在亚里士多德关于正义的理解中，也可以发现，权利仅限于应得。亚里士多德认为正义可分为分配正义与矫正正义，其中分配正义是按照个人功绩等的不同来分配财富荣誉以达到平等；矫正正义则是当不公正或者损害发生时，需要通过纠正性司法给予受害方与所受损害同等的补偿，也就是要剥夺权利行使过度者的非正义所得，让其受到相应损失以恢复正义。由此可见，亚里士多德的矫正正义观正好包含了权利限制的内涵。

(四)具体制度：权利谦抑的法观念

古希腊时期的具体制度方面也有权利有限性的考量。如大约公元前1776年颁布的古巴比伦《汉谟拉比法典》，作为世界上现存的第一部较为完备的成文法典，其规定：“如果一个人放水，(结果)水冲坏了他邻人田里做好的(准备)工作，那么他应(按)每布尔十古尔(的比率)称出大麦。”[③]再有，禁止土地所有人在其土地边界种植树木或开挖沟渠等，因为这些活动很可能会影响邻居的权益，所以当时规定，种植橄榄树和无花果树应距离临界的土地不得少于9英尺，其他树木不得少于5英尺，自家蜂巢应距离邻居家蜂巢500英尺以上。[④] 但从上述具体制度中也可以看出，当时有关权利谦抑的思路还仅仅只是一种法学观念，与权利禁

① 参见[美]加里·B.赫伯特：《权利哲学史》，黄涛、王涛译，华东师范大学出版社2020年版，第43页。

② 李超杰：《哲学的精神》(第3版)，商务印书馆2018年版，第180页。

③ [古巴比伦]《汉谟拉比法典》，杨炽译，高等教育出版社1992年版，第40页。

④ 参见何勤华、魏琼主编：《西方民法史》，北京大学出版社2006年版，第58～59页。

止滥用的相关理解仅停留在与日常生活关联密切的物权或相邻关系上,并没有形成法律上规范的形式,且当时的法条侧重于定量描述,同时法律调整范围也比较狭小,不成体系,未受到重视。

二、古罗马:不滥用自我权利的意识与限制所有权的具体法律制度

“概括的权利这个用语不是古典的,但法学有这个观念,应该完全归功于罗马法。”[①]古罗马法中出现了法学观念,但还没有确定的权利概念,只是包含权利相关意识。如在古罗马中拉丁字“ius”有蕴含“权利”一词的含义,甚至在古罗马还流传着“行使自己之权利,无论对于任何人,皆非不法”[②]的法谚,体现了古罗马法中对权利的重视。但与此同时,在这些意识中也有关于权利有限的理念。如“一个人可以在不犯他人的情况下对自己的物为所欲为”[③]。另外,当时的法谚也无不体现权利禁止滥用的意识:“法律乃公正善良之术。”“过当之行为均为法律所禁。”“私的契约不损公权。”“善良生活,不害他人,各得其所。”“使用自己财产,不得有害邻人之财产。”“事物滥用不能导出适法使用之结论。”“恶意不容宽恕。”“任何人对于自己财产若不予滥用,实为国家之福。”“法之极,害之极。”[④]

具体制度方面,古罗马当时的法律实则对奴隶主、父权、夫权等都有一定的限制,以禁止其滥用权利。如学者盖尤斯就提到我们决不应当滥用我们的权利。另外,具体制度发展方面,如哈德良国王禁止奴隶主不经审判处死奴隶,禁止刑讯逼供没有事实证明有罪的奴隶,禁止私自监禁奴隶,规定父亲滥用权利杀死子女的必须受到惩罚。安东尼厄斯·皮厄斯国王提出受虐待的奴隶可以控诉奴隶主,取消父亲强迫成年子女离婚的权利。奥古斯都时期,士兵有独立使用其军功的特有的权利,且父亲的处置权也受到限制。优士丁尼皇帝提出:“任何人不得恶用自己的财产,是国家利益之所在。”[⑤]由此,要求私权的行使必须服从公益,不得滥用

---

① [英]梅因:《古代法》,沈景一译,商务印书馆1984年版,第102页。

② 郑玉波:《民商法问题研究》(一),台北,台湾大学法律学系法学丛书编辑委员会1976年版,第50页。

③ [意]彭梵得:《罗马法教科书》,黄风译,中国政法大学出版社1992年版,第245页。

④ 郑玉波:《法谚》(一),法律出版社2007年版,第7~220页。

⑤ [古罗马]优士丁尼:《法学阶梯》,徐国栋译,中国政法大学出版社1999年版,第37页。

私权利进而损害国家利益。最终,罗马法对所有权的限制发展到四类,主要包括基于相邻关系、公共利益、保护宗教利益、人道主义和道德事宜这四个方面的需要。① 总之,罗马法已有通过禁止虐待奴隶、宣告禁治产等对奴隶主与父权限制的制度。

在具体法典中,如公元前449年颁布的《十二铜表法》规定:"[所有者]不得触动或取去[属于他的],而被[他人]用作建筑房屋或培植葡萄园用的木料[或木柱]。"②同时,《十二铜表法》在第七表土地与房屋的相邻关系中就规定在筑篱笆、筑围墙、挖沟、掘井、种树等方面的个人权利限制。③《优士丁尼法典》也规定,在距离已有建筑物100英尺内的地方不得进行建筑,以防止妨碍人们对海的观赏。④ 另外,罗马法还规定作坊室内取暖时不能于室外排出过度烟雾,倾倒生活污水时不能流出大量废水。⑤

但总的来说,古罗马对权利滥用的认识还比较匮乏。在身份严明的等级制度之下,奴隶主和父亲更多的是作为一种权力的象征存在,他们对于低等级人或家属的滥用权利实则是法律赋予他们的正当权力。此外,当时的生活方式比较简单,更加注重生产协作,而非个人权利,因而也不太关注个人权利滥用,只是在相邻关系等领域有注意到权利的限制。

三、中世纪:权利应受到限制的思想与斗争行为理论中的权利限制

(一)阿奎那:权利的自然客观性

中世纪哲学家托马斯·阿奎那首次提出权利概念,认为人的某些正当要求即"天然权利"。⑥ 他从两方面提出了权利的限制:其一,他曾指出人具有避免伤害

---

① 参见钱玉林:《禁止权利滥用的法理分析》,载《现代法学》2002年第1期。

② 世界著名法典汉译丛书编委会编:《十二铜表法》,法律出版社2000年版,第25页。

③ 具体为《十二铜表法》第七表第二点的规定,凡在自己的土地和邻地之间筑篱笆的,不得越过自己土地的界限;筑围墙的应留空地1尺;挖沟的应留和沟深相同的空地;掘井的应留空地6尺;栽种橄榄树和无花果树的,应留空地9尺;其他树木留5尺。

④ 参见[意]彭梵得:《罗马法教科书》,黄风译,中国政法大学出版社1992年版,第244页。

⑤ 同样地,大约公元前200年至公元200年之间古印度的《摩奴法典》规定,任何人都应该修筑高于骆驼视线的栅栏,还应该把猪狗可以钻进头去的所有洞口堵住。([印度]《摩奴法论》,蒋忠新译,中国社会科学出版社1986年版,第161页。)这也是权利应该受到限制的具体规定。

⑥ 参见张文显:《二十世纪西方法哲学思潮研究》,法律出版社2006年版,第413页。

而倾向结群与共同生活的自然倾向，因此人的权利并不是无限泛化的。其二，由于受宗教影响，阿奎那将法律划分为永恒法、自然法、神法和人法 4 种类型，其中自然法就要求人们行善避恶。人的社会性决定人具有避免伤害一起生活的自然倾向，这是自然法的重要内容。[①] 此外，阿奎那还主张人的权利是客观而不是主观的，他并没有提及人对物的使用权是无限自由的，他认为人的权利不仅由上帝确立和保证，还需要受到其他人享有的具有约束力的需要的限制。[②]

（二）威克利夫：滥用的非正义

阿奎那之后的漫长时间里，主观权利概念逐步脱离了神学支柱，作为英国第一位宗教改革家，威克利夫提出人因为恩典而拥有所有权，使权利从属于上帝的先在权利向自然权利理论过渡。此外，威克利夫还提出滥用他所拥有之物的人是不正义的人，不能拥有任何东西；贪心之人并不拥有他的东西。[③] 自此，可以说，权利不得滥用的理念被正式提出。

（三）具体制度：斗争行为理论

就具体制度而言，中世纪的日耳曼法相较于罗马法而言，更加重视团体主义，因此其对权利的限制也更为重视。“较之罗马法之绝对不可侵犯所有权之观念，已有社会化团体化的倾向。此为日耳曼所有权观念之特色。”[④]如在中世纪发展出了“斗争行为”理论，即物之所有人不得恶意实施有损于他人而对自己利益较少或根本无利益的行为。[⑤] 比如，专为遮挡邻居家的阳光，在自家土地上故意垒一堵墙，这一行为破坏了邻居家开阔的视野，但对自己无利，那这一行为是不被允许的。

---

① 参见［美］E. 博登海默：《法理学：法律哲学与法律方法》（修订版），邓正来译，中国政法大学出版社 2004 年版，第 32 页。

② 参见［美］加里 · B. 赫伯特：《权利哲学史》，黄涛、王涛译，华东师范大学出版社 2020 年版，第 97 页。

③ 参见［美］加里 · B. 赫伯特：《权利哲学史》，黄涛、王涛译，华东师范大学出版社 2020 年版，第 108 页。

④ 彭时：《世界民法思潮的新趋势》，载何勤华、李秀清主编：《民国法学论文精萃》（第 3 卷），法律出版社 2004 年版，第 595 页。

⑤ 参见［意］彭梵得：《罗马法教科书》，黄风译，中国政法大学出版社 1992 年版，第 245 页。

第二节　16世纪至19世纪初:权利不得滥用理念在自然权利理论中的发展

16世纪开始,资产阶级在反对封建统治的过程中发明的“自然权利”,当时“天赋人权”“私权神圣不可侵犯”等理论被大肆宣扬。然而,若因此就把权利认为是绝对的则是对思想家们权利学说的片面解读。学者们在阐释自然权利的同时也注意到权利的限度。另外,有关权利绝对的宣传也是有意为之的,当时法律文本中已经出现权利有限的规定。

一、个人自然的本能自由权利观中的权利不得滥用

格劳秀斯将权利认为是一种有道德意义的本能性能力,霍布斯认为权利是“本能自由”,洛克认为权利是“本益禁侵”,总之,此三者更侧重从个人本能的角度探讨权利观。因此,本部分将揭示上述三者个人自然的本能自由权利观①中的权利滥用思想。

(一)格劳秀斯:基于人的社会性产生的权利

17世纪,世界世俗化彻底来临。格劳秀斯作为自然法哲学的创始人,其将自然权利和自然法从古典神学的链条中解放出来,进而提出了一种个人权利观念,这可以视为17世纪激进个人主义与主观权利学说的奠基,开启了现代权利观的起源,与此同时,他也从人的社会性的角度对权利的限制进行了相关论述。

格劳秀斯认为人具有一种对在和平社会生活的欲望,即人需要与同类和平生活在一起,这也就是人类的社会性,因而可以从理性或人的自然社会性中推导出自然法,即“因为人的真正本性——即使当我们并不缺少任何东西时,仍然会指引我们走向互助的社会关系——是自然法的母亲”②。同时,他进一步提出自然

① 参见张恒山:《权利:本能自由、本益禁侵与公意自由——古典自然法学权利观辨析》,载《行政法学研究》2023年第5期。

② [美]加里·B.赫伯特:《权利哲学史》,黄涛、王涛译,华东师范大学出版社2020年版,第113页。

法在赋予我们权利的同时也给予了权利一定的限制，即不能侵犯他人。如自然法“对我们自身的关心也显然不允许我们去伤害无辜的他人”[①]。“因为每个部分的保存有益于整体的福利，所以人们不去伤害他人，因为我们生来就是为了共同生活。原因在于，只有通过社会各组成部分的相互友爱和相互保护，一个社会才能安然存在。”[②]

综上所述，格劳秀斯主要从社会性的角度出发，要求人在行使权利之时注意分寸，不能侵犯他人。“遵从健全判断的指引，不因恐惧或者眼前利益的诱惑而误入歧途，也不会因为一时冲动而忘乎所以，这是符合人类的本性的做法。”[③]格劳秀斯的观点离个体主观权利优先论还有一定距离，不过他同时将个人权利摆在了比较大的范围内，即“假如没有侵犯他人权利，为自己着想和追求增加个人利益并不违反社会的本质。因此，不侵犯他人权利而使用暴力的行为也不属于非正义的行为”[④]。当然，与此同时，在格劳秀斯那里，一个人享有的权利是一种道德属性，也就是权利的自然属性。权利的正当形式只能针对与人的本质社会性相冲突的行为。[⑤] 另外，相互友爱和保护的社会才能安然存在，不去伤害他人是为了有益于整体福利的共同生活。[⑥] 而且，私权在一定程度上也应该让步于公权，具体表现为“国家为了公共利益，比财产的主人更有权支配私人财产”[⑦]。在这些理念之下，格劳秀斯具体阐述的权利的限制便在于：不欲求属于他人的东西；归还属于他人的东西并用我们自己的财物使他人的财产恢复原状；赔偿因自己的过错而

---

① ［美］加里·B. 赫伯特：《权利哲学史》，黄涛、王涛译，华东师范大学出版社 2020 年版，第 108 页。

② ［美］加里·B. 赫伯特：《权利哲学史》，黄涛、王涛译，华东师范大学出版社 2020 年版，第 115 页。

③ ［美］加里·B. 赫伯特：《权利哲学史》，黄涛、王涛译，华东师范大学出版社 2020 年版，第 117 页。

④ ［美］加里·B. 赫伯特：《权利哲学史》，黄涛、王涛译，华东师范大学出版社 2020 年版，第 118 页。

⑤ 参见［美］加里·B. 赫伯特：《权利哲学史》，黄涛、王涛译，华东师范大学出版社 2020 年版，第 118 页。

⑥ 参见［美］加里·B. 赫伯特：《权利哲学史》，黄涛、王涛译，华东师范大学出版社 2020 年版，第 115 页。“因为每个部分的保存有益于整体的福利，所以人们不去伤害他人，因为我们生来就是为了共同生活。原因在于，只有通过社会各组成部分的相互友爱和相互保护，一个社会才能安然存在。”

⑦ 黄枬森、沈宗灵主编：《西方人权学说》（上），四川人民出版社 1994 年版，第 34 页。

给他人造成的任何损失。[1]

(二)霍布斯:自我保存的主观权利

"自然权利的现代主观学说只有到了霍布斯这里才首次得到充分发展。"[2]托马斯·霍布斯提出了第一个完全现代的个体自然权利观。[3] 首先,霍布斯认为,人是自私自利、充满恶意、野蛮残忍和富于攻击的,因此对于他人来说是狼一般的存在,而人类社会也因此始终处于所有人对所有人的战争状态。而为了寻求和平,应按约设定利维坦,将自己无限获取自身福祉的绝对权利交给主权者,这便是个人权利的让渡。"在别人也愿意这样做的条件下,当一个人为了和平与自卫的目的认为必要时,会自愿放弃这种对一切事物的权利;而在对他人的自由权方面满足于相当于自己让他人对自己所具有的自由权利。"[4]其次,在当时生命、自由和财产尚未被认为是不可剥夺与不受政府干预的权利,反而被认为是国家恩赐的产物,君主必须确保臣民的生命、财产和幸福。[5] 此霍布斯的自然法理论中也提出自我保存的权利,也因此论证了权利应受到限制。最后,霍布斯认为人还得遵循永恒不变的法律,其中最重要的准则是"己所不欲,勿施于人"。而对权利的限制其也表述得非常明确,即必须放弃根据人的本性为所欲为的权利。[6]

(三)普芬道夫:权利不纷扰社会

塞缪尔·普芬道夫(Samuel von Pufendorf,公元1632—1694年)被认为是"自格劳秀斯所开始的近代自然法传统的构建者与系统化者",是德国17世纪最杰出的自然法学思想家。其虽然认同霍布斯的部分观点,认为人的本性受到自私自爱

---

① 参见[美]E. 博登海默:《法理学:法律哲学与法律方法》(修订版),邓正来译,中国政法大学出版社2004年版,第45页。

② [美]加里·B. 赫伯特:《权利哲学史》,黄涛、王涛译,华东师范大学出版社2020年版,第131页。

③ 参见[美]加里·B. 赫伯特:《权利哲学史》,黄涛、王涛译,华东师范大学出版社2020年版,第143页。

④ [美]加里·B. 赫伯特:《权利哲学史》,黄涛、王涛译,华东师范大学出版社2020年版,第143页。

⑤ 参见[美]E. 博登海默:《法理学:法律哲学与法律方法》(修订版),邓正来译,中国政法大学出版社2004年版,第53页。

⑥ 参见[美]E. 博登海默:《法理学:法律哲学与法律方法》(修订版),邓正来译,中国政法大学出版社2004年版,第51页。

的强烈驱使，且兼具一定恶意与攻击性。但同时，同格劳秀斯一样，普芬道夫也认为人性同样有追求与他人交往以及和平的社会生活的强烈倾向。上述两种倾向同时植根于人的本性之中。因而，普芬道夫自然法观既承认自爱，同时又认为自爱会受到社会的制约，故此其认可的自然法则既要求竭尽全力保护生命财产，同时要求不可扰乱社会，即“每个人都应当积极地维护自己以使人类社会不受纷扰”[①]。因此，普芬道夫的自然权利论认为个人权利理应受到限制。

(四)洛克：权利有限与自然义务

列奥·施特劳斯在《自然权利和历史》中指出，所有现代自然权利论的导师中，最为著名和影响最大的就是洛克。[②] 在古典自然法的第一阶段更多的是强调安全，然而在第二阶段对自由的关注度远远超过了安全。因此，古典自然法转向了对个人权利的保护，而这一转变最先在洛克的自然权利理论中得到体现。洛克认为人人生而自由平等，但却无往不在枷锁之中。另外，其建构的社会契约论认为，人们在缔结契约时保留了生命权、自由权和财产权等自然权利，让渡给政府的是实施自然法的权利，同时人民有反抗政府压迫的正当权利。在洛克看来，法律的目的不是废除或限制自由，而是保护和扩大自由。[③] 因此，洛克在论述自然权利的同时也注意到权利的限制，具体阐述如下：

首先，洛克认为人的权利是有限的。任何人不得侵害他人的生命、健康、自由或财产，除非为了惩罚罪犯，而惩罚也要有限度，即要根据冷静的理性和良心的指示，且应该比照罪犯所犯的罪行，即一个人的权利仅仅局限于“根据冷静的理性和良心的指示，比照他所犯的罪行，对他施以惩处，尽量起到纠正和禁止的作用”。另外，“人们既然都是平等和独立的，任何人就不得侵害他人的生命、健康、自由或财产”[④]。其次，人还承担自然义务。洛克的自然义务源于人们同样自然

---

① [美]E.博登海默：《法理学：法律哲学与法律方法》(修订版)，邓正来译，中国政法大学出版社2004年版，第47页。

② 参见[美]列奥·施特劳斯：《自然权利与历史》，彭刚译，生活·读书·新知三联书店2003年版，第129页。

③ 参见[美]E.博登海默：《法理学：法律哲学与法律方法》(修订版)，邓正来译，中国政法大学出版社2004年版，第60页。

④ [美]加里·B.赫伯特：《权利哲学史》，黄涛、王涛译，华东师范大学出版社2020年版，第156页。

地满足自我利益的欲望,[①]即如果我要求本性与我相同的人们尽量爱我,我便负有一种自然义务,对他们充分地具有相同的爱心。人在自然处境中受到约束他的自然义务的限制,而且这种限制强化了他的自然权利的基本特性。[②] 洛克还提出,行使自我保存的权利是对上帝的义务,而当保存自身不成问题时,就应该尽其所能保存其余的人类,这也是个体所担负的保存全人类的自然义务。[③] 最后,权利禁止滥用理念在洛克的腐败法则限制理论中也有所体现。洛克在讨论财产权时也提出在给予人以财产的法时,同时也应对这种财产加以限制。如其提出腐败法则的限制,即人被禁止获取和占有多于他在腐败前能使用的财产。"谁能在一件东西腐败之前尽量用它来供生活所需,谁就可以在那个限度内以他的劳动在这件东西上确定他的财产权;超过这个限度就不是他的应得之份,而归他人所有。"[④]这就是洛克所说的人要克制。

二、公共意志的理性自由权利观中的权利禁止滥用

"古典自然法学以'自由'为本义的权利观念经历了由霍布斯的基于人的自然本有能力的自由向卢梭、康德的体现为公共意志的理性约束下的自由的观念转换。"[⑤]但实质上黑格尔也持这一观点。故此,本节探讨卢梭、康德、黑格尔公共意志的理性自由权利观中的权利禁止滥用。

(一)卢梭:公意对个人权利的削减以及人最初的怜悯

让-雅克·卢梭(Jean-Jacques Rousseau),18 世纪法国启蒙思想家,其作为西方启蒙运动的集大成者,认为从自然状态进入国家政治社会状态的重要变化在

---

① 参见[美]加里·B.赫伯特:《权利哲学史》,黄涛、王涛译,华东师范大学出版社 2020 年版,第 170 页。

② 参见[美]加里·B.赫伯特:《权利哲学史》,黄涛、王涛译,华东师范大学出版社 2020 年版,第 151 页。

③ 参见[美]加里·B.赫伯特:《权利哲学史》,黄涛、王涛译,华东师范大学出版社 2020 年版,第 157 页。

④ 参见[美]加里·B.赫伯特:《权利哲学史》,黄涛、王涛译,华东师范大学出版社 2020 年版,第 161 页。

⑤ 参见张恒山:《权利:本能自由、本益禁侵与公意自由——古典自然法学权利观辨析》,载《行政法学研究》2023 年第 5 期。

于“义务的呼声代替了生理的冲动”与“权利代替了嗜欲”。[①] 其对权利限制的观念主要体现在以下两点：

第一，卢梭对权利限制的观念体现于公意对个人权利的消减。卢梭一方面坚信个人的自然权利，另一方面提出主权性的集体公意具有至高无上性。其认为每个人通过缔约将全部的自然权利让渡给整个社会，每个人的欲望和偏好都与他人的欲望和偏好完美地结合，因而个人意志消融在公意之中，个人权利得到充分的承认，而最终立法者提供对权利的一种完美承认，即自由是对法律的服从。“单纯的爱好冲动乃是奴役，服从于我们规定给自身的法律才是自由。”[②]也就是说，一旦个体和全体的联合得以确立，那些使个人利益与普遍意志敌对的彼此疏远的个体权利就不再存在。[③] 第二，卢梭提到自然人有最初的怜悯，这使人有将自身置于受害者位置的能力，爱己的冲动被缓解，追求自身福利的激情被缓和。[④] 总的来说，怜悯起到了抑制的作用，有助于整个人类的保存。

（二）康德：相互承认的权利限制

作为启蒙运动时期最后一位主要哲学家，康德对权利限制的观点主要体现在以下两点：第一，其认为权利是对每个人自由的限制，以使每个人的自由能够与其他人的自由相协调。在他看来，人类的意志拥有一种超出直接感性冲动的权限范围的利益，即理性的纯粹利益。但如果人类的意志和行动都受到感性冲动和欲望支配，那么不仅外在的自由，而且内在的自由都是不可能的。人的内在经验和实践理性显示出人有一种自由且道德的能动力量，能够在善与恶之间做出选择，任何人都没有权利把他人作为实现自己主观目的的工具。[⑤] 第二，康德认为权利是彼此承认的权利，个体对自身权利的关注最终导向了对他者权利的承认。在他看来，权利与欲望的满足以及对幸福的追求均没有关系，人们生活在相互尊重和对

---

① 参见［法］卢梭：《社会契约论》，何兆武译，商务印书馆2003年版，第25页。

② 参见［法］卢梭：《社会契约论》，何兆武译，商务印书馆2003年版，第196页。

③ 参见［美］加里·B. 赫伯特：《权利哲学史》，黄涛、王涛译，华东师范大学出版社2020年版，第196页。

④ 参见［美］加里·B. 赫伯特：《权利哲学史》，黄涛、王涛译，华东师范大学出版社2020年版，第187页。

⑤ 参见［美］E. 博登海默：《法理学：法律哲学与法律方法》（修订版），邓正来译，中国政法大学出版社2004年版，第80页。

彼此权利的相互承认中，在共同意志之内，相互承认他人就获得了他们自身东西的权利。只有相互尊重权利，权利才存在，没有尊重，权利就没有真正存在。① 在相互共存的基础上，任何一个人的权利不仅是另一个人权利的根据，还是对另一个人权利的限制。权利是使他人承担义务的能力，为享有权利个体必须能使他人承担义务，只有通过他人尊重这些权利的义务，这些权利才能得到维持，两个相互自我限制的意志才有各自主张的权利。也就是说，个体相互承认限制他们的权利，从而维护他们的权利。

同康德一样，费希特也认为权利是互相承认的副产品，即自愿地相互进行自我限制的产物。他认为权利的概念就是自由存在者相互之间的必然关系的概念。②

（三）黑格尔：权利实现的内在伦理

黑格尔认为实现普遍自由是世界历史的终极目标，权利是已成现实的自由王国，但黑格尔也强调自由并不意味着一个人具有为所欲为的权利，其在相互承认的权利的基础上认为应考虑权利实现的内在伦理要求。

首先，只有能够将自然的情绪、非理性的欲望、纯粹的物质利益服务于其理性的、精神的自我所提出的更高要求的人才是自由的人。③ 绝对权利是一种单纯、僵硬且冰冷的普遍东西。权利不能是绝对的，不能独立于或不考虑它们在其中得以实现的伦理存在。④ 这是因为，在人们尊重彼此权利的契约性协议中，契约双方都走出了想要保障他们私人性的、主观的利益的单纯共同意志，只有从属于普遍意志，权利的承认才得到充分显现，而侵犯他人权利的形式被认为是不法。⑤

---

① 参见［美］加里·B. 赫伯特：《权利哲学史》，黄涛、王涛译，华东师范大学出版社 2020 年版，第 204 页。

② 参见［美］加里·B. 赫伯特：《权利哲学史》，黄涛、王涛译，华东师范大学出版社 2020 年版，第 255 页。

③ 参见［美］E. 博登海默：《法理学：法律哲学与法律方法》（修订版），邓正来译，中国政法大学出版社 2004 年版，第 86 页。

④ 参见［美］加里·B. 赫伯特：《权利哲学史》，黄涛、王涛译，华东师范大学出版社 2020 年版，第 314 页。

⑤ 不法包括首先是没有恶意的不法，个体不想侵犯他人的权利，并且在实际上也会否认自己这样做。其次是欺诈，这是恶意，是有意的不法，在此他人的权利得到了承认，但之所以承认他人的权利，只是为了侵犯它们。最后是犯罪，在这里，并没有任何假装的对他人权利的承认。参见［美］加里·B. 赫伯特：《权利哲学史》，黄涛、王涛译，华东师范大学出版社 2020 年版，第 323 页。

其次，权利的存在取决于相互承认，在国家之内权利得到普遍地相互承认，也由此权利完全和谐地相互共存。权利必须在道德中能被找到的意识形式之下被设想。因而意图出现，且主体应该对这个意图负责，但是对于主体可以期待能够承担的责任存在限制，并且，对期待他的责任可以产生的权利也存在限制。[①] 我们只能要求行动出自他们的故意的那些人承担责任——并因此向他们主张权利。[②] 当个体权利属于一个现实的伦理秩序时，个体主体性规定走向自由的权利就得到了满足。

再次，伦理生活是自由的完美的政治体现，权利自身必须成为伦理性的。权利和义务的完美伦理秩序为，个体在承担义务的范围内享有权利，在享有权利的范围内承担义务。[③] 也就是说，权利自身必须成为伦理性的。

最后，确立的权利越多，这些权利之间就越容易起冲突。每一方都将自己的行为奠基于权利之上，指控他人侵犯了权利。每一方都主张自己拥有权利，双方都认为自己是正当的，因此只是权利自身彼此冲突。可相冲突的权利各方都同样是真实的。[④] 如今来决断的并不是两方主张的权利谁是真正的权利，因为各方都拥有真正的权利，而是哪一方的权利要放弃。

三、《人权宣言》与《法国民法典》：权利绝对的有意误导

受资产阶级革命的影响，霍布斯的自然权利理论、洛克的自然权利以及人民反抗权利思想、卢梭政治哲学中的个体权利观念等被大肆宣扬，构成了《美国独立宣言》、《美国人权法案》以及《法国人权宣言》的哲学基础，最终自然权利被渲染成不可转让的权利，得到了极致发展。然而，从前述学者们的观点来看，其并未讲到绝对的不受限制的权利，而在具体文本中，上述 3 个宣言文件的相关文本也

---

① 参见[美]加里·B.赫伯特：《权利哲学史》，黄涛、王涛译，华东师范大学出版社 2020 年版，第 324 页。

② 参见[美]加里·B.赫伯特：《权利哲学史》，黄涛、王涛译，华东师范大学出版社 2020 年版，第 326 页。

③ 参见[美]加里·B.赫伯特：《权利哲学史》，黄涛、王涛译，华东师范大学出版社 2020 年版，第 334～335 页。

④ 参见[美]加里·B.赫伯特：《权利哲学史》，黄涛、王涛译，华东师范大学出版社 2020 年版，第 345～346 页。

从未出现过绝对的权利。

如“私有财产神圣不可侵犯”的原则最早可追溯至1215年的《英国自由大宪章》,其第一次通过成文法的形式确立封建贵族以及市民的一些权益,对王权进行了限制。而这一原则真正得以确立是在1789年法国大革命时期通过的《法国人权宣言》,其第17条明文规定:“财产是神圣不可侵犯的权利。”然而,这颇具革命口号性的规定在1793年时被《法国宪法》修改,即针对这一条提出了两个限制条件,具体为“合法认定的公共需要”以及“基于公正和预先补偿的条件”。① 另外,《法国人权宣言》作为第三阶级反对资产阶级的重要文件,虽然宣称人生而在权利方面自由和平等,并将一直享有这种自由和平等,但其同时强调一个人的权利不得超越其他人的权利,不能干涉他人的权利。这也就说明《法国人权宣言》认为权利不是绝对的或无限的,对权利也做出了限制。确切地说,该宣言对于权利的限制还体现在第4条规定的自由应无害于他人,个人自然权利以其他成员能享有相同的权利为限制。② 第5条规定的有害于社会的行为权利是受到法律禁止的。③ 而罗伯斯比尔关于《法国人权宣言》的相关演讲中也提到,所有权和其他权利一样,受到尊重他人权利的限制。所有权不得损害我们周围人的安全、自由生存和财产。④ 另外,利奥塔还对《法国人权宣言》进行了解构性解读。⑤ 同样,德里达对《美国独立宣言》进行了解构性解读。⑥ 正如克鲁泽所言,在现代社会,财产权的无条件的不可剥夺性只能是一句豪言壮语,在革命的狂热和宪法的曙光中,人们很容易在屋顶上为它呐喊,但是事后冷静下来,真要实践它却几乎是不可

---

① 《法国人权宣言》第17条的规定具体为:“财产是不可侵犯与神圣的权利,除非合法认定的公共需要对它明白地提出要求,同时基于公正和预先补偿的条件,任何人的财产皆不可受到剥夺。”

② 《法国人权宣言》第4条的规定具体为:“自由是指能从事一切无害于他人的行为;因此,每一个人行使其自然权利,只以保证社会上其他成员能享有相同的权利为限制。此等限制只能以法律决定之。”

③ 《法国人权宣言》第5条的规定具体为:“法律仅有权禁止有害于社会的行为。凡未经法律禁止的行为即不得受到妨碍,而且任何人都不得被强制去从事法律所未要求的行为。”

④ [法]罗伯斯比尔:《革命法制和审判》,赵涵舆译,商务印书馆1965年版,第134页。

⑤ 参见[美]加里·B.赫伯特:《权利哲学史》,黄涛、王涛译,华东师范大学出版社2020年版,第451页。

⑥ 参见[美]加里·B.赫伯特:《权利哲学史》,黄涛、王涛译,华东师范大学出版社2020年版,第455页。

能的。①

再有,从美国的司法实践可以发现,绝对权利是人为的有意误导。当时威尔逊将自然法原则同人民主权论结合起来,认为每个人对其财产、人格、自由及安全都拥有自然权利,法律的职能便是确使这些自然权利免受政府的侵犯。而后,《美国宪法》的大多数创制人赞同了威尔逊的观点,如亚当斯、潘恩、杰斐逊都确信存在不受人定法约束的、不可被其废止的自然权利。美国的法院也掌握了司法审查权,充当起自然法的保护人,保护那些为《美国宪法》所承认和许可的人权,使其免遭立法机关的侵犯,并形成了一系列有影响力的判决。自此,确实自由和财产免遭政府侵犯的自然法及自然权利在美国起到了极其重大的作用,“私有财产神圣不可侵犯”不仅作为口号存在,一度被供奉为毋庸置疑的真理。诚然,上述政治家们把权利描绘成绝对的,是理论上的误导。之所以会造成这种有意误导,大概在于这种描述在心理上和措辞上是有益的,比如可增进记忆、更加强硬、使人特别关注等。②

另外,从当时具体国家的立法来看,我们也会发现权利绝对性只是虚无的政治口号,实则法律具体条文均规定了权利的限制。如1804年的《法国民法典》规定,所有权是对所有物有绝对无限制地使用、收益及处分的权利,但法律所禁止的使用不在此限。③ 可见,在当时法国,所有权是受到限制的,“上达九天,下达地心”的解释过于夸张。另外,《法国民法典》第640条、第643条、第682条④还分别对低地所有者、水源所有者、相邻土地所有者的权利进行了相关限制。

---

① [美]路易斯·亨金、[美]阿尔伯特·J.罗森塔尔编:《宪政与权利》,郑戈等译,生活·读书·新知三联书店1996年版,第156页。

② 参见[美]史蒂芬·霍尔姆斯、[美]凯斯·R.桑斯坦:《权利的成本:为什么自由依赖于税》,毕竟悦译,北京大学出版社2004年版,第70~71页。

③ 参见[法]《法国民法典》,罗结珍译,北京大学出版社2010年版,第176页。

④ 《法国民法典》第640条规定,低地对高地须接受从高地不假人力、自然流下之水,低地所有者不得建立妨碍流水的堤坝。高地所有者不得采取任何加重低地负担的行为。第643条规定,如水用于供给区乡、村落居民的需要时,水源所有者不得变更其水道。第682条规定,自己的土地被他人的土地围绕,并且无通道通至公路时,土地所有者可为自己的不动产的便利,要求在邻人土地上取得通行权,但需负担因通行造成的损失以相应的赔偿。

第三节 19世纪中后期:权利绝对思想受到多维度冲击

“到十九世纪下半期,在权利变得根深蒂固的同时,也变得不再是绝对的了。”[①]19世纪中后期起,“自然的、不可侵犯的权利”或“绝对权利”受到不同方向的诸多攻击。[②] 权利的有限性也由此得以体现。如历史法学派主张权利是历史意识的产物,受制于历史运动和发展。功利主义刻薄地将权利这个概念斥为华而不实的胡说八道。马克思主义法学派则揭示出权利这个概念被用来作为资产经济特权和压榨性财产权正当化的工具性。在马克思看来,人不可侵犯的、自然的个体权利,这整个概念隐藏着一种狭隘的自我主义,它是真正的社会存在的障碍。分析法学派开启权利实证化研究,否认自然法权利的存在,强调一切权利都是法律赋予的。社会法学派认为20世纪的法律在承认个人权利的同时,应该更加广泛地保护公共利益和社会利益。新自然法派提出自然法派生出的权利要服从于实在法的控制。如马利旦主张基于个体自主意志的权利反而损害和糟蹋了权利,对某些权利主张可以公正地施加限制,甚至为了增加公共利益,权利还应服从于实在法的控制。本节主要梳理了上述流派对自然权利或绝对权利多维度的攻击,由此提出权利的有限性。总之,在19世纪晚期和20世纪早期,这些批判差不多已经将权利这个概念的哲学力量消耗殆尽。

一、历史法学派:权利受制于历史运动和发展

黑格尔虽然认为权利总是在民族认同中发展并呈现其本质,但其还是主张权利先于民族精神存在。[③] 不同于此,在萨维尼等历史法学家看来,权利是民族精神的显现,在历史演进的民族意识中被创造。历史法学派将权利和法的本质置于

---

① 胡传胜:《自由的幻像——伯林思想研究》,南京大学出版社2001年版,第79页。

② 参见[美]加里·B.赫伯特:《权利哲学史》,黄涛、王涛译,华东师范大学出版社2020年版,第380页。

③ 参见[美]加里·B.赫伯特:《权利哲学史》,黄涛、王涛译,华东师范大学出版社2020年版,第355页。

不断进化的民族意识中，拒绝任何绝对的事物，拒绝所有从外部强加的事物，青睐自然产生、历史演进的政治和文化模式。历史法学派为权利理论带来了巨大转变，权利被认为是历史意识的产物而非历史意识的根本结构，权利丧失了它们的本体论地位及形而上学根基，开始强调民族精神，而权利的历史性则体现了权利并非绝对，权利受制于历史运动和发展。

二、功利主义法学派：普遍福祉的个人权利限制

作为功利主义哲学创立者的边沁认为权利只有在政府强制的其他公民的义务中凭借它而存在。如果不对其他人施加一个相应的义务，就不可能为某人创设一项权利。享有权利意味着成为其他人的义务的受益者，即权利的利益学说。权利仅仅存在于施加义务并通过施加义务而存在，故而，权利通过限制自由而存在。只有以自由为代价才能够创设权利，因此，如果不牺牲自己的部分自由，公民就无法获得任何权利。[①] 同时，其对不可让渡的自然权利的概念进行了谴责，认为根本就不存在自然权利，自然权利是所有一切阴谋的伪装，自然的不可侵犯的权利是踩在高跷上的胡言乱语。边沁认为人类除了获得快乐或避免痛苦之外不会做其他任何事，防范无节制地追求快乐所导致的灾难的唯一方法以及所有个体不同利益达致和谐的唯一途径是功利主义，也就是最大幸福原则。这一原则要求人类行为唯一普遍可欲的目的，确保个体幸福的唯一途径，是增进共同体的最大幸福。促进普遍福祉仅仅是因为它是个体幸福的必要条件。[②] 约翰·穆勒也称赞这一观点，认为功利主义的幸福原则是利他的而非利己的，因为它的理性是所有相关之人的幸福。[③] 正义乃是一种动物性的欲望，即根据人的广博的同情力和理智的自我利益观，对自己或值得同情的任何人所遭受的伤害或损害进行反抗或报复，正义感乃是对恶行进行报复的欲望。他也指出只有假定了责任，权利才存在；只

---

① 参见[美]加里·B. 赫伯特：《权利哲学史》，黄涛、王涛译，华东师范大学出版社 2020 年版，第 370 页。

② 参见[美]加里·B. 赫伯特：《权利哲学史》，黄涛、王涛译，华东师范大学出版社 2020 年版，第 366 页。

③ 参见[美]E. 博登海默：《法理学：法律哲学与法律方法》(修订版)，邓正来译，中国政法大学出版社 2004 年版，第 112 页。

有当某人负有相应义务时，权利才存在。所有一切权利都是施加于公民自由上的政府限制创造和维持的。“只要个人行为的任何部分有损他人利益，社会对此就有了管辖权，而这种干涉是否能够提高社会的总体福祉也要成为公开讨论的话题。”[①]由此，我们可以看到，功利主义法学派对于权利的观点是认为权利应该受到限制。

三、马克思主义法学派：权利概念是资产阶级经济和政治压迫的工具

以权利为名开始的社会和政治革命，到马克思时代，转而将矛头指向这些权利。从19世纪晚期开始，“自然的、不可侵犯的权利”受到不同方向的诸多攻击。[②] 权利这个概念本身被驳斥为一种经济和政治压迫的工具，被用来将资产经济特权和压榨性财产权正当化。如马克思是对资产阶级式权利发起新的革命性攻击的一员。其在《莱茵报》发表了5篇社论，指出莱茵地区制定的有关林木盗窃的法律，是将曾经穷人的不可侵犯的对森林的使用权，通过资产阶级立法重申为财产权这一根本的资产阶级权利，这赤裸裸地体现了资产阶级所有权的内在的剥削性。甚至，马克思在《论犹太人问题》一文中对权利概念的本质和功能都给予了批判。他认为《法国人权宣言》等实际上将公民的权利与人的权利的区分隐藏起来了。这些所谓的完善的政治国家，只不过是保护和保存资产阶级特权——这些特权被说成是人的自然和不可侵犯的权利，这个隐含的经济意图具有欺骗性的崇高表面而已。[③] 马克思拒斥霍布斯和洛克的资产阶级权利理论的个人主义，以及康德式权利理论的意志本体论。在马克思看来，人不可侵犯的、自然的个体权利，这整个概念隐藏着一种有害的自我主义，它是真正的社会存在的障碍。[④]不可侵犯的自然的个体权利这个理论是对人的社会存在及对他的“类存在”的明

---

① [美]加里·B.赫伯特：《权利哲学史》，黄涛、王涛译，华东师范大学出版社2020年版，第375页。

② 参见[美]加里·B.赫伯特：《权利哲学史》，黄涛、王涛译，华东师范大学出版社2020年版，第380页。

③ 参见[美]加里·B.赫伯特：《权利哲学史》，黄涛、王涛译，华东师范大学出版社2020年版，第383页。

④ 参见[美]加里·B.赫伯特：《权利哲学史》，黄涛、王涛译，华东师范大学出版社2020年版，第385页。

确异化。私有财产这一人权是任意地、同他人无关地、不受社会影响地享用和处理自己的财产的权利，这一权利是自私自利的权利。马克思甚至将权利概念斥为资产阶级剥削的支柱，在其后的一些著作中极少理会这一概念。

四、分析法学派：否认自然法权利存在的权利实证化研究

19世纪中后期，权利被作为法律的基本概念，且相关法学研究进入实证化阶段。英美分析法学认为自然权利是一派胡言，假想的自然法产生假想的权利，由此否认自然法权利的存在。如分析法学派创始人奥斯丁反对自然权利说，其坚持认为一切权利都是法律赋予的。奥斯丁认为法是一种命令，这就体现了法律的义务或责任，即命令中的作为或不作为。这就是义务法定，而不是权利法定，权利由义务产生。当然，奥斯丁也承认例外情况即有的法律仅仅设定权利，但与此同时，包含权利的法律都明示或暗示了相关责任。[①] 另一位分析法学派代表人物凯尔森也认为在有法律之前是没有法律权利的，法律权利就是法律，因而他仅承认客观意义上的法律，而不赞成主观意义上的权利概念。并且，法律权利与法律义务相对，法律权利是相对于他人法律义务的，法律权利预设他人的法律义务。[②] 同样地，哈特也认为法律规则分为设定义务的主要规则和授予权力的次要规则，主要规则是主要的，次要规则依附或辅助主要规则。[③] 哈特还提出最低限度内容的自然法理论，其中提到有限的利他主义以及有限的资源，这些观点中都涉及权利的有限性。在有限的利他主义理论中，哈特提出，人处于天使和恶魔中间，人的利他主义是有限的且间歇性的，需要法律与道德控制人的自私性和侵犯他人性，通过自然法以发挥人有限的利他主义（团结互助性），限制排他主义（自私性）。在有限的资源的观点中，哈特提及，人类生存所需的资源有限，因此需要财产制度以及尊重财产制度的规则，即“最低限度的财产制度”以及通过一定的所有权来保证这一制度，这也是人们自我约束的制度。[④]

---

① 参见吕世伦主编：《西方法律思潮源流论》（第2版），黑龙江美术出版社2018年版，第132页。

② 参见明辉、姜小蕾主编：《西方法律思想史教程》，对外经济贸易大学出版社2011年版，第263页。

③ 参见徐寒主编：《世界历史百科全书》，吉林文史出版社2005年版，第560页。

④ 参见徐寒主编：《世界历史百科全书》，吉林文史出版社2005年版，第564页。

五、社会法学派:应更加广泛地保护公共利益和社会利益

被誉为社会法学鼻祖的耶林,其出版了《为权利而斗争》一书,在该书中提出“为权利而斗争是权利人对自己的义务”。然而,这并不代表耶林主张无限的权利。在《法律的目的》一书中,耶林将利益分为个人利益与社会利益,认为个人的存在既为了自身,同样也是为了社会,即“我为我自己而存在”,“世界为我而存在”,“我为世界而存在”,个人与社会是合伙关系,因而在强调个人权利的同时也需要注重与社会利益的结合,保护社会利益是法律的实质目的。其进一步指出“个人的所有权”制度应该被“社会的所有权”制度取代,原因在于所有权行使之目的不独应为个人的利益,同时也应为社会的公共利益。同时耶林还论述了“并没有什么绝对的财产,特别是独立于社会利益之外的财产。历史已经反复向我们说明了这一点”①。

社会法学派的早期代表贡普洛维奇也认为自然法与不可剥夺的权利等概念是纯粹想象出来的荒谬产物,就像理性或自由意志等概念一样毫无意义。② 在与封建阶级斗争的过程中,资产阶级诉诸普遍的人权等概念,而今劳动阶级为反抗压迫,也在诉诸权利的扩大化以及经济权利的增加。科勒(柯勒)进一步提出个人主义应与集体主义相综合。法律制度不应该反对或根除利己主义,但与此同时也不能丢失集体主义,社会聚合力同样必要。社会学法学派在欧洲的创始人之一埃利希则将人们履行法律义务视为一个无意识地使自己习惯于周围人的情感和思想的问题,是不需要经过深思熟虑的。而法国社会连带主义法学派创始人莱昂·狄骥先生提出了带有社会学色彩的自然法理论,其并不承认个人享有任何天赋的或不可分割的权利,个人被认为可以拥有的唯一权利是永远履行其义务的权利。③ 其指出:“人不可能仅仅因为自己是一种社会存在而自然地获得某种天赋权利。作为个体的人仅仅是一种知性的造物,权利的概念是以社会生活的概念为基础的。因此,如果说人享有某些权利,这些权利只能来自他所生存于其中的社

① 参见王学辉、邓蔚:《物权的行政法保护与规制》,载《现代法学》2006 年第 2 期。

② 参见[美]E. 博登海默:《法理学:法律哲学与法律方法》(修订版),邓正来译,中国政法大学出版社 2004 年版,第 145 页。

③ 参见[美]E. 博登海默:《法理学:法律哲学与法律方法》(修订版),邓正来译,中国政法大学出版社 2004 年版,第 193 页。

会环境，他不能反过来将自己的权利凌驾于社会之上。”[①]

作为社会学法学运动的奠基人庞德甚至指出，19 世纪的法律历史，在很大程度上是一部有关日趋承认个人权利——这些权利常常被视为“自然的”（或天赋的）和绝对的权利的记录。在 20 世纪，应该更加广泛地承认人的需要、要求和社会利益，也正因如此，法律应该保护个人利益、公共利益和社会利益。[②] 其中，个人利益是直接涉及个人生活并以个人生活名义所提出的主张、要求或愿望；公共利益涉及政治组织社会的生活并以政治组织社会名义提出的主张、要求或愿望；社会利益涉及文明社会的社会生活并以这种生活的名义提出的主张、要求或愿望。另外，社会利益还进一步包括一般安全利益，个人生活方面的利益，保护道德的利益，保护社会资源（自然资源和人力资源）的利益以及经济、政治和文化进步方面的利益。法学家则是尽可能地保护所有的社会利益并维持这些利益之间的、与保护所有这些利益相一致的某种协调或平衡。由此说来，个人权利在社会权益与公共利益面前受到限制。

六、新自然法派：自然法派生的权利要服从于实在法的控制

新康德主义法学派首创人施塔姆勒提出，法律是不可违反的、独断的集体意志。法律是社会合作的一种工具，而不是为了满足没有社会价值的纯粹主观的个人欲望的手段。[③] 同时，施塔姆勒提出尊重和参与的原则。社会的每一个成员都应当被视作一种目的本身，而不应该被当作他人主观专断意志的对象。任何人都不得仅仅把他人当作实现自己目的的手段。“通过尊重他人来控制自己的欲望，而且他人也严格这样行事：这必须被认为是实现上述社会理想的一条原则。”[④]

马利旦是自然法传统复兴中最雄辩的支持者。作为新自然法学的代表，马利

---

① ［法］莱昂·狄骥：《公法的变迁·法律与国家》，郑戈、冷静译，辽海出版社、春风文艺出版社 1999 年版，第 10 页。

② 参见［美］E. 博登海默：《法理学：法律哲学与法律方法》（修订版），邓正来译，中国政法大学出版社 2004 年版，第 154 页。

③ 参见［美］E. 博登海默：《法理学：法律哲学与法律方法》（修订版），邓正来译，中国政法大学出版社 2004 年版，第 178 页。

④ ［美］E. 博登海默：《法理学：法律哲学与法律方法》（修订版），邓正来译，中国政法大学出版社 2004 年版，第 180 页。

旦批判卢梭及康德的观点，认为将人作为神，使所有属于人的权利变成神的绝对且无限的权利，人的意志或自由替代上帝成为自然法最高来源。马利旦认为，这些基于个体自主意志的权利反而损害和糟蹋了权利。原因在于它使人们设想权利本身就是神圣的，因而会认为权利就是无限的，不受制于任何客观尺度，拒绝为自我提出的主张施加任何限制，最终表现为人类主体的绝对独立性，并以牺牲其他所有存在物为代价来施展自己那宝贵的可能性。① 马利旦认为即使那些绝对不可让渡的权利也存在限制，即便不是就享有权利来说，至少就行使权利来说也是如此。② 对某些权利主张可以公正地施加限制——这或者是由于有过失或罪行的人的罪过，或者是由于社会结构的邪恶或粗糙使本身正当的主张不能立即实现，以免导致主要权利受到侵犯。不同的权利之间貌似无法解决的冲突本身其实并不存在真正的对立。③ 自然法派生出的权利，未必是绝对的和无限制的，为了增加公共利益，这些权利服从于实在法的控制。

权利话语被提出，相关研究更是倾向于批评这一现象。麦克唐纳德指出，权利本质上是语言性的，霍布斯与洛克创造自然权利词汇是为了谴责侵犯自然权利的行为，所有有关自然权利的主张都不过是无法证实的感觉表达，权利这个概念可能成为被资产阶级政治滥用的工具，成为极端分子行为变化的工具。其没有抨击这个概念本身，主要抨击的是那些没能准确使用这个概念的人。④ 权利这个概念几乎完全被权利话语这个概念替代。⑤ 权利乃是语言游戏的产物，是某种我们

① 参见[美]加里·B. 赫伯特:《权利哲学史》，黄涛、王涛译，华东师范大学出版社 2020 年版，第 392 页。

② 参见[美]加里·B. 赫伯特:《权利哲学史》，黄涛、王涛译，华东师范大学出版社 2020 年版，第 397 页。

③ 参见[美]加里·B. 赫伯特:《权利哲学史》，黄涛、王涛译，华东师范大学出版社 2020 年版，第 398 页。

④ 参见[美]加里·B. 赫伯特:《权利哲学史》，黄涛、王涛译，华东师范大学出版社 2020 年版，第 407 页。

⑤ 参见[美]加里·B. 赫伯特:《权利哲学史》，黄涛、王涛译，华东师范大学出版社 2020 年版，第 422 页。

放到游戏之中的东西。[①] 作为请求的权利，有效的请求才表明权利的存在。[②] 此外，如德国存在主义法学的代表者柯英（Helmut Coing）认为，个人的基本权利包括由身体完整、私人财产、个人隐私、言论自由等所构成的最高法律原则，但不可能无限地和绝对地实现这些权利，要服从增进公共福利所必要的某些限制。德沃金也认为，权利冲突是对权利进行限制的最重要或最正当的理由，即"一个国家可以根据其他的理由取消或者限制权利，而且，在否定保守的观点之前，我们应该清楚，这些理由是否可以适用。这些理由中最重要的理由——至少是我们所理解的——提出了相互冲突的权利的概念，如果涉及的权利不会受到限制，那么与之冲突的权利就会受到破坏"。也就是说，"我们必须承认，如果政府有理由相信对立的权利中有一方是更为重要的，他就有理由限制另一些权利"[③]。

七、权利禁止滥用的相关判决

在这一阶段的司法实践中，各国开始出现权利禁止滥用的相关判决。具体如1855年法国科尔玛法院对"专为遮蔽邻舍阳光而修筑烟囱"的判决说理就首次提出了禁止权利滥用原则，这一"嫉妒建筑"案中提到"有专为遮蔽邻舍阳光而建筑之烟筒，应认为系以加害邻人为目的，其建筑所有人须将其拆除之"[④]。"所有权与其他权利相同，其行使应以满足适用之利益为范围，如以恶意或故意所为的行为，对权利人无利益可言，而徒加害于他人时，因有违道德与平衡原则，实不能为法律裁判所允许。"[⑤]这可谓是禁止权利滥用第一案。路易·若斯兰将之认定为滥用上空权。[⑥] 1856年，法国里昂法院针对"枯竭邻地之矿泉为目的而挖掘自己土地"案，作出"所有人对于所有物因得自由利用，但必须以不妨碍邻人之所有权

---

① 参见［美］加里·B. 赫伯特：《权利哲学史》，黄涛、王涛译，华东师范大学出版社2020年版，第460页。

② 参见［美］加里·B. 赫伯特：《权利哲学史》，黄涛、王涛译，华东师范大学出版社2020年版，第423页。

③ ［美］罗纳德·德沃金：《认真对待权利》，信春鹰、吴玉章译，中国大百科全书出版社1998年版，第255页。

④ 郑玉波：《民法总则论文选辑》（下），台北，五南图书出版公司1984年版，第903页。

⑤ 陈锐雄：《民法总则新论》，台北，三民书局1982年版，第912页。

⑥ 参见［法］路易·若斯兰：《权利相对论》，王伯琦译，中国法制出版社2006年版，第11页。

之享受为其限界”的判决,[①]从而进一步确认为禁止权利滥用的原则。不仅如此,禁止权利滥用还拓展适用于其他领域,如法国在1978年1月10日第78-23号法律第35条规定,合同条款中“凡属于违背法律的特别规定,基于滥用经济权利而强加给消费者的,或者给予滥用权利的一方以不正当经济利益的,均因滥用权利而归于无效”[②]。可见这一原则的适用对象从所有权到物权,再到债权,从不动产所有权滥用的限制,后来又扩展到了合同权利、家庭关系内权利、公司股东权利、罢工权和诉权等。[③] 这也是当前学界通说认为近代民法禁止权利滥用原则滥觞于法国判例的原因。[④] 另外,在大约19世纪20年代后期,路易·若斯兰完成的著作《权利相对论》,对权利的精神及其相对性进行了学理上的探讨研究。[⑤]

第四节 20世纪以来:权利不得滥用在各成文法律中的立法表达

科技的发展、社会的进步等使人与人、人与社会、人与自然等之间的连接更加紧密,矛盾日益突出。一方面,法律所确立保护的权利客体或权利种类在增多;另一方面,随意滥用权利的现象也在不断叠加。因此,私权绝对神圣观念失去了往日光辉,慢慢退出了历史舞台,权利禁止滥用理念也从法律边缘位置走向前台,逐渐成为法律规制权利的重要法理,最终生成各国民法、宪法的基本原则,甚至是国际公约中的具体规则。总之,20世纪以来,权利谦抑理念被逐渐生成成文法上的

---

① 参见郑玉波:《民法总则论文选辑》(下),台北,五南图书出版公司1984年版,第408页。

② 尹田:《法国合同法对消费者权益的特殊保护》,载《外国法译评》1994年第3期。

③ 参见[法]雅克·盖斯旦、吉勒·古博:《法国民法总论》,陈鹏等译,法律出版社2004年版,第726~739页。

④ 参见郑玉波:《民法总则》,中国政法大学出版社2003年版,第569页;[法]路易·若斯兰:《权利相对论》,王伯琦译,中国法制出版社2006年版,第11页。

⑤ 参见[法]雅克·盖斯旦、吉勒·古博:《法国民法总论》,陈鹏等译,法律出版社2004年版,第726~738页。

具体规则。[①]

一、民法领域中的权利禁止滥用原则

"今天,大多数法律制度都在试图对不受约束的个人主义表现加以控制,控制的方式是通过法院判决或立法发展出一种广泛而略失雅致地称作'滥用权利'的概念。这种概念认为一项权利,即使是被合法地取得,也不能用来满足与其原始目的相悖的目的。"[②]从20世纪开始,各国各地区的民法中几乎均规定了权利禁止滥用这一原则,鉴于权利禁止滥用与权利谦抑的关联性,因此我们也可以说,权利谦抑也有相关立法表达。具体情形如下。

权利的限制原则最早可追溯至《德国民法典》,被正式确立于《瑞士民法典》。1896年批准公布,1900年施行的《德国民法典》,在其第三次草案时提出应该对所有权的滥用规定禁止性条款,后国会审议时,将权利不得滥用扩及全部的民事权利,最终形成了第226条,即"如权利的行使专以加损害于他人为目的,则不得行使权利"[③]。这是在世界范围的立法中第一次对权利进行限制,但该条款更加偏重规定权利限制的主观要件。1907年公布的《瑞士民法典》首次明确出现"滥用权利"一词,具体在该法典的第2条,即"任何人在行使权利或履行义务时,必须遵守诚实信用原则;权利的明显滥用,不受法律保护"[④]。相较于《德国民法典》,《瑞士民法典》还进一步补充了权利滥用客观要件的相关规定,并且因为规定在总则部分,所以说也是对该原则适用范围的扩大化。

自《德国民法典》《瑞士民法典》后,大陆法系绝大多数国家相继在立法中确立了权利不得滥用的原则。而以这两部民法典为典型,具体按照是否在法条中明确"滥用"一词,后续国家的立法中有关权利限制原则的规定也可分为两类。

---

① 当然,除了民法与宪法,在知识产权等领域也有相关立法,如美国司法部和联邦贸易委员会于1995年联合发布的《知识产权许可的反托拉斯指南》、日本公正交易委员会1999年重新颁布的《专利和技术秘密许可协议中的反垄断法指导方针》等是颇具代表性的防止知识产权滥用的相关立法。参见王先林:《若干国家和地区对知识产权滥用的反垄断控制》,载《武汉大学学报(社会科学版)》2003年第2期。但限于本书研究,在此主要提及民法和宪法领域的内容。

② [美]埃尔曼:《比较法律文化》,高鸿钧等译,生活·读书·新知三联书店1990年版,第76页。

③ 《德国民法典》(第4版),陈卫佐译注,法律出版社2015年版,第78页。

④ 《瑞士民法典》,戴永盛译,中国政法大学出版社2016年版,第2页。

第一类是部分国家民法典如《德国民法典》，规定的是不得损害其他利益或不得违背诚实信用，以此对权利进行限制。

反向规定的如下。1916 年《奥地利普通民法典》第 1295 条第 2 款规定："以违反善良风俗的方式故意造成他人损害的人，也应对此负责；但如果在行使权利时导致损害发生，则只有权利的行使明显地以损害他人为目的时，其才应当负责。"①相较于《德国民法典》，《奥地利普通民法典》增加了善良风俗的客观标准，但其并未在法条中明确规定"滥用"一词。1916 年《巴西民法典》第 160 条规定："因权利正常行使所为的行为，非属不法行为。"该民法典从权利限制的反面进行规定，"非正常的权利行使属于不法"学说即为该法条的体现。有"《法国民法典》的表兄弟"之称的《魁北克民法典》，在 1980 年大修后，共 3168 条，其中第 7 条规定："任何人均不得以损害他人为目的或违背诚实信用的要求以过分且不合理的方式行使权利。"②

正向规定的如下。1922 年《苏俄民法典》第 1 条规定："民事权利之行使违背社会经济之使命者，不受法律保护。"1964 年新的《苏俄民法典》第 5 条规定将这一条款细化，具体内容为："民事权利受法律保护，但其行使违背这些权利在社会主义建设共产主义时期的目的的情况，不在保护之列。公民和组织在行使权利和履行义务时，都应当遵守法律，尊重社会主义公共生活规则和正在建设共产主义的社会道德标准。"与《巴西民法典》反面限制权利的要求不同，《苏俄民法典》是从正面对权利滥用进行的规定。

第二类是不少国家的民法典直接在立法条文中明确规定"权利不得滥用"。

正向在法典中规定何为权利滥用的如下。《荷兰民法典》于 1938 年通过，1992 年再次修订生效。《荷兰民法典》第三编第 13 条第 2 款规定："行使权利专以损害他人为目的，或者不符合授予其权利的目的，或者，行使权利的人的利益与受到损害的人的利益不成比例，按照诚实信用原则不应允许其行使权利的，属于

① 《奥地利普通民法典》，周友军、杨垠红译，清华大学出版社 2013 年版，第 213 页。

② 《魁北克民法典》是 2005 年中国人民大学出版社出版的图书，作者是徐国栋。参见徐国栋主编：《魁北克民法典》，孙建江等译，中国人民大学出版社 2005 年版。

权利滥用。”[①]1964 年通过,1965 年施行的《波兰民法典》第 5 条规定:“如果某人以作为或不作为而取得有悖于法典的社会经济目的和社会共同原则的利益,则认为是滥用权利。”该两部法典正向规定了何为滥用权利。

反向在法典中规定何为权利滥用的如下。《日本民法典》(又称“明治民法”),经 1947 年的《修改民法的一部分的法律》修改后,“明治民法”第 1 条规定的民法原则中增加了权利不得滥用的规定,即“私权应遵依公共福祉。权利之行使及义务之履行,应依信义而诚实为之。权利之滥用,不许之”[②]。1958 年通过,1960 年实施的《韩国民法典》在第一章通则部分的第 2 条第 2 款规定:“权利不得滥用。”1964 年公布生效的《捷克斯洛伐克社会主义共和国民法典》第七项原则为:“任何人行使权力不得滥用自己的权利以损害社会或公共利益。”

二、宪法领域中的基本权利禁止滥用原理

“在公法上,自‘二战’以后,随着民主的界限及公民私人行为的规制问题引起人们的注意和反思,公民基本权利滥用禁止问题亦开始得到重视。”[③]实践中也可以发现,《魏玛宪法》《德国基本法》《日本宪法》,以及希腊、土耳其、越南、阿富汗等国的宪法中都相继规定了基本权利禁止滥用原理。

有学者指出,“宪法之基本权利滥用禁止规范滥觞于 1946 年日本宪法典,之后,1948 年世界人权宣言、德国 1949 年基本法等四十多个国家的宪法或宪法性文件均规定了类似的条款”[④]。其实不只如此,宪法领域的基本权利禁止滥用原则最早可追溯至 1919 年生效的《魏玛宪法》,亦称《德意志国宪法》,作为现代宪法的标志,其在保护所有权的同时,开始注重对私有制的限制。如其第 153 条第 3 款规定所有权同时作为“公共福利之役务”而存在;第 111 条规定迁徙自由的法

---

① 李敏:《我国民法上的禁止权利滥用规范——兼评〈民法总则〉第 132 条》,载《法律科学(西北政法大学学报)》2018 年第 5 期。

② 《日本民法典》,刘士国等译,中国法制出版社 2018 年版,第 2 页。

③ G. Palombolla, *The Abuse of Rights and the Rule of Law*, in Andras Sajo ed., Abuse: The Dark Side of Fundamental Rights, Eleven International Publishing, 2006.

④ 高慧铭:《论基本权利的滥用禁止》,载《清华法学》2015 年第 1 期。

定限制;第 118 条规定自由发表意见权也受法律规制。[①]

按此类模式规定基本权利禁止滥用原理的还有 1982 年 11 月 7 日公民投票通过的《土耳其宪法》,其第 14 条规定了基本权利和自由的限制内容,即“不得出于破坏国家的领土和民族不可分割的整体性,威胁土耳其国家和共和国的生存,消灭基本权利和自由,使国家处于某一个人或集团的控制或建立一个社会阶级对其他社会阶级的统治,或制造语言、种族、宗教和教派上的歧视,或以任何其他方式建立以上述思想观念为基础的国家制度等目的,行使宪法规定的基本权利和自由”。该条第 2 款规定:“凡违反上述禁律,或鼓动唆使他人违反者,其制裁办法由法律规定”。2001 年新修订的《土耳其宪法》第 14 条第 2 款内容重复了《欧洲人权公约》第 17 条的表述,在第 1 款中增加了:“行使宪法规定的基本权利和自由,不得出于以下目的,即破坏国家的领土和民族不可分割的完整性,以及威胁建立在人权基础上的土耳其共和国的民主和世俗秩序。”1992 年的《越南宪法》第 74 条第 3 款规定:“任何对国家利益或集体和公民个人的合法权益的侵害都必须得到及时严肃的处理。受害人有权依法得到损害赔偿和恢复名誉。”第 4 款规定:“严禁对控告和检举者打击报复和旨在诬陷和伤害他人而滥用控告和检举权。”

部分国家宪法中的基本权利限制原则,还直接规定了“滥用”一词,具体如 1949 年 5 月颁行的《德意志联邦共和国基本法》,又称《波恩宪法》,共 146 条,其第 18 条规定滥用言论、出版、讲学、集会、结社等自由,以及滥用书信、邮件与电讯秘密、财产权或庇护权等的会相应剥夺此类自由。[②] 这是关于禁止基本权利滥用原则的正向规定。

---

① 具体表述为:“所有权为义务,其使用应同时为公共福利之役务。”“所有权为义务,其使用应同时为公共福利之役务。”“一切德国人民,在联邦内享迁徙自由之权,无论何人,得随意居留或居住于联邦内各地,并有取得不动产及自由营生之权。惟根据联邦法律,始得限制以上之规定。”“德国人民,在法律限制内,有用言语,文字,印刷,图书或其他方法,自由发表其意见之权,并不得因劳动或雇佣关系,剥夺其此种权利。”

② 具体表述为:“凡滥用言论自由,尤其是出版自由(第五条第一款),讲学自由(第五条第三款),集会自由(第八条),结社自由(第九条),书信、邮件与电讯秘密(第十条),财产权(第十四条)或庇护权(第十六条第二款),以攻击自由、民主之基本秩序者,应剥夺此等基本权利。此等权利之剥夺及其范围由联邦宪法法院宣告之。”东西德合并后,该基本法继续有效,1993 年对该条中的庇护权的滥用问题作出过修改,区分了申请庇护的公民是否来自欧洲共同体国家。

反向规定禁止基本权利滥用原则的如下。“日本宪法的禁止滥用基本权利规范是把民法的权利滥用禁止原则拓展到了宪法领域，是日本宪法本土化最明显的特征。”[①]受《日本民法典》中禁止权利滥用原则的影响，日本在1946年《日本宪法典》中也规定了禁止基本权利滥用条款，其第12条规定：“受本宪法保障的国民的自由与权利，国民必须以不断的努力保持之。同时，国民不得滥用此种自由与权利，而应负起经常用以增进公共福祉的责任。”这是日本公法借鉴私法的典型理论。1975年6月11日施行的《希腊宪法》第25条第2款规定：“国家承认并保护人的不可剥夺的基本权利，以实现自由和正义的社会进步。”紧接着第3款就提出基本权利不得滥用，即“不得滥用此项权利”。此外，还在第4款规定了“国家有权要求全体公民履行社会团结和民族团结的义务”。2003年的《阿富汗宪法》第59条规定：“任何人不得滥用宪法规定的权利和自由，不得破坏国家独立、领土完整、主权完整和民族团结。”[②]

三、国际公约中的权利限制规定

当今世界，除各个国家或者各地区外，如《世界人权宣言》《欧洲人权公约》《经济、社会及文化权利国际公约》《公民权利和政治权利国际公约》等不少国际公约中也规定相关权利应受到限制。[③]

1940年以来，权利概念再次被广泛研讨，但主要是以人权的方式出现，并回应反人类罪行。[④] 而后联合国《世界人权宣言》的出台，推动了20世纪末对人权

---

① Christopher A. Ford, *The Indigenization of Constitutionalism in the Japanese Experience*, 1 Case Western Reserve Journal of International Law 3(1996).

② 《世界各国宪法》编辑委员会编译：《世界各国宪法》（亚洲卷），中国人民检察出版社2012年版，第32页。

③ 介于篇幅所限，本部分仅具体分析该4部国际公约中所包含的禁止权利滥用的相关规定。当然，其他国际公约或者各国国内涉外法的相关规定，也同样有禁止权利滥用的相关条文。如《巴黎公约》第5条规定了针对知识产权滥用的规范，即各成员国针对滥用专利权的行为，有权通过采取强制许可的方式加以规制。再如，《法国民法典》规定了法国人民获得他国国籍的相关规定，故有学者指出：“法国人民获得他国国籍，应当是一种正当权利的行使，而不应当是滥用权利，否则法律就停止加以保护。”参见［法］路易·若斯兰：《权利相对论》，王伯琦译，中国法制出版社2006年版，第168～169页。

④ 参见［美］加里·B. 赫伯特：《权利哲学史》，黄涛、王涛译，华东师范大学出版社2020年版，第399页。

问题的再次关注,甚至可以说,人权概念实际上是自然权利的当代版本。如琼斯认为,人权这个观念源自自然权利这个观念,以此,其将自然和人视为同一种权利的不同标签。作为联合国基本法的《世界人权宣言》是第一个关于人权问题的国际文件,于1948年颁布,共30条。该文件对人权的争取、维护、改善和发展均有着举足轻重的作用,但该文件在全面阐明各式各样人权的同时也注意到权利应该受到法律的限制。如第29条规定权利和自由的行使会受到来自社会义务,因维护他人权益以及道德、公共秩序和普遍福利的法律限定,联合国宗旨和原则等3个层面的限制。①

1950年11月4日签署,1953年9月3日生效的《人权和基本自由欧洲公约》,即《欧洲人权公约》,又称《保护人权与基本自由公约》,是第一个区域性国际人权条约。该条约共五章66条,缔约国共有46个。其第17条规定不能利用权利去限制或破坏权利,这是权利禁止滥用的直白表达,即"任何人皆不能利用其于公约所保障的权利去废止或限制公约上的权利。亦即,任何人或国家都不能借由公约所赋予其的权利或自由去限制或是破坏他人于公约上所保障的另一种权利或自由"。

1966年通过的《经济、社会及文化权利国际公约》规定了个人应享有的各项经济、社会和文化权利,由序言与五个部分组成,共三十一条。其第一部分便注意到,人们处置自己的天然财富和资源时不得损害基于互利原则而产生的义务,②第4条更是详细点明了因普遍福利可对权利进行一定的限制。③

1966年通过,1976年生效的《公民权利和政治权利国际公约》由序言和六个

① 具体内容表述为:"(一)人人对社会负有义务,因为只有在社会中他的个性才可能得到自由和充分的发展。(二)人人在行使他的权利和自由时,只受法律所确定的限制,确定此种限制的唯一目的在于保证对旁人的权利和自由给予应有的承认和尊重,并在一个民主的社会中适应道德、公共秩序和普遍福利的正当需要。(三)这些权利和自由的行使,无论在任何情形下均不得违背联合国的宗旨和原则。"

② 《经济、社会及文化权利国际公约》第一部分的内容具体包括:"一、所有人民都有自决权。他们凭这种权利自由决定他们的政治地位,并自由谋求他们的经济、社会和文化的发展。二、所有人民得为他们自己的目的自由处置他们的天然财富和资源,而不损害根据基于互利原则的国际经济合作和国际法而产生的任何义务。在任何情况下不得剥夺一个人民自己的生存手段。三、本公约缔约各国,包括那些负责管理非自治领土和托管领土的国家,应在符合联合国宪章规定的条件下,促进自决权的实现,并尊重这种权利。"

③ 《经济、社会及文化权利国际公约》第4条的内容具体包括:"本公约缔约各国承认,在对各国依据本公约而规定的这些权利的享有方面,国家对此等权利只能加以限制同这些权利的性质不相违背而且只是为了促进民主社会中的总的福利的目的的法律所确定的限制。"

部分组成，共53条。该条约在序言部分提到了公民应该对他人以及社会的应有义务，即"认识到个人对其他个人和对他所属的社会负有义务"。[①] 第4条指明在紧急状态时，国家可以克减其相应的义务，因此个人权利会受到限制。[②] 第22条第2款规定因法定的、保障国家公共安全秩序、公共卫生或道德、他人权利自由等可以限制个人权利。[③] 上述均是有关权利禁止滥用的规定。

此外，在国际公法方面也有权利禁止滥用的案例。如菲律宾单方面提起的南海仲裁案是滥用诉权，菲律宾违背了《南海各方行为宣言》中通过友好磋商和谈判解决争议的有关规定。[④]

第五节　结　语

在大陆法系国家，其主要法的渊源为成文法，因此在其相关宪法、民法典等法律中会直接有禁止权利滥用的相关规定；而英美法系国家主要法的渊源是判例法，并不注重法典的制定，但在其相关法律制度中也有相关规定的文本显现。具体禁止权利滥用的相关规定，如《英国最高法院诉讼规则》规定的禁止滥用诉权，

① 《公民权利和政治权利国际公约》序言的内容具体包括："本公约缔约各国，考虑到，按照联合国宪章所宣布的原则，对人类家庭所有成员的固有尊严及其平等的和不移的权利的承认，乃是世界自由、正义与和平的基础，确认这些权利是源于人身的固有尊严，确认，按照世界人权宣言，只有在创造了使人人可以享有其公民和政治权利，正如享有其经济、社会和文化权利一样的条件的情况下，才能实现自由人类享有公民及政治自由和免于恐惧和匮乏的自由的理想，考虑到各国根据联合国宪章负有义务促进对人的权利和自由的普遍尊重和遵行，认识到个人对其他个人和对他所属的社会负有义务，应为促进和遵行本公约所承认的权利而努力，兹同意下述各条：……"

② 《公民权利和政治权利国际公约》第4条的内容具体包括："一、在社会紧急状态威胁到国家的生命并经正式宣布时，本公约缔约国得采取措施克减其在本公约下所承担的义务，但克减的程度以紧急情势所严格需要者为限，此等措施并不得与它根据国际法所负有的其他义务相矛盾，且不得包含纯粹基于种族、肤色、性别、语言、宗教或社会出身的理由的歧视。二、不得根据本规定而克减第六条、第七条、第八条（第一款和第二款）、第十一条、第十五条、第十六条和第十八条。三、任何援用克减权的本公约缔约国应立即经由联合国秘书长将它已克减的各项规定、实行克减的理由和终止这种克减的日期通知本公约的其他缔约国家。"

③ 具体内容为："二、对此项权利的行使不得加以限制。除去法律所规定的限制以及在民主社会中为维护国家安全或公共安全、公共秩序，保护公共卫生或道德，或他人的权利和自由所必需的限制。本条不应禁止对军队或警察成员的行使此项权利加以合法的限制。"

④ 参见钟声：《滥用国际法就是挖国际秩序墙脚》，载《人民日报》2016年6月28日，第21版。

即“如果诉讼文件是骇人听闻的、荒谬的、折磨人的,法院应予勾销”。《美国宪法第五修正案》规定的正当程序正义原则,即“未经正当法律程序不可剥夺任何人之生命、自由与财产”。不仅如此,英美法系中还有一个非常重要的原则——“不洁之手”(unclean Hand),即要求诉讼当事人自身行为必须不存在瑕疵,“入衡平法庭者,须自身清白”①,而对于实施不正当或不公平行为者,法官将不会给予其禁令或相关损害赔偿等救济。“法院,尤其是衡平法院,在原告使用其所宣称的权利违背公众利益时,可以适当拒绝给予救济,这是普遍适用的一个原则。”②另外,美国联邦法院也在1917年提出“专利权滥用”原则,1948年发展出“著作权滥用”原则,1988年则通过了《专利权滥用修正法》。此外,有学者提出“禁止权利滥用的法理和功能,在英美法上是由衡平法中创设的允诺禁反言规则来替代的”③。也有学者提出:“英美法中的某些侵权行为,如滥用诉讼权利、恶意诉讼等在某种程度上代替了权利滥用概念”④。

总的来说,在思想理论方面,古希腊有关节制品格的理念、古罗马关于不滥用自我权利的意识,以及中世纪的权利应受到限制的思想等表明了权利有限性是人类史上最明确不过的自然法则。而后,自然法学者们在探讨相关权利的话题时也会注意到权利的有限性,如格劳秀斯、霍布斯、洛克有关个人自然的本能自由权利观中所提到的基于人的社会性产生的权利、自我保存的主观权利、权利有限与自然义务等,卢梭、康德、黑格尔有关公共意志的理性自由权利观中的公意对个人权利的消减、相互承认的权利限制、权利实现的内在伦理。再到分析法学否认自然法权利存在的权利实证化研究,社会法学认为应更加广泛地保护公共利益和社会利益,新自然法学认为自然法派生出的权利要服从于实在法的控制,马克思主义法学认为权利概念是资产阶级经济和政治压迫的工具,禁止权利滥用思想得以真正确定。而文本表达方面,该思想也历经了从具体制度到判例再到各成文法律中的立法表达的过程。如最初古希腊相邻关系制度中体现的权利有限性,古罗马限

① 英国衡平法谚 He who comes into a court of equity must come with clean hands。

② 美国联邦最高法院在 Morton Salt Co. v. G. S. Suppiger Co. [314 U. S. 488,492 (1942)]案中指出的。

③ 钱玉林:《禁止权利滥用的法理分析》,载《现代法学》2002年第1期。

④ 王家福主编:《民法债权》,中国社会科学出版社2015年版,第214页。

制权利的具体法律制度，中世纪的斗争行为理论中的权利限制，都还只是具体的制度；到1804年《法国民法典》中所有权的相关限制；再到权利禁止滥用的相关判决；如今民法领域中的权利禁止滥用原则、宪法领域中的基本权利禁止滥用原理、国际公约中的权利限制规定。本书试图直白揭示权利禁止滥用之思想理论以及文本表达的具体历程，以提请注意权利绝对只是有意宣传的政治话语，呼吁权利的享有以及行使应保有对己的克制与对他人的宽仁。

第三章　权利谦抑精神在我国的缘起及生成

一般认为，权利不得滥用原则缘起于罗马法，而后体现于法国民法判例，至《德国民法典》正式生成。我国2020年通过的《民法典》第132条规定了"民事主体不得滥用民事权利"，被认定为首次在法律条文中明确"权利不得滥用"这一法定原则。实则，权利不得滥用是人类史上最明确不过的自然法则，中华法治文明中也有其历史基因。如中国古代"谦下不争""尊礼崇让""忠恕之道""和合中庸"等传统思想，就彰显了权利不得滥用精神的本土基因；在近代及以前的立法中，刑法领域的"不应得为罪"、民法领域相邻关系中的具体规定也都蕴含了该理念，特别是在《大清民律草案》与《中华民国民法》中其甚至还被确定为具体原则；当代法律中该原则体现于《宪法》第51条的基本权利滥用禁止原理、《民法典》第132条的禁止权利滥用原则以及其他部门法的文本规定中。总之，本节将发掘权利不得滥用理念的中国本土基因，展示这一法理精神在近代与当代立法表达的历史流变，以此探索其在我国的缘起及生成，进而挖掘中华法治文化底蕴，传承与弘扬中华优秀法律文化。

第一节　权利谦抑精神的中国本土基因

一、权利谦抑理念在我国的思想渊源

"禁止权利滥用原则是法律化的道德准则，具有法律调整与道德调整的双重功能。"[①]在我国，权利谦抑理念可追溯至"己所不欲、勿施于人"的儒家伦理观念，

---

① 杨立新：《民法总则》，法律出版社2017年版，第224页。

实则我国自古有之的“兼相爱交相利”“厚德载物”“自难易彼”“凡事有度”“群己权界”“义利之辩”等思想品德中均蕴含权利不得滥用原则的重要生成因子。从权利谦抑的构成要素即权利有限性与权利宽容性来看，中国古代“谦下不争”“尊礼崇让”“忠恕之道”“和合中庸”正好契合其审慎对待权利、节制主张权利、宽仁化解权利冲突、尊重他人权利与社会公益等内容，同时也从自身、他者、人际、人世等四维度彰显了中华法治文明中权利不得滥用精神的丰富内涵以及深厚的文化底蕴。

（一）对己的自身维度：“谦下不争”

“谦，德之柄也。”“谦”在中华文明中被视为一切德性的基本。如余治平就曾论述：“谦应该放在第一位而被强调和凸显。”①“谦下不争”意旨谦和忍让，是中华文明内化的品格修养与行为准则，其可以被视为权利不得滥用精神源起的重要因素。

“谦下不争”是一种品格修养。如尧帝四德即“钦明文思安定，允恭克让”②，这四种美德就包括“信实、恭勤、善能、谦让”③。另外，“谦下不争”是与亲属相处或与陌生人交往时应遵循的行为准则，是中华民族精神的有机构成，有助于良好人际关系的建立、安定和谐社会局面的形成。如王符在《潜夫论·交际》中就论及对内、对外、对上、对下均要谦逊。④

“谦下不争”思想最早出现在《周易》中，即《周易》第十五卦《谦卦》，⑤该卦象借助特殊的推理、证成与解读，赋予“谦德”理性依据以及信念力量，阐发了谦谦君子不争的修身处世之德，以及由此获得的人生顺利亨通与终极成就的实现。不仅如此，《周易》对“谦”这一品格极为倡导与推扬。如《周易》共六十四卦，唯独

---

① 余治平：《谦谦君子，卑以自牧——由〈周易〉谦卦而引申出的一种儒家修身工夫》，载《哲学分析》2013 年第 5 期。

② 孔安、孔颖达：《尚书正义·商书·仲勉之浩》，上海古籍出版社 2007 年版，第 198 页。

③ 孔安、孔颖达：《尚书正义·商书·仲勉之浩》，上海古籍出版社 2007 年版，第 25 页。

④ 参见王符：《潜夫论·交际》，载扫叶山房辑：《百子全书》（第一册），浙江人民出版社 2013 年版。“所谓恭者，内不敢傲于室家，外不敢慢于士大夫；见贱如贵，视少如长；其礼先入，其言后出；恩意无不答，礼敬无不报；睹贤不居其上，与人推让；事处其劳，居从其陋；位安其卑，养甘其薄。”

⑤ 参见“《谦》亨。君子有终。……初六，谦谦君子，用涉大川，吉。六二：鸣谦，贞吉。九三：劳谦君子，有终，吉。六四：无不利撝谦。六五，不富以其邻，利用侵伐，无不利。上六，鸣谦，利用行师征邑国。”

赋予“谦卦”，六爻皆吉、无一不利。“谦卦之象，谦为诸行之善，是善之最极。”[①]由此也可以看出《周易》对谦抑品格的倡导和推扬。

“谦下不争”思想表现最为典型与集中的是老子的《道德经》。据统计，“不争”一词在《道德经》中共出现8次，[②]甚至《道德经》的总结论就是圣人不争，即“天之道，利而不害；圣人之道，为而不争”[③]。具体而言，老子将水作为“谦下不争”思想的实体例说，认为水具有不争、处下、居卑的特性，水以谦卑的态度，往低处流，处下不争。也由此，老子提出“上善若水”。并且，水作为万能溶剂，与其他事物相容相合，宽容滋养万物，符合老子所讲的“江海之所以能为百谷王者，以其善下之，故能为百谷王”[④]。不仅如此，老子还从水的品格谈及人生哲学，认为世人立身处世应效仿水的善性，自然顺世、安于处下、甘于谦卑、温良谦让、宽容无争，通过谦下之德克制自己的欲望，与人为善，[⑤]这样才能避免纷争、消解祸患、保全自身。

庄子发展了老子“谦下不争”的思想，提出“争名”是导致道德沦丧的凶器，不能推行于世。[⑥] 荀子进一步认为：“人之性恶，其善者伪也。”[⑦]其从性恶论的视角也提出了“守礼不争”。在《礼论》中，荀子指出要对人性加以引导，解决有限的资源与无限的欲望之间的矛盾，要用礼法来规范人的行为，以此制止人与人之间的争夺。[⑧] 概言之，老子的“谦下不争”与荀子的“守礼不争”分别从“性善”与“性恶”两个角度阐述了“不争”的重要性，二者两相对立但又殊途同归，共同构建了

---

① 王弼、孔颖达：《周易正义·谦》，北京大学出版社1999年版，第80页。

② 具体为，第三章：“不上贤，使民不争”。第八章(1)：“水善利万物而不争。”(2)：“夫唯不争，故无尤。”第二十二章：“夫唯不争，故天下莫能与之争。”第六十六章：“以其不争，故天下莫能与之争。”第六十八章：“是谓不争之德。”第七十三章：“天之道，不争而善胜。”第八十一章：“圣人之道，为而不争。”

③ 当然，除此之外，老子在《道德经》中还有“善下”“柔弱”“不自见”“不自是”“不自伐”“不自矜”“功成身退”“知足”“知止”等，这些都是从“不争”的思想中所引申出来的。

④ 《老子·第六十六章》。

⑤ 善具体包括：“居善地，心善渊，与善仁，言善信，政善治，事善能，动善时。”《道德经·第八章》。

⑥ 具体为：“且若亦知夫德之所荡而知之所为出乎哉？德荡乎名，知出乎争。名也者，相轧也；知也者，争之器也。二者凶器，非所以尽行也。”

⑦ 《荀子·性恶》。

⑧ 《礼论》：“礼起于何也？曰：人生而有欲，欲而不得，则不能无求。求而无度量分界，则不能不争；争则乱，乱则穷。先王恶其乱也，故制礼义以分之，以养人之欲，给人之求。使欲必不穷于物，物必不屈于欲。两者相持而长，是礼之所起也。”

我国谦和礼让的文明风范。

“谦下不争”意旨求诸于己之谦和忍让,作为中华文明内化的品格修养,其所秉持的正是要克制自己的欲望,与权利不得滥用的精神内涵之认知权利的有限性以审慎对待权利相契合。

(二)对人的他者维度:“尊礼崇让”

“内心谦下是功,外行于礼是德。”“尊礼崇让”思想是中华民族精神的有机构成。

“尊礼”主要表现于孔子的核心主张之“克己复礼”。作为儒家思想的又一行为准则与孔子思想的轴心,“克己复礼”指与人相处时要约束、克制自己的行为,不任性妄为、不为所欲为,以符合礼的规范。不仅如此,《论语》一书还论述了“克己复礼”的具体方法,即“非礼勿视、非礼勿听、非礼勿言、非礼勿动”。这一思想的提出与孔子的生活背景息息相关。孔子生活在礼崩乐坏的周朝,社会动荡、战乱频繁,为协调人际关系,实现社会和谐,其提出“克己复礼”。“克己复礼”的首要目标是“天下归仁”。具体体现于《论语·颜渊》中的“克己复礼为仁。一日克己复礼,天下归仁焉!为仁由己,而由人乎哉?”。据统计,《论语》中“仁”字的表达共109处,孔子从不同的角度对“仁”进行了阐释。然而,作为儒家伦理思想的核心,这里的“仁”指人内心完美的道德境界,最本质的意义是“仁者爱人”,包括爱君子也爱小人以及爱一切生灵。总的来说,孔子从“爱人”的角度出发,提出克己复礼,以援仁入礼,但孔子最深层次的目的是试图通过“为仁由己”实现“天下归仁”,以达到礼运大同,实现孔子心中的理想世界,即人人和谐相处、美美与共、天下大同。

“尊礼”思想得到了朱熹的深化诠释。在《朱子语类》中有大量篇幅阐释“克己复礼”,足以见这一伦理准则在朱熹思想中的重要分量。另外在《论语集注》中,朱熹对“克己复礼”的解读为:“克,胜也。己,谓身之私欲也。复,反也。礼者,天理之节文也。为仁者,所以全其心之德也。盖心之全德,莫非天理,而亦不能不坏于人欲。故为仁者必有以胜私欲而复于礼,则事皆天理,而本心之德复全于我矣。”[①]以此呼吁人们心存大善大爱,摒弃自私之恶,克己省身,防范欲望过度

① 朱熹:《四书章句集注》,中华书局2008年版,第131页。

膨胀，以维护社会的和谐美好。这也是朱熹“存天理灭人欲”思想的由来。

“崇让”也是儒家所提倡的大义美德。在《论语·里仁篇》中，孔子提出了“礼让为国”的理念，[①]讲求礼让可节制民心使其不争，可以此来治理国家。而孔子本人的修养品格也被其学生总结为五德，即“温良恭俭让”。[②]《春秋》据传是孔子修订而成的我国第一部编年体史书，所记的是二百多年的春秋各国大事，以此表达其心中大义。孔子的“礼让”思想在《春秋》中体现得更为彻底。有关“礼让”的表达有：“卑让，德之基也。”“能以国让，仁孰大焉。”“让，德之主也。”“让，礼之主也。”“卑让，礼之宗也。”等。[③] 董仲舒甚至总结道：“让者，《春秋》之所贵”“让者，《春秋》之所善。”[④]孔子后裔儒学大家孔广森也评述《春秋》：“拨乱世之教，以让为首。君兴让则息兵，臣兴让则息贪，庶人兴让则息讼，故天下莫不乱于争而治于让。”在中国五千年的历史长河中，孔融让梨[⑤]等美谈层出不穷，王泰推枣[⑥]的事迹被广为传颂，宰相张英六尺巷[⑦]等感人故事隽永流传，无不演绎着“春秋大义之礼让”的思想智慧。

权利不得滥用原则要求己方权利行使不能超过相应界限，对他人节制主张权利。这一思想可以认为是“尊礼崇让”中自觉防范自我行为或己方权利过度的具体体现。

---

① 具体内容为：“能以礼让为国乎，何有？不能以礼让为国，如礼何？”

② 《论语·学而》：“夫子温良恭俭让以得之。”

③ 具体内容为：“卑让，德之基也。”（《左传·文公元年》）“能以国让，仁孰大焉。”（《左传·僖公八年》）“让，德之主也。”（《左传·昭公十年》）“让，礼之主也。”（《左传·襄公十三年》）“卑让，礼之宗也。”（《左传·昭公二年》）

④ 《春秋繁露·竹林》。

⑤ 参见《后汉书·孔融传》李贤注“《融家传》曰：‘年四岁时，与诸兄共食梨，融辄引小者。’大人问其故，答曰：‘我小儿，法当取小者。’由是宗族奇之。”《三字经》中也有“融四岁，能让梨”，指孔融小时候就知道把大个的梨给哥哥吃的故事，教育小孩要懂得遵守公序良俗。

⑥ 参见《南史·王泰传》：“年数岁时，祖母集诸孙侄，散枣栗于床。群儿竞之，泰独不取。”

⑦ 参见清康熙年间，张英担任文华殿大学士兼礼部尚书。他老家桐城的官邸与吴家为邻，两家院落之间有条巷子，供双方出入使用。后来吴家要建新房，想占这条路，张家人不同意。双方争执不下，将官司打到当地县衙。县官考虑到两家人都是名门望族，不敢轻易了断。这时，张家人一气之下写了封加急信送给张英，要求他出面解决。张英看了信后，认为应该谦让邻里，他在给家里的回信中写了四句话：“千里来书只为墙，让他三尺又何妨？万里长城今犹在，不见当年秦始皇。”家人阅罢，明白其中含义，主动让出三尺空地。吴家见状，深受感动，也主动让出三尺房基地，“六尺巷”由此得名。《六尺巷传说》，载百度词条，https://baike.baidu.com/item/六尺巷传说/12775296？fr = ge_ala。

（三）由己及人的人际维度："忠恕之道"

尽己为"忠"，推己为"恕"。曾子甚至将孔子的"吾道一以贯之"的思想精髓解释为："夫子之道，忠恕而已矣。"[①]"忠恕之道"是内圣外王之道，或者说是内圣外王的实践方法，亦指将谦逊忍让等美德内化为将心比心的理念，是儒家仁道的基本精神，在儒学史上备受重视，是中国人文精神的核心，也是对权利不得滥用法理精神的内涵诠释。

具体来说，在《论语》中，"忠"字总共出现了18次，"忠"的含义为："能近取譬，可谓仁之方也已。"也就是以自己切身的感受来体谅他人。但在《论语》中孔子并没有用"忠恕"连言的表达形式。何为忠恕？当代学者认为，"忠"的基本含义为："以谨慎、敬畏之精神克服私欲、偏见的遮蔽，从而保持内心道德情感的真实和道德理智的觉醒。"而"恕"指："待人处事要体谅和通情于他人，以此作为道德判断的情感基础。"[②]其实，在《论语》中，孔子认为"忠恕"是一体的。孔子对于"忠恕"的解读是"己所不欲，勿施于人。"详见《论语·卫灵公》，子贡问曰："有一言而可以终身行之者乎？"子曰："其恕乎！己所不欲，勿施于人。"学者们也早就注意到将心比心理念中的谦逊、宽容、忍让的美德。如有学者指出，"己所不欲，勿施于人"内在地与谦、宽、让、忍等美德相联系。[③] 这一推己及人的处世标准和精神谱系在《论语》中多次被提及，[④]在《大学》中也有非常详细的阐述，[⑤]1993年世界宗教议会通过的《走向全球伦理宣言》甚至将其作为最基本的道德金律。总的来说，"忠恕之道"或者说"己所不欲，勿施于人"不仅仅体现了一种尊重他者的平等价值观，更表达出了一种重视内省的严格自律精神，这无疑是对权利谦抑法理精神的内涵诠释。

---

① 《论语·里仁》。

② 董卫国：《忠恕之道思想内涵辨析》，载《中国哲学史》2013年第3期。

③ 参见余治平：《忠恕而仁：儒家尽己推己、将心比心的态度、观念与实践》，上海人民出版社2012年版，第314～351页。

④ 如子贡曰："我不欲人之加诸我也，吾亦欲无加诸人。"子曰："赐也，非尔所及也。"（《论语·公冶长篇》）子贡问曰："有一言而可以终身行之者乎？"子曰："其恕乎！己所不欲，勿施于人。"（《论语·卫灵公篇》第十五）仲弓问仁，子曰："出门如见大宾，使民如承大祭。己所不欲，勿施于人。在邦无怨，在家无怨。"仲弓曰："雍虽不敏，请事斯语矣。"（《论语·颜渊》第十二）

⑤ 《大学》中更为详尽的表达为："所恶于上，毋以使下；所恶于下，毋以事上；所恶于前，毋以先后；所恶于后，毋以从前；所恶于右，毋以交于左；所恶于左，毋以交于右：此之谓絜矩之道。"

在权利行使之时，应该保有推己及人的仁爱与友善，警惕权利话语的狂热，并能以宽仁化解权利冲突，权利不得滥用精神的这一构成要素无疑是“忠恕之道”中圣人以己度人内核的直白表达。

（四）社会整体的人世维度：“和合中庸”

“和合”是指两物融合，彼此和洽；“中庸”强调待人接物适时适度，避免对立冲突。“和合中庸”是对整个社会和谐发展的追求，体现了中国文化的首要价值与生命之所在。

无论是甲骨文还是金文中均有“和”“合”二字的出现，“和”的本义是和谐，“合”的含义则是上下嘴唇的合拢。但直至春秋时期“和合”二字才作为词组使用，如当时提出的“和合五教”①，即“父义、母慈、兄友、弟恭、子孝”。这就是将“和合”用于对人际关系的处理，以避免冲突，达致和善。而后，“和合”成为各个学派都普遍认同的基本原则。道家学派创始人老子认为阴和阳孕育着宇宙万物，而若阴阳失和，则万物不兴，②故此，和是天地万物的本质以及生存基础。儒家学派创始人孔子提出“和为贵”③，并认为君子在处理人与人的关系时应表现出和而不同的道德情操④，即应该在承认差异的前提下和合不同事物，以此达到统一和谐。战国时期，管子提出和合能促进和谐，和谐能让人团聚，而和谐团聚则不会受到伤害，即“和合故能习，习故能偕，偕习以悉，莫之能伤也”⑤。墨子认为“和合”是社会安定和谐的调节剂和聚合剂，指出父子兄弟和合才能家庭和谐，君臣及诸臣和合才能国家安定，并由父子兄弟推及天下百姓，只有和合才能凝聚社会。⑥ 孟子认为天时、地利、人和中，人和是最为重要的，即“天时不如地利，地利不如人和”⑦。西

① 《国语·郑语》称：“商契能和合五教，以保于百姓者也。”

② 具体内容为：“万物负阴而抱阳，冲气以为和。”（《老子》第四十二章）

③ 参见《论语·学而第一》。

④ 具体内容为：“君子和而不同，小人同而不和。”（《论语·子路》第十三）

⑤ 《管子集校》第八。

⑥ 具体内容为：“内之父子兄弟作怨仇，皆有离散之心，不能相和合。”（《墨子间诂》卷三）“昔越王勾践，好士之勇，教训其臣，和合之。”（《墨子间诂》卷四）“内者父子兄弟作怨恶，离散不能相和合。天下之百姓，皆以水火毒药相亏害。”（《墨子间诂》卷三）

⑦ 《孟子集注》卷四《公孙丑章句下》。

汉董仲舒认为“和合”是天地本源，“和”是最高道德规范，[1]“合”是最普遍的人伦社会原理。[2] 仅《春秋繁露·循天之道》第七十七章，“和”字40见，“合”字8见。“和合”被视为“中国人文精神的精髓，是中国文化生命的所在”[3]。

在我国法律文化中，“和合”法文化传统影响深远，其将尊卑有礼的政治秩序以及长幼有序的家庭秩序融合在一起，建构起了传统社会中法律秩序的基本格局，学者龙大轩甚至将“和合”认定为中华法系的总体特征。[4] “和合”的人文精神或法理精神贯通于人与自然、人与社会、人与人等各个方面，其中最重要的当数在人际关系中的运用，以确保各方平衡、美美与共，实现社会和谐、天下大同，具体体现为无讼观念的深入人心以及调解制度的大力推行。故此可以说，“和合共生”是权利谦抑精神缘起的主要因素之一。

“中庸之道”即不偏不倚、恰如其分、无过不及的伦理道德标准，指世人处世应不偏激，需以中为价值取向，中道而行、持中而立。不只是儒家践行“中庸之道”，《周易》提倡的“中和”精神，道家崇尚的“守中致道”，佛家倡导的“以中观法”，皆是其相关表达。[5] 孔子非常推崇“中庸之道”，在《论语·雍也》中的表述为：“中庸之为德也，甚至矣乎！”这是“中庸之道”作为至德至道的体现。不仅如此，“中庸之道”还能很好地处理各种社会矛盾，如在《中庸》第十二章和第十三章就论述了“五达道”，即用“中庸之道”调节君臣、父子、夫妇、兄弟、朋友等五种基本人际关系，处理好修己与安人的关系，达至修齐治平，以试图通过中庸实现“和”。甚至庄泽宣认为：“中华民族最讲持中之道……中国儒家学说的根本思想

---

① 具体内容为：“中者，天下之所终始也；而和者，天地之所生成也。夫德莫大于和，而道莫正于中……是故能以中和理天下者，其德大盛；能以中和养其身者，其寿极命。”“和者天地之正也，阴阳之平也，其气最良，物之所生也。诚择其和者以为大得天地之奉也。”（《循天之道》第七十七，《春秋繁露》卷十六，武英殿聚珍版原本。）

② 具体内容为：“凡物必有合；合必有上，必有下，必有左，必有右，必有前，必有后，必有表，必有里，有美必有恶，有顺必有逆，有喜必有怒，有寒必有暑，有昼必有夜，此皆其合也。”（《基义》第五十三，《春秋繁露》卷十二。）“物莫无合，而合各有阴阳。阳兼于阴，阴兼于阳，夫兼于妻，妻兼于夫，父兼于子，子兼于父，君兼于臣，臣兼于君。”（《基义》第五十三，《春秋繁露》卷十二）

③ 张立文：《佛教与宋明理学的和合人文精神》，载《世界宗教研究》1996年第2期。

④ 参见龙大轩：《和合：中华法系的总体特征》，载曾宪义主编：《法律文化研究》[第1辑(2005)]，中国人民大学出版社2006年版，第75~98页。

⑤ 参见张立波：《论“中”》，载《湖北大学学报(哲学社会科学版)》2006年第6期。

便在中庸之道。”[①]胡适也提到:“中庸哲学,可说是一般中国人的宗教。”[②]

“中庸之道”与权利谦抑有着紧密关联。如“中庸之道”以“至诚至信”为核心范畴。具体来说,《中庸》从第二十章到第二十六章,以及第三十二章都有论及“诚”的范畴,涵括以性善言“诚”、“诚”则能化、“诚”之作为天道与人道、参赞天地之化育、精诚感应等多种主题。其中最为主要的两个方面是:一方面,“中庸之道”认为“诚”是贯通天人、连接物我的中介。通过“诚”架起天之道与人之道的桥梁,以人道显天道。如《中庸》提出:“诚者天之道也,诚之者人之道也。”另一方面,“中庸之道”将“诚”视为奠基性的,认为世间一切均由“诚”建立,即“诚则形,形则著,著则明,明则动,动则变,变则化。唯天下至诚为能化”。北宋周敦颐在《通书·诚下》中认为“诚”是仁、义、礼、智、信等一切伦理行为的本原,甚至提出:“诚,五常之本,百行之原也。”不仅如此,“中庸之道”还认为,协和万邦的关键是实行九经,[③]而九经得以实现的重要原因便是“诚”,即“凡为天下国家有九经,所以行之者一也”。朱熹注:“一者,诚也。”[④]“中庸之道”的至诚至信其实也是对孔子忠信思想的继承。虽然孔子直接对“诚”的论述颇少,且《论语》中“诚”尚且没有德性的含义,只是作真正、确实解,但孔子言“信”,如“言忠信,行笃敬。”“人而无信,不知其可也。”[⑤]。“诚”“信”具有不可分割的关系,二字互训,即以“信”释“诚”,又以“诚”释“信”,《说文解字》中云:“诚,信也,从言成声。”“信,诚也,从人从言。”“诚”是神,“信”是形;“诚”为里,“信”为表。故此,上述实则是孔子对“诚”意蕴的阐发。这无疑也对应于当下权利不得滥用原则与诚信原则的关联。

另外,“中庸之道”以“慎独内省”为方法论。“慎独”是践行仁爱的方式方法。在《中庸》的第一章,“慎独”就被提出来,即“故君子戒慎乎其所不睹,恐惧乎其所不闻,莫见乎隐,莫显乎微,故君子慎其独也”。孔子在《论语》中多处提及自省,如“吾日三省吾身。”“见不贤,而内自省也。”“内省不疚。”“吾未见能见其过

---

① 沙莲香:《中国民族性(二)》第2版,中国人民大学出版社1992年版,第187页。

② 沙莲香:《中国民族性(二)》第2版,中国人民大学出版社1992年版,第156页。

③ 具体内容为:“修身也,尊贤也,亲亲也,敬大臣也,体群臣也,子庶民也,来百工也,柔远人,怀诸侯也。”

④ 《中庸章句》。

⑤ 《论语·为政》。

而内自讼者也。""躬自厚而薄责于人,则远怨矣。"①。"慎独内省"思想影响深远,现代新儒学代表人梁漱溟甚至认为"儒家之学只是一个慎独"②。详解之,"慎独"即谨慎于别人不知己所独知之心灵,同时"慎独"离不开自我省察,故此,"慎独内省"即在独处时谨慎地自省自问、自我监督、自我约束乃至自我教育。"慎独内省"不仅是为己之学,向内求索的道德修养,更是一种人与人的关系伦理,既包括修己又包含安人。"慎独内省"在反求诸己的君子之道的极高立意基础上还要求修齐治平、成己成人。可以说,"慎独内省"给我们展示出了严于律己、宽以待人的精神。

权利不得滥用精神要求尊重他人权利与社会公益,在追求自身利益的同时不能对他人权益或国家集体的公共利益造成损失,这与"和合中庸"思想所追求的"中道而行,实现和合"理念息息关联。

二、近代及以前权利不得滥用法则的立法表达

我国古代以及近代立法中渗透着权利不得滥用的理念,具体可以从刑法领域与民法领域两个维度进行探讨。刑法领域中权利不得滥用的立法表达主要体现于"不应得为罪"的规定,具体如周朝的墨刑"非事而事之,出入不以道义,而诵不详之辞者,其刑墨"。汉代律令中"所不当得为"的规定,唐律中"不应得为条",以及宋明清等朝代对这一原则的继承。民法领域中权利不得滥用法则起初在相邻关系中体现,如南宋《庆元条法事类》中对水使用的先后次序,元代《大元通制条格》对水相邻关系中相关权利行使合理受限的规定等,而后,其在近现代立法如《大清民律草案》第312条、《中华民国民法》第148条中被规定为具体原则。

(一)刑法领域的权利谦抑理念

刑法领域中权利不得滥用的立法表达具体可追溯至周朝的墨刑,发展于汉代

① "吾日三省吾身。"(《论语·学而》)"见不贤而内自省也。"(《论语·里仁篇》)"内省不疚。"(《论语·颜渊》)"吾未见能见其过而内自讼者也。"(《论语·公冶长篇》)"躬自厚而薄责于人,则远怨矣。"(《论语·卫灵公篇》)

② 梁漱溟:《人心与人生》,上海人民出版社2005年版,第130页。

律令中“所不当得为”的规定，集中体现于唐律中的“不应得为条”，并在宋明清等各朝代都有继承。具体来说：

唐律中的“不应得为条”具体指《唐律·杂律》“不应得为”条，即第450条。具体规定为：“诸不应得为而为之者，笞四十。（谓律、令无条，理不可为者。）事理重者，杖八十。”“《疏议》曰：杂犯轻罪，触类弘多，金科玉条，包罗难尽。其有在律在令，无有正条，若不轻重相明，无文可以比附，临时处断，量情为罪，庶补遗阙，故立此条。情轻者，笞四十；事理重者，杖八十。”从法条原文可以看出，“不应得为条”针对的是杂犯轻罪案件，并且律令正文中没有相关规定，而且不能通过举轻明重或举重明轻以及比附等方法解决，但是相关行为确实违反当时的伦理道德义务或者违背社会生活基本秩序，需要加以刑罚处罚，以维护世间正义。这一条款意旨行为超出道德界限应受刑罚，另外，也意味着法律要求行为要合法合理，不能越界，不能侵犯其他人以及社会公共利益，应该保有谦抑精神。黄源盛也认为，唐律中的“不应得为条”指那些律令中没有具体规范，但违反当时礼或理的社会价值观念，据理不可为的行为，并且这一条款大多适用于州县自理案件，尤其是涉及互婚、田土、钱债等民间细故类型的案例，与权利滥用之禁止原则有其异曲同工之妙。①

而“不得应为罪”的相关渊源可以追溯到周朝。《尚书大传》记载的周朝罪名中的墨刑即“非事而事之，出入不以道义，而诵不详之辞者，其刑墨”②。也就是说，做了不该做的事情，进退出入不以道德礼义为依据，且讲诵不详的文辞者，施以黥面的刑罚。汉代律令中也有“所不当得为”的规定。如隐匿罪犯与见知故纵罪犯被规定为“所不当得为之罪”，③伪造书证是“所不当得为之罪”。④ 另外，其还规定了一些“所不当得为”的行为，如太傅豹等人擅自将张修等作为哀王园中

---

① 参见黄源盛：《民初大理院与裁判》，台北，元照出版有限公司2011年版，第258～259页。

② 《孝经·五刑》。

③ 具体内容为：“首匿、见知纵，所不当得为之属，议者或颇言其法可蠲除，今因此令赎，其便明甚，何化之所乱？”

④ 具体内容为：“诸诈增减券书，乃为书故诈弗副，其以避负偿，若受赏赐财物，皆坐臧（赃）为盗。其以避论，及所不当（得为），以所避罪罪之。所避毋罪名，罪名不盈四两，及毋避也，皆罚金四两。”

人留下的行为是不恰当的,[①]商人囤积丧礼货物不是臣民应该做的。[②]

唐以后,几乎各朝代的刑律都沿袭了“不得应为条”。如《宋刑统·杂律》(卷二七)中“不应得为”罪的规定与《唐律》一致,[③]而《明律》沿用《宋刑统》,只是将其名称改为“不应为”,注文稍易。[④]《大清律例刑律·杂犯》承袭《明律》,律本文微调为:“凡不应得为而为之者,笞四十;事理重者,杖八十。律无罪名,所犯事有轻重,各量情而坐之。不作疏文。”[⑤]

(二)民法领域的权利谦抑原则

除刑法外,近代及以前的立法在民法领域同样也有权利不得滥用原则的体现。如南宋《庆元条法事类》中对水使用先后次序的规定,元代《大元通制条格》对水相邻关系中相关权利行使合理受限的规定等,以及《大清民律草案》第312条、《中华民国民法》第148条都是权利不得滥用原则的具象化。

正如王伯琦曾在《权利之滥用》一文中所总结道的,在20世纪以前的民法典,罕有权利滥用条款的规定。[⑥] 同样地,在我国封建制时期的律典中并没有明确规定权利禁止滥用的原则,但在处理相邻关系的条款中会体现出这一精神。如南宋《庆元条法事类》中有对水使用的先后次序以及对水力加工工具的使用有具体的规定,并对其进行了一定的限制,以使得在水相邻关系中,大家权利的行使合理恰当,不对他人或公共利益造成损害。[⑦] 元代《大元通制条格》也有如此对水相

---

① 参见《汉书·武五子传》:“昌邑哀王歌舞者张修等十人,无子,又非姬,但良人,无官名,王薨当罢归。太傅豹等擅留,以为哀王园中人,所不当得为,请罢归。”

② 参见《汉书·酷吏传》:“商贾或豫收方上不祥器物,冀其疾用,欲以求利,非民臣所当为。请没入县官。”

③ 参见窦仪等撰、吴翊如点校:《宋刑统》,中华书局1984年版,第447页。“诸不应得为而为之者,笞四十(谓律令无条,理不可为者)。事理重者杖八十。”

④ 参见栗劲、李放主编:《中华实用法学大辞典》,吉林大学出版社1988年版,第185页。《明律集解》纂注:“凡理之所不可为者,谓之不应为,从而为之是亦罪也。”

⑤ 马建石、杨育棠主编:《大清律例通考校注》,中国政法大学出版社1992年版,第111页。

⑥ 参见王伯琦:《王伯琦法学论著集》,台北,三民书局1999年版,第284~285页。

⑦ 参见杨一凡、田涛主编,戴建国点校:《庆元条法事类》,黑龙江人民出版社2002年版,第684页。具体法条为:“诸以水溉田,皆从下始,仍先稻后陆。若渠堰应修者,先役用水之家。其碾硙之类壅水于公私有害者,除之。”

邻关系中相关权利行使合理受限的规定。①

民法领域权利不得滥用原则的明确规定最早见于《大清民律草案》。《大清民律草案》第2条规定的诚信原则,②其立法说明中提及权利禁止滥用,③而直接确立权利限制原则的是第312条,该条位于总则部分,具体规定为:"权利人于法律限制内,得自由行使其权利。但专以损害他人为目的者,不在此限。"④再有,该条的立法理由对权利原则做了更加具体的解释,即"权利人于法律限制内得自由行使其权利。然其目的并非图己之利益,若专为损害他人者,其权利之行使实为不法行为,须禁止之,此本条所由设也"⑤。不过该条是对《德国民法典》的借鉴,所以采用主观标准的相关规定,因而较为简略概括,并且条文中"专以"的规定过于严苛。此外,该法典的分则部分第1006条管线安设权也体现了权利限制。⑥而1925年《民国民律草案》体例大改,未能保留权利限制原则。但是在分则部分有该原则的体现,如第788条相邻关系中的管线安设权延续了《大清民律草案》第1006条的规定。⑦

直至1930年《中华民国民法》颁布,其总则部分第七章规定了权利不得滥用原则,具体为第148条:"权利之行使,不得以损害他人为主要目的。"⑧该条的立法理由为:"权利人于法律限制内,虽得自由行使权利,然其目的,要以保护自己之利益为必要,若专以损害他人利益为目的者,其权利之行使,实为不法行为,自

---

① 参见郭成伟点校:《大元通制条格》,法律出版社2000年版,第195页。具体法条为:"如遇浇田时月,停住碾磨,浇溉田禾。若是水田浇毕,方许碾磨依旧引水用度,务要各得其用。"

② "行使权利、履行义务,应依诚实及信用方法。"参见黄源盛纂辑:《晚清民国民法史料辑注》,台北,犁斋社2014年版,第138页。

③ 参见黄源盛纂辑:《晚清民国民法史料辑注》,台北,犁斋社2014年版,第138页。"背于道德上、法律上诚实及信用之举动原不可为,故滥用权利者,法律不保护之,此本条所由设也。"

④ 黄源盛纂辑:《晚清民国民法史料辑注》,台北,犁斋社2014年版,第138页。

⑤ 黄源盛纂辑:《晚清民国民法史料辑注》,台北,犁斋社2014年版,第138页。

⑥ 参见黄源盛纂辑:《晚清民国民法史料辑注》,台北,犁斋社2014年版,第364页。

⑦ 参见黄源盛纂辑:《晚清民国民法史料辑注》,台北,犁斋社2014年版,第752页。"甲地所有人,非通过乙地不能安设水管、煤气管及电线,或虽能安设,费用过巨者,得通过乙地之上下而安设之。"这两条没有问题,一个是《民国民律草案》,另一个是《中华民国民法》。

⑧ 黄源盛纂辑:《晚清民国民法史料辑注》,台北,犁斋社2014年版,第938页。

为法所不许。此本条所由设也。”[①]这是我国第一次在正式颁布并实施的民法典中规定权利不得滥用原则。[②] 将《大清民律草案》的“但专以损害他人为目的者，不在此限。”修正为“不得以损害他人为主要目的”。这体现了权利不得滥用原则的适用标准更为宽松，亦即其适用范围更加广泛。而在该法的分则部分同样有权利不得滥用的相关规定，如第786条土地相邻关系中就体现了对于管道安设权的限制。[③] 总之，将《大清民律草案》的“专以”修正为“主要”，包括诸如破坏相邻关系、非必要情况伤害他人利益、与所引起的信用相违背等多种客观标准的适用更为宽松。[④]

最后，1982年我国台湾地区“民法”总则修正，这次修改使权利不得滥用的标准改成主客观相结合，调整范围进一步扩大。具体为第148条修改成：“权利之行使，不得违反公共利益，或以损害他人为主要目的。行使权利，履行义务，应依诚实及信用方法。”至于分则部分的内容，如第1009条规定了在家庭中的权利不得滥用，即父母之一方不得滥用其对于子女之权利。[⑤]

第二节　当代法律中权利谦抑原则的文本显现

截至2024年4月30日，分别以“滥用”“利益”为检索词，对法信网进行检索发现，与“权利不得滥用”原则相关的有效结果为15条与134条，本部分将对这些条款进行具体分析与展示。另外，当代立法中的权利不得滥用原则还可以具体细

① 蔡墩铭主编：《民法立法理由·判解决议·实务问题·令函释示汇编》（第8版），台北，五南图书出版公司1996年版，第144页。

② 参见段晓彦、徐琨捷：《“权利不得滥用”原则在近代中国的继受——以民初大理院民事裁判为中心》，载《法治现代化研究》2021年第5期。

③ 参见黄源盛纂辑：《晚清民国民法史料辑注》，台北，犁斋社2014年版，第1061页。具体规定为：“土地所有人非通过他人之土地，不能安设电线、水管、煤气管或其他筒管，或虽能安设而需费过巨者，得通过他人土地之上下而安设之。”

④ 参见段晓彦、徐琨捷：《“权利不得滥用”原则在近代中国的继受——以民初大理院民事裁判为中心》，载《法治现代化研究》2021年第5期。

⑤ 具体法条内容为：“父母之一方滥用其对于子女之权利时，法院得依他方、未成年子女、主管机关、社会福利机构或其他利害关系人之请求或依职权，为子女之利益，宣告停止其权利之全部或一部。”

分为宪法基本权利滥用禁止原理、民法禁止权利滥用原则以及其他部门法中的权利不得滥用规定等三类,本部分也将系统梳理以上立法表达。

一、以"滥用"为检索词

(一)检索说明

"任何一种权利的行使都是有其限度的(时空范围)。超越了这个限度,就可能侵权,甚至违法或犯罪。"[①]上文论述说明在无权、越权、侵权乃至犯罪等情形下,均应提倡权利谦抑精神的适用,而我国立法中有关权利的享有、权利的行使条件和范围、权利的保障程序及界限、权利应被剥夺的情形与程序等规定非常详细。实则,上述相关立法均可以看作权利谦抑的立法表达。如债权人必须向债务人主张权利,且需要满足一定期限,否则债权就得不到法律的保障。有关正当防卫的规范内容以及防卫过当的构成等,也可以看作权利谦抑的立法表达。此外,还包括诸如紧急避险等制度、立案的条件与程序等诉讼权利的规制,均可以视为权利谦抑精神的具体体现。但若按照这个思路进行研究,相关法条样本将十分庞大,超出了本书的研究能力范围。并且,上述法律内容的限制是基于权利自身的性质推导出来的,是对权利内部范围的限制,是法律必须明确规定的内容。因此,本书在此直接说明无权、越权、侵权乃至犯罪等,不在本书的研究范围之内。如2020年《专利法》第5条第2款规定:"对违反法律、行政法规的规定获取或者利用遗传资源,并依赖该遗传资源完成的发明创造,不授予专利权。"这类因违反法律而不授予权利的规定,不在本书的研究范围。

此外,还需要说明的是,在研究权利谦抑的相关立法表达时,排除了上述基于权利性质而作的特殊限制的立法,仅针对那些有关权利的一般性限制的内容,亦即原则部分的内容。原因在于,所有的权利都会有因该权利性质所决定的特定权利义务相统一的法律限制,故此不可能对所有具体权利不得滥用的规范进行研究,而原则是每一项权利或者是该部门法下每一项权利都必须接受的限制,并且一部法律中一般也就一个具体条款,这样统计更加便利。另外,精细化到具体规则的立法实证分析,必要性不是很大。因此,本书仅以相关原则为研究对象,而不

---

① 刘作翔:《社会利益问题:理论与实践的背反及其争论》,载《东方法学》2013年第5期。

包括对具体权利滥用规定的研究。

截至2024年4月30日，以“滥用”为检索词，通过“标题或全文”的检索方式，对法信网进行检索，得效力等级为法律的有效检索信息为426条，最终经过比对，除去滥用职权、滥用行政权力、滥用药品①等，直接体现禁止权利滥用的相关有效信息为15条，现行有效的法律仅7部。

（二）检索概况

具体检索情况如表3-1所示。

表3-1　以“滥用”为检索词时我国“权利谦抑”相关法律

类别	制定时间	法律名称	体现“权利谦抑”的具体条款
公司法	2023年12月29日	《公司法》（2023年修订）	第21条、第23条、第89条
	2018年10月26日	《公司法》（2018年修正）	第20条
	2013年12月28日	《公司法》（2013年修正）	第20条
	2005年10月27日	《公司法》（2005年修订）	第20条
反垄断法	2022年6月24日	《反垄断法》（2022年修正）	第3条、第7条、第22条、第57条、第68条
	2007年8月30日	《反垄断法》	第3条、第6条、第17条、第47条、第55条
专利法	2020年10月17日	《专利法》（2020年修正）	第20条

① 如2019年4月23日公布的《建筑法》（2019年修正）第23条规定：“政府及其所属部门不得滥用行政权力，限定发包单位将招标发包的建筑工程发包给指定的承包单位。”2024年4月26日公布的《关税法》第67条规定：“违反本法规定，滥用职权、玩忽职守、徇私舞弊或者泄露、非法向他人提供在履行职责中知悉的商业秘密、个人隐私、个人信息的，依法给予处分。”《民法典》第1190条第2款规定的丧失意识侵权责任例外情形，即“完全民事行为能力人因醉酒、滥用麻醉药品或者精神药品对自己的行为暂时没有意识或者失去控制造成他人损害的，应当承担侵权责任”。《红十字会法》（2017年修订）第16条规定的滥用红十字标志，即“红十字标志和名称受法律保护。禁止利用红十字标志和名称牟利，禁止以任何形式冒用、滥用、篡改红十字标志和名称”。2023年12月29日公布的《慈善法》（2023年修正）第42条第2款规定的属于利用职权的滥用行为，即“慈善组织违反捐赠协议约定的用途，滥用捐赠财产的，捐赠人有权要求其改正；拒不改正的，捐赠人可以向县级以上人民政府民政部门投诉、举报或者向人民法院提起诉讼”。均不属于禁止权利滥用立法的研究范畴。

续表

类别	制定时间	法律名称	体现“权利谦抑”的具体条款
民法	2020 年 5 月 28 日	《民法典》	第 83 条、第 132 条、第 384 条
	2017 年 3 月 15 日	《民法总则》	第 83 条、第 132 条
	2009 年 8 月 27 日	《民法通则》(2009 年修正)	第 7 条
	2007 年 3 月 16 日	《物权法》	第 168 条
	1986 年 4 月 12 日	《民法通则》	第 7 条
证券法	2019 年 12 月 28 日	《证券法》(2019 年修订)	第 110 条
基本医疗卫生与健康促进法	2019 年 12 月 28 日	《基本医疗卫生与健康促进法》	第 62 条、第 103 条
电子商务法	2018 年 8 月 31 日	《电子商务法》	第 22 条、第 85 条

从表 3－1 可知，禁止权利滥用主要涉及公司法、反垄断法、专利法、民法、证券法、基本医疗卫生与健康促进法、电子商务法这 7 个主题。

而就具体禁止滥用的权利内容来看：

《公司法》(2023 年修订)涉及的是公司股东滥用股东权利①、滥用公司法人独立地位和股东有限责任②、公司的控股股东滥用股东权利③等三个方面的内容。

---

① 参见《公司法》(2023 年修订)第 21 条规定：“公司股东应当遵守法律、行政法规和公司章程，依法行使股东权利，不得滥用股东权利损害公司或者其他股东的利益。公司股东滥用股东权利给公司或者其他股东造成损失的，应当承担赔偿责任。”

② 参见《公司法》(2023 年修订)第 23 条规定：“公司股东滥用公司法人独立地位和股东有限责任，逃避债务，严重损害公司债权人利益的，应当对公司债务承担连带责任。股东利用其控制的两个以上公司实施前款规定行为的，各公司应当对任一公司的债务承担连带责任。只有一个股东的公司，股东不能证明公司财产独立于股东自己的财产的，应当对公司债务承担连带责任。”

③ 参见《公司法》(2023 年修订)第 89 条第 3 款规定：“公司的控股股东滥用股东权利，严重损害公司或者其他股东利益的，其他股东有权请求公司按照合理的价格收购其股权。”

《反垄断法》(2022 年修订)涉及经营者滥用市场支配地位[①]以及滥用知识产权[②]等问题。

《专利法》(2020 年修正)直接点明不得滥用专利权[③]。

《民法典》涉及营利法人的出资人滥用出资人权利或滥用法人独立地位和出资人有限责任[④]、地役权人滥用地役权[⑤]、民事主体滥用民事权利。[⑥]

《证券法》(2019 年修订)涉及上市公司滥用停牌或者复牌资格[⑦]。

《基本医疗卫生与健康促进法》涉及参加药品采购投标的投标人滥用市场支

---

① 参见《反垄断法》(2022 年修订)第 3 条规定:"本法规定的垄断行为包括:(一)经营者达成垄断协议;(二)经营者滥用市场支配地位;(三)具有或者可能具有排除、限制竞争效果的经营者集中。"第 7 条规定:"具有市场支配地位的经营者,不得滥用市场支配地位,排除、限制竞争。"第 22 条规定:"禁止具有市场支配地位的经营者从事下列滥用市场支配地位的行为:(一)以不公平的高价销售商品或者以不公平的低价购买商品;(二)没有正当理由,以低于成本的价格销售商品;(三)没有正当理由,拒绝与交易相对人进行交易;(四)没有正当理由,限定交易相对人只能与其进行交易或者只能与其指定的经营者进行交易;(五)没有正当理由搭售商品,或者在交易时附加其他不合理的交易条件;(六)没有正当理由,对条件相同的交易相对人在交易价格等交易条件上实行差别待遇;(七)国务院反垄断执法机构认定的其他滥用市场支配地位的行为。具有市场支配地位的经营者不得利用数据和算法、技术以及平台规则等从事前款规定的滥用市场支配地位的行为。本法所称市场支配地位,是指经营者在相关市场内具有能够控制商品价格、数量或者其他交易条件,或者能够阻碍、影响其他经营者进入相关市场能力的市场地位。"第 57 条规定:"经营者违反本法规定,滥用市场支配地位的,由反垄断执法机构责令停止违法行为,没收违法所得,并处上一年度销售额百分之一以上百分之十以下的罚款。"

② 参见《反垄断法》(2022 年修订)第 68 条规定:"经营者依照有关知识产权的法律、行政法规规定行使知识产权的行为,不适用本法;但是,经营者滥用知识产权,排除、限制竞争的行为,适用本法。"

③ 参见《专利法》(2020 年修正)第 20 条规定:"申请专利和行使专利权应当遵循诚实信用原则。不得滥用专利权损害公共利益或者他人合法权益。滥用专利权,排除或者限制竞争,构成垄断行为的,依照《中华人民共和国反垄断法》处理。"

④ 参见《民法典》第 83 条规定:"营利法人的出资人不得滥用出资人权利损害法人或者其他出资人的利益;滥用出资人权利造成法人或者其他出资人损失的,应当依法承担民事责任。营利法人的出资人不得滥用法人独立地位和出资人有限责任损害法人债权人的利益;滥用法人独立地位和出资人有限责任,逃避债务,严重损害法人债权人的利益的,应当对法人债务承担连带责任。"

⑤ 参见《民法典》第 384 条规定:"地役权人有下列情形之一的,供役地权利人有权解除地役权合同,地役权消灭:(一)违反法律规定或者合同约定,滥用地役权;(二)有偿利用供役地,约定的付款期限届满后在合理期限内经两次催告未支付费用。"

⑥ 参见《民法典》第 132 条规定:"民事主体不得滥用民事权利损害国家利益、社会公共利益或者他人合法权益。"

⑦ 参见《证券法》(2019 年修订)第 110 条规定:"上市公司可以向证券交易所申请其上市交易股票的停牌或者复牌,但不得滥用停牌或者复牌损害投资者的合法权益。证券交易所可以按照业务规则的规定,决定上市交易股票的停牌或者复牌。"

配地位竞标[①]。

《电子商务法》涉及电子商务经营者滥用市场支配地位[②]。

二、以“利益”为检索词

(一)检索说明

上述以“滥用”为检索词的检索方法所检索到与禁止权利滥用直接相关的法律,其法条中必定有“滥用”二字。而从学者的研究中可以发现,禁止权利滥用的构成要件一般需要“客观上要有损害国家利益,社会公共利益以及他人合法权益的可能”[③]。并不一定要求直接在法条中表述“滥用”二字。另外,根据对现有法律的总结也可以发现,有些法律采取的是不得破坏公共利益,禁止危害公共利益,不得损害国家的、社会的、集体的利益等表述。[④] 因此以“滥用”为检索词所检索到的有效结果较少,故本节又以“利益”为检索词,通过“标题或全文”的检索方

---

① 参见《基本医疗卫生与健康促进法》第62条规定:“国家建立健全药品价格监测体系,开展成本价格调查,加强药品价格监督检查,依法查处价格垄断、价格欺诈、不正当竞争等违法行为,维护药品价格秩序。国家加强药品分类采购管理和指导。参加药品采购投标的投标人不得以低于成本的报价竞标,不得以欺诈、串通投标、滥用市场支配地位等方式竞标。”第103条规定:“违反本法规定,参加药品采购投标的投标人以低于成本的报价竞标,或者以欺诈、串通投标、滥用市场支配地位等方式竞标的,由县级以上人民政府医疗保障主管部门责令改正,没收违法所得;中标的,中标无效,处中标项目金额千分之五以上千分之十以下的罚款,对法定代表人、主要负责人、直接负责的主管人员和其他责任人员处对单位罚款数额百分之五以上百分之十以下的罚款;情节严重的,取消其二年至五年内参加药品采购投标的资格并予以公告。”

② 参见《电子商务法》第22条规定:“电子商务经营者因其技术优势、用户数量、对相关行业的控制能力以及其他经营者对该电子商务经营者在交易上的依赖程度等因素而具有市场支配地位的,不得滥用市场支配地位,排除、限制竞争。”第85条规定:“电子商务经营者违反本法规定,销售的商品或者提供的服务不符合保障人身、财产安全的要求,实施虚假或者引人误解的商业宣传等不正当竞争行为,滥用市场支配地位,或者实施侵犯知识产权、侵害消费者权益等行为的,依照有关法律的规定处罚。”

③ 杨尚源:《禁止民事权利滥用研究》,云南财经大学2020年硕士学位论文,第24页。

④ 具体表述如下:“国家禁止任何人利用私有财产破坏公共利益。”“社会主义的公共财产不可侵犯。国家保证社会主义经济的巩固和发展,禁止任何人利用任何手段,破坏社会主义经济和公共利益。”“国家禁止任何人利用任何手段,扰乱社会经济秩序,破坏国家经济计划,侵吞、挥霍国家和集体的财产,危害公共利益。”“中华人民共和国公民在行使自由和权利的时候,不得损害国家的、社会的、集体的利益和其他公民的合法的自由和权利。”“公民在行使集会、游行、示威的权利的时候,必须遵守宪法和法律,不得反对宪法所确定的基本原则,不得损害国家的、社会的、集体的利益和其他公民的合法的自由和权利。”“民事活动应当尊重社会公德,不得损害社会公共利益,破坏国家经济计划,扰乱社会经济秩序。”

式,对法信网进行检索,截至 2024 年 4 月 30 日,得出 739 条检索信息,最终经过比对,有效结果为 134 条。

需要说明的是,首先,之所以选择“利益”而非“公共利益”,是因为通过“利益”可以得到更广泛的结果,且其中的结果包括以“公共利益”为关键词进行检索的结果。其次,不以“权利”为关键词,是因为虽然“权利”是法学中一个极为重要的基础词汇,但立法条文中,“权利”一词的使用却比较少。

第一,本书的权利谦抑仅针对私主体,因此有关国家、权力机关等公主体权力的相关立法不包括在本书的研究范畴之内。如《引渡法》涉及的主体是国家或国家机关的,所以也未考虑,即《引渡法》第 3 条第 2 款规定“引渡合作,不得损害中华人民共和国的主权、安全和社会公共利益”。该法条明显指向的是国家机关而不是私主体。又如,2015 年《广告法》第 54 条规定:“消费者协会和其他消费者组织对违反本法规定,发布虚假广告侵害消费者合法权益,以及其他损害社会公共利益的行为,依法进行社会监督。”该条体现的是行业协会和其他组织的监督权,也不是直接提及权利滥用。类似的还有《民法典》第 534 条规定:“对当事人利用合同实施危害国家利益、社会公共利益行为的,市场监督管理和其他有关行政主管部门依照法律、行政法规的规定负责监督处理。”再如,《行政诉讼法》《民事诉讼法》《涉外民事关系法律适用法》《刑法》《银行业监督管理法》《企业国有资产法》《政府采购法》等的相关立法也同属于这一类,不在本书的研讨范畴。而《行政处罚法》《行政许可法》《刑法》《治安管理处罚法》等法律中均有对公共利益的维护,要求不准侵犯公共利益,否则将要承担相应的行政责任或刑事责任等。上述法律中如果没有明确提及禁止权利滥用原则,则可认为是违法或犯罪行为,也不属于本书研究范围。

第二,为了公共利益而要求如何作的规定也不在本书的统计范围。因为这不能体现权利谦抑,而是有关应如何保障公共利益的立法。如 2007 年 8 月 30 日颁布的《反垄断法》第 1 条:“为了预防和制止垄断行为,保护市场公平竞争,提高经济运行效率,维护消费者利益和社会公共利益,促进社会主义市场经济健康发展,制定本法。”本书更侧重于直接提出权利不得滥用以及权利应主动谦抑的立法表达。因此,如1992年《专利法》第52条①规定的,为了公共利益而给予的专利强制许可,这不一定是专利权利人权利滥用所导致的公共利益损害时应强制许可,也不是专利权人主动权利谦抑的规定,故此该条款不能算作本书的有效检索信息。而且,为了公共利益进行征收的规定,其实是为了公共利益,权利应该退让,是对于优先保障公共利益的要求,而不是个人权利过度行使,因此也不在本书的统计范围。如《宪法》第10条第3款规定的“国家为了公共利益的需要,可以依照法律规定对土地实行征收或者征用并给予补偿”。第13条第3款规定的“国家为了公共利益的需要,可以依照法律规定对公民的私有财产实行征收或者征用并给予补偿”。第14条第3款规定的“国家合理安排积累和消费,兼顾国家、集体和个人的利益,在发展生产的基础上,逐步改善人民的物质生活和文化生活”。

第三,禁止权利滥用是权利本身受到限制,与为了获得相应的权利不得做某事,也是有差异的。前者表明的是权利的过度使用会对利益造成侵害,而后者本质是权利的获得不应损害相应的利益,或者若损害相应的利益则丧失权利。前者的决定权在权利人,后者的决定权在国家,这是有本质区别的。因此,如2019年《商标法》第13条第3款规定:“就不相同或者不相类似商品申请注册的商标是复制、摹仿或者翻译他人已经在中国注册的驰名商标,误导公众,致使该驰名商标注册人的利益可能受到损害的,不予注册并禁止使用。”该类条款不属于本书研究范围。同理,以符合公共利益为前提而获得某权利的也不属于本书的研究范围。如2007年《反垄断法》第28条规定的“经营者集中具有或者可能具有排除、限制竞争效果的,国务院反垄断执法机构应当作出禁止经营者集中的决定。但是,经营者能够证明该集中对竞争产生的有利影响明显大于不利影响,或者符合社会公共利益的,国务院反垄断执法机构可以作出对经营者集中不予禁止的决定”。《专利法》(2020年修正)第24条规定,在国家出现紧急状态或者非常情况时,为公共利益目的首次公开的申请专利的发明创造不丧失新颖性。

---

① 《专利法》(1992年)第52条规定:“在国家出现紧急状态或者非常情况时,或者为了公共利益的目的,专利局可以给予实施发明专利或者实用新型专利的强制许可。”

第四,公益诉讼指的是对侵犯公共利益的行为提起诉讼,是对该行为违法性和可诉性的规定,并未直接涉及权利滥用,因此也不在本书讨论范围内。如2012年《民事诉讼法》第55条规定:"对污染环境、侵害众多消费者合法权益等损害社会公共利益的行为,法律规定的机关和有关组织可以向人民法院提起诉讼。"2014年《环境保护法》第58条①、《土壤污染防治法》第97条②、《固体废物污染环境防治法》第121条③、《未成年人保护法》第106条④、《安全生产法》第74条⑤、《军人地位和权益保障法》第62条⑥等相关规定就是此类。

第五,规定何为合理使用,指向的是权利的他方,而不是权利的自方,因此也不属于本书的研究范围。如《民法典》第999条规定的"人格权的合理使用",即"为公共利益实施新闻报道、舆论监督等行为的,可以合理使用民事主体的姓名、名称、肖像、个人信息等;使用不合理侵害民事主体人格权的,应当依法承担民事

---

① 《环境保护法》第58条规定:"对污染环境、破坏生态,损害社会公共利益的行为,符合下列条件的社会组织可以向人民法院提起诉讼:(一)依法在设区的市级以上人民政府民政部门登记;(二)专门从事环境保护公益活动连续五年以上且无违法记录。符合前款规定的社会组织向人民法院提起诉讼,人民法院应当依法受理。提起诉讼的社会组织不得通过诉讼牟取经济利益。"

② 《土壤污染防治法》第97条规定:"污染土壤损害国家利益、社会公共利益的,有关机关和组织可以依照《中华人民共和国环境保护法》《中华人民共和国民事诉讼法》《中华人民共和国行政诉讼法》等法律的规定向人民法院提起诉讼。"

③ 《固体废物污染环境防治法》第121条规定:"固体废物污染环境、破坏生态,损害国家利益、社会公共利益的,有关机关和组织可以依照《中华人民共和国环境保护法》、《中华人民共和国民事诉讼法》、《中华人民共和国行政诉讼法》等法律的规定向人民法院提起诉讼。"

④ 《未成年人保护法》第106条规定:"未成年人合法权益受到侵犯,相关组织和个人未代为提起诉讼的,人民检察院可以督促、支持其提起诉讼;涉及公共利益的,人民检察院有权提起公益诉讼。"

⑤ 《安全生产法》第74条规定:"任何单位或者个人对事故隐患或者安全生产违法行为,均有权向负有安全生产监督管理职责的部门报告或者举报。因安全生产违法行为造成重大事故隐患或者导致重大事故,致使国家利益或者社会公共利益受到侵害的,人民检察院可以根据民事诉讼法、行政诉讼法的相关规定提起公益诉讼。"

⑥ 《军人地位和权益保障法》第62条规定:"侵害军人荣誉、名誉和其他相关合法权益,严重影响军人有效履行职责使命,致使社会公共利益受到损害的,人民检察院可以根据民事诉讼法、行政诉讼法的相关规定提起公益诉讼。"

责任。”与之类似的还有肖像权①、名誉权②、处理个人信息免责③等的立法规定。此外,对于专门对象的滥用,因不够典型,且这一类型是具体规则的立法表述,较为繁杂,因此也不在本书讨论范围。如《民法典》第83条与第84条的规定。④

(二)检索概况

具体检索情况如表3-2所示。

表3-2 以“利益”为检索词时我国“权利谦抑”相关法律

类别	制定时间	法律名称	体现“权利谦抑”的具体条款
宪法	1954年9月20日	《宪法》(1954年)	第14条
	1975年1月17日	《宪法》(1975年)	第8条
	1978年3月5日	《宪法》(1978年)	第8条
	1979年7月1日	《宪法》(1979年修正)	第8条

---

① 《民法典》第1020条规定:“合理实施下列行为的,可以不经肖像权人同意:(一)为个人学习、艺术欣赏、课堂教学或者科学研究,在必要范围内使用肖像权人已经公开的肖像;(二)为实施新闻报道,不可避免地制作、使用、公开肖像权人的肖像;(三)为依法履行职责,国家机关在必要范围内制作、使用、公开肖像权人的肖像;(四)为展示特定公共环境,不可避免地制作、使用、公开肖像权人的肖像;(五)为维护公共利益或者肖像权人合法权益,制作、使用、公开肖像权人的肖像的其他行为。”

② 《民法典》第1025条规定:“行为人为公共利益实施新闻报道、舆论监督等行为,影响他人名誉的,不承担民事责任,但是有下列情形之一的除外:(一)捏造、歪曲事实;(二)对他人提供的严重失实内容未尽到合理核实义务;(三)使用侮辱性言辞等贬损他人名誉。”

③ 《民法典》第1036条规定:“处理个人信息,有下列情形之一的,行为人不承担民事责任:(一)在该自然人或者其监护人同意的范围内合理实施的行为;(二)合理处理该自然人自行公开的或者其他已经合法公开的信息,但是该自然人明确拒绝或者处理该信息侵害其重大利益的除外;(三)为维护公共利益或者该自然人合法权益,合理实施的其他行为。”

④ 《民法典》第83条规定:“营利法人的出资人不得滥用出资人权利损害法人或者其他出资人的利益;滥用出资人权利造成法人或者其他出资人损失的,应当依法承担民事责任。营利法人的出资人不得滥用法人独立地位和出资人有限责任损害法人债权人的利益;滥用法人独立地位和出资人有限责任,逃避债务,严重损害法人债权人的利益的,应当对法人债务承担连带责任。”第84条规定:“营利法人的控股出资人、实际控制人、董事、监事、高级管理人员不得利用其关联关系损害法人的利益;利用关联关系造成法人损失的,应当承担赔偿责任。”

续表

类别	制定时间	法律名称	体现“权利谦抑”的具体条款
宪法	1980年9月10日	《宪法》(1980年修正)	第8条
	1982年12月4日	《宪法》(1982年)	第51条
	1988年4月12日	《宪法》(1988年修正)	第51条
	1993年3月29日	《宪法》(1993年修正)	第51条
	1999年3月15日	《宪法》(1999年修正)	第51条
	2004年3月14日	《宪法》(2004年修正)	第51条
	2018年3月11日	《宪法》(2018年修正)	第51条
全国农业发展纲要(已失效)	1960年4月10日	《全国农业发展纲要》	一切不顾国家利益和合作社集体利益的本位主义和个人主义,都是错误的,实际结果都将是危害自己家庭利益的。 …… (6)加强政治思想工作,不断地提高社员的社会主义觉悟,克服资本主义思想,克服不顾国家利益和合作社集体利益的本位主义思想和个人主义思想
合同法(已失效)	1981年12月13日	《经济合同法》	第4条、第7条、第16条、第53条
	1985年3月21日	《涉外经济合同法》	第4条、第9条
	1987年6月23日	《技术合同法》	第21条、第22条
	1993年9月2日	《经济合同法》(1993年修正)	第4条、第7条、第16条、第45条
	1999年3月15日	《合同法》	第7条、第52条、第127条
	2020年5月28日	《民法典》	第534条
专利法	1984年3月12日	《专利法》	第5条
	1992年9月4日	《专利法》(1992年修正)	第5条
	2000年8月25日	《专利法》(2000年修正)	第5条
	2008年12月27日	《专利法》(2008年修正)	第5条
	2020年10月17日	《专利法》(2020年修正)	第5条、第20条

续表

类别	制定时间	法律名称	体现“权利谦抑”的具体条款
计量法	1985 年 9 月 6 日	《计量法》	第 17 条
	2009 年 8 月 27 日	《计量法》(2009 年修正)	第 17 条
	2013 年 12 月 28 日	《计量法》(2013 年修正)	第 17 条
	2015 年 4 月 24 日	《计量法》(2015 年修正)	第 16 条
	2017 年 12 月 27 日	《计量法》(2017 年修正)	第 16 条
	2018 年 10 月 26 日	《计量法》(2018 年修正)	第 16 条
出境入境管理法	1985 年 11 月 22 日	《外国人入境出境管理法》	第 5 条
	2012 年 6 月 30 日	《出境入境管理法》	第 3 条
外资企业法	1986 年 4 月 12 日	《外资企业法》	第 4 条
	2000 年 10 月 31 日	《外资企业法》(2000 年修正)	第 4 条
	2016 年 9 月 3 日	《外资企业法》(2016 年修正)	第 4 条
民法	1986 年 4 月 12 日	《民法通则》	第 7 条、第 55 条、第 58 条、第 61 条、第 150 条
	2009 年 8 月 27 日	《民法通则》(2009 年修正)	第 7 条、第 55 条、第 58 条、第 61 条、第 150 条
	2017 年 3 月 15 日	《民法总则》	第 132 条、第 158 条
	2020 年 5 月 28 日	《民法典》	第 132 条、第 185 条、第 1009 条
企业破产法	1986 年 12 月 2 日	《企业破产法(试行)》	第 21 条
	2006 年 8 月 27 日	《企业破产法》	第 128 条
档案法	1987 年 9 月 5 日	《档案法》	第 22 条
	1996 年 7 月 5 日	《档案法》(1996 年修正)	第 22 条
	2016 年 11 月 7 日	《档案法》(2016 年修正)	第 22 条
	2020 年 6 月 20 日	《档案法》(2020 年修订)	第 32 条

续表

类别	制定时间	法律名称	体现“权利谦抑”的具体条款
水法	1988 年 1 月 21 日	《水法》	第 12 条
	2002 年 8 月 29 日	《水法》(2002 年修订)	第 28 条、第 76 条
	2009 年 8 月 27 日	《水法》(2009 年修正)	第 28 条、第 76 条
	2016 年 7 月 2 日	《水法》(2016 年修正)	第 28 条、第 76 条
中外合作经营企业法(已失效)	1988 年 4 月 13 日	《中外合作经营企业法》	第 3 条
	2000 年 10 月 31 日	《中外合作经营企业法》(2000 年修正)	第 3 条
	2016 年 9 月 3 日	《中外合作经营企业法》(2016 年修正)	第 3 条
	2016 年 11 月 7 日	《中外合作经营企业法》(2016 年第二次修正)	第 3 条
	2017 年 11 月 4 日	《中外合作经营企业法》(2017 年修正)	第 3 条
集会游行示威法	1989 年 10 月 31 日	《集会游行示威法》	第 4 条
	2009 年 8 月 27 日	《集会游行示威法》(2009 年修正)	第 4 条
著作权法	1990 年 9 月 7 日	《著作权法》	第 4 条
	2001 年 10 月 27 日	《著作权法》(2001 年修正)	第 4 条
	2010 年 2 月 26 日	《著作权法》(2010 年修正)	第 4 条
	2020 年 11 月 11 日	《著作权法》(2020 年修正)	第 4 条
收养法	1991 年 12 月 29 日	《收养法》	第 24 条
	1998 年 11 月 4 日	《收养法》(1998 年修正)	第 25 条
	2020 年 5 月 28 日	《民法典》	第 1113 条

续表

类别	制定时间	法律名称	体现“权利谦抑”的具体条款
公司法	1993 年 12 月 29 日	《公司法》	第 204 条
	1999 年 12 月 25 日	《公司法》(1999 年修正)	第 204 条
	2004 年 8 月 28 日	《公司法》(2004 年修正)	第 204 条
	2005 年 10 月 27 日	《公司法》(2005 年修订)	第 20 条、第 197 条、第 214 条
	2013 年 12 月 28 日	《公司法》(2013 年修正)	第 20 条、第 196 条、第 213 条
	2018 年 10 月 26 日	《公司法》(2018 年修正)	第 20 条、第 196 条、第 213 条
	2023 年 12 月 29 日	《公司法》(2023 年修订)	第 21 条、第 248 条、第 262 条
广告法	1994 年 10 月 27 日	《广告法》	第 7 条
	2015 年 4 月 24 日	《广告法》(2015 年修订)	第 9 条
	2018 年 10 月 26 日	《广告法》(2018 年修正)	第 9 条
	2021 年 4 月 29 日	《广告法》(2021 年修正)	第 9 条
教育法	1995 年 3 月 18 日	《教育法》	第 8 条、第 67 条
	2009 年 8 月 27 日	《教育法》(2009 年修正)	第 8 条、第 67 条
	2015 年 12 月 27 日	《教育法》(2015 年修正)	第 8 条、第 67 条
	2021 年 4 月 29 日	《教育法》(2021 年修正)	第 8 条、第 67 条
商业银行法	1995 年 5 月 10 日	《商业银行法》	第 8 条
	2003 年 12 月 27 日	《商业银行法》(2003 年修正)	第 8 条
	2015 年 8 月 29 日	《商业银行法》(2015 年修正)	第 8 条
票据法	1995 年 5 月 10 日	《票据法》	第 4 条
	2004 年 8 月 28 日	《票据法》(2004 年修正)	第 4 条
保险法	1995 年 6 月 30 日	《保险法》	第 10 条
	2002 年 10 月 28 日	《保险法》(2002 年修正)	第 11 条
	2009 年 2 月 28 日	《保险法》(2009 年修订)	第 4 条
	2014 年 8 月 31 日	《保险法》(2014 年修正)	第 4 条
	2015 年 4 月 24 日	《保险法》(2015 年修正)	第 4 条

续表

类别	制定时间	法律名称	体现“权利谦抑”的具体条款
促进科技成果转化法	1996年5月15日	《促进科技成果转化法》	第3条
	2015年8月29日	《促进科技成果转化法》(2015年修正)	第3条
统计法	1996年5月15日	《统计法》(1996年修正)	第12条、第29条
	2009年6月27日	《统计法》(2009年修订)	第49条
拍卖法	1996年7月5日	《拍卖法》	第37条
	2004年8月28日	《拍卖法》(2004年修正)	第37条
	2015年4月24日	《拍卖法》(2015年修正)	第37条
建筑法	1997年11月1日	《建筑法》	第5条
	2011年4月22日	《建筑法》(2011年修正)	第5条
	2019年4月23日	《建筑法》(2019年修正)	第5条
高等教育法	1998年8月29日	《高等教育法》	第24条
	2015年12月27日	《高等教育法》(2015年修正)	第24条
	2018年12月29日	《高等教育法》(2018年修正)	第24条
公益事业捐赠法	1999年6月28日	《公益事业捐赠法》	第6条
个人独资企业法	1999年8月30日	《个人独资企业法》	第4条
招标投标法	1999年8月30日	《招标投标法》	第32条、第67条
	2017年12月27日	《招标投标法》(2017年修正)	第32条、第67条
信托法	2001年4月28日	《信托法》	第5条、第11条
中小企业促进法	2002年6月29日	《中小企业促进法》	第8条
	2017年9月1日	《中小企业促进法》(2017年修订)	第4条

续表

类别	制定时间	法律名称	体现“权利谦抑”的具体条款
科学技术普及法	2002年6月29日	《科学技术普及法》	第8条、第30条
证券投资基金法	2003年10月28日	《证券投资基金法》	第4条
	2012年12月28日	《证券投资基金法》(2012年修订)	第4条
	2015年4月24日	《证券投资基金法》(2015年修正)	第4条
物权法(已失效)	2007年3月16日	《物权法》	第7条
反垄断法	2022年6月24日	《反垄断法》(2022年修正)	第60条
科学技术进步法	2007年12月29日	《科学技术进步法》(2007年修订)	第20条、第29条
	2021年12月24日	《科学技术进步法》(2021年修订)	第32条、第107条
婚姻法立法解释(已失效)	2014年11月1日	《全国人民代表大会常务委员会关于〈中华人民共和国民法通则〉第99条第1款、〈中华人民共和国婚姻法〉第22条的解释》	公民依法享有姓名权。公民行使姓名权,还应当尊重社会公德,不得损害社会公共利益
种子法	2015年11月4日	《种子法》(2015年修订)	第13条、第26条
	2021年12月24日	《种子法》(2021年修正)	第13条、第26条
慈善法	2016年3月16日	《慈善法》	第4条、第14条、第15条、第104条
	2023年12月29日	《慈善法》(2023年修正)	第4条、第14条、第15条、第117条
境外非政府组织境内活动管理法	2016年4月28日	《境外非政府组织境内活动管理法》	第5条、第47条
	2017年11月4日	《境外非政府组织境内活动管理法》(2017年修正)	第5条、第47条

续表

类别	制定时间	法律名称	体现"权利谦抑"的具体条款
公共文化服务保障法	2016年12月25日	《公共文化服务保障法》	第44条
公共图书馆法	2017年11月4日	《公共图书馆法》	第20条、第37条、第49条
	2018年10月26日	《公共图书馆法》(2018年修正)	第20条、第37条、第49条
外商投资法	2019年3月15日	《外商投资法》	第6条
药品管理法	2019年8月26日	《药品管理法》(2019年修订)	第20条
证券法	2019年12月28日	《证券法》(2019年修订)	第99条
基本医疗卫生与健康促进法	2019年12月28日	《基本医疗卫生与健康促进法》	第14条、第69条
个人信息保护法	2021年8月20日	《个人信息保护法》	第10条、第42条
密码法	2019年10月26日	《密码法》	第12条、第21条、第32条
生物安全法	2020年10月17日	《生物安全法》	第55条
	2024年4月26日	《生物安全法》(2024年修正)	第55条
数据安全法	2021年6月10日	《数据安全法》	第2条、第8条
期货和衍生品法	2022年4月20日	《期货和衍生品法》	第17条
对外关系法	2023年6月28日	《对外关系法》	第8条、第38条

从表3-2可知,以"利益"为检索词,最终有关权利谦抑的立法一共涉及133部法律,1部立法解释,共52个主题。① 从上述法律中还可以发现,有些法律在最

① 表3-2中共涉及135部法律,1个立法解释,但因为《中华人民共和国民法典》共计数3次,故应该减去重复的2次,由此共涉及法律应该为133部。

初制定时并没有禁止权利滥用的相关规定，而在修订时增加了相关规定。如《统计法》在1983年制定时没有相关规定，1996年修正时在第12条和第29条增加了禁止权利滥用的规定；同样，《科学技术进步法》在1993年制定时没有涉及相关内容，2007年修订后的第20条和第29条增加了相应的内容。《种子法》在2000年、2004年、2013年均未有相关规定，直到2015年修订时才在第13条和第26条第2款规定育种发明专利权和植物新品种权应受限制。1984年9月20日《药品管理法》制定，经2001年、2013年、2015年、2019年四次修改，直到2019年修订时才在第20条有相关规定。1998年12月29日《证券法》出台，经过2004年修正、2005年修订、2013年修正、2014年修正、2019年修订，也是在2019年的版本中第99条第1款规定了证券交易所的权利禁止滥用行为。由此也可以看出，在我国，权利不得滥用原则越来越受到关注。

三、当代立法中权利不得滥用原则的具体体现

以“利益”为检索词，得到有关权利谦抑的立法主题具体来说可以分为宪法、民法以及其他部门法三类，因此当代立法中的权利谦抑原则具体来说，可以分为宪法基本权利滥用禁止原理、民法禁止权利滥用原则以及其他法律中的权利不得滥用规定三类。以下将对此三类主题进行分别论述。

（一）宪法基本权利滥用禁止原理

宪法基本权利滥用禁止原理在我国当代法律中主要体现于现行《宪法》第51条，即“中华人民共和国公民在行使自由和权利的时候，不得损害国家的、社会的、集体的利益和其他公民的合法的自由和权利”。无论是在民法学界，还是在法理学界，该条均被认定为我国禁止权利滥用的最高法律规范依据，[①]甚至还有学者撰文论证其是基本权利滥用禁止的宪法规范。[②] 具体来说：

新中国成立以来的第一部宪法是1954年9月20日颁布的，即“五四宪法”，

---

① 参见梁慧星：《民法总论》，法律出版社1996年版，第45～46页；张文显主编：《法理学》（第2版），高等教育出版社2003年版，第118～119页。

② 参见杨海坤、上官丕亮、陆永胜：《宪法基本理论》，中国民主法制出版社2007年版，第147页；高慧铭：《论基本权利的滥用禁止》，载《清华法学》2015年第1期。

但其仅对基本权利规范进行了简单罗列，并没有细化到基本权利的限制问题。但“五四宪法”第 14 条规定：“国家禁止任何人利用私有财产破坏公共利益。”这可以视为对私权的限制。

1975 年 1 月 17 日通过的《宪法》即“七五宪法”第 8 条规定：“社会主义的公共财产不可侵犯。国家保证社会主义经济的巩固和发展，禁止任何人利用任何手段，破坏社会主义经济和公共利益。”从“五四宪法”的“利用私有财产”到“七五宪法”的“利用任何手段”，该条进一步扩大了权利的限制范围。

1978 年 3 月 5 日颁布的《宪法》即“七八宪法”第 8 条第 2 款规定：“国家禁止任何人利用任何手段，扰乱社会经济秩序，破坏国家经济计划，侵吞、挥霍国家和集体的财产，危害公共利益。”相较于“七五宪法”，该款的规定更为详细，但是未能直接提及基本权利滥用问题。而后，1979 年 7 月 1 日颁布的《宪法》(1979 年修正)以及 1980 年 9 月 10 日颁布的《宪法》(1980 年修正)均未修改此条。

1982 年 12 月 4 日正式通过并颁布的《宪法》(以下简称“八二宪法”)，被认为是新中国成立以来最为完善的一部宪法，也是这一部宪法首先对基本权利滥用进行了相关规定。具体为第 51 条规定：“中华人民共和国公民在行使自由和权利的时候，不得损害国家的、社会的、集体的利益和其他公民的合法的自由和权利。”该条被阐释为基本权利滥用禁止原理的依据。同时，该条被认为是基本权利限制的规范依据，梁慧星在《民法总论》中更是将其视为权利滥用的最高法律规范依据。① 此后，“八二宪法”历经 1988 年、1993 年、1999 年、2004 年、2018 年 5 次修正，此条款均没有变化。② 然而，也有学者认为该条并未直接提及“滥用”二字，而对基本权利滥用禁止原理予以否定。但本书仍持肯定观点，即认可该条被阐释为基本权利滥用禁止原理的依据。理由如下。

首先，从立法背景来看，“八二宪法”第 51 条是对“七五宪法”与“七八宪法”中规定的一些基本权利所作出的调整。“七五宪法”与“七八宪法”两部宪法中规

---

① 参见梁慧星：《民法总论》，法律出版社 1996 年版，第 45～46 页。

② 需要说明的是张佐国在《基本权利限制理论研究》中将《宪法》第 51 条认定为概括式限制模式，将《宪法》第 13 条、第 34 条、第 40 条、第 41 条认定为具体的法律保留限制，这一观点值得商榷。参见张佐国：《基本权利限制理论研究》，西南政法大学 2019 年博士学位论文，第 109～111 页。本书上述已经说明，不将其视为权利滥用的立法表达。故此，在这里不再提及。

定的有些公民享有的基本权利被实践证明是错误理论指导下无产阶级继续革命的产物,因此“八二宪法”该条的设计旨在规范基本权利的行使,与基本权利滥用行为作斗争。①

其次,从基本权利限制理论与基本权利禁止滥用理论的区分来讲,两者是不同且相互独立的理论。“国家对个人的限制是一方面,个人滥用自由是另一方面。”②《论基本权利的滥用禁止》一文也从引起的缘由、多数国家二者的宪法规范依据、两项理论具体适用时的规范构成、二者使基本权利受到制约或丧失的时间、二者的表现形态等方面,阐明基本权利禁止滥用理论是独立于基本权利限制理论的理论建构。③ 这样来看,“八二宪法”第 51 条实则属于基本权利禁止滥用原理。

最后,从与之前宪法文本的对比也可以看出两者的不同。如“五四宪法”仅对基本权利规范进行了简单罗列,并没有细化到基本权利的限制问题,而该法第 14 条规定:“国家禁止任何人利用私有财产破坏公共利益。”这只是国家对于私权的限制,与禁止权利滥用原理有别。“七五宪法”第 8 条从“利用私有财产”转变为“利用任何手段”,将权利的限制范围扩大了,但国家本位的性质未改变。④ “七八宪法”第 8 条第 2 款规定得更为详细,但也未能直接提及基本权利滥用问题。⑤ 这三部宪法还停留在权利限制的角度,直到“八二宪法”第 51 条才规定了禁止权利滥用原则。但值得说明的是,当下大有学者从权利限制的角度对第 51 条进行研究,只是从禁止权利滥用角度进行研究的学者较少。⑥

除“八二宪法”外,还有一些法律文件的具体条款也蕴含着权利谦抑精神。

---

① 参见石文龙:《我国宪法第 51 条研究》,载《中国宪法年刊》2011 年第 1 期。

② 参见王世杰、钱端升:《比较宪法》,商务印书馆 1999 年版,第 66 页。

③ 参见高慧铭:《论基本权利的滥用禁止》,载《清华法学》2015 年第 1 期。

④ 《宪法》(1975 年)第 8 条规定:“社会主义的公共财产不可侵犯。国家保证社会主义经济的巩固和发展,禁止任何人利用任何手段,破坏社会主义经济和公共利益。”

⑤ 《宪法》(1978 年)第 8 条规定:“国家禁止任何人利用任何手段,扰乱社会经济秩序,破坏国家经济计划,侵吞、挥霍国家和集体的财产,危害公共利益。”1979 年 7 月 1 日颁布的《宪法》(1979 年修正)以及 1980 年 9 月 10 日颁布的《宪法》(1980 年修正)未修改此条。

⑥ 参见石文龙:《论公民行使权利和自由的限制与“限制”的规范——对我国〈宪法〉第 51 条的研究》,载《政治与法律》2013 年第 7 期;夏新华、吴青山:《我国宪法权利限制性条款的重构——以宪法第 51 条为中心》,载《湘潭大学学报(哲学社会科学版)》2017 年第 1 期;杜强强:《概括权利条款与基本权利限制体系——对我国〈宪法〉第 51 条的另一种建构方案》,载《人权》2023 年第 1 期。

如早在1960年4月11日发布的《全国农业发展纲要》中就着重提到了要谨防个人主义，具体内容如“一切不顾国家利益和合作社集体利益的本位主义和个人主义，都是错误的，实际结果都将是危害自己家庭利益的。”“（6）加强政治思想工作，不断地提高社员的社会主义觉悟，克服资本主义思想，克服不顾国家利益和合作社集体利益的本位主义思想和个人主义思想”。这可以看作对个人权利的限制。另外，还有如1989年10月31日通过的《集会游行示威法》第4条的规定，“公民在行使集会、游行、示威的权利的时候，必须遵守宪法和法律，不得反对宪法所确定的基本原则，不得损害国家的、社会的、集体的利益和其他公民的合法的自由和权利”①。

（二）民法禁止权利滥用原则

民法禁止权利滥用原则在现行法律文本中体现于《民法典》第132条中，即“民事主体不得滥用民事权利损害国家利益、社会公共利益或者他人合法权益”。然而，其发展历程颇为坎坷。

我们国家曾于1954年、1962年、1979年、2001年、2015年先后5次启动民法典制定工作，但前四次均未能正式通过形成法律。其间，仅在1986年通过了《民法通则》。1986年《民法通则》第7条规定：“民事活动应当尊重社会公德，不得损害社会公共利益，破坏国家经济计划，扰乱社会经济秩序。”这一法律条文虽然未点明权利滥用的具体规定，但可以被认定为禁止权利滥用原则的表现形式，不少学者持这一观点。② 具体分析，《民法通则》第7条的立法意图在于通过列举式的方式，将权利滥用的情形归纳为违反社会公德、损害社会公共利益、破坏国家经济计划、扰乱社会经济秩序等四个方面的行为，较为直观地规定了禁止权利滥用的情形，只是与此同时该条款的缺陷也显露出来了，即缺乏概括性。“鉴于否定性的禁止规定绝不可能穷尽到列举全部有悖于权利职能的滥用权利的行为的缺憾，同时侵犯社会利益的行为因为权利主体的广泛自主性和有关条件的不断变化，实际上很难对它们设立一个固定标准，而且禁止性规定也很容易规避。因此，有必

---

① 2009年修正时未作修改。

② 参见柳经纬主编：《民法总论》，厦门大学出版社2005年版，第31页。

要确定一个一定弹性的一般原则,来禁止一切滥用权利的行为。”[①]当然不止于此,1986 年《民法通则》还规定了民事法律行为应该具备的实质要件[②],无效民事行为的种类[③]、民事行为被确认为无效或者被撤销后的法律后果[④]、公共秩序保留即使用外国法律和国际惯例[⑤],这些都是对权利不能过度行使的具体规定。

2009 年 8 月 27 日《民法通则》修订,其第 7 条修改为:“民事活动应当尊重社会公德,不得损害社会公共利益,扰乱社会经济秩序。”然而,这次的修订仅删除了“破坏国家经济计划”字样,同样也未能直接规定禁止权利滥用的原则。另外,相较于 1986 年的《民法通则》,该修订版本除第 58 条删除了一款内容,其他条款均保留了全部内容。[⑥]

虽然国家层面的《民法典》直到 2020 年才通过,但在学者们的民法典建议稿中,禁止权利滥用原则的相关规定备受关注。如梁慧星 2003 年在《中国民法典草案建议稿》的第 8 条[⑦]中规定了禁止权利滥用原则,其后,在 2011 年第 2 版和 2013 年第 3 版中均沿袭了这一规定。于海勇在《中国民法典草案立法建议(提交

① 刘晓星:《论我国民法的基本原则·民法硕士论文选》,群众出版社 1988 年版,第 31～32 页。

② 《民法通则》第 55 条规定:“民事法律行为应当具备下列条件:(一)行为人具有相应的民事行为能力;(二)意思表示真实;(三)不违反法律或者社会公共利益。”

③ 《民法通则》第 58 条规定:“下列民事行为无效:(一)无民事行为能力人实施的;(二)限制民事行为能力人依法不能独立实施的;(三)一方以欺诈、胁迫的手段或者乘人之危,使对方在违背真实意思的情况下所为的;(四)恶意串通,损害国家、集体或者第三人利益的;(五)违反法律或者社会公共利益的;(六)经济合同违反国家指令性计划的;(七)以合法形式掩盖非法目的的。无效的民事行为,从行为开始起就没有法律约束力。”2009 年版删掉了 1996 年《民法通则》第 6 款的规定。

④ 《民法通则》第 61 条规定:“民事行为被确认为无效或者被撤销后,当事人因该行为取得的财产,应当返还给受损失的一方。有过错的一方应当赔偿对方因此所受的损失,双方都有过错的,应当各自承担相应的责任。双方恶意串通,实施民事行为损害国家的、集体的或者第三人的利益的,应当追缴双方取得的财产,收归国家、集体所有或者返还第三人。”

⑤ 《民法通则》第 150 条规定:“依照本章规定适用外国法律或者国际惯例的,不得违背的社会公共利益。”

⑥ 《民法通则》第 58 条规定:“下列民事行为无效:(一)无民事行为能力人实施的;(二)限制民事行为能力人依法不能独立实施的;(三)一方以欺诈、胁迫的手段或者乘人之危,使对方在违背真实意思的情况下所为的;(四)恶意串通,损害国家、集体或者第三人利益的;(五)违反法律或者社会公共利益的;(六)以合法形式掩盖非法目的的;无效的民事行为,从行为开始起就没有法律约束力。”

⑦ 该建议稿第 8 条内容为,禁止权利滥用。因权利滥用给他人造成损害的,应当承担赔偿责任。前款所称权利滥用,是指以损害他人的目的行使权利或者行使权利所得利益微小而使他人遭受重大损害的行为。

稿)》(2016年)中也提到禁止权利滥用原则。[①] 此外,学者们的民法教材中也有禁止权利滥用的具体规定。如2010年魏振瀛主编的《民法》(第4版)就认为,根据《宪法》第51条的具体规定,"禁止权利滥用原则应当成为我国民法的基本原则"。并且其还提出"禁止权利滥用原则是民事主体行使民事权利的界限""行使民事权利超过一定的界限而损害他人权益和公共利益的,是权利滥用"[②]。另外,陈信勇2011年的《民法》教材也提出禁止权利滥用原则是民法的基本原则。[③] 当然,并不是所有学者都认为需要单独条款规定该原则,如王利明就认为禁止权利滥用原则可以归纳于诚实信用原则中,即"在诚信原则的基础上产生了许多新的规则,如合同正义原则、禁止暴利原则、禁止私人妨害、禁止滥用权利等。因此,禁止滥用权利制度也是为落实诚信原则而产生的一项制度"[④]。房绍坤也提出禁止权利滥用原则可以被公序良俗原则所包括,房绍坤在其主编的《民法》中提出:"公序良俗原则是指民事主体在民事活动中不得违反社会公德、不得损害社会利益和国家利益。"具体公序良俗原则又主要体现在以下方面,第一,民事活动应当遵守社会公德和善良风俗;第二,民事主体不得滥用权利。[⑤]

而就《民法典》的通过来说,对禁止权利滥用这一原则的具体关注如下。2014年10月23日,党的十八届四中全会审议通过的《中共中央关于全面推进依法治国若干重大问题的决定》中明确提出"编纂民法典"的目标。2015年3月全国人大常委会法制工作委员会牵头成立了民法典编纂工作协调小组[⑥],《民法典》第五次编纂工作开始。2015年4月19日中国法学会发布了《中华人民共和国民

① 《中国民法典草案立法建议(提交稿)》第12条,即"权利人行使民事权利,违背该权利的社会目的或经济目的,或者明显具有恶意,或者违背公序良俗的,构成权利滥用。滥用民事权利的,不受法律保护"。参见于海涌:《中国民法典草案立法建议(提交稿)》,法律出版社2016年版。

② 魏振瀛主编:《民法》(第4版),北京大学出版社、高等教育出版社2010年版,第25页。

③ 参见陈信勇等编著:《民法》(修订版)(第2版),浙江大学出版社2011年版,第25页。

④ 王利明:《论禁止滥用权利——兼评〈总则编解释〉第3条》,载《中国法律评论》2022年第3期。

⑤ 参见房绍坤主编:《民法》(第2版),中国人民大学出版社2011年版,第7页。

⑥ 该协调小组由最高人民法院、最高人民检察院、国务院法制工作办公室、中国社会科学院、中国法学会5家单位参加。

法典·民法总则专家建议稿(征求意见稿)》[①]第212条规定的是民事权利不得滥用,即“以加害他人或者非法限制竞争为目的行使民事权利,应当依法承担相应的民事责任”。第214条规定的是容忍义务,即“权利人行使权利给他人造成的不便,该他人负有适当容忍的义务”。2016年3月1日,中国社会科学院发布《民法典总则》(建议稿)[②]。其第263条是有关禁止权利滥用的规定,具体为三款:“民事主体不得以损害社会公共利益、他人利益的方式行使其权利。民事主体以放弃行使其全部或者部分权利而使他人获得利益的,不可以嗣后再主张其放弃的权利。因滥用权利给他人造成损害的,应当承担赔偿责任。”第265条规定了他人的容忍义务,即“民事主体行使其权利时对他人形成的可以容忍的不便,他人负有适当容忍的义务。但该义务的承担以法律规定为限。民事主体行使权利造成他人不便者,应采取措施尽力限制其消极影响,在有可能时对容忍其消极影响者予以适当补偿”。第266条是对民事权利的限制的规定——“限制民事权利的内容,仅以宪法以及本法确定的原则为界,即仅以维护宪法基本制度、社会公共道德、社会公共利益、生命健康、他人的权利和合法利益及保障国防和国家安全之必需为限。法律之外的其他规范性文件,不得对本法规定的民事权利的种类、内容以及权利救济方式等予以限制”。第267条规定的是民事权利的放弃,即“民事主体可以放弃权利。但权利放弃违反法律或者公共秩序、有可能造成他人损害的除外”。

然而,可惜的是,2016年6月27日初次审议的《民法总则草案》并没有直接规定禁止权利滥用原则,仅第8条规定:“民事主体从事民事活动,不得违反法律,不得违背公序良俗,不得损害他人合法权益。”2016年10月31日二次审议的《民法总则草案》在第8条增加“滥用”一词,即“民事主体从事民事活动,不得违反法律,不得违背公序良俗,不得滥用权利损害他人合法权益”。2016年12月19日三次审议的《民法总则草案》将二审稿的“不得滥用权利损害他人合法权益”的内

① 参见中国法学会民法典编纂项目领导小组:《中国法学会〈中华人民共和国民法典·民法总则专家建议稿(征求意见稿)〉》(下),载中国政法大学罗马法与意大利法研究中心2015年4月19日,http://lmydlf.cupl.edu.cn/info/1032/1607.htm。

② 参见中国社会科学院民法典立法研究课题组:《民法总则建议稿》,载原创力文档知识共享平台2016年3月12日,https://max.book118.com/html/2016/0303/36786473.shtm。

容规定在第五章“民事权利”的第132条,即“民事主体不得滥用民事权利损害他人合法权益”。这一原则获得了2017年3月15日表决通过的《民法总则》的认可。该法律第8条规定:“民事主体从事民事活动,不得违反法律,不得违背公序良俗。”第132条规定:“民事主体不得滥用民事权利损害国家利益、社会公共利益或者他人合法权益。”相较于《民法通则》第7条,《民法总则》中的禁止权利滥用条款的顺序与内容均有所变化,最为重要的是首次写明了“滥用”一词。这被认为是禁止权利滥用原则的正式确立,是对民事主体行使权利设置的正当界限。并且该条抛弃主观恶意,仅保留客观标准,采用了最为宽松的标准。另外,《民法通则》第7条仅从受保护利益的角度对滥用权利行为予以规制,而《民法总则》第132条的规定明确了禁止权利人“滥用民事权利”时的客观要件,体现出法律对权利滥用的行为特征愈加重视,而不仅仅从受保护利益的角度对滥用权利行为予以规制。

2020年5月28日通过、2021年1月1日施行的《民法典》第132条确认了这一原则,该条被完整保留。《民法通则》同时废止。而根据2021年12月30日最高人民法院审判委员会第1861次会议通过,自2022年3月1日起实行的《最高人民法院关于适用〈中华人民共和国民法典〉总则编若干问题的解释》第3条是有关禁止滥用原则的司法解释,明确了有关滥用民事权利的认定与法律后果。具体内容为:“对于民法典第一百三十二条所称的滥用民事权利,人民法院可以根据权利行使的对象、目的、时间、方式、造成当事人之间利益失衡的程度等因素作出认定。行为人以损害国家利益、社会公共利益、他人合法权益为主要目的行使民事权利的,人民法院应当认定构成滥用民事权利。构成滥用民事权利的,人民法院应当认定该滥用行为不发生相应的法律效力。滥用民事权利造成损害的,依照民法典第七编等有关规定处理。”

当然,《民法典》第132条的规定并不十分完善,而且关于这一规定是规则还是原则的争议不断。

首先,该条规定在《民法典》总则编的第五章“民事权利”的末尾处,凸显出权利不得滥用原则在我国民事法律制度中的基础性地位。有学者认为《民法典》第132条是禁止权利滥用原则无疑,[①]甚至也有学者指出该原则是对一切民事权利

① 如彭诚信:《论禁止权利滥用原则的法律适用》,载《中国法学》2018年第3期。

的限制,作为一般性条款,符合现代法的精神。① 但也有学者持否定意见。如王利明、冉克平、李永军等学者均认为禁止权利滥用不是民法的基本原则②。李宇认为禁止权利滥用"名为原则,实为例外",它只是权利行使自由原则的例外情形。③

其次,在规范性质上,禁止权利滥用在我国并不属于民法的基本原则和普通法律规则。如李敏指出:"禁止权利滥用规范不同于独立的抽象原则和具体规则,实为介乎于原则和规则之间的中间状态。"④第 132 条的禁止权利滥用规定在《民法典》总则编第五章"民事权利"末尾处,并没有规定在第一章"基本规定"部分,规定在《民法典》第一章的只有平等原则、自愿原则、公平原则、诚实信用原则、公序良俗原则、绿色原则。因此,禁止权利滥用不能被视为民法的基本原则。这也就是有学者提出建议将禁止权利滥用条款调整至第一章的原因,但该建议最终未能被采用。⑤ 甚至杨立新还提出这种立法方法对于禁止权利滥用原则的地位有所降低。⑥ 另外,禁止权利滥用规范不由行为模式与法律后果的结构构成,不符合法律规则"全有"或"全无"的适用方式之特征,具有较大的不确定性以及高度的抽象性与概括性等,因此禁止权利滥用规范并不属于法律规则。但禁止权利滥用的条款还是位于《民法典》第一编"总则"中。而总则编对全部分则的规定具有统辖作用,意义重大。只是因为此项原则是对权利行使的限制,因此将此条规定置于民事权利一章。"禁止权利滥用虽然不属于民法的基本原则,但也并非

---

① 参见黄薇主编:《中华人民共和国民法典总则编解读》,中国法制出版社 2020 年版,第 422 页。

② 王利明认为,民法的基本原则为平等原则、意思自治原则、公平原则、诚实信用原则、公序良俗原则。参见王利明:《民法总论》(第 2 版),中国人民大学出版社 2015 年版,第 48~58 页。冉克平认为,民法的基本原则为"民事主体地位平等原则、意思自治原则、公平原则、诚实信用原则、公序良俗原则"。参见冉克平:《民法教程:民法总论 · 物权法》,广西师范大学出版社 2016 年版,第 31~35 页。李永军认为,民法的基本原则为"主体平等原则、私权神圣原则、意思自治原则、公平原则、诚实信用原则、公序良俗原则"。参见李永军:《民法总则》,中国法制出版社 2018 年版,第 60~76 页。

③ 参见李宇:《民法总则要义:规范释论与判解集注》,法律出版社 2017 年版,第 417 页。

④ 李敏:《我国民法上的禁止权利滥用规范——兼评〈民法总则〉第 132 条》,载《法律科学(西北政法大学学报)》2018 年第 5 期。

⑤ 参见《民法总则立法背景与观点全集》编写组编:《民法总则立法背景与观点全集》,法律出版社 2017 年版,第 345 页。

⑥ 参见杨立新主编:《中华人民共和国民法总则要义与案例解读:总体说明 · 逐条释义 · 案例解读》,中国法制出版社 2017 年版,第 491 页。

普通的法律规则，而是行使民事权利的具体原则。"[①]实则，该条应被认定是有关行使民事权利的具体原则，是对权利行使的限制，故置于民事权利一章也符合逻辑。

最后，2017年《民法总则》还增加了第185条："侵害英雄烈士等的姓名、肖像、名誉、荣誉，损害社会公共利益的，应当承担民事责任。"2020年5月28日《民法典》第185条沿用这一内容。此外《民法典》第1009条规定了从事人体基因、人体胚胎等有关的医学和科研活动时的义务，即"从事与人体基因、人体胚胎等有关的医学和科研活动，应当遵守法律、行政法规和国家有关规定，不得危害人体健康，不得违背伦理道德，不得损害公共利益"。上述内容均是《民法典》中对于权利滥用的禁止性规定。

（三）其他法律中的权利不得滥用规定

除宪法基本权利滥用禁止原理、民法禁止权利滥用原则外，在我国其他法律中也有权利不得滥用的具体规定。以下将按照时间顺序简单梳理本书所认为属于禁止权利滥用立法表达的法律及条款。

1981年12月13日通过的《经济合同法》第4条规定："订立经济合同，必须遵守国家的法律，必须符合国家政策和计划的要求。任何单位和个人不得利用合同进行违法活动，扰乱经济秩序，破坏国家计划，损害国家利益和社会公共利益，牟取非法收入。"这是有关权利禁止滥用的规定。此外，该法第7条[②]规定违反国家利益或社会公共利益的经济合同无效；第16条[③]规定了违反国家利益或社会公共利益的

---

① 刘权：《权利滥用、权利边界与比例原则——从〈民法典〉第132条切入》，载《法制与社会发展》2021年第3期。

② 《经济合同法》第7条规定："下列经济合同为无效：一、违反法律和国家政策、计划的合同；二、采取欺诈、胁迫等手段所签订的合同；三、代理人超越代理权限签订的合同或以被代理人的名义同自己或者同自己所代理的其他人签订的合同；四、违反国家利益或社会公共利益的经济合同。无效的经济合同，从订立的时候起，就没有法律约束力。确认经济合同部分无效的，如果不影响其余部分的效力，其余部分仍然有效。无效经济合同的确认权，归合同管理机关和人民法院。"

③ 《经济合同法》第16条规定："经济合同被确认无效后，当事人依据该合同所取得的财产，应返还给对方。有过错的一方应赔偿对方因此所受的损失；如果双方都有过错，各自承担相应的责任。违反国家利益或社会公共利益的合同，如果双方都是故意的，应追缴双方已经取得或者约定取得的财产，收归国库所有。如果只有一方是故意的，故意的一方应将从对方取得的财产返回对方；非故意的一方已经从对方取得或约定取得的财产，应收归国库所有。"

无效合同的后果;第 53 条[①]规定了对于违法行为的处理,其中涉及订立假经济合同,或倒卖经济合同,或利用经济合同买空卖空、转包渔利、非法转让、行贿受贿,以及其他危害国家利益和社会公共利益的违法行为等权利过度的行为。1993 年《经济合同法》修改,第4 条修正为:"订立经济合同,必须遵守法律和行政法规。任何单位和个人不得利用合同进行违法活动,扰乱社会经济秩序,损害国家利益和社会公共利益,牟取非法收入。"第7 条[②]、第 16 条[③]、第 45 条[④]也有权利不得滥用的相关规定,其中第 7 条和第 45 条的内容有所修改。《经济合同法》可视为《合同法》的前身,后被《合同法》废止。同样,1985 年 3 月 21 日通过的《涉外经济合同法》[⑤]第 4 条[⑥]、第 9 条[⑦],1987 年6 月 23 日通过的《技术合同法》[⑧]第 21 条[⑨]、第 22 条[⑩]等也

---

① 《经济合同法》第 53 条规定:"对于订立假经济合同,或倒卖经济合同,或利用经济合同买空卖空、转包渔利、非法转让、行贿受贿,以及其他危害国家利益和社会公共利益的违法行为,由工商行政管理部门负责处理,需要追究刑事责任的移送司法机关处理。"

② 《经济合同法》第 7 条规定:"下列经济合同为无效:一、违反法律和行政法规的合同;二、采取欺诈、胁迫等手段所签订的合同;三、代理人超越代理权限签订的合同或以被代理人的名义同自己或者同自己所代理的其他人签订的合同;四、违反国家利益或社会公共利益的经济合同。无效的经济合同,从订立的时候起,就没有法律约束力。确认经济合同部分无效的,如果不影响其余部分的效力,其余部分仍然有效。经济合同的无效,由人民法院或者仲裁机构确认。"

③ 《经济合同法》第 16 条规定:"经济合同被确认无效后,当事人依据该合同所取得的财产,应返还给对方。有过错的一方应赔偿对方因此所受的损失;如果双方都有过错,各自承担相应的责任。违反国家利益或社会公共利益的合同,如果双方都是故意的,应追缴双方已经取得或者约定取得的财产,收归国库所有。如果只有一方是故意的,故意的一方应将从对方取得的财产返回对方;非故意的一方已经从对方取得或约定取得的财产,应收归国库所有。"

④ 《经济合同法》第 45 条规定:"对利用经济合同危害国家利益、社会公共利益的违法行为,由县级以上各级人民政府工商行政管理部门和其他有关主管部门依据法律、行政法规规定的职责负责处理;构成犯罪的,依法追究刑事责任。"

⑤ 此法已被《合同法》(1999 年 3 月 15 日)废止。

⑥ 《涉外经济合同法》第 4 条规定:"订立合同,必须遵守中华人民共和国法律,并不得损害中华人民共和国的社会公共利益。"

⑦ 《涉外经济合同法》第 9 条规定:"违反中华人民共和国法律或者社会公共利益的合同无效。合同中的条款违反中华人民共和国法律或者社会公共利益的,经当事人协商同意予以取消或者改正后,不影响合同的效力。"

⑧ 此法已被《合同法》(1999 年 3 月 15 日)废止。

⑨ 《技术合同法》第 21 条规定:"下列技术合同无效:(一)违反法律、法规或者损害国家利益、社会公共利益的;(二)非法垄断技术、妨碍技术进步的;(三)侵害他人合法权益的;(四)采取欺诈或者胁迫手段订立的。无效的合同,从订立时起就没有法律约束力。合同部分无效,不影响其余部分的效力的,其余部分仍然有效。"

⑩ 《技术合同法》第 22 条规定:"订立违反法律、法规或者损害国家利益、社会公共利益的技术合同,进行违法活动的,依法追究行政责任或者刑事责任。"

都有权利不得滥用的相关规定。而1999年3月15日《合同法》第7条规定:“当事人订立、履行合同,应当遵守法律、行政法规,尊重社会公德,不得扰乱社会经济秩序,损害社会公共利益。”第52条[①]合同无效的法定情形、第127条[②]合同监督机关等均涉及权利的限制。而后《民法典》出台,吸收了上述规定,并在第534条增加了合同监管的内容,即“对当事人利用合同实施危害国家利益、社会公共利益行为的,市场监督管理和其他有关行政主管部门依照法律、行政法规的规定负责监督处理”。

1984年3月12日通过的《专利法》第5条规定:“对违反国家法律、社会公德或者妨害公共利益的发明创造,不授予专利权。”经1992年以及2000年两次修正后,2008年修正的《专利法》第5条增加了1款内容,此部分内容变成了第1款,并改为:“对违反法律、社会公德或者妨害公共利益的发明创造,不授予专利权。”2020年《专利法》修正,沿用此规定,并增加第20条第1款直接点明不得滥用专利权,即“申请专利和行使专利权应当遵循诚实信用原则。不得滥用专利权损害公共利益或者他人合法权益”。该条第2款规定了滥用专利权的后果,“滥用专利权,排除或者限制竞争,构成垄断行为的,依照《中华人民共和国反垄断法》处理”。

1985年9月6日公布的《计量法》第17条规定:“使用计量器具不得破坏其准确度,损害国家和消费者的利益。”该条历经五次修正,内容没有变化,仅条目发生改变。其中2009年、2013年为第17条,2015年、2017年、2018年为第16条。

1985年11月22日公布的《外国人入境出境管理法》第5条规定:“外国人在中国境内,必须遵守中国法律,不得危害中国国家安全、损害社会公共利益、破坏社会公共秩序。”2012年6月30日《出境入境管理法》出台,《外国人入境出境管理法》由此废止,但权利不得滥用的相关规定存在于《出境入境管理法》第3条第

---

① 《合同法》第52条规定:“有下列情形之一的,合同无效:(一)一方以欺诈、胁迫的手段订立合同,损害国家利益;(二)恶意串通,损害国家、集体或者第三人利益;(三)以合法形式掩盖非法目的;(四)损害社会公共利益;(五)违反法律、行政法规的强制性规定。”

② 《合同法》第127条规定:“工商行政管理部门和其他有关行政主管部门在各自的职权范围内,依照法律、行政法规的规定,对利用合同危害国家利益、社会公共利益的违法行为,负责监督处理;构成犯罪的,依法追究刑事责任。”

2 款:“在中国境内的外国人的合法权益受法律保护。在中国境内的外国人应当遵守中国法律,不得危害中国国家安全、损害社会公共利益、破坏社会公共秩序。”

1986 年 4 月 12 日发布的《外资企业法》(已失效)第 4 条第 2 款规定:“外资企业必须遵守中国的法律、法规,不得损害中国的社会公共利益。”经过 2000 年与 2016 年两次修正,该条没有修改。

1986 年 12 月 2 日发布的《企业破产法(试行)》第 21 条第 3 项规定经人民法院裁定,终结该企业的整顿,宣告其破产,其中“有本法第三十五条所列行为之一,严重损害债权人利益的。”该法第 35 条规定的情况包括“(一)隐匿、私分或者无偿转让财产;(二)非正常压价出售财产;(三)对原来没有财产担保的债务提供财产担保;(四)对未到期的债务提前清偿;(五)放弃自己的债权”。2006 年 8 月 27 日《企业破产法》通过,第 128 条规定:“债务人有本法第三十一条、第三十二条、第三十三条规定的行为,损害债权人利益的,债务人的法定代表人和其他直接责任人员依法承担赔偿责任。”第 31 条①、第 32 条②、第 33 条③的内容包括无偿转让财产的;以明显不合理的价格进行交易的;对没有财产担保的债务提供财产担保的;对未到期的债务提前清偿的;放弃债权的;对个别债权人进行清偿的;为逃避债务而隐匿、转移财产的;虚构债务或者承认不真实的债务的等行为。

1987 年 9 月 5 日通过的《档案法》第 22 条第 2 款规定:“集体所有的和个人所有的档案,档案的所有者有权公布,但必须遵守国家有关规定。不得损害国家安全和利益,不得侵犯他人的合法权益。”1996 年、2016 年《档案法》修正,但该内容未改变。2020 年 6 月 20 日《档案法》修订,上述相关内容规定在第 32 条第 2 款:“公布档案应当遵守有关法律、行政法规的规定,不得损害国家安全和利益,

---

① 《企业破产法》第 31 条规定:“人民法院受理破产申请前一年内,涉及债务人财产的下列行为,管理人有权请求人民法院予以撤销:(一)无偿转让财产的;(二)以明显不合理的价格进行交易的;(三)对没有财产担保的债务提供财产担保的;(四)对未到期的债务提前清偿的;(五)放弃债权的。”

② 《企业破产法》第 32 条规定:“人民法院受理破产申请前六个月内,债务人有本法第二条第一款规定的情形,仍对个别债权人进行清偿的,管理人有权请求人民法院予以撤销。但是,个别清偿使债务人财产受益的除外。”

③ 《企业破产法》第 33 条规定:“涉及债务人财产的下列行为无效:(一)为逃避债务而隐匿、转移财产的;(二)虚构债务或者承认不真实的债务的。”

不得侵犯他人的合法权益。”

1988年1月21日通过的《水法》第12条规定：“任何单位和个人引水、蓄水、排水，不得损害公共利益和他人的合法权益。”2002年《水法》修订，第28条规定：“任何单位和个人引水、截（蓄）水、排水，不得损害公共利益和他人的合法权益。”还增加了第76条的规定，即“引水、截（蓄）水、排水，损害公共利益或者他人合法权益的，依法承担民事责任。”2009年、2016年修正时均未修改该条内容。

1988年4月13日《中外合作经营企业法》（现已失效）发布，第3条第2款规定：“合作企业必须遵守中国的法律、法规，不得损害中国的社会公共利益。”后经2000年、2016年、2016年第二次修正、2017年4次修正，该内容未曾改变。

1990年9月7日通过的《著作权法》第4条第2款规定：“著作权人行使著作权，不得违反宪法和法律，不得损害公共利益。”2001年第一次修正未改变，2010年第二次修正第四条改为：“著作权人行使著作权，不得违反宪法和法律，不得损害公共利益。国家对作品的出版、传播依法进行监督管理。”2020年第三次修正，第4条再次修改为：“著作权人和与著作权有关的权利人行使权利，不得违反宪法和法律，不得损害公共利益。国家对作品的出版、传播依法进行监督管理。”

1991年12月29日通过的《收养法》第24条第1款规定：“违反《中华人民共和国民法通则》第五十五条和本法规定的收养行为无法律效力。”其中《民法通则》第55条规定的是民事法律行为的实质要件，说明收养行为也需要权利限度范围。1998年《收养法》修改，法条顺序改至第25条，内容没有改变。2020年《民法典》将之修改为第1113条第1款：“有本法第一编关于民事法律行为无效规定情形或者违反本编规定的收养行为无效。”

1993年12月29日通过的《公司法》，仅在第204条①体现了外国公司分支机构的权利有界限。该条款在1999年、2004年《公司法》修正时未被修改，2005年《公司法》修订将该条款改为第197条，2013年改成第196条，2018年未修改，2023年改成第248条。另外，2005年《公司法》修订，还增加了第20条股东滥用权利的责任的规定，即“公司股东应当遵守法律、行政法规和公司章程，依法行使

① 《公司法》第204条规定：“经批准设立的外国公司分支机构，在中国境内从事业务活动，必须遵守中国的法律，不得损害中国的社会公共利益，其合法权益受中国法律保护。”

股东权利，不得滥用股东权利损害公司或者其他股东的利益；不得滥用公司法人独立地位和股东有限责任损害公司债权人的利益。公司股东滥用股东权利给公司或者其他股东造成损失的，应当依法承担赔偿责任。公司股东滥用公司法人独立地位和股东有限责任，逃避债务，严重损害公司债权人利益的，应当对公司债务承担连带责任。”该条在 2013 年与 2018 年两次修正中均未被修改。再有，2005 年《公司法》第 214 条[①]增加危害国家安全与社会公共利益的法律责任的规定。该条在 2013 年和 2018 年《公司法》中，条款序号改为第 213 条。2023 年《公司法》修订，其中具体体现权利禁止滥用的规定有第 21 条[②]、第 248 条[③]、第 262 条（仅是之前版本第 213 条法条顺序的变化）。

1994 年 10 月 27 日通过的《广告法》第 7 条[④]规定广告不得损害社会公共利益。2015 年《广告法》修订，其第 9 条[⑤]规定了相关内容。2018 年、2021 年《广告法》修正时，未修改相关规定。

1995 年 3 月 18 日通过的《教育法》第 8 条第 1 款规定：“教育活动必须符合国家和社会公共利益。”第 67 条第 2 款规定：“教育对外交流与合作坚持独立自

① 《公司法》第 214 条规定：“利用公司名义从事危害国家安全、社会公共利益的严重违法行为的，吊销营业执照。”

② 《公司法》第 21 条规定：“公司股东应当遵守法律、行政法规和公司章程，依法行使股东权利，不得滥用股东权利损害公司或者其他股东的利益。公司股东滥用股东权利给公司或者其他股东造成损失的，应当承担赔偿责任。”

③ 《公司法》第 248 条规定：“经批准设立的外国公司分支机构，在中华人民共和国境内从事业务活动，应当遵守中国的法律，不得损害中国的社会公共利益，其合法权益受中国法律保护。”

④ 《广告法》第 7 条规定：“广告内容应当有利于人民的身心健康，促进商品和服务质量的提高，保护消费者的合法权益，遵守社会公德和职业道德，维护国家的尊严和利益。广告不得有下列情形：（一）使用中华人民共和国国旗、国徽、国歌；（二）使用国家机关和国家机关工作人员的名义；（三）使用国家级、最高级、最佳等用语；（四）妨碍社会安定和危害人身、财产安全，损害社会公共利益；（五）妨碍社会公共秩序和违背社会良好风尚；（六）含有淫秽、迷信、恐怖、暴力、丑恶的内容；（七）含有民族、种族、宗教、性别歧视的内容；（八）妨碍环境和自然资源保护；（九）法律、行政法规规定禁止的其他情形。”

⑤ 《广告法》第 9 条规定：“广告不得有下列情形：（一）使用或者变相使用中华人民共和国的国旗、国歌、国徽，军旗、军歌、军徽；（二）使用或者变相使用国家机关、国家机关工作人员的名义或者形象；（三）使用“国家级”、“最高级”、“最佳”等用语；（四）损害国家的尊严或者利益，泄露国家秘密；（五）妨碍社会安定，损害社会公共利益；（六）危害人身、财产安全，泄露个人隐私；（七）妨碍社会公共秩序或者违背社会良好风尚；（八）含有淫秽、色情、赌博、迷信、恐怖、暴力的内容；（九）含有民族、种族、宗教、性别歧视的内容；（十）妨碍环境、自然资源或者文化遗产保护；（十一）法律、行政法规规定禁止的其他情形。”

主、平等互利、相互尊重的原则,不得违反中国法律、不得损害国家主权、安全和社会公共利益。"2009 年、2015 年、2021 年《教育法》3 次修正,但均未修改上述两方面的内容。

1995 年 5 月 10 日通过的《商业银行法》第 8 条规定:"商业银行开展业务,应当遵守法律、行政法规的有关规定,不得损害国家利益、社会公共利益。"2003 年、2015 年修正的《商业银行法》沿用这一规定。

1995 年 5 月 10 日通过的《票据法》第 3 条规定:"票据活动应当遵守法律、行政法规,不得损害社会公共利益。"2004 年修正的《票据法》沿用该规定。

1995 年 6 月 30 日通过的《保险法》第 10 条①规定保险合同不得损害社会公共利益。2002 年《保险法》修正,将该条款改至第 11 条。2009 年、2014 年、2015 年修改后的《保险法》删除了"不得损害社会公共利益"这一内容。原因在于,2009 年《保险法》将不得损害社会公共利益放到了原则部分,即第 4 条:"从事保险活动必须遵守法律、行政法规,尊重社会公德,不得损害社会公共利益。"另外,1995 年《保险法》中规定:"从事保险活动必须遵守法律、行政法规,遵循自愿和诚实信用的原则。"2002 修正后为:"从事保险活动必须遵守法律、行政法规,尊重社会公德,遵循自愿原则。"

1996 年 5 月 15 日通过的《促进科技成果转化法》第 3 条第 3 款规定:"科技成果转化活动应当遵守法律,维护国家利益,不得损害社会公共利益。"2015 年修正为:"科技成果转化活动应当遵守法律法规,维护国家利益,不得损害社会公共利益和他人合法权益。"

1983 年 12 月 8 日制定的《统计法》并没有本书所认为的权利不得滥用的相关规定,而 1996 年修正的《统计法》第 12 条第 2 款增加了"禁止利用统计调查窃取国家秘密、损害社会公共利益或者进行欺诈活动。"等内容,并在第 29 条②规定

① 《保险法》第 10 条规定:"投保人和保险人订立保险合同,应当遵循公平互利、协商一致、自愿订立的原则,不得损害社会公共利益。除法律、行政法规规定必须保险的以外,保险公司和其他单位不得强制他人订立保险合同。"

② 《统计法》第 29 条规定:"利用统计调查窃取国家秘密或者违反本法有关保密规定的,依照有关法律规定处罚。利用统计调查损害社会公共利益或者进行欺诈活动的,由县级以上人民政府统计机构责令改正,没收违法所得,可以处以罚款;构成犯罪的,依法追究刑事责任。"

了相应的责任。2009年《统计法》修订时删除了部分内容，仅保留了处罚规定，即第49条第3款："利用统计调查危害国家安全、损害社会公共利益或者进行欺诈活动的，依法追究法律责任。"

1996年7月5日通过的《拍卖法》第37条规定："竞买人之间、竞买人与拍卖人之间不得恶意串通，损害他人利益。"2004年、2015年《拍卖法》修正时未修改该条。

1997年11月1日通过的《建筑法》第5条第1款规定："从事建筑活动应当遵守法律、法规，不得损害社会公共利益和他人的合法权益。"后《建筑法》于2011年、2019年两次修正，但相关内容并未改变。

1998年8月29日通过的《高等教育法》第24条规定："设立高等学校，应当符合国家高等教育发展规划，符合国家利益和社会公共利益，不得以营利为目的。"后2015年修正为："设立高等学校，应当符合国家高等教育发展规划，符合国家利益和社会公共利益。"2018年修正，该条款未修改。

1999年6月28日通过的《公益事业捐赠法》第6条规定："捐赠应当遵守法律、法规，不得违背社会公德，不得损害公共利益和其他公民的合法权益。"

1999年8月30日通过的《个人独资企业法》第4条第1条规定："个人独资企业从事经营活动必须遵守法律、行政法规，遵守诚实信用原则，不得损害社会公共利益。"

1999年8月30日通过的《招标投标法》第32条第2款规定："投标人不得与招标人串通投标，损害国家利益、社会公共利益或者他人的合法权益。"第67条规定："使用国际组织或者外国政府贷款、援助资金的项目进行招标，贷款方、资金提供方对招标投标的具体条件和程序有不同规定的，可以适用其规定，但违背中华人民共和国的社会公共利益的除外。"2017年《招标投标法》修正时，未修改该两条内容。

2001年4月28日通过的《信托法》第5条规定："信托当事人进行信托活动，必须遵守法律、行政法规，遵循自愿、公平和诚实信用原则，不得损害国家利益和社会公共利益。"其第11条①还规定损害社会公共利益的信托无效。

---

① 《信托法》第11条规定："有下列情形之一的，信托无效：(一)信托目的违反法律、行政法规或者损害社会公共利益；(二)信托财产不能确定；(三)委托人以非法财产或者本法规定不得设立信托的财产设立信托；(四)专以诉讼或者讨债为目的设立信托；(五)受益人或者受益人范围不能确定；(六)法律、行政法规规定的其他情形。"

2002年6月29日通过的《中小企业促进法》第8条规定:“中小企业必须遵守国家劳动安全、职业卫生、社会保障、资源环保、质量、财政税收、金融等方面的法律、法规,依法经营管理,不得侵害职工合法权益,不得损害社会公共利益。”2017年《中小企业促进法》修订,将该条修改为第4条,内容为:“中小企业应当依法经营,遵守国家劳动用工、安全生产、职业卫生、社会保障、资源环境、质量标准、知识产权、财政税收等方面的法律、法规,遵循诚信原则,规范内部管理,提高经营管理水平;不得损害劳动者合法权益,不得损害社会公共利益。”

2002年6月29日通过的《科学技术普及法》第8条规定:“科普工作应当坚持科学精神,反对和抵制伪科学。任何单位和个人不得以科普为名从事有损社会公共利益的活动。”第30条①规定了相应后果。2024年修订时第6条规定:“科普工作应当践行社会主义核心价值观,弘扬科学精神和科学家精神,遵守科技伦理,反对和抵制伪科学。任何组织和个人不得以科普为名从事损害国家利益、社会公共利益或者他人合法权益的活动。”第54条②规定了相应后果。

2003年10月28日通过的《证券投资基金法》第4条规定:“从事证券投资基金活动,应当遵循自愿、公平、诚实信用的原则,不得损害国家利益和社会公共利益。”2012年、2015年《证券投资基金法》修改时,未修改该条。

2007年3月16日通过的《物权法》第7条是取得和行使物权遵守法律、尊重社会公德原则的规定,即“物权的取得和行使,应当遵守法律,尊重社会公德,不得损害公共利益和他人合法权益。”《民法典》通过后,该法被废止。

2007年8月30日通过的《反垄断法》,第17条规定了滥用市场支配地位的行为种类,第50条规定了相关责任。上述内容是以“滥用”为检索词得到的,但直接以“利益”为关键词,检索不到该有效信息。2022年修正的《反垄断法》第60条第2款规定:“经营者实施垄断行为,损害社会公共利益的,设区的市级以上人

---

① 《科学技术普及法》第30条规定:“以科普为名进行有损社会公共利益的活动,扰乱社会秩序或者骗取财物,由有关主管部门给予批评教育,并予以制止;违反治安管理规定的,由公安机关依法给予治安管理处罚;构成犯罪的,依法追究刑事责任。”

② 《科学技术普及法》第54条规定:“违反本法规定,制作、发布、传播虚假错误信息,或者以科普为名损害国家利益、社会公共利益或者他人合法权益的,由有关主管部门责令改正,给予警告或者通报批评,没收违法所得,对负有责任的领导人员和直接责任人员依法给予处分。”

民检察院可以依法向人民法院提起民事公益诉讼。”

《科学技术进步法》于1993年7月2日通过，2007年修订的《科学技术进步法》，新增了第20条①授权项目承担者取得发明专利权、计算机软件著作权、集成电路布图设计专有权和植物新品种权的限制，并新增了第29条：“国家禁止危害国家安全、损害社会公共利益、危害人体健康、违反伦理道德的科学技术研究开发活动。”2021年《科学技术进步法》修订，将其改成第32条②以及第107条③。

2000年7月8日《种子法》通过，2004年第一次修正，2013年第二次修正，但这些法律中均未有权利禁止滥用的相关规定。直到2015年11月4日《种子法》的修订出台，其第13条④规定育种发明专利权和植物新品种权要受到一定的限

① 《科学技术进步法》第20条规定：“利用财政性资金设立的科学技术基金项目或者科学技术计划项目所形成的发明专利权、计算机软件著作权、集成电路布图设计专有权和植物新品种权，除涉及国家安全、国家利益和重大社会公共利益的外，授权项目承担者依法取得。项目承担者应当依法实施前款规定的知识产权，同时采取保护措施，并就实施和保护情况向项目管理机构提交年度报告；在合理期限内没有实施的，国家可以无偿实施，也可以许可他人有偿实施或者无偿实施。项目承担者依法取得的本条第一款规定的知识产权，国家为了国家安全、国家利益和重大社会公共利益的需要，可以无偿实施，也可以许可他人有偿实施或者无偿实施。项目承担者因实施本条第一款规定的知识产权所产生的利益分配，依照有关法律、行政法规的规定执行；法律、行政法规没有规定的，按照约定执行。”

② 《科学技术进步法》第32条规定：“利用财政性资金设立的科学技术计划项目所形成的科技成果，在不损害国家安全、国家利益和重大社会公共利益的前提下，授权项目承担者依法取得相关知识产权，项目承担者可以依法自行投资实施转化、向他人转让、联合他人共同实施转化、许可他人使用或者作价投资等。项目承担者应当依法实施前款规定的知识产权，同时采取保护措施，并就实施和保护情况向项目管理机构提交年度报告；在合理期限内没有实施且无正当理由的，国家可以无偿实施，也可以许可他人有偿实施或者无偿实施。项目承担者依法取得的本条第一款规定的知识产权，为了国家安全、国家利益和重大社会公共利益的需要，国家可以无偿实施，也可以许可他人有偿实施或者无偿实施。项目承担者因实施本条第一款规定的知识产权所产生的利益分配，依照有关法律法规规定执行；法律法规没有规定的，按照约定执行。”

③ 《科学技术进步法》第107条规定：“禁止危害国家安全、损害社会公共利益、危害人体健康、违背科研诚信和科技伦理的科学技术研究开发和应用活动。从事科学技术活动，应当遵守科学技术活动管理规范。对严重违反科学技术活动管理规范的组织和个人，由科学技术行政等有关部门记入科研诚信严重失信行为数据库。”

④ 《种子法》第13条规定：“由财政资金支持形成的育种发明专利权和植物新品种权，除涉及国家安全、国家利益和重大社会公共利益的外，授权项目承担者依法取得。由财政资金支持为主形成的育种成果的转让、许可等应当依法公开进行，禁止私自交易。”

制，第 26 条第 2 款[①]规定植物新品种权也要受到限制。2021 年《种子法》修正，未修改上述两条的内容。

2016 年 3 月 16 日《慈善法》公布，在第 4 条做了原则性的规定，即“开展慈善活动，应当遵循合法、自愿、诚信、非营利的原则，不得违背社会公德，不得危害国家安全、损害社会公共利益和他人合法权益”。另外，第 14 条第 1 款[②]是有关慈善组织的发起人、主要捐赠人以及管理人员的规定，第 15 条[③]是有关慈善组织的规定，第 104 条[④]是有关相关处罚的规定。2023 年 12 月 29 日《慈善法》修正，除第 104 条改为第 117 条[⑤]，且文字表述有所改变外，其他条款保持不变。

2016 年 4 月 28 日《境外非政府组织境内活动管理法》公布，第 5 条第 1 款规定：“境外非政府组织在中国境内开展活动应当遵守中国法律，不得危害中国的国家统一、安全和民族团结，不得损害中国国家利益、社会公共利益和公民、法人以及其他组织的合法权益。”第 47 条规定了处罚措施。[⑥] 2017 年该法律修正时，对上述两条内容未作修改。

---

① 《种子法》第 26 条规定：“一个植物新品种只能授予一项植物新品种权。两个以上的申请人分别就同一个品种申请植物新品种权的，植物新品种权授予最先申请的人；同时申请的，植物新品种权授予最先完成该品种育种的人。对违反法律，危害社会公共利益、生态环境的植物新品种，不授予植物新品种权。”

② 《慈善法》第 14 条第 1 款规定：“慈善组织的发起人、主要捐赠人以及管理人员，不得利用其关联关系损害慈善组织、受益人的利益和社会公共利益。慈善组织的发起人、主要捐赠人以及管理人员与慈善组织发生交易行为的，不得参与慈善组织有关该交易行为的决策，有关交易情况应当向社会公开。”

③ 《慈善法》第 15 条规定：“慈善组织不得从事、资助危害国家安全和社会公共利益的活动，不得接受附加违反法律法规和违背社会公德条件的捐赠，不得对受益人附加违反法律法规和违背社会公德的条件。”

④ 《慈善法》第 104 条规定：“慈善组织从事、资助危害国家安全或者社会公共利益活动的，由有关机关依法查处，由民政部门吊销登记证书并予以公告。”

⑤ 《慈善法》第 117 条规定：“慈善组织从事、资助危害国家安全或者社会公共利益活动的，由有关机关依法查处，由县级以上人民政府民政部门吊销登记证书并予以公告。”

⑥ 《境外非政府组织境内活动管理法》第 47 条规定：“境外非政府组织、境外非政府组织代表机构有下列情形之一的，由登记管理机关吊销登记证书或者取缔临时活动；尚不构成犯罪的，由设区的市级以上人民政府公安机关对直接责任人员处十五日以下拘留：(一)煽动抗拒法律、法规实施的；(二)非法获取国家秘密的；(三)造谣、诽谤或者发表、传播其他有害信息，危害国家安全或者损害国家利益的；(四)从事或者资助政治活动，非法从事或者资助宗教活动的；(五)有其他危害国家安全、损害国家利益或者社会公共利益情形的。境外非政府组织、境外非政府组织代表机构有分裂国家、破坏国家统一、颠覆国家政权等犯罪行为的，由登记管理机关依照前款规定处罚，对直接责任人员依法追究刑事责任。”

2016 年 12 月 25 日《公共文化服务保障法》第 44 条规定:"任何组织和个人不得利用公共文化设施、文化产品、文化活动以及其他相关服务,从事危害国家安全、损害社会公共利益和其他违反法律法规的活动。"

2017 年 11 月 4 日《公共图书馆法》发布,第 20 条第 3 款规定:"以捐赠者姓名、名称命名应当遵守有关法律、行政法规的规定,符合国家利益和社会公共利益,遵循公序良俗。"第 37 条第 2 款规定:"公共图书馆不得从事或者允许其他组织、个人在馆内从事危害国家安全、损害社会公共利益和其他违反法律法规的活动。"第 49 条规定了相关处罚措施。[①] 2018 年《公共图书馆法》修正时未修改此内容。

2019 年 3 月 15 日《外商投资法》第 6 条规定:"在中国境内进行投资活动的外国投资者、外商投资企业,应当遵守中国法律法规,不得危害中国国家安全、损害社会公共利益。"

1984 年 9 月 20 日《药品管理法》制定,经 2001 年、2013 年、2015 年、2019 年 4 次修正,直到 2019 年 8 月 26 日修订《药品管理法》时,才在第 20 条第 1 款规定权利禁止滥用的规定,即开展药物临床试验,应当符合伦理原则,制定临床试验方案,经伦理委员会审查同意。[②]

2019 年 12 月 28 日公布的《证券法》(2019 年修订)第 99 条第 1 款规定:"证券交易所履行自律管理职能,应当遵守社会公共利益优先原则,维护市场的公平、有序、透明。"1998 年 12 月 29 日《证券法》出台,经过 2004 年修正、2005 年修订、2013 年修正、2014 年修正、2019 年修订,但在 2019 年修订前的版本中没有相关禁止权利滥用的规定。

2019 年 12 月 28 日《基本医疗卫生与健康促进法》发布,第 14 条第 2 款规定:"开展医疗卫生与健康促进对外交流合作活动,应当遵守法律、法规,维护国家主权、安全和社会公共利益。"第 69 条第 2 款规定:"公民应当尊重他人的健康权利和利益,不得损害他人健康和社会公共利益。"

---

① 《公共图书馆法》第 49 条规定:"公共图书馆从事或者允许其他组织、个人在馆内从事危害国家安全、损害社会公共利益活动的,由文化主管部门责令改正,没收违法所得;情节严重的,可以责令停业整顿、关闭;对直接负责的主管人员和其他直接责任人员依法追究法律责任。"

② 巧合的是虽然这一款中没有利益二字,但第 2 款有,所以被列举。

2021年8月20日《个人信息保护法》通过，其中第10条规定："任何组织、个人不得非法收集、使用、加工、传输他人个人信息，不得非法买卖、提供或者公开他人个人信息；不得从事危害国家安全、公共利益的个人信息处理活动。"第42条规定了对境外的组织、个人从事个人信息处理活动采取的限制措施。①

2019年10月26日通过的《密码法》第12条第2款规定："任何组织或者个人不得利用密码从事危害国家安全、社会公共利益、他人合法权益等违法犯罪活动。"第21条第3款规定："商用密码的科研、生产、销售、服务和进出口，不得损害国家安全、社会公共利益或者他人合法权益。"第32条规定了违反第12条的具体责任举措。②

2020年10月17日通过的《生物安全法》第55条规定："采集、保藏、利用、对外提供我国人类遗传资源，应当符合伦理原则，不得危害公众健康、国家安全和社会公共利益。"2024年《生物安全法》修正，但上述内容未修改。

2021年6月10日通过的《数据安全法》第2条第2款规定："在中华人民共和国境外开展数据处理活动，损害中华人民共和国国家安全、公共利益或者公民、组织合法权益的，依法追究法律责任。"第8条规定："开展数据处理活动，应当遵守法律、法规，尊重社会公德和伦理，遵守商业道德和职业道德，诚实守信，履行数据安全保护义务，承担社会责任，不得危害国家安全、公共利益，不得损害个人、组织的合法权益。"

2022年4月20日通过的《期货和衍生品法》第17条第3款规定："期货合约品种和标准化期权合约品种应当具有经济价值，合约不易被操纵，符合社会公共利益。"

2023年6月28日通过的《对外关系法》第38条第3款规定："在中国境内的外国人和外国组织应当遵守中国法律，不得危害中国国家安全、损害社会公共利

---

① 《个人信息保护法》第42条规定："境外的组织、个人从事侵害中华人民共和国公民的个人信息权益，或者危害中华人民共和国国家安全、公共利益的个人信息处理活动的，国家网信部门可以将其列入限制或者禁止个人信息提供清单，予以公告，并采取限制或者禁止向其提供个人信息等措施。"

② 《密码法》第32条规定："违反本法第十二条规定，窃取他人加密保护的信息，非法侵入他人的密码保障系统，或者利用密码从事危害国家安全、社会公共利益、他人合法权益等违法活动的，由有关部门依照《中华人民共和国网络安全法》和其他有关法律、行政法规的规定追究法律责任。"

益、破坏社会公共秩序。”

相关立法解释具体为:2014 年 11 月 1 日《全国人民代表大会常务委员会关于〈中华人民共和国民法通则〉第九十九条第一款、〈中华人民共和国婚姻法〉第二十二条的解释》(现已失效)中规定公民依法享有姓名权,公民行使姓名权,还应当尊重社会公德,不得损害社会公共利益。

总的来说,其他法律中一般也都有权利不得滥用的相关规定,只是绝大部分法律采用的是《民法通则》第 7 条式的表述,①只有零星几部法律如《民法典》直接规定了“滥用”的概念。其中采用《民法典》第 132 条式直接规定“滥用”二字的如《专利法》《著作权法》等。具体举例如下:

2020 年修正的《专利法》,除第 5 条②有类似《民法通则》第 7 条禁止权利滥用的表述外,增加了第 20 条第 1 款的内容,直接点明不得滥用专利权,且第 2 款还规定了滥用专利权的后果。③ 但《专利法》这一模式的规定也历经了几次修正。1984 年 3 月 12 日通过的《专利法》第 5 条采用的是《民法通则》第 7 条式的表述即“对违反国家法律、社会公德或者妨害公共利益的发明创造,不授予专利权”。经 1992 年以及 2000 年两次修正后,《专利法》在 2008 年修正时,第 5 条增加了 1 款内容,而此部分的内容变成了第 1 款,并改为:“对违反法律、社会公德或者妨害公共利益的发明创造,不授予专利权。”2020 年修正的《专利法》沿用第 5 条的规定,另外增加第 20 条的规定,其第 1 款直接点明不得滥用专利权,即“申请专利和行使专利权应当遵循诚实信用原则。不得滥用专利权损害公共利益或者他人合

---

① 比如,1999 年通过的《合同法》第 7 条规定:“当事人订立、履行合同,应当遵守法律、行政法规,尊重社会公德,不得扰乱社会经济秩序,损害社会公共利益。”该条规定是对禁止滥用合同相关权利的原则性规定,采用的是《民法通则》第 7 条式的表述。又如,《个人信息保护法》第 10 条。具体法条内容为:“任何组织、个人不得非法收集、使用、加工、传输他人个人信息,不得非法买卖、提供或者公开他人个人信息;不得从事危害国家安全、公共利益的个人信息处理活动。”该条规定同样也是采用的《民法通则》第 7 条式禁止权利滥用的表述。

② 《专利法》第 5 条规定:“对违反法律、社会公德或者妨害公共利益的发明创造,不授予专利权。对违反法律、行政法规的规定获取或者利用遗传资源,并依赖该遗传资源完成的发明创造,不授予专利权。”

③ 《专利法》第 20 条规定:“申请专利和行使专利权应当遵循诚实信用原则。不得滥用专利权损害公共利益或者他人合法权益。滥用专利权,排除或者限制竞争,构成垄断行为的,依照《中华人民共和国反垄断法》处理。”

法权益”。其第2款规定了滥用专利权的后果，“滥用专利权，排除或者限制竞争，构成垄断行为的，依照《中华人民共和国反垄断法》处理”。

另外，1990年9月7日通过的《著作权法》第4条第2款规定：“著作权人行使著作权，不得违反宪法和法律，不得损害公共利益。”2001年《著作权法》第一次修正未改变该条内容，2010年《著作权法》第二次修正改为：“著作权人行使著作权，不得违反宪法和法律，不得损害公共利益。国家对作品的出版、传播依法进行监督管理。”2020年公布的《著作权法》（修正案草案）第3条①也增加了“滥用著作权”这一概念，在具体法条中有提到“不得滥用权利”。但由于有人大代表提出，著作权领域的主要问题是著作权保护不足，立法导向应是加强著作权保护，对于滥用著作权的行为可通过《民法典》《反垄断法》等规范，且“不得滥用权利影响作品的正常传播”的表述过于宽泛，可操作性不强，因此该条最终被删除。而公布文稿中第4条②最终还是采用的《民法通则》第7条式的表述。由此可见，《民法典》第132条式的规定虽然是权利不得滥用原则在立法表达上的一大进步，但仍任重道远。

第三节　结　语

中国古代存在的“谦下不争”“尊礼崇让”“忠恕之道”“和合中庸”等思想彰显了中华法治文明中权利不得滥用精神的本土基因，且逻辑自洽，全面而系统；近代及以前的立法中也渗透着权利不得滥用理念，主要表现为刑法领域的“不应得为罪”与民法领域相邻关系中的具体规定，而在《大清民律草案》与《中华民国民法》中甚至还被规定为具体原则。当代法律中权利不得滥用原则的体现可归结为《宪法》第51条的基本权利滥用禁止原理、《民法典》第132条的禁止权利滥用

① 《著作权法》第3条规定：“著作权人和与著作权有关的权利人行使著作权或者与著作权有关的权利，，不得违反宪法和法律，不得损害公共利益，不得滥用权利影响作品的正常传播。国家对作品的出版、传播依法进行监督管理。”

② 《著作权法》第4条规定：“著作权人和与著作权有关的权利人行使权利，不得违反宪法和法律，不得损害公共利益。国家对作品的出版、传播依法进行监督管理。”

原则以及其他部门法中的权利不得滥用规定，特别是《民法典》直接写明了“滥用”这一语词，但类似法律文本表达较少。以此，本书试图直白揭示中华法治文明中权利不得滥用的自然历史基因，呼吁应关注到权利有限性与权利宽容性，以审慎对待权利、节制主张权利、宽仁化解权利冲突、尊重他人权利与社会公共利益。

第四章　权利谦抑的现实必要

权利滥用现象多发、权利主张过度行为以及由此引发的防御性应对措施的相互对峙、权利与反权利的双重合理性困境等均在昭示着权利谦抑的现实必要。本章将从这三个方面进行探讨。

第一节　权利滥用现象沉疴

一、权利滥用判定的理论研究

在现实生活中诸如“诉讼爆炸”①、新权利话语或主张狂热②等权利滥用现

① 如因被通信公司每月多收6元话费而起诉：女工因被强行搜身而状告工厂要求赔偿1元精神抚慰金；为了讨回所谓的2元“电话通知费”，律师曾思忠花费案件受理费100元状告厦门特运集团公司不当得利；1996年，丘某东因被多收0.6元而与电信局对簿公堂；1998年，葛某因在火车站被收取0.3元如厕费而将郑州铁路局告上法庭等案件。这就使我们不得不发问，在当下，法院案卷如山早已不堪重负，而诸多排队待审的案件中，为了一点小事、为几元钱，或为了赌气争胜等，花费较多的诉讼费，消耗掉法官、律师和当事人的众多精力与司法成本，是不是对司法资源的浪费。况且，确有个别当事人是为了出名或者其他利益而发起小额诉讼，试图借助新闻媒体或自媒体的“炒作”加持，引起社会舆论的关注。并且，以厦门市为例，其小额诉讼案件大多通过当事人主动撤诉、法院调解、庭外和解等以“和为贵”的方式解决，这也就说明，司法作为社会正义的“最后一道防线”，其前置解决纠纷的程序同样可以发挥极好的案结事了等救济功能。因此，在高呼小额诉讼维护公民权益、社会正义、法治精神的同时，我们也应该注意到小额诉讼存在滥用诉权、浪费司法资源等的可能性，这是有事实和法理依据的。

② 如《权利的内在伦理解析——基于新兴权利引发权利泛化现象的反思》一文所指出的变性权、变性人婚姻权、代孕权、养狗权、虚拟财产权、吸烟权、安乐死权、自杀权、悼念权或祭奠权、亲吻权、贞操权、户外广告发布权、亲属作证豁免权、乞讨权、信访权以及动物的权利、互联网被遗忘权、基因权、死囚生育权、人类的权利、自然的权利等。参见王方玉：《权利的内在伦理解析——基于新兴权利引发权利泛化现象的反思》，载《法商研究》2018年第4期。

象[①]多发。一方面,“权利要求的扩大也使权利贬值,降低了权利的论争力”[②];另一方面,虽然我国《宪法》规定了基本权利滥用禁止原理、《民法典》确立了禁止权利滥用原则、其他部门法中也有相关权利禁止滥用的原则或具体规定,然而,“权利滥用”自始以来被认定是内涵不确定的、高度抽象与概括的法律概念,由此,判定具体情形是否构成权利滥用并非易事。“确立权利滥用的标准,是艰巨且必须完成的任务。”[③]诚然,学界关于权利滥用的研究硕果累累,但关于如何判定权利滥用尚未达成共识,甚至还有学者提出“对权利滥用绝不可进行抽象的认定,只有结合具体案情才能得出正确的结论”[④]。由此,本书试着从各国或各地区的规定、学界相关理论研究以及司法实证研究等视角出发,展示有关权利滥用判定的相关研究成果,也由此明晰阐析权利滥用认定的艰难。

首先,从各国或各地区的规定看。

权利滥用的认定标准一般可以分为主观标准、客观标准、抽象标准和综合标准四类。主观标准如《德国民法典》第 226 条规定:“权利之行使,不得专以损害他人为目的。”客观标准如 1922 年《苏俄民法典》第 1 条规定:“民事权利的行使违反社会的经济目的的,不受法律保护。”抽象标准如《瑞士民法典》第 2 条第 2

---

① 如机动车不礼让行人,甚至一些机动车在右转的时候尤其不避让行人;机动车占用非机动车道和人行道;在雨天呼啸而过的汽车溅起坑洼处一片污水致使路边行人与骑车人一身狼藉;在公共场合肆意说笑、旁若无人开外音接打手机;航班延误时,冲上跑道拦截飞机;互联网上的各种爆粗口以及暴力威胁;厂家故意举报电商平台中有合法的特许经营权和正规的进货渠道的商家,以进行渠道管理、管控产品销售价格;伪造知识产权权利证书、维权授权书,或使用失效的知识产权权利证书进行恶意通知(据阿里巴巴平台官方统计滥用通知、恶意投诉占据投诉量的 24%,其已经成为破坏电商平台市场秩序的毒瘤);参见司晓、范露琼:《知识产权领域“通知—删除”规则滥用的法律规制》,载《电子知识产权》2015 年 Z1 期;崔越:《论滥用通知行为的法律规制及其完善》,载《电子知识产权》2016 年第 10 期;杜颖:《网络交易平台上的知识产权恶意投诉及其应对》,载《知识产权》2017 年第 9 期;张晓丽:《权利人滥用“通知—删除”的行为规制研究》,华东政法大学 2020 年硕士学位论文。当然有些并非权利滥用现象,其实也应该包括在本书的研究范围内,如小区业主们既希望享用到优质的移动通信服务,但又排斥移动通信基站建设到自己所居住的小区楼顶,不愿意为自己所居住区域的通信服务做一点合理的让渡,又希望这种公共服务能为自己所用。如果没有一个业主将个人权益向公共通信服务进行让渡,我们所居住的城市的经济生活及人类文明将严重退步。这就是本书所要求公众秉持的权利谦抑,但限于本书篇幅与局限等,未对此类现象进行详细研究。

② [加]L. W. 萨姆纳:《权利的道德基础》,李茂森译,中国人民大学出版社 2011 年版,第 14 页。

③ 崔建远:《物权法》(第 3 版),中国人民大学出版社 2009 年版,第 181 页。

④ 汪渊智:《论禁止权利滥用原则》,载《法学研究》1995 年第 5 期。

款规定："显系滥用权利，不受法律保护。"综合标准如我国台湾地区所谓相关法律规定，权利之行使，不得违反公共利益，或以损害他人为主要目的。而这些标准并没有形成以其中某一种学说为主的学术研究，甚至《国际比较法百科全书》将许多国家或地区认可的判断滥用权利的标准归纳为六种类型之多，即包括故意损害、缺乏正当利益、选择有害方式行使权利、获取利益与致他人损害之间不相称、不考虑权利存在的目的、行使权利构成侵权。①

其次，从学者们的理论研究看。

学者们早就关注到了权利滥用现象。如以"权利滥用"为篇名或"权滥用"为篇名检索知网，可以发现最早的相关文献是1989年的《滥用起诉权的民事责任》。② 而关于权利滥用的构成，学者们的研究也可分为两类型说、三类型说、四类型说、六类型说、七类型说和九类型说等，并未形成统一学说。

两类型说，有学者研究认为，权利滥用权利人出于损害他人的目的而行使其权利，行使权利所得利益微小而使他人遭受重大损害。③ 有学者指出权利滥用是主客观统一原则，包括"滥用"要件即权利行使存在主观过错，"损害"要件即权利行使存在客观损害或潜在损害。④ 上述学者观点均认为权利滥用由两个方面构成。

三类型说，如有学者指出权利滥用的构成包括违反公共利益，以损害他人为主要目的，行使权利或履行义务违背诚实信用原则。⑤ 也有学者提出权利滥用可以从权利的行使违反权利设定宗旨，权利的行使违反公序良俗，权利的行使违反社会经济利益等内容进行考虑。⑥ 还有学者指出权利滥用主要包括对权利的权

---

① See Andre Tunc, *Torts*, *Introduction*, International Encyclopedia of Comparative Law 4 (1974), p. 107 – 116. 转引自王利明：《论禁止滥用权利——兼评〈总则编解释〉第3条》，载《中国法律评论》2022年第3期。

② 参见钱卫清、沈庆中：《滥用起诉权的民事责任》，载《法律学习与研究》1989年第6期。

③ 参见梁慧星编：《中国民法典草案建议稿附理由·总则编》，法律出版社2013年版，第21页。

④ 参见刘权：《权利滥用、权利边界与比例原则——从〈民法典〉第132条切入》，载《法制与社会发展》2021年第3期。

⑤ 参见姚瑞光：《民法总则论》，中国政法大学出版社2011年版，第371页。

⑥ 参见孙天全：《权利滥用概念解析》，载《北京理工大学学报（社会科学版）》2005年第5期。

利滥用,对利益的权利滥用,对社会的权利滥用等方面。①

四类型说,有学者提出的权利滥用的构成由四个维度组成,即违反社会公德,损害社会公共利益,扰乱国家计划经济,扰乱社会经济秩序。② 也有学者认为权利滥用应该包括以下四个方面内容,即权利人的主观意思,滥用权利的客观行为,对本人无益或获利远小于致他人受损,行为违反权利的客观目的。③

六类型说,有学者总结了权利滥用由恶意损害他人,违背权利目的,于已无益,损害大于所得利益,与所引起信用相违背,损害超过可忍受限度等六个方面内容构成。④ 而后在2018年《物权法论》中其修正为:故意损害他人,没有正当利益,以有害的方式行使权利,损害大于获利,不顾权利存在的目的,违反侵权行为法的一般原则。⑤

七类型说,如有学者提出的权利滥用包括恶意损害他人,违背权利目的,于已无益,损害大于所得利益,损害超过可忍受限度,特殊滥用行为等方面的内容。⑥

九类型说,如有学者梳理了权利滥用在故意损害,缺乏正当利益,选择有害的方式行使权利,损害大于所取得的利益,违背权利目的,违反侵权法一般原则,损害超过可忍受程度,权利消极行使的行为等九个方面的内容。⑦

至于权利滥用原则适用的具体情形,不同学者观点也不一致。如有学者详细列举了权利滥用的十九种类型,即欠缺正当利益之权利行使,为获取不当利益之权利行使,依侵权行为之权利行使,超过可忍受程度的损害之权利行使,亲属间不

---

① 参见谷峻杰:《禁止权利滥用理论研究——步入权利时代的民法规制》,吉林大学2004年硕士学位论文,第14~19页。

② 参见徐国栋:《论权利不得滥用原则》,载《中南政法学院学报》1992年第3期。[该文所述第六条应为第七条之误。第七条于2009年经《全国人民代表大会常务委员会关于修改部分法律的决定》(部分失效)修改为"民事活动应当尊重社会公德,不得损害社会公共利益,扰乱社会经济秩序"。违反计划经济之说,自成历史遗迹。]

③ 参见彭诚信:《论禁止权利滥用原则的法律适用》,载《中国法学》2018年第3期。"权利滥用的鉴别无统一标准,需通过权利人的主观意思、滥用权利的客观行为、对本人无益或获利远小于致他人受损、行为违反权利的客观目的等要素予以认定。"

④ 参见陈华彬:《物权法》,法律出版社2004年版,第197页。

⑤ 参见陈华彬:《物权法论》,中国政法大学出版社2018年版,第200页。

⑥ 参见汪渊智:《论禁止权利滥用原则》,载《法学研究》1995年第5期。

⑦ 参见钱玉林:《禁止权利滥用的法理分析》,载《现代法学》2002年第1期。

当之权利行使，所有权之滥用，工作物设置之滥用，地下水利用权之滥用，流水使用权之滥用，侵害排除请求权之滥用，土地承租人妨碍排除请求权之滥用，形成权之滥用，抗辩权之滥用，代表权与代理权之滥用，诉权之滥用，身份权之滥用，公司法上之滥用，劳工法上之滥用，诉权之滥用。① 还有学者认为权利滥用应该通过权利行使的时间、方式、对象、程度、场合是否适当来进行判断，并归纳了社会生活中常见的七种权利滥用行为，即恶意损害他人之滥用行为，违背权利目的之滥用行为，于己无益之滥用行为，损害大于所获取的利益之滥用行为，损害超过可忍受程度之滥用行为，特殊滥用行为，即权利不行使之滥用行为与权利抛弃之滥用行为。②

最后，从司法实证研究来看。

有关司法实践中的权利滥用类型，李奕以司法判决书为依据总结了七种：权利人自身过失导致的对方的不利益，行使权利超越正当界限，损害他人的合法权益，权利人行为矛盾，妨害邻人，利益衡量，损害社会公共利益。③ 李敏在《我国民法上的禁止权利滥用规范——兼评〈民法总则〉第132条》一文中总结了我国司法实务中权利滥用的九种类型，包括行使权利无法律或法律行为依据，超越范围行使权利，权利之行使违反法律或法律行为的限制，行使损害赔偿请求权请求过高赔偿，以侵犯他人权利的方式或超过必要限度行使权利，悖于他人正当信赖的权利行使，权利之行使损及他人利益，权利之行使客观上无法实现而仍主张权利，权利之行使与公共利益相冲突。④ 该文还总结出权利滥用的客观要件应该包括：行为人须有权利，权利之行使边界不明，以损害他人为目的或者权利之行使造成权利人所获利益与他人所受损失严重失衡。⑤ 而也有学者仅仅做一个宏观上的分析来探求权利滥用行为的发展趋势，即适用领域扩大、案件

---

① 参见史尚宽：《民法总论》，中国政法大学出版社2000年版，第718～732页。

② 参见汪渊智：《论禁止权利滥用原则》，载《法学研究》1995年第5期。

③ 参见李奕：《论禁止权利滥用原则的司法适用》，载《公民与法（法学版）》2014年第6期。

④ 参见李敏：《我国民法上的禁止权利滥用规范——兼评〈民法总则〉第132条》，载《法律科学（西北政法大学学报）》2018年第5期。

⑤ 参见李敏：《我国民法上的禁止权利滥用规范——兼评〈民法总则〉第132条》，载《法律科学（西北政法大学学报）》2018年第5期。

数量攀升等。[①]

关于权利滥用的范围,学者们也有不少研究成果。早在1984年,黄越钦在《权利滥用与恶意抗辩权》一文中就提出请求权、形成权、绝对权、抗辩权等均可构成权利滥用。[②] 1995年,汪渊智指出禁止权利滥用原则适用于包括物权、债权、知识产权和人身权等在内的一切私权。[③] 盖威列举了物权领域、[④]债权领域、[⑤]亲属关系领域、[⑥]侵权行为领域[⑦]存在的权利滥用的司法实例。[⑧] 姚瑞光总结了不适用禁止权利滥用的十三种私权,即人格权受侵害时之除去侵害请求权、被诈欺或胁迫而为意思表示者之撤销权、适于抵销之抵销权、赠与人因受赠人有故意侵害之行为或不履行扶养义务之撤销权、邻地所有人对于土地所有人之移去越界建筑房屋之请求权、分割共有物请求权、联合财产关系消灭时剩余差额之分配请求权、离婚请求权、酌定对于未成年子女权利义务之行使或负担请求权、认领子女请求权、终止收养关系请求权、继承权被侵害者之回复请求权、继承人之分割遗产请求权等。[⑨]

当然,也有将权利滥用的类型扩展到诉权领域的学者,如顾越认为权利滥用的范围包括所有权领域、合同关系领域、家庭关系领域、股东权利滥用以及滥用诉权。[⑩] 郑伟认为,权利滥用的类型包括滥用所有权、滥用隐私权、滥用合同自由

---

① 参见王文文:《禁止权利滥用原则司法适用研究》,山西大学2019年硕士学位论文,第2~5页。

② 参见郑玉波主编:《民法总则论文选辑》(下),台北,五南图书出版公司1984年版,第918页。

③ 参见汪渊智:《论禁止权利滥用原则》,载《法学研究》1995年第5期。

④ 在物权领域具体有:不动产所有权的滥用,如在相邻关系上,侵犯了邻居的采光权、通行权、取水权等不动产所有权;用益物权的滥用,如因地役权滥用而侵害供役地人的合法权益。

⑤ 在债权领域具体有:同时履行抗辩权的滥用,如在瑕疵履行的场景中,债务人给付的标的物存在瑕疵,但此瑕疵并不影响合同目的的真正实现,若债权人此时以债务相对人细小债务不履行为理由,行使同时履行抗辩权而拒绝支付价款债务,则属于滥用同时履行抗辩权;合同解除权的滥用,如在条件不具备时或未按法定程序行使合同解除权。

⑥ 在亲属关系领域具体有:如监护人违背监护职责,不以保护被监护人人身、财产等合法权益为目的,将被监护人的财产用于个人消费、赠与他人或用于高风险投资等。

⑦ 在侵权行为领域具体有:如租赁合同到期之时,正逢承租人出差在外,而按照合同约定,承租人负有将该房屋恢复原状以及将屋内属于承租人的家具搬离的义务,房屋所有人不通知承租人而径直将其家具搬出房屋,并未采取妥善保管措施等,致使家具遭受雨淋或被盗等不利后果。

⑧ 参见盖威:《禁止权利滥用原则在我国民法典中的地位》,载《理论界》2009年第3期。

⑨ 参见姚瑞光:《民法总则论》,中国政法大学出版社2011年版,第371~373页。

⑩ 参见顾越:《民事权利滥用理论研究》,山东大学2013年硕士学位论文,第24~26页。

权、滥用劳动管理权和滥用诉权等五类。[①] 甚至有专门研究滥用诉讼权利的，如李寒冰等提出的滥用起诉权、反诉权、申请回避权、上诉权、申请调查取证权、申请延长举证期限权、申请鉴定权、申请证据保全等滥用程序启动权以及滥用管辖异议权、复议权、执行异议等滥用程序异议权。[②] 吕绍忠提出的起诉权、管辖异议权、财产保全申请权、撤诉权以及恶意小额诉讼、名人效应诉讼、证据伪造诉讼等其他诉权的滥用。[③] 于颖颖提出的滥用起诉权（反诉权）包括诈欺性诉讼、骚扰性诉讼、盲目性诉讼、多余性诉讼、重复性诉讼以及琐碎性诉讼，滥用管辖异议权，滥用上诉权，滥用其他诉讼权利：当事人滥用诉讼保障权与当事人滥用申请调查取证、鉴定、评估等权利。[④] 董如英提出的恶意诉讼、欺诈诉讼、骚扰性诉讼、多余型诉讼、轻率型诉讼。[⑤]

甚至还有学者研究信访者的权利滥用，如贾妍在《滥用信访权利行为的刑事评价研究》一文中就讲述了捏造或夸大事实上访、重复上访、越级上访、聚众上访、闹访等权利滥用的情形。[⑥] 章彦淋在《论信访者的权利滥用及其法律规制》一文中总结了夸大事实、捏造事实等信访者权利滥用在实体上的表现，无秩序上访、集体访、信访专业户、闹访等非常规行为的信访者权利滥用在程序上的表现。[⑦] 孔杨在《论我国行政信访权利的滥用与防范》一文中指出的夸大或捏造事实、重复上访、越级上访、聚众上访、“闹”访等非常行为。[⑧]

---

① 参见郑伟：《禁止权利滥用原则研究》，上海交通大学2012年硕士学位论文，第23~31页。

② 参见李寒冰、史慧敏：《新民诉法实施后民事诉讼权利滥用问题研究——以广东省某基层法院的司法实践为样本》，载《华南理工大学学报（社会科学版）》2015年第2期。

③ 参见吕绍忠：《禁止权利滥用的立法与实践：基于社会变迁的视角》，载《湖北警官学院学报》2018年第2期。

④ 参见于颖颖：《论滥用诉讼权利问题及其防治机制之构建》，中国政法大学2009年硕士学位论文，第9~12页。

⑤ 参见董如英：《诉讼权利滥用的类型及成因分析》，载《黑龙江省社会主义学院学报》2011年第3期。

⑥ 参见贾妍：《滥用信访权利行为的刑事评价研究》，内蒙古科技大学2020年硕士学位论文，第12~14页。

⑦ 参见章彦淋：《论信访者的权利滥用及其法律规制》，南京师范大学2012年硕士学位论文，第16~22页。

⑧ 参见孔杨：《论我国行政信访权利的滥用与防范》，南京师范大学2011年硕士学位论文，第15~18页。

总的来说,无论是从各国或各地区的规定,还是从学者们的理论研究以及司法实证研究来看,权利滥用这一现象的判定确实很难,权利滥用在社会中的具体类型以及数量也繁多,无疑体现了权利滥用的泛滥。

二、我国权利滥用案件的司法实践

要对权利滥用现象一一进行总结和分析很难,而借助大数据,从司法案例数据中可以分析出其中概况,至少能展示出权利滥用现象泛滥的情形。《禁止民事权利滥用研究》一文提到以“禁止权利滥用”为关键字检索 2015 年至 2019 年“无讼”案例库得出 602 个案件。[①] 本书借鉴此研究方法,以“滥用权利”“权利滥用”“滥用”等为关键词,对北大法宝进行检索,[②]得出了相应有效信息,以此展示权利滥用司法案件概况,并说明权利滥用现象多发的现状。

(一)以“滥用权利”为检索词

截至 2025 年 4 月 8 日,以“滥用权利”为检索词,进行全文检索,并采用精准检索全篇的方式,检索北大法宝,得到相关案例情况如下。

从参照级别来看,指导性案例 1 件,公报案例 6 件,典型案例 65 件,参考案例 9 件,参阅案例 7 件,评析案例 155 件,优秀案例 36 件,经典案例 172 件,应用案例

---

① 参见杨尚源:《禁止民事权利滥用研究》,云南财经大学 2020 年硕士学位论文,第 14 页。

② 由于裁判文书网第一批生效的裁判文书是在 2013 年 7 月 1 日公布,截至 2015 年 6 月底,才实现全国各省(自治区、直辖市)及新疆生产建设兵团的三级法院全部生效的判决文书上网公布,因此裁判文书网的资料相对来说不是非常完整。另外,在检索便利性方面,北大法宝较强,因此本书以北大法宝为数据库。当然存在法官将“权利”与“权力”混用的情形,本书暂时忽略。如在陈某某、王某某犯滥用职权罪二审刑事裁定书中:“本院认为,上诉人陈某某身为国家机关工作人员,不依法依规正确履行职责,滥用权利,违法办理吴某某申办的国有土地使用权证。”法官明显将“权力”与“权利”混用了。参见云南省昭通地区(市)中级人民法院刑事裁定书,(2015)昭中刑二终字第 186 号。

45件，法宝推荐案例201件，普通案例12314件，共13011件。[①]

从案由来看，刑事案件63件，民事案件1325件，行政案件1089件，执行案件376件，国家赔偿案件32件。

从案件类型来看，管辖案件63件，刑事案件60件，民事案件10813件，行政案件1083件，国家赔偿与司法救助案件24件，司法制裁案件9件，非诉保全审查案件8件，执行案件366件，强制清算与破产案件5件，其他案件378件。

从涉及专题分类来看，网络犯罪2件，认罪认罚1件，个人信息保护49件，"一带一路"6件，民间借贷494件，网络购物合同62件，金融担保402件，保险理赔123件，建设工程1223件，合伙合同344件，涉民营企业82件，交通事故256件，医疗卫生260件，消费维权300件，保理合同4件，工商登记4件，监督检察59件，环境保护578件，公益诉讼13件，涉外155件，涉港澳台138件，食药品安全137件，企业合规6件。

从具体审结年份来看，1994年1件，1998年1件，2000年5件，2001年7件，2002年1件，2003年2件，2004年8件，2005年22件，2006年14件，2007年3件，2008年11件，2009年39件，2010年121件，2011年137件，2012年110件，2013年155件，2014年403件，2015年610件，2016年768件，2017年1025件，2018年1329件，2019年1628件，2020年1967件，2021年1446件，2022年1026件，2023年843件，2024年767件，2025年20件。由此可见，最早的案例出现于1994年，而从2017年至2022年相关案例数量均超过1000件，其中数量最多的是

---

① 指导性案例，由最高人民法院、最高人民检察院确定并统一发布，是已经发生法律效力，认定事实清楚，适用法律正确，裁判说理充分，法律效果和社会效果良好，对审理类似案件具有普遍指导意义的案例。公报案例，是指发布在《最高人民法院公报》和《最高人民检察院公报》这两个法定刊物上的案例。典型案例，主要是指最高人民法院和最高人民检察院以公文形式发布的具有典型意义的司法案例，也包含少量地方各级法院和检察院发布的典型案例。参考案例，来源于"人民法院案例库"，是经最高人民法院各审判业务部门收集、编选及审核入库的已经发生法律效力，且对类案审判具有参考示范价值的案例。参阅案例，经省法院审判委员会确认并以固定形式编号的案例，该类案例对全省法院处理同类案件具有指导、参考和借鉴作用。评析案例，指由法官、律师以及学者从基本案情、法律争议焦点、裁判方法思路以及法律适用规则等多个维度进行深入评析的案例。优秀案例，指全国各级人民法院、人民检察院公开评选发布及权威出版物出版的优秀案例及裁判文书。经典案例，来源为权威出版物的案例。应用案例，指援引指导性案例的案例。法宝案例推荐，由北大法宝经过专业筛选推送的案例。普通案例，除以上参照级别外，各级法院审结发布的案例。

2020年,达1967件。

（二）以“权利滥用”为检索词

截至2025年4月8日,以“权利滥用”为检索词进行全文检索,并采用精准检索全篇的方式,检索北大法宝,得到相关案例情况如下。

从参照级别来看,指导性案例2件,公报案例5件,典型案例55件,参考案例9件,参阅案例6件,评析案例143件,优秀案例27件,经典案例178件,应用案例79件,法宝推荐案例121件,普通案例6902件。

从案由来看,刑事案件253件,民事案件5942件,行政案件1204件,执行案件178件,国家赔偿案件6件。

从案件类型来看,管辖案件122件,刑事案件24件,民事案件5692件,行政案件1197件,国家赔偿与司法救助案件4件,司法制裁案件5件,非诉保全审查案件3件,执行案件163件,强制清算与破产案件1件,其他案件98件。

从涉及专题分类来看,正当防卫3件,认罪认罚2件,疫情防控1件,个人信息保护24件,“一带一路”1件,民间借贷208件,网络购物合同13件,金融担保182件,保险理赔85件,建设工程821件,合伙合同144件,涉民营企业26件,交通事故198件,医疗卫生138件,消费维权151件,保理合同2件,监督检察33件,环境保护668件,公益诉讼1件,涉外106件,涉港澳台85件,食药品安全121件,企业合规2件。

从具体审结年份来看,1994年1件,2000年2件,2001年8件,2002年1件,2003年3件,2004年3件,2005年5件,2006年7件,2007年6件,2008年15件,2009年20件,2010年21件,2011年32件,2012年51件,2013年120件,2014年177件,2015年318件,2016年561件,2017年909件,2018年783件,2019年950件,2020年1220件,2021年691件,2022年476件,2023年361件,2024年328件,2025年11件。由此可见,最早的案例出现于1994年,而从2016年至2021年相关案例数量均超过500件,其中数量最多的是2020年,达1220件。

（三）以“滥用”为检索词

1. 检索概况

为尽可能获得全面的数据,本书还采用了“滥用”一词作为关键词进行检索,但同时为了删除无效信息，因此将检索词限定为"非滥用职权""非滥用权力""非滥用行政（职权或权力）""非滥用药物"，而刑事案件中的"滥用"一般是滥用职权或滥用食品添加剂等构成犯罪的行为，[①]故此也予以排除。综上，本书采用高级检索方法，以"滥用"为关键词进行全文检索，但全文不含"滥用职权""滥用权力""滥用行政""滥用药物"，且案由不含刑事，并采取全文同篇检索的方式。[②]截至 2025 年 4 月 8 日，检索北大法宝，得到相关案例的情况如下。

从参照级别来看，指导性案例 8 件，公报案例 60 件，典型案例 520 件，参考案例 94 件，参阅案例 41 件，评析案例 1133 件，优秀案例 312 件，经典案例 1675 件，应用案例 1253 件，法宝推荐案例 3042 件，普通案例 302012 件。足以见数量之多。

从案由来看，民事案件 275809 件，行政案件 22433 件，执行案件 9626 件，国家赔偿案件 794 件。

从案件类型来看，管辖案件 4413 件，刑事案件 7 件，民事案件 264470 件，行政案件 22282 件，国家赔偿与司法救助案件 841 件，区际司法协助案件 5 件，司法制裁案件 128 件，非诉保全审查案件 130 件，执行案件 9553 件，强制清算与破产案件 163 件，其他案件 5499 件。

从涉及专题分类来看，错案追责赔偿 2 件，疫情防控 3 件，个人信息保护 500 件，"一带一路"116 件，民间借贷 20471 件，网络购物合同 1482 件，金融担保 6033 件，保险理赔 3732 件，财政税收 1 件，建设工程 36145 件，合伙合同 11414 件，涉民营企业 1149 件，交通事故 9426 件，医疗卫生 9657 件，消费维权 5098 件，保理

---

① 如最高人民法院发布的 8 起毒品犯罪及涉毒次生犯罪典型案例之一：何某泽制造毒品案其制造毒品数量巨大，罪行极其严重指的是"近年来，随着以甲基苯丙胺为代表的合成毒品在我国滥用人数的不断增长，国内制造合成毒品犯罪呈加剧之势，个别地区制造甲基苯丙胺犯罪突出"。优秀案例：穆某军等强迫交易、受贿、非国家工作人员受贿案中规定"最终的结果导致权力被随意滥用，而不是以市场调节为基础，按照市场经济规则行事"。参见北京市朝阳区人民法院刑事判决书，（2019）京 0105 刑初 2246 号。

② 有学者在 2014 年 8 月以"权利滥用"和"民法通则"为关键词搜索北大法宝案例库得到了 92 个判决，在 2016 年 10 月 25 日以"权利滥用"为关键词搜索中国裁判文书网获得了 144 个新判决。但这一检索方法存在一定问题，如严格限制了范围，因为只有满足"权利滥用"的判决才能被检索到。而案件判决中仅出现了"滥用"一词的大有所在。当然也有出现通过检索"滥用"而数量更多的情况，因此本书一方面以"滥用"作为检索词，另一方面还进行了相应限制，即不含"滥用职权""滥用权力""滥用行政""滥用药物"，且案由不含刑事。

合同 112 件，工商登记 32 件，监督检察 1357 件，环境保护 12163 件，公益诉讼 169 件，涉外 2477 件，涉港澳台 2696 件，食药品安全 4286 件，企业合规 87 件。

从具体审结年份来看，1992 年 1 件，1993 年 1 件，1994 年 3 件，1995 年 2 件，1996 年 6 件，1997 年 7 件，1998 年 14 件，1999 年 26 件，2000 年 48 件，2001 年 45 件，2002 年 33 件，2003 年 99 件，2004 年 574 件，2005 年 175 件，2006 年 168 件，2007 年 179 件，2008 年 367 件，2009 年 811 件，2010 年 1227 件，2011 年 1619 件，2012 年 2023 件，2013 年 3653 件，2014 年 11108 件，2015 年 14413 件，2016 年 20727 件，2017 年 26645 件，2018 年 33933 件，2019 年 43344 件，2020 年 46670 件，2021 年 36700 件，2022 年 24235 件，2023 年 17085 件，2024 年 16365 件，2025 年 530 件。

上述案件中，出现时间最早的是 1992 年的案例，具体案件名称为哈尔滨市人民防空办公室地下商业街管理处诉董志文柜台租赁纠纷案[（1992）经监字第 35 号经济判决]，是经典案例。该案中原告哈尔滨市人民防空办公室地下商业街管理处以安排本单位编余人员为目的，拒绝同被告董志文续签租赁合同并使其遭受了较大的经济损失，该管理处的行为属于滥用权利，违反了公平和诚实信用原则，法院对其请求不予支持。

另外，从上述案件数量中也可以看出，2014—2024 年相关案件数据均已上万件，不仅说明了权利滥用司法案件之多，还表示近十年是权利滥用司法案件的井喷期，也由此论证了本课题研究的重要意义之所在。

2. 指导性案例概况

指导性案例是由最高人民法院确定并统一发布的社会广泛关注、具有典型性、疑难复杂或者新类型等的精品案例与模范案例，具有启示、指引、示范和规范等功能，各级人民法院审判类似案例时应当参照。因为上文所检索出的案件数量较多，而指导性案例有其代表性与典型性，故在此本书仅对相关指导性案例进行分析。

上述案例中指导性案例一共 8 件，其中最高人民法院指导性案例有 7 件，最高人民检察院指导性案例有 1 件。从审结年份来看，涉及 2006 年、2011 年、2014 年、2015 年、2016 年、2017 年、2018 年 7 个年份，其中 2014 年涉及 2 件案例，其他年份均为 1 件案例。此外，这些案例中民事案件 7 件，行政案件 1 件。按时间顺序详述如下。

2013 年 1 月 31 日《最高人民法院关于发布第四批指导性案例的通知》中的

指导案例15号:徐工集团工程机械股份有限公司诉成都川交工贸有限责任公司等买卖合同纠纷案[(2011)苏商终字第0107号]。2005年《公司法》第20条第3款规定:“公司股东滥用公司法人独立地位和股东有限责任,逃避债务,严重损害公司债权人利益的,应当对公司债务承担连带责任。”该案中,三个公司虽在工商登记部门登记为彼此独立的企业法人,但实际上相互之间界限模糊、人格混同,其中成都川交工贸有限责任公司承担所有关联公司的债务却无力清偿,又使其他关联公司逃避巨额债务,严重损害了债权人的利益。上述公司的行为违背了法人制度设立的宗旨,违背了诚实信用原则,其行为本质和危害结果与《公司法》第20条第3款规定的情形相当,故法院参照《公司法》第20条第3款的规定,判决成都川交工程机械有限责任公司、四川瑞路建设工程有限公司对成都川交工贸有限责任公司的债务应当承担连带清偿责任。

2015年4月15日《最高人民法院关于发布第十批指导性案例的通知》中的指导案例48号:北京精雕科技有限公司诉上海奈凯电子科技有限公司侵害计算机软件著作权纠纷案[(2006)沪高民三(知)终字第110号]。根据2010年《著作权法》第48条第6项、2013年《计算机软件保护条例》第24条第1款第3项的规定,故意避开或者破坏著作权人为保护其软件著作权而采取的技术措施的行为,是侵犯软件著作权的行为。上述规定体现了对恶意规避技术措施的限制,是对计算机软件著作权的保护。但是,上述限制“恶意规避技术措施”的规定不能被滥用。著作权人为输出的数据设定特定的文件格式,并对该文件格式采取加密措施,限制其他品牌的机器读取以该文件格式保存的数据,从而保证捆绑自己计算机软件的机器拥有市场竞争优势的行为,不属于上述规定所指的著作权人为保护其软件著作权而采取技术措施的行为。最终法院认定他人研发能够读取著作权人设定的特定文件格式的软件的行为,不构成对软件著作权的侵犯。

2017年3月6日《最高人民法院关于发布第16批指导性案例的通知》中的指导性案例78号:北京奇虎科技有限公司诉腾讯科技(深圳)有限公司、深圳市腾讯计算机系统有限公司滥用市场支配地位纠纷案[(2013)民三终字第4号]。广东省高级人民法院一审与最高人民法院二审均认为腾讯科技(深圳)有限公司、深圳市腾讯计算机系统有限公司不构成反垄断法所禁止的滥用市场支配地位行为。虽然被上诉人实施的“产品不兼容”行为给用户造成了不便,但是并未导致排除或者限制竞争的明显效果,因而被上诉人实施的“产品不兼容”行为不构成2007年《反垄断法》所禁止的滥用市场支配地位行为。并且上诉人主张,被上诉人将QQ软件管家与即时通信软件进行捆绑搭售,以升级QQ软件管家的名义安装QQ医生,不符合交易惯例、消费习惯或者商品的功能,消费者的选择权受到了限制,不具有正当理由。最终法院认为,这一上诉人关于被上诉人实施了滥用市场支配地位行为的上诉理由不能成立。

2017年3月6日《最高人民法院关于发布第16批指导性案例的通知》中的指导案例79号:吴小秦诉陕西广电网络传媒(集团)股份有限公司捆绑交易纠纷案[(2016)最高法民再98号]。一审为陕西省西安市中级人民法院,陕西广电网络传媒(集团)股份有限公司在陕西省境内有线电视传输服务市场上具有市场支配地位,其将数字电视基本收视服务和数字电视付费节目服务捆绑在一起向吴小秦销售,违反了2007年《反垄断法》第17条第1款第5项之规定,即“没有正当理由搭售商品,或者在交易时附加其他不合理的交易条件”。而后,陕西省高级人民法院二审终审撤销一审判决,最高人民法院再审撤销陕西省高级人民法院(2013)陕民三终字第38号民事判决,维持陕西省西安市中级人民法院(2012)西民四初字第00438号民事判决。

2017年3月6日《最高人民法院关于发布第16批指导性案例的通知》中的指导案例82号:王碎永诉深圳歌力思服饰股份有限公司、杭州银泰世纪百货有限公司侵害商标权纠纷案[(2014)民提字第24号]。王碎永认为,深圳歌力思服饰股份有限公司及杭州银泰世纪百货有限公司生产、销售上述皮包的行为构成对其拥有的“歌力思”商标、“歌力思及图”商标权的侵害,提起诉讼。杭州市中级人民法院支持了其诉讼请求,浙江省高级人民法院维持原判,最高人民法院再审。最高人民法院裁定提审该案时撤销了一审、二审判决,驳回了王碎永的全部诉讼请求。该案从诚实信用原则出发,认为诚实信用原则要求人们在市场活动中讲究信用、诚实不欺,在不损害他人合法利益、社会公共利益和市场秩序的前提下追求自己的利益。在该原则的指导下,一方面,保障当事人有权在法律规定的范围内行使和处分自己的民事权利和诉讼权利;另一方面,同样要求当事人在不损害他人和社会公共利益的前提下，善意、审慎地行使自己的权利。任何违背法律目的和精神、以损害他人正当权益为目的、恶意取得并行使权利、扰乱市场正当竞争秩序的行为均属于权利滥用，其相关权利主张不应得到法律的保护和支持。王碎永的第4157840号"歌力思及图"商标迄今为止尚未被核准注册，因此其无权据此对他人提起侵害商标权之诉，甚至王碎永取得和行使"歌力思"商标权的行为难谓正当，其是以非善意取得的商标权对深圳歌力思服饰股份有限公司的正当使用行为提起的侵权之诉，构成权利滥用。

2017年11月15日《最高人民法院关于发布第17批指导性案例的通知》中的指导案例89号："北雁云依"诉济南市公安局历下区分局燕山派出所公安行政登记案[(2010)历行初字第4号]。因酷爱诗词歌赋和中国传统文化，父母决定给爱女起名为"北雁云依"，并以"北雁云依"为名办理了新生儿出生证明和计划生育服务手册、新生儿落户备查登记等。但在燕山派出所申请办理户口登记时，燕山派出所依照2001年《婚姻法》第22条的规定，于当日作出拒绝办理户口登记的具体行政行为。济南市历下区人民法院于2015年4月22日作出了(2010)历行初字第4号行政判决书，驳回原告"北雁云依"要求确认被告燕山派出所拒绝以"北雁云依"为姓名办理户口登记行为违法的诉讼请求。法院生效裁判认为，首先，随意选取姓氏或恣意创造姓氏，会增加社会管理成本，不利于管理机关和其他社会成员对姓氏使用人的主要社会关系进行初步判断，不利于维护社会秩序和实现对社会的良性管控，而且极易使社会管理出现混乱，增加社会管理的风险性和不确定性。其次，公民选取姓氏涉及公序良俗。在中华传统文化中，姓氏主要来源于客观上的承袭，承载了对先祖的敬重、对家庭的热爱等，体现了血缘传承、伦理秩序和文化传统。公民对姓氏传承的重视和尊崇，不仅体现了血缘关系、亲属关系，更承载着丰富的文化传统、伦理观念、人文情怀，符合主流价值观念，是中华民族向心力、凝聚力的载体和镜像。如果任由公民仅凭个人意愿喜好，随意选取姓氏甚至自创姓氏，则会造成对文化传统和伦理观念的冲击，违背社会善良风俗和一般道德要求。公民选取或创设姓氏应当符合中华传统文化和伦理观念，仅凭个人喜好和愿望在父姓、母姓之外选取其他姓氏或者创设新的姓氏，不属于《全国人民代表大会常务委员会关于〈中华人民共和国民法通则〉第九十九条第一款、〈中华人民共和国婚姻法〉第二十二条的解释》(已失效)第2款第3项规定的“有不违反公序良俗的其他正当理由”。[①]

2019年2月25日《最高人民法院关于发布第21批指导性案例的通知》中的指导案例109号:安徽省外经建设(集团)有限公司诉东方置业房地产有限公司保函欺诈纠纷案[(2017)最高法民再134号]。该案由安徽省合肥市中级人民法院一审、安徽省高级人民法院二审,两级法院均认为东方置业房地产有限公司针对G051225号履约保函的索赔行为构成欺诈,而最高人民法院再审时认为现有证据不能证明东方置业房地产有限公司明知其没有付款请求权仍滥用权利,不构成保函欺诈,判决撤销安徽省高级人民法院(2014)皖民二终字第00389号、安徽省合肥市中级人民法院(2012)合民四初字第00005号民事判决书,并驳回安徽省外经建设(集团)有限公司的诉讼请求。

2020年7月30日《最高人民检察院关于印发最高人民检察院第二十一批指导性案例的通知》发布的检例第77号:深圳市丙投资企业(有限合伙)被诉股东损害赔偿责任纠纷抗诉案[(2017)浙民再116号]。该案由兰溪市人民法院一审、浙江省金华市中级人民法院二审,两法院均认为深圳市丙投资企业(有限合伙)作为惠州甲房产开发有限公司的绝对控股股东,滥用其公司法人独立地位和股东有限责任。浙江省高级人民法院裁定驳回再审申请。而后,浙江省人民检察院依法向浙江省高级人民法院提出抗诉,认为现有证据不足以证明深圳市丙投资企业(有限合伙)有滥用公司法人独立地位和股东有限责任逃避债务的行为。最终浙江省高级人民法院作出(2017)浙民再116号民事判决,撤销一审、二审判决有关深圳市丙投资企业(有限合伙)对案涉债务承担连带责任的判项,驳回赵某新对深圳市丙投资企业(有限合伙)提出的诉讼请求。判决要旨写道“检察机关应严格适用股东有限责任等产权制度,依法保护投资者的个人财产安全,让有恒

① 参见2014年11月1日,第十二届全国人民代表大会常务委员会第十一次会议通过了《全国人民代表大会常务委员会关于〈中华人民共和国民法通则〉第九十九条第一款、〈中华人民共和国婚姻法〉第二十二条的解释》。该立法解释规定,“公民依法享有姓名权。公民行使姓名权,还应当尊重社会公德,不得损害社会公共利益。公民原则上应当随父姓或者母姓。有下列情形之一的,可以在父姓和母姓之外选取姓氏:(一)选取其他直系长辈血亲的姓氏;(二)因由法定扶养人以外的人抚养而选取抚养人姓氏;(三)有不违反公序良俗的其他正当理由。少数民族公民的姓氏可以从本民族的文化传统和风俗习惯”。

产者有恒心”。这在一定程度上可以说是权利禁止滥用的反向案例。

3. 公报案例概况

公报案例是指发布在《最高人民法院公报》和《最高人民检察院公报》这两种法定刊物上的案例。据上文检索数据公报案例总共为60件，但详细研究后发现，有5个案例涉及的是“权力滥用”，有2个案例涉及的是“滥用客户信赖”，因此最终有效信息为53件，[①]具体如表4-1所示。

---

① 具体5个涉及“权力滥用”的案件为：

伟富国际有限公司与黄建荣、上海海成资源（集团）有限公司等服务合同纠纷案中涉及的是法院自由裁量权的滥用，具体表述为，“本案原审判决以公平原则认定非合同当事人的实际受益人海成公司对黄建荣的付款义务承担连带责任，既缺乏当事人的意思自治，又无视当事人在民商事活动中的预期，还容易开启自由裁量的滥用”。最高人民法院民事判决书，(2022)最高法民再91号。

灌云中孚环保科技有限公司诉灌云县人民政府等撤销政府特许经营协议纠纷案涉及的是权力滥用，具体表述为，“非公平竞争会直接或间接侵害其他市场主体的正当权利、破坏市场秩序、劣化营商环境、阻碍国家创新、诱发权力滥用等”。灌云中孚环保科技有限公司诉灌云县人民政府等撤销政府特许经营协议纠纷案，载《最高人民法院公报》2023年第11期（总第327期）。

崔龙书诉丰县人民政府行政允诺案涉及的是丰县人民政府滥用优益权，具体表述为，“丰县政府以此为由，拒绝履行允诺义务，在一定程度上构成了对优益权的滥用，有悖于诚实信用原则”。江苏省高级人民法院行政判决书，(2016)苏行终字第90号。

南京安盛财务顾问有限公司诉祝鹏股东会决议罚款纠纷案涉及的是防止权力滥用，具体表达为，“安盛公司章程第三十六条第二款所规定‘罚款’是一种纯惩罚性的制裁措施，虽与行政法等公法意义上的罚款不能完全等同，但在罚款的预见性及防止权力滥用上具有可比性”。南京安盛财务顾问有限公司诉祝鹏股东会决议罚款纠纷案，载《最高人民法院公报》2012年第10期（总第192期）。

劲牌有限公司与国家工商行政管理总局商标评审委员会商标驳回复审行政纠纷案涉及的是滥用国家标志，具体表述为，“但是，国家名称是国家的象征，如果允许随意将其作为商标的组成要素予以注册并作商业使用，将导致国家名称的滥用，损害国家尊严，也可能对社会公共利益和公共秩序产生其他消极、负面影响”。最高人民法院行政判决书，(2010)行提字第4号。

具体2个涉及“滥用客户信赖”的案件为：

山东省食品进出口公司、山东山孚日水有限公司、山东山孚集团有限公司诉青岛圣克达诚贸易有限公司、马达庆不正当竞争纠纷申请再审案涉及的是滥用客户对其基于履行职务行为所产生的信赖，具体表述为，“其次，一审法院所谓马达庆滥用日本客户对其基于履行职务行为所产生的信赖的认定，并无事实依据”。最高人民法院民事裁定书，(2009)民申字第1065号。

山东省食品进出口公司、山东山孚集团有限公司、山东山孚日水有限公司诉马达庆、青岛圣克达诚贸易有限公司不正当竞争纠纷案涉及的是滥用日本客户的信赖，具体表述为，“但是，在本案中，马达庆2007年度履行职务行为是在为圣克达诚公司履行职务，日本客户对此是明知的，整个过程，马达庆没有欺骗日本客户，没有滥用日本客户的信赖，没有违背诚实信用原则”。更偏向于滥用职权，也不属于本书“权利滥用”的范畴。因此，上述案件被排除在外。山东省食品进出口公司、山东山孚集团有限公司、山东山孚日水有限公司诉马达庆、青岛圣克达诚贸易有限公司不正当竞争纠纷案，载《最高人民法院公报》2009年第9期（总第155期）。

表 4-1 涉及权利滥用的公报案例

滥用权利类型	案件情况	具体内容摘录	来源
滥用诉权	张雨方与谢钰珉、深圳澳鑫隆投资有限公司等其他合同纠纷案“滥用诉权”[(2020)最高法商初5号]	(三)张雨方极力反对最高人民法院提审本案,足见其滥用诉权	《最高人民法院公报》2024年第8期(总第336期)第36~48页
滥用案外人执行异议之诉	武汉和平华裕物流有限公司与乐昌市粤汉钢铁贸易有限公司等案外人执行异议之诉案[(2019)最高法民终1790号]	人民法院在审理次承租人以案外人提起的执行异议之诉案件时,既要依法维护次承租人的正当权利,也要防止其滥用案外人执行异议之诉,妨碍强制执行程序的正常进行	《最高人民法院公报》2022年第9期(总第313期)第19~28页
滥用建设工程价款优先受偿权	江苏南通二建集团有限公司与上海农村商业银行股份有限公司浦东分行等建设工程施工合同纠纷案[(2021)最高法民申3629号]	本院经审查认为:(一)关于南通二建就案涉工程应否享有建设工程价款优先受偿权的问题。建设工程价款优先受偿权是建设工程承包人享有的一项法定优先权,但承包人不得滥用该项权利,且在特定情形下,因承包人自身存在过错行为,其还可能丧失建设工程价款优先受偿权	《最高人民法院公报》2022年第9期(总第313期)第29~32页
滥用商标权与滥用诉权	江苏中讯数码电子有限公司与山东比特智能科技股份有限公司因恶意提起知识产权诉讼损害责任纠纷案[(2017)苏民终1874号]	因此,比特公司虽然在中讯公司提起不侵权诉讼之后提起诉讼,但其实质目的仍然在于损害中讯公司的合法权益,系恶意行使商标权的权利滥用行为,与其恶意注册商标行为一样,亦不具备正当性	《最高人民法院公报》2022年第5期(总第309期)第28~35页

续表

滥用权利类型	案件情况	具体内容摘录	来源
滥用民事权利	常知富诉南京秦房物业管理有限责任公司侵权责任纠纷案[(2019)苏0104民初7856号]	综上,原告常知富租赁、骑行共享单车是其合法权利,但将共享单车骑入南京市秦淮区双桥新村小区则违背了小区的管理规约,突破了共享单车有序运营的规范,影响了南京市秦淮区双桥新村小区的环境秩序,损害了南京市秦淮区双桥新村小区其他业主的合法权益,违反了《中华人民共和国民法总则》第131条"民事主体行使权利时,应当履行法律规定的和当事人约定的义务"和第132条"民事主体不得滥用民事权利损害国家利益、社会公共利益或者他人合法权益"的规定,不应得到法律的支持和保护	《最高人民法院公报》2021年第9期(总第299期)第45~48页
滥用诉讼权利	曾永福与东莞怡信磁碟有限公司、王智等职务发明创造发明人、设计人奖励、报酬纠纷案[(2019)最高法知民终230号]	因此,怡信公司在起诉他人侵害涉案专利权的案件中主张涉案专利已实际实施并已产生经济效益,却在本案中主张涉案专利从未实施,此类前后言行不一、滥用诉讼权利的行为明显违反了诚信原则,原审法院不予支持	《最高人民法院公报》2021年第6期(总第296期)第28~39页
滥用股东权利	姚锦城与鸿大(上海)投资管理有限公司、章歌等公司决议纠纷案[(2019)沪02民终8024号]	公司股东滥用控股地位,以多数决方式通过修改出资期限决议,损害其他股东期限权益,其他股东请求确认该项决议无效的,人民法院应予支持	《最高人民法院公报》2021年第3期(总第293期)第42~48页

续表

滥用权利类型	案件情况	具体内容摘录	来源
公司股东滥用公司法人独立地位和股东有限责任	海南碧桂园房地产开发有限公司与三亚凯利投资有限公司、张伟男等确认合同效力纠纷案［（2019）最高法民终960号］	否认公司独立人格，由滥用公司法人独立地位和股东有限责任的股东对公司债务承担连带责任，是股东有限责任的例外情形。否认公司法人格，须具备股东实施滥用公司法人独立地位及股东有限责任的行为以及该行为严重损害公司债权人利益的法定要件	《最高人民法院公报》2021年第2期（总第292期）第17～35页
滥用大股东优势地位	吉林省金融控股集团股份有限公司与吉林省金融资产管理有限公司、宏运集团有限公司公司解散纠纷案［（2019）最高法民申1474号］	宏运集团公司滥用大股东优势地位压制、排挤金融控股公司参与经营决策权利，操纵金融管理公司擅自决定重大经营事项，使公司运行决策机制失灵，违背设立目的，发生经营管理严重困难，继续存续将造成股东利益严重损害	《最高人民法院公报》2021年第1期（总第291期）第26～29页
滥用第三人撤销之诉	海南南洋房地产有限公司、海南成功投资有限公司与南洋航运集团股份有限公司、陈霖、海南金灿商贸有限公司第三人撤销之诉案［（2019）最高法民终712号］	实践中，既要依法维护案外人的正当权利，也要防止滥用第三人撤销之诉导致损害生效裁判的稳定性。提起撤销之诉的案外人不能充分证明生效判决、裁定、调解书确实存在错误且损害其民事权益的，应当驳回诉讼请求	《最高人民法院公报》2020年第9期（总第287期）第29～46页
滥用用工权利	吴继威诉南京搏峰电动工具有限公司劳动合同纠纷案［（2019）苏0191民初1054号］	被告搏峰公司拟将厂区整体迁移，是基于生产运作情况作出的经营决策，不改变劳动者的岗位和待遇，并非滥用用工权利刻意为难劳动者的行为	《最高人民法院公报》2020年第9期（总第287期）第47～48页

续表

滥用权利类型	案件情况	具体内容摘录	来源
滥用诉权	佛山市顺德区美的洗涤电器制造有限公司与佛山市云米电器科技有限公司等侵害实用新型专利权纠纷案[(2019)最高法知民申1号]	审判权的行使,无论是从保证人民法院裁判的稳定性方面,还是从防止滥用诉权方面,都应赋予人民法院通过正当审判程序形成的裁决结果以实质性的效力,即裁判一旦生效,就应当具有既判力,使诉讼产生最终结论,使之具有稳定性,不得轻易推翻	《最高人民法院公报》2020年第5期(总第283期)第37～42页
债权人滥用优势地位	黑龙江闽成投资集团有限公司与西林钢铁集团有限公司、第三人刘志平民间借贷纠纷案[(2019)最高法民终133号]	前述《物权法》禁止流押、禁止流质之规定,旨在避免债权人乘债务人之危而滥用其优势地位,压低担保物价值,谋取不当利益	《最高人民法院公报》2020年第1期(总第279期)第15～43页
滥用申请再审诉权	江苏南通六建建设集团有限公司与衡水鸿泰房地产开发有限公司建设工程施工合同纠纷案[(2018)最高法民申6278号]	据此,当事人依据民事诉讼法第二百条第一项、第三项、第十二项、第十三项以外的其他事由申请再审,应当在判决、裁定发生法律效力后六个月内提出;而当事人在判决、裁定发生法律效力六个月后,依据民事诉讼法第二百条第一项、第三项、第十二项、第十三项规定申请再审的同时,一并提起其他再审事由的,人民法院不予审查,否则将变相鼓励或放纵不遵守再审期限的当事人滥用申请再审诉权,使六个月申请再审期限的法律规定虚置	《最高人民法院公报》2019年第10期(总第276期)第32～33页

续表

滥用权利类型	案件情况	具体内容摘录	来源
滥用知识产权	VMI荷兰公司、固铂(昆山)轮胎有限公司与萨驰华辰机械(苏州)有限公司确认不侵害专利权纠纷案[(2019)最高法知民终5号]	专利权人是否滥用其权利并非认定其行为是否构成侵权警告的前提,确认不侵权之诉本身并不处理专利权人是否滥用其权利的问题,原审法院并未对萨驰公司是否滥用其知识产权进行单独认定,VMI公司、固铂公司关于原审法院未认定萨驰公司滥用知识产权属事实认定错误的上诉理由不能成立	《最高人民法院公报》2019年第10期(总第276期)第34~39页
滥用诉权	许明宏诉泉州南明置业有限公司、林树哲与公司有关的纠纷案[(2017)最高法民终18号]	(五)许明宏在案涉董事会决议产生15年后起诉要求确认决议无效,明知法律对实际投资人行权路径规定明确仍坚持提起本案诉讼,并在一审中提出证据保全、笔迹鉴定、财务审计等申请,存在滥用诉权倾向	《最高人民法院公报》2019年第7期(总第273期)第37~44页
滥用诉讼权利	南京市高淳县飞达教育技术装备有限责任公司诉南京市高淳区隆兴农村小额贷款有限公司、江苏金创信用再担保股份有限公司侵权责任纠纷案[(2018)苏01民终1228号]	债权人和债务人明知债务已清偿,债权人积极起诉担保人要求其承担连带清偿责任,债务人消极应诉且承认债权,系滥用诉讼权利损害担保人合法权益的共同侵权行为,担保人依法提出赔偿合理的律师费用等正当要求,应予支持	《最高人民法院公报》2019年第6期(总第272期)第40~48页

续表

滥用权利类型	案件情况	具体内容摘录	来源
滥用诉讼权利、滥用股东权利、滥用公司法人独立地位和股东有限责任	中国长城资产管理股份有限公司吉林省分公司与吉林市中小企业信用担保集团有限公司、吉林市人民政府国有资产监督管理委员会侵权责任纠纷、股东损害公司债权人利益责任纠纷案[(2017)最高法民终181号]	长城资产公司吉林分公司恶意规避法律、滥用诉讼权利,在无任何证据支持其诉请的情况下,以《中华人民共和国公司法》第三条的规定为法律依据重复起诉。 判令吉林市国资委在其滥用股东权利无偿划转华星公司持有的华微公司2000万股股权范围内就上述债务本息承担连带偿还责任。 长城资产公司吉林分公司以吉林市国资委滥用公司法人独立地位和股东有限责任为由要求其承担连带责任无法律和事实依据,一审法院不予支持	《最高人民法院公报》2019年第3期(总第269期)第29~40页
滥用市场支配地位	吴小秦与陕西广电网络传媒(集团)股份有限公司捆绑交易纠纷申请案[(2016)最高法民再98号]	最高人民法院《关于审理因垄断行为引发的民事纠纷案件应用法律若干问题的规定》第八条规定:被诉垄断行为属于反垄断法第十七条第一款规定的滥用市场支配地位的,原告应当对被告在相关市场内具有支配地位和其滥用市场支配地位承担举证责任	《最高人民法院公报》2019年第1期(总第267期)第21~31页
滥用诉权	青岛中金渝能置业有限公司与青岛中金实业股份有限公司与滨州市中金豪运置业有限责任公司财产保全损害责任纠纷上诉案[(2017)最高法民终118号]	中金实业公司、中金豪运公司为阻止项目销售的正常进行,五次随意变更诉讼请求及诉讼保全,是典型的滥用诉权行为,其指责法院违法超标的查封,本质是推卸责任	《最高人民法院公报》2018年第10期(总第264期)第6~18页

续表

滥用权利类型	案件情况	具体内容摘录	来源
滥用再审程序	王谦与卢蓉芳、宁夏建工集团房地产开发有限公司、第三人宁夏恒昌盛房地产开发有限公司民间借贷纠纷案[(2017)最高法民申2483号]	一审胜诉或部分胜诉的当事人未提起上诉,且在二审中明确表示一审判决正确应予维持,在二审判决维持原判后,该当事人又申请再审的,因其缺乏再审利益,对其再审请求不应予以支持,否则将变相鼓励或放纵不守诚信的当事人滥用再审程序,导致对诉讼权利的滥用和对司法资源的浪费	《最高人民法院公报》2018年第7期(总第261期)第39~41页
保函独立性原则的滥用、滥用保函索赔权	安徽省外经建设(集团)有限公司与东方置业房地产有限公司及第三人哥斯达黎加银行、中国建设银行股份有限公司安徽省分行保函欺诈纠纷案[(2017)最高法民再134号]	外经集团公司认为东方置业公司违反了诚实信用原则,是对保函独立性原则的滥用,构成欺诈。 本案履约保函的目的是担保外经中美洲公司能够按约履行施工合同,而东方置业公司未能举证证明外经中美洲公司在履行合同过程中存在重大违约,且东方置业公司明知外经中美洲公司已就合同争议提交仲裁的情况下滥用保函索赔权,违反了诚实信用这一基本原则,构成保函欺诈索赔,其索赔行为无效,哥斯达黎加银行应终止向其支付保函项下款项	《最高人民法院公报》2018年第3期(总第257期)第18~33页
滥用股东权利、滥用公司法人独立地位和股东有限责任	高光与三亚天通国际酒店有限公司、海南博超房地产开发有限公司等第三人撤销之诉案[(2017)最高法民终63号]	《公司法》第二十条规定,公司股东应当遵守法律、行政法规和公司章程,依法行使股东权利,不得滥用股东权利损害公司或者其他股东的利益;不得滥用公司法人独立地位和股东有限责任损害公司债权人的利益。公司股东滥用股东权利给公司或者其他股东造成损失的,应当依法承担赔偿责任	《最高人民法院公报》2018年第3期(总第257期)第34~40页

续表

滥用权利类型	案件情况	具体内容摘录	来源
滥用委托人授予的权利	周伟均、周伟达诉王煦琼委托合同纠纷案[(2017)粤01民终10553号]	委托书虽列明了被告的权限,但应同时注意到委托书在向交易相对人对外昭示受托人行为正当性方面的作用,而不意味着受托人可以无视委托人的真实意愿与切身利益滥用委托人授予的权利	《最高人民法院公报》2018年第3期(总第257期)第41~45页
滥用商标	张绍恒与沧州田霸农机有限公司、朱占峰侵害商标权纠纷再审案[(2015)民申字第3640号]	如果商标权共有人可以随意许可他人使用其注册商标,容易造成被许可的商标的滥用,最终导致商标商誉价值损失殆尽,不利于保护其他商标权共有人的利益	《最高人民法院公报》2017年第4期(总第246期)
滥用法人人格和有限责任	邵萍与云南通海昆通工贸有限公司、通海兴通达工贸有限公司民间借贷纠纷案[(2015)民一终字第260号]	依据《中华人民共和国公司法》第二十条第三款的规定,认定公司滥用法人人格和有限责任的法律责任,应综合多种因素作出判断	《最高人民法院公报》2017年第3期(总第245期)
滥用公司独立人格	应高峰诉嘉美德(上海)商贸有限公司、陈惠美其他合同纠纷案[(2014)沪一中民四(商)终字第S1267号]	综上,为防止一人公司的唯一股东滥用公司独立人格,增强对公司债权人的保护,应高峰要求陈惠美对嘉美德公司的债务承担连带清偿责任的诉讼请求应予以准许	《最高人民法院公报》2016年第10期(总第240期)
滥用诉权、滥用管辖异议权	招商银行股份有限公司无锡分行与中国光大银行股份有限公司长春分行委托合同纠纷管辖权异议案[(2015)民二终字第428号]	审查管辖权异议,注重程序公正和司法效率,既要妥当保护当事人的管辖异议权,又要及时矫正、遏制当事人错用、滥用管辖异议权。确定管辖权应当以起诉时为标准,结合诉讼请求对当事人提交的证据材料进行形式要件审查以确定管辖	《最高人民法院公报》2016年第7期(总第237期)

续表

滥用权利类型	案件情况	具体内容摘录	来源
滥用诉权	黄艺明、苏月弟与周大福代理人有限公司、亨满发展有限公司以及宝宜发展有限公司合同纠纷案[(2015)民四终字第9号]	(三)本案系黄艺明、苏月弟与周大福公司、亨满公司之间因履行《买卖股权协议》而引起的纠纷,合同的签订、履行均发生在香港,内地法院本无管辖权,但黄艺明、苏月弟却将与本案无关的宝宜公司列为被告,通过滥用诉权取得内地法院的管辖权	《最高人民法院公报》2016年第7期(总第237期)
滥用股东优先购买权	中静实业(集团)有限公司诉上海电力实业有限公司等股权转让纠纷案[(2012)黄浦民二(商)初字第534号]	由于对优先购买权的行使除公司法规定的“同等条件”外,法律尚无具体规定,司法实践中亦无参考先例。考虑到第三人新能源公司目前的实际状况,同时为防止股东优先购买权的滥用,即确权后不行权,导致保护优先购买权成空文或对股权出让人和受让人的利益造成损害,因此,需要确定股东的优先购买权的行权期限、行权方式	《最高人民法院公报》2016年第5期(总第235期)
滥用诉权	李杰与辽宁金鹏房屋开发有限公司金融不良债权追偿纠纷案[(2014)民二终字第199号]	一审法院认为,根据最高人民法院法发(2009)19号《关于审理涉及金融不良债权转让案件工作座谈会纪要》第五条的规定,即“为避免当事人滥用诉权,在受让人向国有企业债务人主张债权的诉讼中,国有企业债务人以不良债权转让行为损害国有资产等为由,提出不良债权转让合同无效抗辩的,人民法院应告知其向同一人民法院另行提起不良债权转让合同无效的诉讼;国有企业债务人不另行起诉的,人民法院对其抗辩不予支持”	《最高人民法院公报》2016年第4期(总第234期)

续表

滥用权利类型	案件情况	具体内容摘录	来源
滥用股东权利	海南海联工贸有限公司与海南天河旅业投资有限公司、三亚天阔置业有限公司等合作开发房地产合同纠纷案[(2015)民提字第64号]	公司是否已经形骸化,公司与股东之间是否构成人格混同,应严格按照法律关于公司法人终止、股东是否滥用权利、是否在财产、业务、人员等多方面出现混同等因素进行判定	《最高人民法院公报》2016年第1期(总第231期)
滥用业主知情权	孙庆军诉南京市清江花苑小区业主委员会业主知情权纠纷案[(2015)鼓民初字第4041号]	对于业主行使知情权亦应加以合理限制,防止滥用权利,其范围应限于涉及业主合法权益的信息,并遵循简便的原则	《最高人民法院公报》2015年第12期(总第230期)
滥用知情权、滥用诉权	红霞诉南通市发展和改革委员会政府信息公开答复案[(2015)港行初字第00021号]	知情权是公民的一项法定权利。公民必须在现行法律框架内申请获取政府信息,并符合法律规定的条件、程序和方式,符合立法宗旨,能够实现立法目的。如果公民提起政府信息公开申请违背了《政府信息公开条例》的立法本意且不具有善意,就会构成知情权的滥用。当事人反复多次提起琐碎的、轻率的、相同的或者类似的诉讼请求,或者明知无正当理由而反复提起诉讼,人民法院应对其起诉严格依法审查,对于缺乏诉的利益、目的不当、有悖诚信的起诉行为,因违背了诉权行使的必要性,丧失了权利行使的正当性,应认定构成滥用诉权行为	《最高人民法院公报》2015年第11期(总第229期)
滥用诉权	仕丰科技有限公司与富钧新型复合材料(太仓)有限公司、第三人永利集团有限公司解散纠纷案[(2011)民四终字第29号]	仕丰公司滥用权利、恶意诉讼的行为,不应得到支持。请求判令:撤销原审判决,改判驳回仕丰公司的诉讼请求	《最高人民法院公报》2014年第2期(总第208期)

续表

滥用权利类型	案件情况	具体内容摘录	来源
滥用诉权	周雅芳诉中国银行股份有限公司上海市分行名誉权纠纷案[(2010)浦民六(商)初字第7068号]	被告在涉案信用卡申办、发放环节中没有尽到合理的审查义务,存在重大过错,后又在应当知道该信用卡欠款无法追回系其自身管理不善造成的情况下,滥用诉权,企图将损失转嫁给原告	《最高人民法院公报》2012年第9期(总第191期)
滥用投诉权	衣念(上海)时装贸易有限公司与浙江淘宝网络有限公司、杜国发侵害商标权纠纷上诉案[(2011)沪一中民五(知)终字第40号]	一、原告衣念公司滥用权利。早在2006年8月,原告就开始针对淘宝网上出售的商品向淘宝公司提出投诉	《最高人民法院公报》2012年第1期(总第183期)
滥用股东权利	深圳市启迪信息技术有限公司与郑州国华投资有限公司、开封市豫信企业管理咨询有限公司、珠海科美教育投资有限公司股权确认纠纷案[(2011)民提字第6号]	《10.26协议》签订后,国华公司履行了出资义务,启迪公司与豫信公司未出资却滥用股东权利,损害了国华公司的权益	《最高人民法院公报》2012年第1期(总第183期)
滥用代位权	中国银行股份有限公司汕头分行与广东发展银行股份有限公司韶关分行、第三人珠海经济特区安然实业(集团)公司代位权纠纷案[(2011)民提字第7号]	根据我国合同法的规定,合同效力之诉并不是代位权诉讼的客体,中行汕头分行滥用代位权诉讼的行为,严重侵害了合同双方当事人的合同自由与处分权,应予驳回	《最高人民法院公报》2011年第11期(总第181期)

续表

滥用权利类型	案件情况	具体内容摘录	来源
滥用优势地位	马士基(中国)航运有限公司及其厦门分公司与厦门瀛海实业发展有限公司、中国厦门外轮代理有限公司国际海上货运代理经营权损害赔偿纠纷再审案[(2010)民提字第213号]	马士基公司明确表明其不与瀛海公司发生业务关系,违反了公共承运人的强制缔约义务,同时违反了《中华人民共和国国际海运条例》第二十七条关于班轮公司不得滥用优势地位以限制性条件给交易对方造成损害的规定	《最高人民法院公报》2011年第10期(总第180期)
滥用诉权	李淑君、吴湘、孙杰、王国兴诉江苏佳德置业发展有限公司股东知情权纠纷案[(2009)宿中民二终字第319号]	公司法第三十四条第二款规定:“股东可以要求查阅公司会计账簿。股东要求查阅公司会计账簿的,应当向公司提出书面请求,说明目的。公司有合理根据认为股东查阅会计账簿有不正当目的,可能损害公司合法利益的,可以拒绝提供查阅,并应当自股东提出书面请求之日起十五日内书面答复股东并说明理由。公司拒绝提供查阅的,股东可以请求人民法院要求公司提供查阅。”依据上述法律规定,股东提起账簿查阅权诉讼的前置条件是股东向公司提出了查阅的书面请求且公司拒绝提供查阅。这一前置条件设定的目的在于既保障股东在其查阅权受侵犯时有相应的救济途径,也防止股东滥用诉权,维护公司正常的经营	《最高人民法院公报》2011年第8期(总第178期)

续表

滥用权利类型	案件情况	具体内容摘录	来源
滥用注册商标专用权	山东鲁锦实业有限公司诉鄄城县鲁锦工艺品有限责任公司、济宁礼之邦家纺有限公司侵犯注册商标专用权及不正当竞争纠纷案[(2009)鲁民三终字第34号]	被上诉人鲁锦公司的“鲁锦”文字商标和“Lj + LUJIN”的组合商标已经国家商标局核准注册并核定使用于第25类、第24类商品上，此注册商标专用权应依法受法律保护。虽然上诉人鄄城鲁锦公司对此商标提出撤销申请，国家商标局商标评审委员会也已经受理，但在商评委未做出决定之前，仍应确认此两商标的法律效力。但任何权利均有限制，没有限制的权利就会被滥用，从而威胁到公共利益	《最高人民法院公报》2010年第1期（总第159期）
滥用财产保全措施	江苏拜特进出口贸易有限公司、江苏省淮安市康拜特地毯有限公司诉许赞有因申请临时措施损害赔偿纠纷案[(2008)苏民三终字第0071号]	为了防止财产保全被滥用，民事诉讼法一方面规定了财产保全应当具备的条件、范围等，规定法院可以责令申请人提供担保，另一方面也规定了申请不当的法律后果，民事诉讼法第九十六条规定：“申请有错误的，申请人应当赔偿被申请人因财产保全所遭受的损失。”	《最高人民法院公报》2009年第4期（总第150期）
滥用诉权	大连渤海建筑工程总公司与大连金世纪房屋开发有限公司、大连宝玉房地产开发有限公司、大连宝玉集团有限公司建设工程施工合同纠纷案[(2007)民一终字第39号]	金世纪公司答辩称：1. 渤海公司要求金世纪公司承担支付工程款的连带责任既无事实依据，又无法律依据，属于滥用诉权	《最高人民法院公报》2008年第11期（总第145期）

续表

滥用权利类型	案件情况	具体内容摘录	来源
滥用对公司的控制权	中国信达资产管理公司成都办事处与四川泰来装饰工程有限公司、四川泰来房屋开发有限公司、四川泰来娱乐有限责任公司借款担保合同纠纷案［（2008）民二终字第55号］	装饰公司、房屋公司、娱乐公司在同一地址办公、联系电话相同、财务管理人员在一段时期内相同的情况，也是沈华源滥用控制权、公司人格混同的表现	《最高人民法院公报》2008年第10期（总第144期）
滥用注册商标专用权及企业名称权	河北三河福成养牛集团总公司诉哈尔滨福成饮食有限公司昆明分公司侵犯注册商标专用权及不正当竞争纠纷案［（2007）云高民三终字第7号］	三河福成公司的注册商标专用权及昆明福成公司的企业名称权均为依法成立的权利，法律一方面保护权利依法行使，另一方面也禁止权利滥用	《最高人民法院公报》2008年第6期（总第140期）
滥用限制“恶意规避技术措施”的规定	北京精雕科技有限公司诉上海奈凯电子科技有限公司著作权侵权纠纷案［（2006）沪高民三（知）终字第110号］	对恶意规避技术措施的法律限制旨在保护软件著作权，而不能作为滥用该权利者垄断市场和损害社会公共利益的工具	《最高人民法院公报》2007年第12期（总第134期）
股东滥用公司人格	美国矿产金属有限公司与厦门联合发展（集团）有限公司债务纠纷案［（2004）民四终字第4号］	股东滥用公司人格、利用有限责任的面纱侵犯公司及其债权人利益的实质，包括转移财产、逃避债务并以其财产成立新公司，或者新公司成立后抽逃资本，或者将公司财产与股东财产混同，或者股东任意干预公司的事务使公司的经营自主权名存实亡，等等	《最高人民法院公报》2005年第12期（总第110期）

续表

滥用权利类型	案件情况	具体内容摘录	来源
滥用公司人格	博内特里公司诉上海梅蒸公司等商标侵权和不正当竞争纠纷案[(2004)沪高民三(知)终字第24号]	甘传飞、甘传猛恶意注册公司,滥用公司人格,操控公司,徐国良在明知侵权的情况下,仍为梦特娇梅蒸公司和上海梅蒸公司生产、提供侵权服装并自行销售,构成共同侵权	《最高人民法院公报》2005年第12期(总第110期)
滥用诉权	万通实业公司与兰州商业银行借款合同纠纷案[(2004)民二终字第209号]	万通公司提出原审法院对其要求审计当事人双方债权债务的申请未予接受,属于程序违法,对原审原告商业银行起诉标的过高,应认定滥用诉权,并应据此承担诉讼费用的上诉主张,由于是否接受当事人要求审计的申请,应由人民法院依职权并根据案件事实而定,无须向申请人出具书面决定	《最高人民法院公报》2005年第9期(总第107期)
滥用民间文学艺术的商业	饶河县四排赫哲族乡政府诉郭颂等侵犯民间文学艺术作品著作权纠纷案[(2003)高民终字第246号]	对于民间文学艺术保护,在禁止歪曲和商业滥用的前提下,鼓励对其进行合理开发及利用,使其发扬光大,不断传承发展。但是利用民间文学艺术作品进行再创作,应当说明所创作的新作品的出处	《最高人民法院公报》2004年第7期(总第93期)
权利滥用:主张赔偿精神损失	夏永麟诉海通证券有限公司无锡营业部确认股票认购权纠纷案[(1998)崇民初字第1537号]	夏永麟主张以申购款的5%判令无锡营业部为其赔偿精神损失,显系权利滥用,没有事实根据和法律依据,本院不予支持	《最高人民法院公报》1999年第6期(总第62期)
滥用诉权	许继电气股份有限公司诉郑学生、漯河市爱特电器设备有限公司侵犯商业秘密纠纷案[未查到具体案号。河南省高级人民法院1998年3月27日民事二审终审判决]	许继公司请求赔偿370余万元,一审只认定了很少一部分,就是认定的这一部分也缺少证据,不能成立,说明许继公司滥用诉权	《最高人民法院公报》1999年第2期(总第58期)

注:本表中涉及的案例按年度由新及旧排序。

根据表4-1可知,可以得出以下结论。

首先,上述案件中,最多的是滥用诉讼相关权利的案例,如包括滥用诉权、滥用再审程序或再审诉权、滥用案外人执行异议之诉、滥用第三人撤销之诉等在内的滥用诉讼权利的案件共21件;①其次,是股东滥用相关权利的案例,共有9件;②

① 具体为:张雨方与谢钰珉、深圳澳鑫隆投资有限公司等其他合同纠纷案"滥用诉权";武汉和平华裕物流有限公司与乐昌市粤汉钢铁贸易有限公司等案外人执行异议之诉案"滥用案外人执行异议之诉";江苏中讯数码电子有限公司与山东比特智能科技股份有限公司因恶意提起知识产权诉讼损害责任纠纷案"滥用商标权与滥用诉权";曾永福与东莞怡信磁碟有限公司、王智等职务发明创造发明人、设计人奖励、报酬纠纷案"滥用诉讼权利";海南南洋房地产有限公司、海南成功投资有限公司与南洋航运集团股份有限公司、陈霖、海南金灿商贸有限公司第三人撤销之诉案"滥用第三人撤销之诉";佛山市顺德区美的洗涤电器制造有限公司与佛山市云米电器科技有限公司等侵害实用新型专利权纠纷案"滥用诉权";江苏南通六建建设集团有限公司与衡水鸿泰房地产开发有限公司建设工程施工合同纠纷案"滥用申请再审诉权";许明宏诉泉州南明置业有限公司、林树哲与公司有关的纠纷案"滥用诉权";南京市高淳县飞达教育技术装备有限责任公司诉南京市高淳区隆兴农村小额贷款有限公司、江苏金创信用再担保股份有限公司侵权责任纠纷案"滥用诉讼权利";吉林市中小企业信用担保集团有限公司诉中国长城资产管理股份有限公司吉林省分公司等公司债权人利益责任纠纷案"滥用诉讼权利、滥用股东权利、滥用公司法人独立地位和股东有限责任";青岛中金渝能置业有限公司与青岛中金实业股份有限公司与滨州市中金豪运置业有限责任公司财产保全损害责任纠纷上诉案"滥用诉权";招商银行股份有限公司无锡分行与中国光大银行股份有限公司长春分行委托合同纠纷管辖权异议案"滥用诉权、滥用管辖异议权";黄艺明、苏月弟与周大福代理人有限公司、亨满发展有限公司以及宝宜发展有限公司合同纠纷案"滥用诉权";李杰与辽宁金鹏房屋开发有限公司金融不良债权追偿纠纷案"滥用诉权";陆红霞诉南通市发展和改革委员会政府信息公开答复案"滥用知情权、滥用诉权";仕丰科技有限公司与富钧新型复合材料(太仓)有限公司、第三人永利集团有限公司解散纠纷案"滥用诉权";周雅芳诉中国银行股份有限公司上海市分行名誉权纠纷案"滥用诉权";李淑君、吴湘、孙杰、王国兴诉江苏佳德置业发展有限公司股东知情权纠纷案"滥用诉权";大连渤海建筑工程总公司与大连金世纪房屋开发有限公司、大连宝玉房地产开发有限公司、大连宝玉集团有限公司建设工程施工合同纠纷案"滥用诉权";万通实业公司与兰州商业银行借款合同纠纷案"滥用诉权";许继电气股份有限公司诉郑学生、漯河市爱特电器设备有限公司侵犯商业秘密纠纷案"滥用诉权"。

② 具体为:姚锦城与鸿大(上海)投资管理有限公司、章歌等公司决议纠纷案"滥用股东权利";海南碧桂园房地产开发有限公司与三亚凯利投资有限公司、张伟男等确认合同效力纠纷案"公司股东滥用公司法人独立地位和股东有限责任";吉林省金融控股集团股份有限公司与吉林省金融资产管理有限公司、宏运集团有限公司公司解散纠纷案"滥用大股东优势地位";吉林市中小企业信用担保集团有限公司诉中国长城资产管理股份有限公司吉林省分公司等公司债权人利益责任纠纷案"滥用诉讼权利、滥用股东权利、滥用公司法人独立地位和股东有限责任";高光与三亚天通国际酒店有限公司、海南博超房地产开发有限公司等第三人撤销之诉案"滥用股东权利、滥用公司法人独立地位和股东有限责任";中静实业(集团)有限公司诉上海电力实业有限公司等股权转让纠纷案"滥用股东优先购买权";海南海联工贸有限公司与海南天河旅业投资有限公司、三亚天阔置业有限公司等合作开发房地产合同纠纷案"滥用股东权利";深圳市启迪信息技术有限公司与郑州国华投资有限公司、开封市豫信企业管理咨询有限公司、珠海科美教育投资有限公司股权确认纠纷案"滥用股东权利";美国矿产金属有限公司与厦门联合发展(集团)有限公司债务纠纷案"股东滥用公司人格"。

滥用商标权的相关案例有4件。[①] 由此也可以判断出，在司法实践中，权利滥用主要集中于诉权滥用、股东权利滥用、商标权滥用等诉讼以及民商事领域。

另外，就时间来看，公报中出现最早的有关权利谦抑的案件在1999年。具体来说，1999年2件，2004年1件，2005年3件，2007年1件，2008年3件，2009年1件，2010年1件，2011年3件，2012年3件，2014年1件，2015年2件，2016年6件，2017年2件，2018年5件，2019年6件，2020年4件，2021年5件，2022年3件，2024年1件。

第二节　权利主张过度及防御性应对的相互对峙

权利主张过度行为，包括"医闹""校闹""患者索赔因抢救而剪坏的衣物""为获得购房资格而假离婚""缠诉滥告闹访"等；基于权利主张过度而采取防御性的应对措施，包括"医院要求术前签字""教师不惩戒""摔倒不敢扶""限制研学旅行""假前安全告知"等。这两类屡见不鲜的现象看似对立，但其实可视为积极行为与消极应对的对峙情形，产生的根源在于权利狂热。除师生关系、家校关系、医患关系外，这样的对峙事件还可能存在于家长与小孩、消费者与商家、乘客与司机、用户与平台等关系之间。无论是权利主张过度行为还是基于此而采取的防御性应对措施，均会带来种种危害。如权利主张过度行为可能有损公共秩序、侵害公平正义、侵占公共资源、降低司法效益等；基于权利主张过度而采取的防御性应对措施将导致人间真情被漠视、真善美消解、形式主义盛行、责任"失语"、法律"缄默"等。这些问题俨然已成为当下较为严重的社会病症，迫切需要权利谦抑法理原则的理论回应。本部分将按照学生（家长）的权利主张过度与教师（学校）的防御性应对，患者（家属）的权利主张过度与医生（医院）的防御性应对，消

① 具体为：江苏中讯数码电子有限公司与山东比特智能科技股份有限公司因恶意提起知识产权诉讼损害责任纠纷案"滥用商标权与滥用诉权"；张绍恒与沧州田霸农机有限公司、朱占峰侵害商标权纠纷再审案"滥用商标"；山东鲁锦实业有限公司诉鄄城县鲁锦工艺品有限责任公司、济宁礼之邦家纺有限公司侵犯注册商标专用权及不正当竞争纠纷案"滥用注册商标专用权"；河北三河福成养牛集团总公司诉哈尔滨福成饮食有限公司昆明分公司侵犯注册商标专用权及不正当竞争纠纷案"滥用注册商标专用权及企业名称权"。

费者的权利主张过度与生产经营者的防御性应对，受救助人的权利主张过度与救助人的防御性应对等四组关系，分析权利谦抑的现实需要，并对家校间的权利滥用与权责保守现象做详尽探讨。

一、学生（家长）的权利主张过度与教师（学校）的防御性应对

近年来，一方面，“校闹”现象愈演愈烈，严重了扰乱教学秩序，侵害了学校师生的人身安全和财产权益，已然成为社会治理中的棘手问题；另一方面，“教育惩戒缺位”现象越来越凸显，实际导致校园霸凌、校园暴力等危及校园安全的行为得不到及时有力的遏制。2019 年 6 月，《教育部等五部门关于完善安全事故处理机制维护学校教育教学秩序的意见》发布，旨在构建治理“校闹”保障学校安心办学的制度体系。该文件的发布被视为教育领域的一大盛事。2020 年 9 月，《中小学教育惩戒规则（试行）》审议通过，旨在解决教师不敢管以及不愿管学生的问题，再一次引起了有关“校闹”与“教育惩戒缺位”的新一轮社会热议。“校闹”行为与“教育惩戒缺位”现象并不是孤立存在的，两者彼此纠缠，已然成为当下中国较为严重的社会病症，而将“校闹”与“教育惩戒缺位”分别作为单一讨论对象的研究方法并不能有效化解家校矛盾。

实则，从法理角度看，“校闹”与“教育惩戒缺位”存在内在关联，在大肆宣扬权利话语的当今，“校闹”是一种权利主张狂热的行为，大多数“校闹”产生的根源在于学生（家长）权利出界，也就是权利滥用；“教育惩戒缺位”则很大程度上是教师（学校）基于家长权利主张狂热而采取的防御性应对性措施，即不敢管、不愿管学生，这可称之为权责保守。基于以上背景，本部分尝试打破将“校闹”与“教育惩戒缺位”分别作为单一讨论对象的研究方法，通过探寻“校闹”行为与“教育惩戒缺位”现象的内在关联，挖掘两者的根源在于学生（家长）方权利出界，因而尝试跳脱出立法工具主义思维，不仅仅关注上述问题的立法与司法规制，而且试图从法理的角度研究权利边界问题，引入权利谦抑概念，旨在通过引导公民树立正确的权利权力观，促使公民合理、合法、恰当地行使权利与权力，以求让学生（家长）方不再权利主张狂热，让教师（学校）方不再因害怕权利主张狂热而采取消极的防御性措施，以期从法理的角度为上述问题的化解提供指引，进而保障师生权

益、维护教学秩序、确保校园安全。

具体来说，近年来，学生伤亡或教学管理等问题导致的“校闹”事件频发的现象已成社会难题。“校闹”产生的原因在于家属方权利意识极度膨胀，产生了闹得越凶获得的利益也就越多的非理性心理，但其法律义务的意识却不强。一方面，校方自身无相关执法权力，不能对“校闹”行为进行强制管控；另一方面，校方以息事宁人为导向，且有关赔偿金的规定并不完善，因而往往以通过提高赔偿金数额为代价，并越发无底线、无原则。而教师（学校）的防御性应对则突出表现为“教育惩戒缺位”，本书将通过《茂县教育局关于凤仪小学老师体罚学生处理情况的通报》来进行详细说明。

（一）学生（家长）权利主张过度的典型：“校闹”

1.“校闹”事件频发的社会难题

近年来，因学生伤亡或教学管理而引起的“校闹”事件频发。[①] 无论学校或老师是否有责任，也无论其责任的轻重，甚至无论伤亡地点是否在学校，学生伤亡的事件一有发生，部分家长所想到的就是个人权益受损，要找学校或教师讨要说法、赔偿。至于讨要说法、赔偿的这一权利主张有没有法律依据、会不会超过正当权限范围，索要的赔偿是否合理恰当，往往却没有考虑。

“校闹”的本质是一种违法行为。[②] “校闹”事件的发生，会带来一定危害。比如其可能侵害老师或学校管理人员的合法权益，使老师或行政管理人员人格尊严受损；可能会带来学校财产的损失，甚至扰乱教学秩序，严重时还可能破坏社会稳定和谐。另外，“校闹”事件还会间接引发其他诸如限制正常文体娱乐与课外

---

① 如2014年，信阳市一高三学生在学校跳楼自杀身亡，其家人提出120万元赔偿，并在学校做出哭闹、烧纸、摆遗像、放鞭炮等过激行为。2015年，临海市一中学学生在参加社会机构的培训后留遗书出走自杀，家属向学校提出过高补偿，调解未成功后，纠集几十人在学校门口拉横幅、堵校门、敲脸盆、点香烛、带遗照冲入校园等。2016年，宿州市一中学学生上体育课时意外死亡，家长围堵学校大门，摆花圈、拉横幅。2018年，湖南信息学院校园湖内一学生溺水身亡，家属索要200万元赔偿，还做出围堵校门、拉横幅标语、抱遗像示威要挟等行为。2018年，有家长在江都区实验小学门口拉黑白横幅，甚至还跪在江都教育局门口鸣冤，主要诉求是老师多次殴打辱骂学生，然而真正的起因却是学生扰乱课堂被老师“拖”到隔壁办公室，而家长来到学校却责备老师打骂学生。此前还有一次是监考老师因为学生扔掉试卷而顺手用试卷敲学生头，后老师赔偿几万元才平息了一场闹剧。

② 参见冯琪：《五部门发文严惩8类“校闹”行为：安全事故学校确有责任的要依法、及时进行伤害赔偿，责任明确前学校不得赔钱息事》，载《新京报》2019年8月21日，A01版。

实践活动的开展，强制签署假前安全告知书等形式主义举措的盛行，以及教师“教育惩戒缺位”等问题。而“限制研学旅行”“假前安全告知”“教育惩戒缺位”等都是学校或教师为避免“校闹”事件的发生，而采取的防御性应对措施，最终结果将会使得学生、家长、老师以及学校的权益都得不到有效保障。无疑，“校闹”问题值得学术界关注探讨。

由于“校闹”事件愈演愈烈以及造成了严重后果，学术界也渐渐开始关注起来。学术界在学生伤害事故的相关研究中一般会涉及“校闹”的有关问题，直接针对“校闹”的研究也在慢慢增多，特别是在2019年6月25日《教育部等五部门关于完善安全事故处理机制维护学校教育教学秩序的意见》发布以后，相关“校闹”问题的研究迎来了高峰。

然而，虽然化解“校闹”的现行制度多种多样但很少被采用。从学生（家长）这一方的情况来看，化解“校闹”的相关途径有如保险、协商、调解、诉讼等。以中央立法为例，《学生伤害事故处理办法》在第二章就规定了“事故与责任”，其第8条至第14条明确了学校承担责任的法律依据，学校、学生或者监护人、第三人应承担责任的情形，学校已履行了相应职责或学校行为并无不当时不承担责任的情形，学生、教师以及其他个人应该承担责任的情形。① 因此，就绝大部分情况来看，当发生教学管理事件或者学生伤亡事故时，责任划分还是有据可依的。在《学生伤害事故处理办法》第三章“事故处理程序”中，规定了协商、调解、诉讼等解决纠纷的途径，并对三种途径的次序做了一定的安排。② 在《学生伤害事故处理办法》第四章“事故损害的赔偿”中，规定了赔偿的范围和标准、伤残鉴定异议的处理、学校有责任时适当的经济赔偿与无责任时适当的经济帮助。③ 在《学生

---

① 《学生伤害事故处理办法》第8条是总括学校按照相关法律法规承担相应责任的规定；第9条详细规定了学校应该依法承担相应责任的、具体的十二种情形；第10条规定了学生或者未成年学生监护人过错造成学生伤害事故而应当依法承担相应责任的五种情形；第11条是对其他第三人有过错而承担责任的规定；第12条规定了学校已履行了相应职责，行为并无不当时，无法律责任的六种情形；第13条规定了学校行为并无不当，不承担事故责任的四种情形；第14条规定了学生、教师以及其他个人应该承担责任的情形。

② 《学生伤害事故处理办法》第18条规定了通过协商、调解、诉讼等途径解决学生伤害事故，第19和第20条还对调解的程序大概作出了规定，第21条甚至还规定了调解不成的可以诉讼。

③ 《学生伤害事故处理办法》第24条规定了赔偿的范围和标准；第25条规定了伤残鉴定异议的处理；第26条规定了学校有责任时承担适当的经济赔偿，但也明确规定了经济补偿不包括的项目，以及学校无责任时的经济帮助。

伤害事故处理办法》第五章“事故责任者的处理”第36条规定了“校闹”相关人员的责任。① 因此对于所发生的绝大多数教学管理事件或者学生伤亡事故，责任划分是有据可依的。“发生校园人身伤害事故，如果校方有责任，家长完全可以通过合法手段，诉诸法律得到应得的经济补偿。但在现实中，很多家长并不愿意选择通过法律手段来解决纠纷。”②

一旦发生学生伤亡事故，有些家长往往不去讨论是不是学校或教师的责任，总趋向于找学校和教师讨要说法。并且家长方还可能认为，如果通过诉讼渠道寻求解决，不仅耗时较长、律师费高昂，一般还得不到或只能得到较少的人道主义补偿，因此不愿走诉讼渠道。而通过调解或协商渠道解决时，“闹一闹”好像成了前置程序。法律法规中对这一点也有相应的规定，如《学生伤害事故处理办法》第26条规定学校可以给予适当的经济赔偿与帮助。③ 这就进一步助长了家长方“校闹”的行为。另外，为尽快平息“校闹”事件、维护学校声誉以及减少不必要的折腾，学校方一般愿意以此规定为依据通过经济补偿终结该事件。然而，校方的这一解决方式往往会造成破窗效应，不仅容易使社会产生学校无过错家属也可获得补偿的错误观念，还可能诱发“按闹分配”的非理性心理。学校面对愈演愈烈的“校闹”事件，可能一再退让，最终形成“不闹不解决，小闹小解决，大闹大解决”的畸形处理方式以及恶性循环。

2.“校闹”僵局的缘由

针对“校闹”行为，法律法规早已有相关规制，但收效甚微；“校闹”是一种违法或犯罪行为，可当事人却很少受到应有处罚；化解“校闹”的现行制度多种多

---

① 《学生伤害事故处理办法》第36条规定：“受伤害学生的监护人、亲属或者其他有关人员，在事故处理过程中无理取闹，扰乱学校正常教育教学秩序，或者侵犯学校、学校教师或者其他工作人员的合法权益的，学校应当报告公安机关依法处理；造成损失的，可以依法要求赔偿。”

② 乔锦忠：《防范“校闹”需“多管齐下”》，载《人民教育》2016年第2期。

③ 以《学生伤害事故处理办法》为例，其第26条规定：“学校对学生伤害事故负有责任的，根据责任大小，适当予以经济赔偿，但不承担解决户口、住房、就业等与救助受伤害学生、赔偿相应经济损失无直接关系的其他事项。学校无责任的，如果有条件，可以根据实际情况，本着自愿和可能的原则，对受伤害学生给予适当的帮助。”

样，被采用的却很少。① 既然相关法律法规早已出台，刑罚措施早有规定，那为何“校闹”最终还会成为一个社会难题？② 深究其原因，大概可以总结为以下两点：

第一，家属方权利意识膨胀，但其法律义务意识不强。

随着个体权利意识的觉醒，人们开始恣意地宣扬权利、狂热地主张权利，权利走向了过度化的一面。所以，现实中，不免有家属一遇到教学管理方面的不满之处或学生伤亡的事件，首先想到的就是己方权利受损，因而必须维权，而学校或教师就成了自然的责任承担者，且承担的还是“无限责任”。“尊师重道”的传统美德被抛诸脑后，甚至慢慢演变成，一些家庭原因导致学生自杀且发生在校外的事故，有些家属也会径直地找到学校索要赔偿或补偿。此外，有些家属从人道主义补偿的法律规定以及社会现实案例中看到了获得利益的机会，而学校和地方政府往往也愿意“花钱买平安”，因此闹事家属的不合理要求也可能会得到应允，因而导致家属方产生了闹得越凶获得的利益也就越多的非理性心理。再有，孩子对于家庭的重要性不言而喻，特别是当下家庭结构组合往往以独生子女居多，因而对孩子的宠溺以及重视度达到了顶峰，甚至出现了“唯孩子至上”的现象，因此原本很小的教学管理事件极其容易被放大。这也就是对比以往，教师越来越不敢也不能行使教育惩戒权的原因之一。上述这些因素最终促成了家属方的权利主张过度。

与之相对，家属方的法律义务意识却不强，甚至还出现了错误的法律观念。比如有些家属倾向于认为，基于己方权利受损前提的某些过激的行为是情有可原的，并且错误地把传统社会中“死者为大”等照顾弱者的思想泛化，因此认识不到自己行为的违法性。或者有些家属认为自己的违法行为能够得到学校方的谅解，

① 有关“校闹”的中央层面的立法主要集中在四个文件，即《学生伤害事故处理办法》《中小学幼儿园安全管理办法》《国务院办公厅关于加强中小学幼儿园安全风险防控体系建设的意见》《教育部等五部门关于完善安全事故处理机制维护学校教育教学秩序的意见》。有关“校闹”的地方立法，大体可以分为两类：一类是在学生伤害处理的相关地方立法中涉及“校闹”问题的规范，共17部；另一类是在学校安全管理的相关地方立法中涉及“校闹”问题的规范，共19部。“校闹”行为可能构成妨害公务罪、寻衅滋事罪、聚众扰乱社会秩序罪、故意毁坏财物罪、非法拘禁罪、故意伤害罪和聚众扰乱公共场所秩序、交通秩序罪等七种罪名。而先行制度有如保险、协商、调解、诉讼等。

② 当然，也存在教师（学校）方在处理具体学生伤亡过程中，因其态度和方式方法不正确，导致“校闹”发生的情况。这不属于我们此处所讨论的“校闹”难题，因为这是教师（学校）方过错所导致的，教育和规范学校相关处事人员的行为，是解决此类“校闹”问题的应有途径。

就算违反《刑法》或者《治安管理处罚法》也不需要承担相应的刑罚处罚或治安处分。再有,有些家属对于《刑法》或犯罪构成的认知有误,认为只有故意杀害导致的死亡或重伤才构成犯罪。殊不知,《刑法》所保护的利益不仅包括公民人身,还包括公共安全、社会秩序、财产权利等。如上述"校闹"行为的七种罪名中的妨害公务罪、寻衅滋事罪、聚众扰乱社会秩序罪、故意毁坏财物罪、非法拘禁罪和聚众扰乱公共场所秩序、交通秩序罪等六种均不以人身伤害为犯罪的构成要件。综上,家属方为获得更多利益,在误以为不会因此付出相应代价的前提下,"校闹"现象愈演愈烈。

第二,校方无相关执法权力,处理问题多以提高赔偿金数额为代价来息事宁人。

与家长权利主张狂热相对的是,迫于自身因素的考虑或者上级领导意志的影响,学校方考虑的是如何息事宁人。自身因素方面,比如学校是事业单位,未被赋予相关治安的执法权力,因此遇到"校闹"等家属方的过激行为时,学校对"校闹"行为不能有强制性的规制,不能采取私力救济,只能求助派出所等治安机构给予公力救济。另外,学校还会考虑"校闹"事件的出现会影响学校诸如安全文明等奖项的评比,可能也会考虑出现"校闹"事件会影响学校来年的招生,不利于学校的经济创收以及未来发展。上级领导意志的影响在于,在稳定压倒一切的错误思想影响下,上级领导为了政绩等的考虑,往往以杜绝"校闹"事件的发生为要求;而就算免不了发生"校闹"事件,也总要求尽早尽快解决,将影响降至最低。在上述内在和外在因素的影响下,遇到"校闹"事件,校方也不得不作出妥协,故学校总是倾向于通过提高赔偿金的额度来平息"校闹"事件。

相应地,赔偿金的相关规定并不完善,如对于赔偿金的筹措,法律规定得并不详细。《学生伤害事故处理办法》第 29 条仅规定赔偿金由学校负责筹措,学校无力筹措的由学校的主管部门或者举办者协助筹措。① 这一规定过于抽象,缺乏可操作性。现实案例中,赔偿金的来源可谓五花八门,有通过基金会筹措的,有由政

---

① 《学生伤害事故处理办法》第 29 条规定:"根据双方达成的协议、经调解形成的协议或者人民法院的生效判决,应当由学校负担的赔偿金,学校应当负责筹措;学校无力完全筹措的,由学校的主管部门或者举办者协助筹措。"

府专项资金筹措的，有号召师生捐款的，甚至还有号召全区的师生捐款的。而且，赔偿金的来源并不涉及学校利益或领导绩效，因此学校也乐于通过赔偿金的方式化解“校闹”矛盾。再有，学校出于人道主义给予的赔偿或者补偿金，往往没有明确可依据的制度和程序。这一系列连锁反应，最终可能会导致“校闹”愈演愈烈，使后发生的“校闹”事件的家属方总期望能得到不少于之前“校闹”事件的补偿金，而不管事件的严重程度以及学校方责任的大小，当补偿金的要求得不到满足时，家属方便加剧“校闹”的态势直至学校妥协为止。这也就是赔偿金解决不了“校闹”现象，反而使之越发严重的原因所在。

3.“校闹”困境之出路

《教育部等五部门关于完善安全事故处理机制维护学校教育教学秩序的意见》作为专门针对“校闹”的中央文件，提出要突出“预防为先”、实现“不闹也赔”、强调“闹也不赔”、做到“坚决打击”、坚持“联合治理”等五个方面的指导意见。该文件的出台，使“校闹”的相关治理不再茫然，为校闹问题的解决提供了不少思路。本书充分肯定上述文件对“校闹”问题相关措施的梳理和总结的价值。该文件中所提到的部分措施在现实中早已存在，只是很多强制措施没有得到很好的实施，相信通过此文件的明确与强调，对有关“校闹”的非理性处理方式会起到振聋发聩的作用。

然而，与此同时，本书也注意到该意见注重通过外部路径对“校闹”的相关问题进行预防与规制，而忽略了内部路径这一关键方面，即“权利谦抑”这一根本性问题。在该文件的最后提到了“各地可以结合实际，制定贯彻实施本意见的具体办法”本书赞同应该对该文件的内容进行进一步细化的规定，加快制定相关中央和地方立法，以确保“校闹”规制的有法可依、有章可循。然而，法治并不简单地等于法律之治，有关道德、习俗等规范也在法治中占有一席之地；法治也是所谓的立法之治，还包括法理、司法等维度的治理。法治思维包括立法思维，但也不仅限于此。故而，我们需要跳脱出仅仅通过立法解决“校闹”问题的思维方式，还应该关注法理以及司法等方面，以期对“校闹”问题有更高效能的解决方法。正因如此，本书试图引入“权利谦抑”这一概念，试图将其作为解决“校闹”问题的内部路径，以求从根本上缓解“校闹”现象。主要有以下三个方面的内容：

首先，“校闹”现象之所以出现，很大部分原因是权利主张的狂热化，家属方在不享有权利的情况下主张权利，或者说在享有一定的权利情况下过度地主张权利。当然，也包括主张权利的手段超出法定范围等。基于此，提炼出“权利谦抑”这一法理原则，以期有助于引导公民树立正确的权利观，如至少认识到权利应对社会公共利益有益或至少无害、应具备已达成社会共识的特征、应具有可行性；权利主体应具有良善的品德，要正当地主张权利，进而对“校闹”现象可以起到一定的缓解作用。这也是从本源上解决“校闹”问题的有效方法。

其次，应该加大对“校闹”这一违法犯罪行为的处罚和普法宣传，让民众对“校闹”行为有清楚的认识。比如司法行政机关要坚守法律底线，家长方如果违反了法律法规的相关规定就应该受到《刑法》或《治安管理处罚法》的及时处罚。普法教育时可通过建立相关典型案例数据库，以推广处理“校闹”问题的经典案例，另外也可以编写相关案例书籍，对民众进行普法宣传。以此，让民众认识到“校闹”行为可能导致治安处分以及刑罚处罚，因此能坚守权利谦抑原则，而不敢使权利主张狂热化即采取“校闹”行为。

最后，赔偿金或补偿金的制度化。只有对赔偿或补偿的资金进行制度化、程序化规定，杜绝学校想赔多少就赔多少的情形出现，才能使家属方的权益得到平等的保护，才能规范学校方的相关赔偿行为，以此消除家长方“按闹分配”的心理，真正做到“不闹也赔”和“闹也不赔”。由此，本书建议超过一定金额的补偿或赔偿必须交由人民调解委员会等客观的第三方组织进行，而不是给予学校这一决定权。这样一来，也可以消减家长方的权利主张狂热行为。

当然，需要强调的是，本书并不是主张家长方要一味地忍让而不进行维权，而是旨在说明家属方的合法权益应该受到保护，但同时需要限制家属方权利主张狂热的行为，以引导家长方树立正确的权利观，保有权利谦抑的精神。

（二）教师（学校）的防御性应对的典型：“教育惩戒缺位”

随着现实中一些具体案例的发生，教师“教育惩戒缺位”的现象已经引起了学术界的广泛关注，特别是 2019 年《中小学教师实施教育惩戒规则（征求意见稿）》的发布，更是引发了学术界热议。然而，学者们关注的重点一般是通过对教师教育惩戒权的证成以及相关立法和制度机制的完善，以保障教师的教育惩戒权；[①]或者是讨论教育惩戒权的边界以及规范行使；[②]而对于教育惩戒权到底是权利还是权力，学界也有过不少争论，近年来主流观点已慢慢接受教育惩戒权是一种权力。如"'教育惩戒权'的实质是'教师管理权'。"[③]"教育惩戒权作为一种公权力。"[④]"权力性格说、权利性格说和双重性格说是学术界对教育惩戒权本质属性辨析的三大主流观点，从教育惩戒权的历史渊源及发展的角度分析，教育惩戒权是一种具有伦理性质的'权力'。"[⑤]由此可见，法学研究中也是近年来才开始关注到家校矛盾中的权力保守问题，但与"校闹"问题一样，很少会有学者直接专门论述教师的权力保守。

深究教师教育惩戒之所以缺位，其原因是多方面的，本部分试图从法理的角度思考教师"教育惩戒缺位"的因素，探究其根本原因是权利主张的狂热化。因而，为缓解权利主张狂热的现象，也为减少教师因采取防御性应对措施而不惩戒的现象，试图引进权利谦抑这一概念，最终通过塑造正确权利观与培养公民美德、立法明确教师教育惩戒权，让教育主管部门以及学校成为教师的保护者，促使舆论报道客观中立等路径实现权利谦抑，以促使教师教育惩戒理性回归，保障教师教育惩戒权的行使。

1. 教师"教育惩戒缺位"的现状

理论研究方面，教师教育惩戒研究的兴起并不在近几年，至少可以追溯至20

---

① 参见周贤日：《论教师教育惩戒权》，载《华南师范大学学报（社会科学版）》2020年第4期；管华：《教育惩戒权的法理基础重述》，载《华东师范大学学报（教育科学版）》2020年第3期；闻志强：《教育惩戒的中国问题及其应对》，载《大连理工大学学报（社会科学版）》2020年第2期；任海涛：《"教育惩戒"的概念界定》，载《华东师范大学学报（教育科学版）》2019年第4期。

② 参见马焕灵、曹丽萍：《论教育惩戒的限度》，载《湖南师范大学教育科学学报》2020年第4期；刘旭东：《教育惩戒权的立法规制研究》，载《湖南师范大学教育科学学报》2020年第1期；王晓强、戴栗军：《教育惩戒权的行政法规制》，载《高教探索》2020年第1期；綦侠：《教师教育惩戒权行使的规范与协同》，载《教育学术月刊》2019年第12期；余雅风、张颖：《论教育惩戒权的法律边界》，载《新疆师范大学学报（哲学社会科学版）》2019年第6期。

③ 谭晓玉：《教育惩戒权的法理学思考——兼评〈青岛市中小学校管理办法〉》，载《复旦教育论坛》2017年第2期。

④ 余雅风、张颖：《论教育惩戒权的法律边界》，载《新疆师范大学学报（哲学社会科学版）》2019年第6期。

⑤ 马焕灵、陈美艾：《教育惩戒权的生成逻辑与立法思考》，载《教育科学研究》2021年第8期。

世纪90年代。在教师教育惩戒权研究的初始阶段,基于教师惩戒所导致学生人身权益损害的案例繁多,研究主题偏向于教育惩戒的滥用,研究内容则聚焦于对教师教育惩戒权的合理合法证成以及具体规范的机制与措施等方面。而近几年,越来越多学者注意到教师"教育惩戒缺位"的现状,因而呼吁要通过立法等渠道赋予教师教育惩戒权;或是通过国外经验的介绍,以此说明我国也应该建立起教师教育惩戒的相关制度。① 立法实务方面,无论是中央立法还是地方立法都开始意识到赋予教师教育惩戒权的必要性,"惩戒"一词开始出现在立法中。2016年12月30日《青岛市中小学校管理办法》(已被修改)通过,该地方政府规章规定"中小学校对影响教育教学秩序的学生,应当进行批评教育或者适当惩戒"。这是"惩戒"一词在我国法律体系中的首次出现,引发了社会广泛关注。而后,2019年6月23日国务院等印发《关于深化教育教学改革全面提高义务教育质量的意见》,该文件明确提出"制定实施细则,明确教师教育惩戒权",以督促教师正确行使教育惩戒权,既不过度惩戒也不惩戒松懈,以期保护师生权益及减少家校矛盾。紧接着,2019年11月,教育部进一步颁布了《中小学教师实施教育惩戒规则(征求意见稿)》,《中小学教育惩戒规则(试行)》已于2020年9月23日审议通过,自2021年3月1日起施行。地方性法规方面,"惩戒"一词在我国的首次出现是《广东省学校安全条例》,该条例已于2020年4月29日发布。从上述理论研究与立法实务的情形不难看出,教师"教育惩戒缺位"已成为一个不得不面对的现象。另外,社会实践中的一些具体案例也能在一定程度上反映了教师"教育惩戒缺位"的现实必然性:

广州某中学数学老师劝谕一名同学上课不要玩游戏卡片不成后,准备收取游戏卡,却被该学生从背后卡住脖子,被劝开后,仍受到学生的辱骂与人身威胁。②

上海一中学要求参加升旗仪式必须统一校服,班主任让穿超短牛仔裤和露脐

---

① 参见穆翎:《美国公立中小学教育惩戒的改革实践与价值转变——从"零容忍"到支持性教育惩戒》,载《比较教育研究》2020年第9期;尹雅丽、马早明:《严守戒尺的"界"与"度":澳大利亚新南威尔士州教育惩戒政策探索》,载《外国教育研究》2020年第7期。

② 参见许俏文:《教师遭遇"暴力"怎么办?》,载《广州日报》2002年12月11日,第1版。

装的女生回家更换，该女生却以剥夺其上课权利为由，向电视台曝光。①

信阳高中明文规定学生不准带手机进教室，而该学校一老师因批评学生上课带手机，被学生家长殴打致右耳膜穿孔。②

赤壁某初中老师，批评了一位逃课去网吧的学生，结果学生离家出走，老师苦寻 6 天才将其找回。③

扬州某小学门口家长拉起黑白横幅，甚至还跪在教育局门口鸣冤，主要诉求原因是家长认为老师多次殴打辱骂学生。然而真正的起因却是学生扰乱课堂，经多次提醒警告后被老师带到办公室，而家长来到学校却责备老师打骂学生，要求巨额赔偿，以及检讨开除该教师。此事件之前，还有一次是监考老师因为学生扔掉试卷而顺手用试卷敲学生头，后老师赔偿五万元才平息了一场闹剧。④

上述类似案例不胜枚举。教师因为教育惩戒学生可能会遭到学生及家长的打骂侮辱，可能被要求巨额赔偿或被辞退开除，以及还可能导致学生出现极端行为进而引发"校闹"等影响较大的事件。教师因惩戒可能会承担上述多种风险，为保险起见，因而很多教师不再也不敢对学生进行教育惩戒。教师教育惩戒的缺位可以说是教师面对权利主张狂热化而采取的防御性措施，以此对自己进行保护，防范风险的出现。

2. 教师"教育惩戒缺位"的缘由：家长权利主张狂热化的应对

学界对教师教育惩戒权的认识并不是一步到位的，其相关制度的完善也并非一蹴而就的。如有学者通过对澳大利亚新南威尔士州教育惩戒制度的发展进行研究发现，其对教育惩戒的认识经历了"认同体罚—废除体罚—惩戒入法"的过程。⑤ 我国教师教育惩戒仍处于缺位的状态，其原因是多方面的。比如有学者认为"国家对教育惩戒的限度界定不清，教师对教育惩戒的概念认知模糊，是导致

---

① 参见李小伟、沈祖芸：《教育惩戒，在雷池边缘行走：一个困扰学校教师、学生的话题》，载《中国教育报》2002 年 12 月 28 日，第 3 版。

② 参见张烁：《"老师不敢批评学生"谁之过》，载《云南教育（视界综合版）》2017 年第 2 期。

③ 参见张烁：《"老师不敢批评学生"谁之过》，载《云南教育（视界综合版）》2017 年第 2 期。

④ 参见孟伟：《根治"校闹"尚需依法治教》，载《法治周末》2019 年 8 月 28 日，第 1 版。

⑤ 参见尹雅丽、马早明：《严守戒尺的"界"与"度"：澳大利亚新南威尔士州教育惩戒政策探索》，载《外国教育研究》2020 年第 7 期。

教育惩戒权在现实运行中呈现出‘强’与‘弱’两极化态势的根本所在”。[①] 有学者通过实证分析得出“教师教育惩戒能力受到价值感知、法律支持、校长支持和家长支持的影响”的结论。[②] 有学者从中小学教师、家长方面及媒体、教育立法部门、中小学校的管理操作层面等方面，对教师“教育惩戒缺位”进行了较为全面到位的原因总结。[③] 也有学者进行过相关调查，其调查结果显示，有68.2%的教师“不敢惩戒学生，怕惹麻烦”，8.2%的教师表示“说不清”，仅23.6%的教师表示没有此种想法即没有“不敢惩戒学生，怕惹麻烦”的想法；而严厉批评学生时，担心学生有偏激行为的教师占41.1%，担心家长有偏激行为的教师占38.00%，担心管理部门追究的教师占5.4%，担心社会舆论的教师占5.2%，担心其他因素的教师有10.3%。[④] 虽然学者们对于教师“教育惩戒缺位”的研究所呈现出的结果各异，然而，对这些原因进行分析，我们发现，教师“教育惩戒缺位”的根源在于权利主张的狂热化。下面将通过《茂县教育局关于凤仪小学老师体罚学生处理情况的通报》来进行详细说明。

首先，事情的经过是某小学夏老师利用午休辅导学生作业时对何某进行批评教育，过程中使用了抽拉教鞭打何某臀部。而在当晚夏老师道歉后，何某家长第二天仍采取了报警以及向教育局反映的方式主张自己的权利。之后，教育管理部门及学校承诺了三点，即对何某进行医治与心理辅导、要求夏老师道歉并书面检讨、教育局严肃处理夏老师并让其承担医疗费用。实际上，夏老师受到了派出所的训诫、县教育局及学校负责人的批评教育。针对这三点承诺，作出了以下处理：(1)何某家长在带何某在县医院诊治后，还在几位老师的陪同下去了四川大学华西医院诊治，结果是“皮下软组织损伤，三七片泡水口服即可”；(2)县教育局紧急召开专题党组会，对夏老师作出了严肃处理；(3)县教育局及学校积极协调联系心理专家，做好了对何某进行心理疏导帮扶的各项工作。此事对夏老师的处理最

---

① 马焕灵、曹丽萍：《论教育惩戒的限度》，载《湖南师范大学教育科学学报》2020年第4期。

② 参见秦鑫鑫：《我国中小学教师教育惩戒行为与能力的实证研究》，载《湖南师范大学教育科学学报》2020年第2期。

③ 参见马振云、朱成科：《中小学教师惩戒权的现实失落与理性回归》，载《现代中小学教育》2018年第3期。

④ 参见刘冬梅：《中小学教师惩戒权的调查与思考》，载《教师教育研究》2016年第2期。

终为:(1)记过处分;(2)夏老师调离该小学去到偏远乡镇小学工作;(3)责令作出深刻书面检查,向学生家长当面道歉,并承担医疗费用;(4)取消当年教师绩效及年度目标考核奖励。在该通报的最后,县教育局还要求全县各校园及广大教师引以为戒、深刻汲取教训。从该通报不难看出虽然学校以及教育局的做法于法有据,虽然学生家长的做法也情有可原,但总能感觉出夏老师的悲屈。

正如学者所说:"由于片面强调赏识、尊重以人为本的教育,导致了社会、学校、家庭对孩子形成了一种畸形的保护,学生犯了错误,老师现在根本就不敢管。"①我们应该清楚的是,教育惩戒是与赏识教育并存的教育手段,惩戒是教育的应有之义,缺乏惩戒的教育并不是完整的教育。在我国古代,流传着"教不严,师之惰","严师出高徒"等谚语,并且教师还可以用"夏楚"树条来作为惩戒学生的器具,最终形成了尊师重道的传统,被广为传颂。然而,当今,在我国的法律体系中,如《教育法》《教师法》等法律中都仅规定了不得体罚与变相体罚学生,却没有提及教师教育惩戒权,而且对于何为体罚也没有作出清晰的界定。这在一定程度上放大了法律对学生权益的保护,因而实践中往往会将体罚作广义解释,进而容易将教育惩戒的情形与体罚的情形相混同,由此可能会导致教师的教育惩戒行为被扣上体罚的"帽子",也由此为学生及家长的权利主张狂热提供了理由以及看似"合法律化"的依据。这也就是上述案例中,何某家长之所以在夏老师道歉后,仍通过找学校、教育局、派出所等各种渠道维权,是因为他们觉得用抽拉教鞭打臀部致使淤青,这就是体罚,而没有将其认为是教师的一种教育惩戒。暂且不论"皮下软组织损伤,三七片泡水口服即可"的伤情是否构成体罚,夏老师的这一举动确实以教育为目的,我们不能完全排除其中教育惩罚的含义,因而不能将该事件视为一个纯粹的老师体罚学生的事件,进而对老师进行各种处罚。

其次,是家长较为矛盾的态度。一方面,家长会认为,学校承担了教育小孩的责任,因而不太重视家庭教育,一有问题就找学校找老师,好像学校与老师需要承担教育小孩的"无限责任"。这是家长权利主张狂热的一方面。另一方面,家长对孩子进行无条件的袒护。随着权利呼声的日益高涨,以及害怕自家小孩受侵害的担忧,家长对于老师的行为不再包容,老师一有稍微出格的行为,家长想到的是

① 刘永刚:《把惩戒权还给老师》,载《中国教育报》2007年3月27日,第1版。

小孩权益受损,以及如何进行权利的维护。这是导致家长权利主张狂热的另外一个原因。上述案件中,对于夏老师利用午休辅导学生作业的行为,家长是欣喜的。然而,对于夏老师在批评教育过程中使用教鞭打臀部的行为,家长却无法接受也无法谅解。夏老师的行为虽然存在出格的部分,然而还有一部分原因是家长把这个出格行为放大了。因而,当家长在接受夏老师的道歉后,还是不放心,进而向县教育局进行举报,并且还报了警。另外,在县医院就能成功诊治的小伤情,因为家长对孩子权益的高度重视,最后还是去了成都市里的医院检查。对于孩子的心理问题,家长也极为担心,因此要求心理专家做心理疏导帮扶好像也成了必要性的。无疑,上述情形都是家长在该案中权利主张狂热的具体表现。也有可能家长还存在“按闹分配”的心理,认为权利主张过度时,家长方不会有责任,且要求越多可能获得的承诺也越多,这也是家长权利主张狂热的原因之一。①

最后,教育主管部门及学校方不太注重保护教师的权益,不能做教师强有力的后盾。教育主管部门以及学校方以为只要安抚好家长方即可,而教师作为“自己人”可以适当作出妥协。殊不知,这最终带来的将是家长方权利的主张更为过度,诱发家长方“按闹分配”的心理出现,形成破窗效应进而使其他家长可能效仿,最终沦入恶性循环的怪圈。上述案例中,教育局以及学校对于夏老师的处罚不能说不重,不仅记过处分,调离前往偏远乡镇小学,还责令书面检查、当面道歉以及赔偿医疗费,甚至还取消了其当年的教师绩效及年度目标考核奖励。对于夏老师在教学过程中的错误,先不说这是否也应该由学校承担一定责任,由学校出面做出相应的澄清与赔偿,以减轻夏老师的责任,我们看到的反而是,夏老师是站在风口浪尖的第一且唯一当事人,不仅要面对当事人的责难,还要面对学校内部甚至教育局的相关处罚。该通报全篇看不到夏老师的情有可原之处,甚至在该通报的最后还要求全县各校广大教师引以为戒,吸取教训。

综上所述,从教师教育惩戒法律依据的缺失到禁止体罚规定的一再强调,以及教育惩戒与体罚概念的模糊化,使二者难以清晰界别,因而也容易被家长方利用和误会,即将教育惩罚行为认定为体罚,这就为家长方的权利主张狂热提供了前提条件;家长方对小孩的过度保护,以及极为害怕小孩受到伤害的心理,使家长

① 当然在该通报中这一点似乎没有体现。

方的权利主张也会不由得狂热起来，且“按闹分配”的现状更是加重了权利主张狂热的发生；教育主管部门以及学校方的息事宁人，对家长方的各种容忍以及对教师的大力处罚，这也是诱导权利主张狂热的原因之一。基于以上三个方面的理由，教师为了避免因教育惩戒所引发的抗压力较弱同学的不理解心理，也为了避免教育惩戒所激发的家长方的维权过度，更为了不被教育主管部门以及学校惩戒，因此干脆放弃教育惩戒，以防止风险的发生，这也不难理解了。因而说，权利主张狂热是教师“教育惩戒缺位”的根本性原因。

3. 实现权利谦抑以保障教师教育惩戒权

在法学界，谦抑这一概念最先被日本学者应用于刑法领域，20 世纪 80 年代被我国刑法学者引入。而随着刑法谦抑性研究的兴起，在经济法、民商法、行政法等部门法领域以及司法、立法等领域，相关谦抑性问题也渐渐地被一些学者谈起。将谦抑引入法理研究范畴，符合学术研究的发展趋势。鉴于上述权利主张狂热导致教师教育惩戒缺失，教师不敢教育学生进而可能给学生、学校、家庭、社会都带来一系列危害，因此本书提出引入权利谦抑的概念，以此缓解家长方的权利主张狂热行为，引导家长方正确主张权利，也为弥补教师因担心家长方权利主张狂热引发的风险，进而采取防御性应对措施，即“不惩戒或不敢惩戒”所导致的教师教育惩戒缺失。联系到本部分主题，权利谦抑，指家长方在遇到教师正当教育惩戒时，应该保持一份宽容、理解的心态，允许教师合理、合法地适用一定的惩戒措施；而当教师教育惩戒过度时，家长方在维权的同时，也应该注意到不过分放大自己的权利，需要考虑教师在实施教育惩戒行为时的教育本质，因而应当节制审慎地行使权利。“行使权利太过，成为不公正。”在尊重和保障公民正当权利的同时也应该警惕权利狂热现象，这样不仅能引导公民正确行使权利，还能减少防御性应对措施的出现，反过来又将有利于权利的行使。总之，限制权利并不是要阻碍权利，而是为了更好地实现权利。从权利谦抑的角度看，保障教师教育惩戒的行使主要有以下路径：

第一，正确权利观的塑造与公民美德的培养。在大肆宣扬权利话语的当今，“医闹”“校闹”“赔衣门事件”“为获购房资格而假离婚”“缠诉滥告闹访”等权利主张狂热的行为，以及“摔倒不敢扶”“限制研学旅行”“假前安全告知”“术前签字”等基于权利主张狂热而采取防御性应对措施的现象屡见不鲜，已成为当下中国较为严重的社会病症。权利主张的狂热不仅会造成权利泛化进而消解权利，还可能有损公共秩序、不利于社会稳定、侵害公共利益、浪费司法资源，甚至会导致社会生活中真善美的缺失，人人自危而不敢实行仁义。因而我们需要塑造正确的权利观。如权利应该对社会公共利益有益或至少无害，权利应该具备已达成社会共识的特征，权利应该具有可行性。另外，还需培养公民的美德。如权利主体应该具有良善的品德，要正当地主张权利；其他第三人应该有勇气对权利滥用的情形说不，而不是避而远之。只有通过引导家长塑造正确的权利观，才能重拾社会生活中的真善美，让教师拥有一定的自由权利以及尊严，进而更好地教育学生，实现依法治校。

第二，立法方面，明确教师教育惩戒权。相关法律仅强调不能体罚，然而却没有对教师教育惩戒进行规定，这是不合适的。这样释放出来的信号是，体罚绝对不准，而教育惩戒也好像没有被赞扬，因此在具体事件中很可能会造成体罚范围的扩大化。比如将罚站等都纳入体罚的范围是不合适的。“超过了法律定的罚站时间、超过了法律规定的罚抄作业、额度等惩罚行为才是‘体罚’。”[①]界定教育惩戒时应该对“惩罚”一词适当限缩，即只有超过时间和强度的教育惩戒才能构成惩罚。只有在立法上明确了教师教育惩戒权，才能给实施教育惩戒行为的教师以定心丸，其有了法律的依据和支撑，自然会更加有底气进行适当的教育惩戒。另外，也只有在立法上明确了教师教育惩戒，才能有效抵制家属方的权利滥用行为，这样便可以保障教师教育惩戒方面的合法权益。当然，在明确细化教师教育惩戒权的同时，也应当对这一权利进行规范。从中央和地方两个层面出发，在立法法理学观念的指导下，制定和完善相关法律法规，既保障权利又防止其滥用。中央有关教师教育惩戒的文件暂且还只有《关于深化教育教学改革全面提高义务教育质量的意见》，并且该文件中针对教育惩戒权的规定简短到仅一句话。2019年12月22日，教育部下发《关于〈中小学教师实施教育惩戒规则（征求意见稿）〉公开征求意见的通知》，这意味着正式相关法规制定开始启动。历时将近一年，《中小学教育惩戒规则（试行）》已于2020年9月23日教育部第3次部务会议

① 任海涛：《“教育惩戒”的概念界定》，载《华东师范大学学报（教育科学版）》2019年第4期。

审议通过,2021 年 3 月 1 日起施行。这是中央立法努力的第一步。地方立法层面,青岛市是全国第一个在地方政府规章中规定教育惩戒内容的,但也未能细化。2020 年 4 月 29 日通过的《广东省学校安全条例》,其第 56 条对教育惩戒进行了规定。[①] 而相比较于其一审稿的第 48 条,《广东省学校安全条例》删除了"罚站罚跑"等具体化的教育惩戒措施。在为广东省人大审慎谦抑立法感到欣慰的同时,我们也应该看到教师教育惩戒入法以及相关细化路径,任重道远。

第三,教育主管部门以及学校,应该做教师的保护者,在不偏袒教师的同时,也要适当保护教师,而不是将其作为当事人推出。教育主管部门以及学校方对家属方的一再忍让,只看到了近处该事件的处理,然而却没有看到远处存在的危害。一出事就对教师进行严重问责,这会打击教师教育惩戒的积极性,是导致许多教师不想惩戒和不敢惩戒的原因之一。另外,还会形成破窗效应,如果家属方在一个影响不大的教育惩戒行为上看到了教师所受的处罚或得到了自己的利益,则以后更小的教育惩戒行为也可能会激起家长方的维权欲望,进而陷入恶性循环。教师作为学校的员工,其教育惩戒行为应当视为工作行为,而因工作行为犯错时,学校需要承担一定的责任,不能把责任全部推给教师。另外,教育主管部门不能一味地问责学校和教师,不能放大惩罚,应该客观分析情形,在能给予宽宥时,主动出面向家属方解释问题,以求得谅解。

当然,一方面,本部分不是一味地强调教师的教育惩戒,在主张保护教师教育惩戒权的同时,本书也主张对教师教育惩戒权进行规范,以防止其侵害学生权益。另一方面,本部分也不是主张家属方要一味地忍让而不维权,本书只是强调家属方应该与教师形成合力,一起培育学生成才,因而呼吁可以给予教师适度的宽容和空间。总之,本部分暂且仅提出这样一种理念,呼吁大家能秉承权利谦抑精神,发扬尊师重道的优良传统,给教师以恰当合理的教育惩戒权。至于权利谦抑的度在哪里,这又是一个值得深入思考的问题,将在本书的结语部分"权利谦抑的限度"进行探讨。

---

① 《广东省学校安全条例》第 56 条规定,中小学校学生在校园内有用硬物投掷他人、推搡、争抢、强迫传抄作业等违反学校安全管理规定行为的,教师应当予以制止和批评,并可以根据实际情况采取与其年龄和身心健康相适应的教育惩戒措施。不得对学生实施体罚、变相体罚或者打骂、辱骂以及其他侮辱人格尊严的行为。

(三)结语

本书试图通过权利谦抑来引导民众树立正确的权利权力观,促使公民合理、合法、恰当地行使权利权力,以求让家长方不再权利滥用,让教师方不再因害怕权利主张狂热而采取消极的防御性措施——“不惩戒”而权责保守。具体措施方面,本书提出:

第一,强调“校闹”行为的违法性,社会舆论要敢于批判权利滥用行为。要及时惩处“校闹”行为、建立相关典型案例数据库,让民众对“校闹”这一权利滥用行为属于违法甚至犯罪行为有清楚的认识,不再试图通过此方法获取利益。同时,社会舆论等要有正确权利观,即权利应对社会公共利益有益或至少无害、应具备已达成社会共识的特征、应具有可行性等。舆论要分清是非,而不是一味地同情事件弱者。

第二,家属方应秉持权利谦抑精神,支持教师行使教育惩戒权。家属方应具有良善的品德,主张权利时应该秉承有限性与宽容性,警惕权利话语的狂热与过度,做到审慎对待权利、节制主张权利、宽仁化解权利冲突、尊重他人权利与社会公益,对教师适当的教育惩戒行为应予以理解支持。

第三,教育行政部门以及学校要勇于对权利滥用的情形说不,保障教师教育惩戒权的行使。教育行政部门以及学校对家长方的权利滥用行为不能一味地同情和容忍,甚至以牺牲教师权益换取形式和平,要勇于对此情形说不,做好教师的后盾,鼓励教师正确行使教育惩戒权。

第四,教师面对权利滥用情形不能避而远之地消极防御,权力不作为也是一种非正义。教师方应该积极面对家属方的权利滥用,如依据正当程序、保留证据等,但不能采取不惩戒等权力不作为的形式消极应对,需知权力保守也非正义。限制权利并不是要阻碍权利,而是为了更好地实现权利。

需要说明的是,本书旨在呼吁家长方给予教师适度的宽容和空间,并不是主张家长方要一味地忍让而不进行维权。因而,本书也注意到家长方权利谦抑的限度问题,主张在保有权利谦抑的同时注意其限度,使两者达至平衡状态。

二、家校关系中权利主张过度与防御性应对的其他典型情形

(一)学生举报泛滥与老师推诿不担责

因为教师惩戒而引发家校矛盾纠纷的事例很少发生在大学校园里,但是大学

教师放任学生不管的现象却十分常见。表面看上去这是大学里的自由氛围,值得赞赏,然而这一现象的出现,深受学生权利泛滥影响,可以说是对学生权利滥用的防御性应对。

比如,校长信箱的部分投诉,实则是学生的权利滥用行为。校长信箱是师生员工、学生家长甚至社会各界人士反馈学校办学过程中的各种问题或提出建议意见的渠道。校长信箱作为学生表达意愿的渠道,有着积极的意义,这也是当下学校鼓励学生通过此途径反映问题的原因。而在有些学生看来,其变成了学生挑战老师权威的途径。如有些大学生喜欢温和的老师,不想让老师干涉太多,想要更多的学习自由或大学生活方面的自由;但也有些大学生更青睐严格的老师,认为从教师更为严厉的课堂教风与平时作业的要求中,能克服惰性,学到更多的知识。不同学生对老师教学风格方面存在各异的需求,这无可厚非。然而,当有些学生以这些偏好为正经诉求,并通过校长信箱反馈,而学校也郑重处理这一意愿时,就难免会出现问题。

据笔者所知,有学生通过校长信箱举报老师在大三第一学期布置的平时作业多的问题。而针对这一事件,学校管理层竟然启动调查,要求老师写自诉澄清或学院写各种报告。甚至老师正常调课,并跟班级数次沟通而无人异议,且已经在教学系统中获得院领导审批,然而针对这一情况,也有同学通过校长信箱反映不满。同样,学校管理层还是启动调查,要求老师回应,甚至老师回应后学生仍不满,针对此,最终老师给予了数次回应。

从上述小事可以发现,不可避免地,有学生会滥用校长信箱表达自己的诉求,而学校管理层却未能甄别这些权利主张过度的行为,可以说学校管理层未能拥有从容决策的权力。当然,一方面,可以理解,学校管理层一面对投诉就启动调查是为了避免主观判断,想要全面而客观地了解相关事件,因此需要听取老师的自诉澄清。另一方面,也不难发现,学校管理层一再地让教师回应,要求知晓全部的事实真相,要求老师百分百有理有据,这无疑是对教师的苛责,而对于学生的无理诉求并不直接回绝,同时也是在规避可能的风险,以及逃避责任的承担,是权责保守的体现。学校行政的上述态度,无疑又进一步促使了部分学生过度主张权利。但与此同时,为规范教师行为,学校会出台繁杂的细则,诸如教学计划如何制订执行、教案如何撰写、试卷如何制作与批改、何种情况下能调课、一学期调课次数是多少,甚至包括PPT的字体大小如何、如何穿着以及不能拿饮料杯进教室等等。当教师必须听命于各种规则和表格时,老师也不再被允许去从容地做那些应该做的事情,也由此越来越多的老师被动或主动地丧失了课堂权威,对学生的态度不再是强硬的要求,甚至很多时候都不会给学生一个确定的答复,取而代之的是学校规则同意就好。而至于学校规则是怎样的,怎么解读学校规则,这些都交由学生去解决,教师存在推诿不担责的情况,不再有教师会主动按照实际情况来解释、适用学校规则。因为这样,老师可以逃避自身责任,能躲避学生权利滥用可能带来的风险。

这些事无巨细的规则,一方面是为保护学生的利益,另一方面也是旨在保护教师的权益,通过为教师提供各种行为准则与依据,让老师们尽可能地做到符合书面文字的无懈可击,而当老师执行了相应要求时,便可推导出教师按规章办事、行为合法合理的结论。殊不知,规则并不擅长于处理人类行为中的一切事情,上述学生投诉的问题无法通过制定一个完善的规则来加以解决。一方面,其会使老师们深陷各种表格的填写与各种档案的规整之中,"处处留痕"让老师们深受其累;另一方面,因为对学生权利主张狂热的恐惧,会使得一些教师僵化套用规则,失去自主教学的能力,导致出现不负责任的教师,选择最稳妥的而不是最合理的方式做事,因为只要符合规则、符合正当程序便无责。这种消极怠工不主动作为的教学态度,造成的不只是低效的教学质量,还可能会影响其他教师,造成教育文化的腐朽,乃至于最终,会有教师消极不作为,利用这些呆板的规则规避责任。到那时,教师的人格也将被大大贬低,教师不再受到尊重,成为一个没有灵魂和温度、只会喋喋不休地重复同样词汇和技术的教学机器人。这样一来,对于学生或教师来讲,均是灾祸。

此外,很多时候规则需要更多的规则辅助才能辨别生活中的细微区别。如禁止家长出现在课堂上的规则,可能最初制定针对的是某个家长愤怒之下做出了对师生有害的事情,然而,规则无法区分其与带着生日蛋糕来到课堂上的家长的区别所在,但其实人可以。我们应该要让教师能够自由地根据自己的最佳判断行事,应该给予教师自由。由此,我们应该通过权利谦抑化解学生的各种权利滥用行为，以此消解教师因防御性应对所采取的推诿不担责的行为，以激发教师们的创造性和自主性，让他们的热情和个人魅力得到充分展示。

（二）学生保研毁约与学校超发录取通知书

在高校中学生权利主张过度与教师或学校防御性应对的现象还有如保研时学生保研毁约与学校超发录取通知书。这一现象随着考研保研热潮的出现越发严峻，甚至2021年4月27日《光明日报》还发文《保研推免被鸽，问题出在哪?》，[①]缘由是一位双一流高校教授将学生这种“放鸽子”的行为晒在了博客上。另外，该文也提到，现实中，并非只有教授方会被学生毁约，学生拟录取后被学校取消的案例也时有发生。2024年11月11日《光明日报》再次发文《师生“互鸽”，让保研充满博弈?》。[②]

具体来说，常见的保研流程有参加目标院校院系主办的夏令营，取得预推免报名的录取资格，获得所在学校的保研资格，被教育部对学生信息进行备案而主办的正式推免录取。由于招生院校众多，夏令营安排的时间并不统一，而为了招收到优质学生，一般学校可能会在时间上有所提前。学生为了获得心仪学校的录取或者争取多个院校的保研资格以备自主选择，往往会利用不同学校夏令营存在的时间差，参加多所学校的夏令营招生。而针对学生多个保研院校备选的想法，也为防止发生录而不读的情形，学校会要求学生签订承诺书，即如果被录取则需入校就读。这就导致，学生如果签了承诺书就意味着要放弃更理想学校的可能录取机会，而如果不签承诺书但更理想学校招录失败的话，就意味着保研失败。然而，这种承诺书没有强制力，因此现实中，有些学生有了更好的选择后会违背承诺。同样，学校为了预防录而不读现象出现后导致的生源丢失的情况，可能会超指标发放拟录取通知书，这样一来，若没有学生放弃保研名额，就会导致超名额接收到录取通知书的同学的录取不被认可。

另外，在大学生与享有硕士生招生资格的教师之间，也存在权利滥用与防御性应对的博弈。如有学生在争取硕导招生名额时，会积极主动地展示自己与所联

① 参见李思睿:《保研推免被鸽，问题出在哪?》，载《光明日报》2021年4月27日，第1版。

② 参见林克:《师生“互鸽”，让保研充满博弈?》，载海报新闻2024年11月12日，https://baijiahao.baidu.com/s?id=1815467058182074036&wfr=spider&for=pc。

系导师的学术兴趣相关点，会夸大对老师及老师所在学校的亲赖，甚至还可能会虚假地表示“仅此唯一”的忠心。然而，因为老师之间没有很好的沟通渠道，学生在争取招生名额时的这些行为，可能对多位老师表达过，而当学生取得多位老师的招收承诺后，学生会在其中挑一个，并不会顾及由此给其他学生、老师或学校带来的麻烦。比如，老师会因同意了某同学的申请而拒绝其他同学，使本有机会录取的其他学生与研究生录取失之交臂，甚至有的老师可能因此而没有招收到学生等。另外，与学生这种“录而不读”的行为相对，招生老师很可能不会给予明确的答复，并不会主动跟学生说明自己有多少招生名额，已经有多少学生联系了，看到学生资料后对学生学术能力和综合能力的评判怎样，或者就算是不想招录时，教师也不会明确拒绝，取而代之的是欢迎报考。这样会导致学生得不到确切的消息，而此时，学生可能又会选择联系多位老师，以获得更多的机会。有些硕士生导师也会采取“录而不认”的做法，即研究生招生导师会同时答应数名同学的申请，然而可能其当年的招生名额不够，这样超指标的应允，最终将会导致其中有学生被“放鸽子”。

归根结底，上述现象产生的原因在于各方均在狂热地追求自己的利益最大化，学生想要去到更好的学校、获得更优秀老师的指导，而学校也想要招收到更优质的学生。然而，从实际结果来说，却是学生、学校及导师均深受其累，甚至最终导致学生更多地参加不同学校的夏令营，越发虚假地签署多份就读承诺，而“录而不读”的同学越多后，学校也越发超名额发放拟录取通知书，更多的同学将遭受“录而不认”的危害，进一步将导致学生又越发多地联系导师、参加夏令营、签署承诺书，陷入恶性循环。①

三、患者（家属）的权利主张过度与医生（医院）的防御性应对

（一）患者（家属）权利主张过度的典型：“医闹”

“医闹”作为医疗纠纷中的非正常、非理性现象，是典型的患者（家属）方权利主张过度的行为。在当下，暴力伤医事件触目惊心，对医护人员的杀、伤、辱等并

① 而加入这一恶性循环的还有，如保研时联系导师的时间被一再地提前，学生确定面试的时间越发地拖延等。在此不作详细分析。

不少见,甚至有学者将因为医疗问题而对医护工作者实施言语及肢体攻击等暴力行为,称为“医暴”。[①] 学者们的相关研究,也比较多。如截至 2024 年 11 月 30 日,以“医闹”为关键词,通过“篇名”的方式,检索知网,共有结果 514 条。其中最早的是 2006 年 4 月《开封日报》发表的《“医闹”现象该叫停了》。[②] 而“医闹”行为在实践中也十分常见,2019 年 3 月最高人民检察院在工作报告中指出,2018 年共起诉暴力伤医 3 202 人,平均每月涉医违法犯罪 266.8 人。[③] 此外,不仅是“医闹”行为,从频繁发生的医疗纠纷中也能体会到患者方的权利主张过于狂热。如根据 Alpha 数据库的统计,截至 2020 年 1 月 16 日,在 2002 年至 2019 年,全国合计医疗损害责任纠纷为 108905 件。其中,2010 年以前共 212 件,2011 年 311 件,2012 年 868 件,2013 年 2518 件,2014 年 9430 件,2015 年 12097 件,2016 年 15322 件,2017 年 22140 件,2018 年 23338 件,2019 年 22669 件,且部分 2019 年案例尚未完成上传,因此认定 2019 年的案件数量有较大可能性略微高于 2018 年或者持平。[④]

究竟何为“医闹”?“医闹”一词最早进入官方视野是在 2006 年 7 月 10 日,当时的卫生部新闻发言人在当天的例行发布会上表示,“医闹”是活跃在医疗机构中的社会人员,专门受雇于那些已经发生医疗纠纷和可能发生医疗事故的人,到医院通过闹事获得经济好处。其认为,“医闹”是谋取不正当经济收益的行为与手段,严重扰乱了正常医疗秩序,是一种违法行为。[⑤] 此是关于“医闹”的最初定义,仅限于职业“医闹”。而通过对司法判例以及现实中“医闹”事件的观察可知,“医闹”主体不仅包括受雇于患者方的社会人士,还包括患者本人、患者亲属,以及与患者有其他利益关系的个人,甚至包括组织。

诱发产生“医闹”的具体原因很多,有学者总结道,医患双方及政府医疗纠纷处理机构的偏好是诱致医闹行为发生的内在驱动力;制度性障碍尚未破除是诱发

---

① 参见郎健:《“医闹”“医暴”治理策略的探索与应用》,载《中国卫生法制》2021 年第 4 期。

② 参见张德卿:《“医闹”现象该叫停了》,载《开封日报》2006 年 4 月 11 日,第 3 版。

③ 参见唐斓:《最高人民检察院工作报告》,载新华网 2019 年 3 月 19 日,http://www.xinhuanet.com/politics/2019-03/19/c_1124253998.htm。

④ 参见魏旻:《医疗纠纷大数据,你想知道的都在这里》,载健康界,https://www.cn-healthcare.com/articlewm/2020—04—16/content-1104662.html。

⑤ 参见朱玉、刘奕湛:《卫生部:“医闹”违法》,载《新华每日电讯》2006 年 7 月 12 日,第 2 版。

“医闹”问题的外在推力；医患双方资源拥有类型及数量的多寡决定了其在“医闹”事件中的工具选择；医院领导人的领导风格在医疗纠纷处理中扮演着重要角色。① 也有学者研究“医闹”入刑案件发生的缘由发现，有亲属抢救无效死亡，被告人对治疗效果不满意，问诊检查过程中发生口角纠纷，患者或其家属醉酒闹事、无缘由地发泄情绪，患者不遵守医院规定，医生收取红包等几类。② 本书仅描述患者（家属）方“医闹”行为发生的原因，③具体可归结为：如因为患者在医院治疗期间死亡或者经抢救无效死亡等患者家属无法接受的突如其来的噩耗，或者是主观臆断医生抢救或者对疾病处理不当，甚至是对治疗效果不满意，认为医疗收费不合理，关于病情、诊疗方案等专业问题沟通不畅以及对医院医疗事故认定的结论不认可等医患双方矛盾造成“医闹”；可能因为想留下陪夜或不在规定时间探视患者而遭到院方劝阻等不遵守医院规定而引发“医闹”；可能因为排队候诊时间长、问诊检查程序复杂烦琐与刻板、医护人员态度不友好、处理伤口时有疼痛感等业务外的琐事，进而发展成“医闹”；还有单纯无缘由地发泄情绪、患者或其家属醉酒闹事以及类似妇产科医生不能是男医生等“无故闹事”；也有想通过“医闹”获得利益，如患者家属因患者死亡而向医院索要赔偿与补偿，长期霸占病房不出院将“医闹”作为与第三方谈判的筹码；甚至还存在“职业医闹”等非法获利类型。

“医闹”行为的表现方式也各式各样，《医闹种类、特征、危害与成因对策研究》一文将“医闹”的种类分为“武攻式医闹”“文攻式医闹”“文武式医闹”。④《基于 Alexa 国内综合排名前三网站报道的“医闹”发生情况分析》一文将“医闹”

---

① 参见王英伟：《医闹行为的归因模型构建及干预路径选择——基于扎根理论的多案例研究》，载《公共行政评论》2018 年第 6 期。

② 参见陈伟伟、王海容、刘毅：《“医闹”入刑的实证研究——以近 6 年我国“医闹”入刑案件为研究对象》，载《中国卫生事业管理》2019 年第 6 期。

③ 当然还有是因为医护人员或者医院方的过错所引起的，在此不论，且“医闹”行为不只在我国存在，如《无法生活：将美国人民从法律丛林中解放出来》一书中，介绍了美国的一个让人匪夷所思的案例：医生 A 检查出病人患有恶性肿瘤，建议病人做切除性的治疗；然而病人拒绝了这一建议，且找到另外一位医生，而后一位医生检查得出的结果是没有恶性肿瘤。因此，患者没有做切除性手术。可几年后，该患者被检查出癌症晚期。其在去世前，以第一位医生没有坚持他的立场而提起诉讼。参见［美］菲利普·K. 霍华德：《无法生活：将美国人民从法律丛林中解放出来》，林彦、杨珍译，法律出版社 2011 年版；Azure Sun：《美国如何对待“医闹”》，载《党员文摘》2020 年第 5 期。

④ 参见栾永、孟华：《医闹种类、特征、危害与成因对策研究》，载《医学与哲学（A）》2012 年第5 期。

分为伤害、扰乱秩序、杀害以及其他等多种形式，“伤害是指行为人对医务人员使用暴力，如殴打和侮辱医生，但并未造成人员死亡；扰乱秩序是指实施者阻碍了医院的工作进程，如摆放尸体、燃烧纸钱等；杀害是指造成医务人员死亡的情况；其他则是指上面没有提到的举动”①。从2014年4月22日最高人民法院、最高人民检察院、公安部、司法部、国家卫生和计划生育委员会等印发的《关于依法惩处涉医违法犯罪维护正常医疗秩序的意见》的通知（法发〔2014〕5号）中可知，“医闹”行为的具体表现可以归结为六大方面。②

（二）医生（医院）的各种防御性应对措施：过度检查、防御性治疗及其他

针对患者（家属）方的权利主张狂热行为，医生及医院则采取过度检查、防御性治疗等应对措施，实则这样不仅使医生和医院陷入两难的境地，反过来，也会给患者（家属）方造成极大的不便利，甚至会带来较大的损害。以下便是对医生及医院针对“医闹”这一权利滥用行为而采取防御性应对措施的具体举例。③

医生们经常会要求患者做一些可能连他们自己都认为没有必要做的检查或者治疗，但只有做了这些检查以及治疗，万一在今后发生纠纷，医生才能有效地规避风险。《破解“过度医疗”疑点需因症施策》一文就提到“一项美国研究者的调查显示，该国总体上有20.6%的医疗行为是非必要性的，包括22.0%的处方药、24.9%的检查项目和11.1%的手术治疗”④。比如术前检查，就是每个患者手术前所要例行做的全面检查，而不管近期是否做过。又如，各医院之间很少彼此认

---

① 周宏、郝志梅：《基于Alexa国内综合排名前三网站报道的“医闹”发生情况分析》，载《中国医院管理》2019年第12期。

② 具体内容包括：（1）在医疗机构内随意殴打医务人员、故意杀害或伤害医务人员、任意损毁公私财物；（2）在医疗机构私设灵堂、摆放花圈、焚烧纸钱、悬挂横幅、堵塞大门或者以其他方式扰乱医疗秩序；（3）在医疗机构的病房、抢救室、重症监护室等场所及医疗机构的公共开放区域违规停放尸体，影响医疗秩序；（4）以不准离开工作场所等方式非法限制医务人员人身自由；取暴力或者其他方法公然侮辱、恐吓医务人员；（5）非法携带枪支、弹药、管制器具或者爆炸性、放射性、毒害性、腐蚀性物品进入医疗机构；（6）故意扩大事态，教唆他人实施针对医疗机构或者医务人员的违法犯罪行为，或者以受他人委托处理医疗纠纷为名实施敲诈勒索、寻衅滋事等行为。

③ 需要说明的是：以“过度医疗”为关键词，通过“篇名”的方式，检索知网，截至2024年11月30日，共有641篇研究成果，然而这些成果更侧重于以及构成违法犯罪的“过度医疗”行为，是对其民事责任、行政责任、刑事责任等的认定和归结等内容。而本书更侧重于对还未严重到构成违法行为的，处于灰色地带的医生（医院）的各种防御性应对措施的描述。

④ 黄柳：《破解“过度医疗”疑点需因症施策》，载《中国医院院长》2024年第5期。

可对方的检查结果，就算是这个检查结果是近几天出来的。[①] 由此，患者每换一家医院就诊一次，都被要求把所有的检查再重新做一次。总之，部分医生的防御心理，侵蚀了其正常判断是非对错的本能，医生做的只是如何避免来自法律方面的指责，可由此带来的，不仅是医疗成本的增多、医疗资源的严重浪费，对于患者来说，有时候也是不能承受之烦琐或者医疗费用之多。也因如此，医患矛盾进一步加剧，甚至在患者看来，医生并不值得被尊重，其是贪婪的、不负责任的。

就治疗方案来说，医生一般也只会选择成熟稳重的防御性治疗，就算有时高风险方案可能是救命的唯一途径，医生也不敢贸然行事。因为医生可能会由此遭受法律上的风险，而医生如果采取防御性治疗，反而是履行了法律规定的最低限度的义务，不会因此而受到责难。如美国的一个调查显示，宾夕法尼亚州高达93%的医生承认自己进行防御性治疗。[②] 还有一些临终病人被送往重症监护病房，最终在医疗器械嘟嘟的警报声中痛苦离世，临终关怀成为十分偏执的地带。有研究者强调，ICU中存在无效医疗、防御性医疗等过度医疗。[③] 实则医疗问题或者医疗过程是一个非常复杂的、极具个性的活动，隐藏着众多的不确定性，势必需要借助医生的主观判断。我们需要医生说出他们的建议，虽然这建议隐藏风险或者并不尽善尽美，但这就是患者方所必需容忍的。

再有，部分医生不会再像以前一样坦诚面对病人，不再敢跟患者或患者家属说自己对病情或者后续治疗的主观看法。部分医生变得不再主动外向，特别是面对不熟悉的病人，会选择守口如瓶，或者秉承着“少说一句则少一分麻烦”的心理，因此患者问诊时一般听到的回答是“根据报告来看是什么样的”等十分确定性的、规避责任的话语。上述医生这么做的原因在于，其所说的每一句话都可能

---

① 当然，这一现象有很大改善。如益阳市2024年9月24日报道中就提到“9月20日，记者从市卫生健康委员会医政科获悉，根据国家、省、市卫生健康行政部门推进医学检查检验结果互认相关工作要求，即日起，益阳市三级公立医院对部分检查检验结果实施互认，以减少不必要的重复检查检验，减轻患者就医负担”。参见苏钢、何苗：《我市三级公立医院实现检查检验结果互认：涵盖97个临床检验项目、100项医学影像检查》，载益阳市人民政府网2024年9月24日，http://bb.yiyang.gov.cn/yiyang/2/3/73/content_1989723.html。

② 参见[美]菲利普·K.霍华德：《无法生活：将美国人民从法律丛林中解放出来》，林彦、杨珍译，法律出版社2011年版，第98页。

③ 参见黄柳：《破解“过度医疗”疑点需因症施策》，载《中国医院院长》2024年第5期。

成为患者(家属)方日后主张权利的理由或是被起诉时的证据,最终结果可能是因此被停职免职,甚至可能由此还会受到人身攻击与伤害即“医闹”。然而,从患者(家属)方来看,医生这些看似无懈可击的回答却未能真正解答其疑惑,其获得的也只是一些普通人凭借着一定的医疗知识或者上网检索便能得出的简单判断,无法得到专业的、有效的诊断分析,甚至无法全面了解真实的情况。这样一来,患者(家属)方会认为医生草草了事,只是在敷衍而已,其并未获得温情对待,而曾几何时“医者父母心”的良善医患关系也已荡然无存。由此,又可能引发新的矛盾纠纷,陷入患者(家属)方权利主张过度、医生(医院)防御性应对的循环困境。

此外,医院方为规避责任或者为了所谓的保护医生,要求医生填报各种病历材料,这也增加了医生的工作量。比如以前看病,医生只需要简单地写几行字就可以,而现在,医生被要求详细地描述整个问诊过程,甚至每次问诊都需要再重复记录下之前的情况。相应地,对于患者,医生会告知其各种风险,甚至要求其签署各种风险告知书、承诺书或弃权声明。原本一个小小的治疗手术,很多时候,患者(家属)方会被术前告知书弄得人心惶惶。无论发生概率高低,术前告知书上记载的危及生命的情形甚至高达几十种。可真正认真翻看或了解上述各式风险告知书、承诺书或弃权声明的人却很少,甚至现实生活中还出现了在危急时刻,因为找不到签署承诺书的人,而耽误治疗乃至危害生命的案例。医生(医院)方的防御性应对最终妨碍的是患者(家属)方的权利保障,可能也会由此导致部分不理性的患者(家属)权利主张过度。

四、消费者的权利主张过度与生产经营者的防御性应对

(一)消费者权利主张过度的典型:肆意退货与差评索赔

《消费者权益保护法》①第二章的第7条至第15条集中规定了消费者享有的

---

① 与此类似的还有《食品安全法》第148条的规定:“消费者因不符合食品安全标准的食品受到损害的,可以向经营者要求赔偿损失,也可以向生产者要求赔偿损失。接到消费者赔偿要求的生产经营者,应当实行首负责任制,先行赔付,不得推诿;属于生产者责任的,经营者赔偿后有权向生产者追偿;属于经营者责任的,生产者赔偿后有权向经营者追偿。生产不符合食品安全标准的食品或者经营明知是不符合食品安全标准的食品,消费者除要求赔偿损失外,还可以向生产者或者经营者要求支付价款十倍或者损失三倍的赔偿金;增加赔偿的金额不足一千元的,为一千元。但是,食品的标签、说明书存在不影响食品安全且不会对消费者造成误导的瑕疵的除外。”

权利，尤其在第 25 条特别强调了消费者无理由退货的权利以及在第 55 条规定了消费者要求惩罚性赔偿的权利，这在一定程度上遏制了不法经营者以次充好以及虚假宣传等损害消费者利益与扰乱市场秩序的行为。但这些条款在对消费者进行倾斜性保护的同时，也存在一些可被一小部分消费者利用来滥用其索赔权以及无理由退货权的漏洞。在现实生活以及司法实践中，这类事情并不少见。典型情形包括以下几种。

“节假日试穿族”即每逢节假日总有一些买家通过网络平台购买衣服，并穿着这些衣服出门旅游，等节假日结束后再以各式理由申请退货退款。如 2019 年的 4 月 25 日，一买家黄姓女子在卖家李先生的网店中购买了 18 件衣服，总价 4600 多元。而“五一”长假一过，该女子却向平台申请了“七天无理由退货”退款，且最终平台客服判定买家符合无理由退款的要求。可最后李先生发现对方及其朋友在“五一”期间穿着自己店里的衣服在西藏旅游拍照，甚至都没有拆标签，故此怀疑黄某并非真正想购买这些衣服。就这样一则热搜上了微博榜首，引发全网热议。最终黄女士发表道歉声明，承认其穿着不喜欢的衣服拍照存在侥幸心理，且试穿过拍照的几件衣服没有退货。而据李先生表示，在他开店的 3 年期间，这并不是第一次遇到“试穿族”，且由于害怕顾客差评，因此一般也会无奈同意退货申请。“七天无理由退货”这一广受消费者好评的“保护机制”，在此次事件中变成了占便宜的“免费短租”手段。这一事件并非个例，如曾有女嘉宾就在吉林电视台某相亲节目中公开表示，其之所以每次上节目都能换新衣服是因为其上节目所穿的衣服均是网购的且未撕掉标签，其下节目就申请“七天无理由退货”。与之相似的还有“试用族”以及“互帮退货羊毛党”即买家 A 网购的衣服穿旧以后，请买家 B 帮忙买件一模一样的，然后再利用“七天无理由退货”规则，将旧衣服替代新衣服退货退款，由此实现“以旧换新”等。针对这一现象，《法治日报》还曾发表《滥用“七天无理由退货”规则，谁为不诚信买单?》一文。[①]

另外，还有上述类似的消费者权利滥用行为，如“吃货”群体在进行网络购物时，大量购买商品，到货之后以各种理由申请直接退款不退货。这些人利用商家

---

① 参见温远灏:《滥用“七天无理由退货”规则，谁为不诚信买单?》，载《法治日报》2024 年 7 月 16 日，第 4 版。

的漏洞,或者用上传假发货面单、调包商品、寄空包裹,或者寄货到假地址等方式,白嫖商品。如淘宝起诉"职业吃货"第一案:2018年6月7日至16日的10天内,湖南永州一女子周某在淘宝平台购物289笔订单,当月申请"仅退款"订单281笔,即申请仅退款无须退还商品,退款成功277笔。而后,其又在7月1日至5日的5天内,下单344笔,申请"仅退款"343笔,退款成功335笔。至于退货理由,通过随机抽取5份订单发现,其申请"仅退款"的理由表述一致甚至连错别字都完全一样。[①] 据阿里巴巴集团高级安全专家张良推测,卖家可能卖很多品牌,每一个都填可能太复杂,因此一时偷个懒选填了其他。周某正是通过抓住商家的这个疏漏,利用商家害怕投诉与担心被平台扣分从而下架产品的心理,在不到一个月的时间里,共下单633笔,申请"仅退款"的订单为624笔,退款成功612笔,总价值约为3.2万元。周某的这一行为明显不符合常人的购物习惯,并且退款理由重复单一。最终于2019年9月,杭州互联网法院认定其滥用淘宝网平台会员权利,判决周某赔偿淘宝网经济损失1元及合理支出(律师费)1万元。据了解,周某还要求卖家支付赔偿金,涉嫌敲诈卖家。周某这类"职业吃货"以及更为严重的以此进行敲诈勒索犯罪的事件并不少见,如网络上还有"淘宝吃货交流群"等。

再有,好的信誉和口碑会提高网店的点击量和成交量,而差评则会降低购买率、影响店铺评级,甚至可能导致商家因不是优质店铺而无法参加"双十一"等大型促销活动,这也迫使经营者非常在意差评,也由此就有消费者利用这一心理,以差评为威胁获取利益。如据《南宁晚报》消息,翁先生经营宠物用品网店,就有一买家因为其猫咪不爱吃,便以差评要挟要将其已拆包使用过半的猫粮全额退款。[②] 具体司法判决中甚至有敲诈勒索的"职业差评师"团伙,即以组团差评的方法要挟卖家进行敲诈勒索。如2018年11月13日,深圳警方披露打掉了全国首个通过"恶意差评"敲诈勒索的网络涉黑恶犯罪集团。该团伙招录"恶意差评师"对电商平台近200家网店进行敲诈勒索,涉及7900余单,金额高达500余万元。其主要途径是,找人在网店下单商品,随后以商品质量存在缺陷等问题为由要求

---

① 具体理由为:"商家实际出售的品牌并非描述参数中填写的品牌,该行为符合淘宝规则假冒品牌标准,将会予以投诉,要求淘宝扣分下架商品。"

② 参见杨洋、张璇、吴帅帅:《当"七天无理由退货"遇上"恶意买家"谁在为不诚信买单?》,载百度2019年5月16日,https://baijiahao.baidu.com/s?id=1633681439472666483&wfr=spider&for=pc。

赔偿,不赔偿就给差评。在店家拒绝后,该团伙还会组织大量人员下单以扩大影响,并以差评、投诉、举报等方式向商家施压"围攻"其店铺。该团伙的领导者蒋某龙原是某电商平台经营电器的店主,实际也是恶意差评的受害者。

(二)生产经营者防御性应对的典型:不再赠送运费险、整蛊差评或花钱买好评

针对消费者肆意退货以及差评索赔等权利主张过度的行为,生产经营者也采取了防御性应对措施,这对消费者而言并非利事。比如,大部分商家不再赠送运费险、整蛊差评或花钱买好评等行为,其实就是生产经营者的应对措施。具体包括以下几种类型。

类型一,因消费者肆意退货,运费险由商家赠送到需要消费者花钱购买。运费险即退货(售中)运费保险,是指在网购时代,为化解退货时运费由买家还是卖家承担的顾虑及纠纷,激发消费者的购买欲望,也为了退货无忧,而推出的专用保险产品。买家选择运费险后,当发生退换货时则可以得到适当理赔,这样一来,买家退换货寄快递的费用基本不亏甚至还可能赚几块。在运费险制度刚出来时,很多商家都推出了赠送运费险,而现在越来越多的商家不愿意赠送运费险,转由消费者自己购买,以降低退货率。之所以产生这样的转变,很大部分是因为买家的肆意退货,甚至可以说运费险助长了买家的退货行为。因为赠送运费险的存在,买家退换货几乎没有成本,因此只要有一丁点不满意或者借由"七天无理由退货"的规则,其就无所顾忌地退换货。另外,还有骗运费险的情况,即买家并非真正购买商品,收到货后直接退货,因为运费险是赠送的,且寄出时候可以找个价格低一点的快递,赚取中间差价。如《"平均一个订单亏损 10 元"运费险背后隐藏骗保"黑灰产"》①、《起底"职业退货人":薅运费险羊毛危害电商生态》②、《网购退货成生意　揭开运费险薅羊毛产业链》③等报刊文章对此事的关注越来越多。

① 参见陈杨园:《"平均一个订单亏损10元"运费险背后隐藏骗保"黑灰产"》,载《第一财经日报》2024 年 8 月 1 日,A10 版。

② 参见冷翠华:《起底"职业退货人":薅运费险羊毛危害电商生态》,载《证券日报》2024 年 11 月 7 日,B01 版。

③ 参见陈露:《网购退货成生意　揭开运费险薅羊毛产业链》,载《中国证券报》2024 年 11 月 14 日,A04 版。

再有，如果买家自己购买时，不少买家可能会更谨慎地下单，且真正选择购买运费险的会较少，由此在要么花钱买运费险要么自己出运费的情况下，消费者退货便不会肆无忌惮了。而对于消费者来说，这无疑带来了不便。网络购物看不到实物，因此会存在是否会满意的顾虑，若不购买运费险，则退换货需要自己承担运费，而若购买运费险，在满意商品而不退换货的情况下，这无疑也是一笔支出。

类型二，消费者肆意索赔差评，生产经营者花钱买好评。针对消费者的肆意差评索赔，经营者采取了整蛊恐吓或者打击报复或者花钱买好评的回应措施。一方面，商家通过整蛊恐吓、打击报复等手段恶搞给差评的消费者，甚至商家整蛊恐吓的对象并非恶意差评者。如广州买家梁女士未同意卖家删除差评的请求，便被卖家采用网络电话自动追呼系统“呼死你”，每隔一定的追呼时间就响一声自动挂掉，进行骚扰，造成其电话无法正常使用，而后又用其手机号注册论坛，发布“寻一夜情”的虚假信息，使大量骚扰电话询问其是不是要找“一夜情”。上海买家薛先生网购了旅游鞋，但发货较慢，收到货后发现质量一般、鞋头开胶，因此给了差评，而后收到卖家 80 多个骚扰电话，并收到黄色裹尸袋，上面印着黑色“奠”字。浙江买家王女士购买了两个足浴盆但只收到了一个，多次催促联系后的 10 多天后才收到另一个，因此给了卖家服务不到位的差评，由此接到 100 多个骚扰电话，被咒骂“你怎么还没死啊”等，并收到装着大便的诡异邮包。[①] 更有甚者长沙买家余某英因烧烤外卖不好吃给予店家“浪费我的钱，难吃死了”“真的难吃，不该贪小便宜的。”的差评，店家叫来了七八个店员，将其和丈夫打伤，其丈夫甚至进了 ICU。[②] 因差评而被商家整蛊恐吓，其损伤的是消费者个人的利益，当然，最终相应的商家也会承担责任。

另外，商家会通过给予消费者“小恩小惠”以诱导其给好评或者删除差评。如收到快递后，我们经常会发现有“如有不满请先联系客服”“给五星好评，返多少元红包或者优惠券”“给五星好评，多少字，带图片和视频，加微信返多少”等小纸条。也有通过好评可以免费试吃等活动。除此之外，商家也会通过购买“水

---

① 参见董芳：《顾客给网店差评遭整蛊：有人收裹尸布有人收大便》，载《金羊网－新快报》2015 年 7 月 7 日，第 1 版。

② 参见曹伟：《男子叫外卖给差评被打进 ICU 商家：怀疑恶意刷差评》，载网易 2017 年 9 月 18 日，https://www.163.com/news/article/CUK1R505000187VG.html? Baike。

军”的方式刷好评，这便产生出了“职业刷手”。店家通过花钱雇人刷好评，以提升店铺流量，获得平台推荐位，但这其实对于消费者/经营者/平台企业来说，均是有害的。如上海德麦文化传播公司就因为商户提供“点评优化服务”长达3年，最终被罚款10万元。甚至相关数据显示，2020年大众点评共处理违规评价3369万条，处罚违规商户4.5万家，处罚违规用户4.4万个。①

此类消费者和生产经营者之间的案件还有如“买家故意差评”与“外卖卖家不接单”，“乘客肆意差评”与“司机无故取消订单”，“用户随意发表言论”与“平台不显示内容”等。在此不再做具体分析。

五、受救助人的权利主张过度与救助人的防御性应对

（一）受救助人权利主张过度的典型：讹诈救助人与“碰瓷”

热心助人反被诉的类似案件，最早或者影响较大的标志性事件是2006年的南京彭某案。2006年11月20日，退休老人徐某某在急忙跑向南京水西门广场公交站的后一辆公交车时摔伤成骨折，此时正从前一辆公交车后门下车的彭某将其扶起并送至医院，而后徐某某指认是彭某将其撞伤，但彭某予以否认。案件一审适用公平原则，判决彭某给予适当补偿，承担受害人40%的损失，共4万余元。二审双方达成庭前和解协议，彭某一次性补偿徐某某1万元，且约定双方均不得向媒体披露该案相关信息。后该案被网民定性为“青年见义勇为扶助倒地老人反被诬告”。然而，2012年1月《瞭望新闻周刊》的专访显示，彭某承认与老人发生碰撞。②

此后，救助人热心助人反而被讹诈或碰瓷事件还有如2013年广东河源市男子吴某青在回家的路上送摔倒老人去医院，被认定为肇事者要求垫付医药费，且在医院诊治老人因无碰撞伤故被撞可能性不大的情况下，被老人家属索赔20万元，最终跳河自尽自证清白。而据警方调查，吴某青的摩托车上没有与老人碰撞

---

① 参见《职业“刷手”的背后：商家所需平台所困》，载百度2021年3月12日，https://baijiahao.baidu.com/s?id=1694021718164820207。

② 参见徐机玲、王骏勇：《南京市委常委、市政法委书记刘志伟：不应被误读的“彭宇案”》，载上海政法综治网2012年1月17日，http://www.shzfzz.net/node2/zzb/shzfzz/jrgz/node1745/u1ai146965.html。

的痕迹,最后老人也承认是自己摔倒被好心人送来医院,但害怕没钱治病所以想让吴某青赔钱。再如,2013 年 3 名小学生扶起自己摔倒的老人蒋某,反而被老人诬陷说是被撞倒,出院后甚至住到小孩江某云家索要医药费赔偿。司法调解不成后,家长们决定报警。最终达州警方调查后认定,蒋某系自己摔倒,蒋某及其子龚某的行为属于敲诈勒索。2015 年,3 名小学生被中国好人网评为第二届搀扶老人奖"委屈奖"得主,获奖金 5000 元。[①] 此类案件还有重庆的万某案、[②]郑州李某某案、[③]北京孙某某案[④]等。

(二)救助人防御性应对的典型:摔倒不敢扶与见危不救

与受助人权利主张过度相对应的是,救助人往往采取摔倒不敢扶或者见危不救的防御性应对措施,以避免风险。殊不知,这对于受助人来说伤害很大,而对于救助人自身来说,其很多时候也会受到道德舆论的评判。现实中就发生过老人摔倒、路人不敢上前搀扶,甚至在录视频的前提下也不敢扶助的案例。如据七彩云南昆明 2021 年 4 月 5 日简讯,云南永善的街头一名老人摔倒,但路过的人中无人敢扶起老人,围观的人群中有一名男子驻足,甚至有女子呼吁"没事的,我们给你录个视频,你把她拉起来,就当是做好事"。然而人群中还是没有人敢贸然上前搀扶老人。[⑤] 又如,福建福州一老人摔倒在雨中,路过的行人中有两名学生在停驻良久后,决定帮扶老人,但也只敢一边让同伴录视频,一边站在老人身旁为其撑伞。少年的行为是暖心的,但也透露着些许无奈,因为两名学生害怕被老人讹诈。

甚至还发生了见危不救导致死亡的现实案例。如 2010 年 12 月的深圳肖某生事件:78 岁的原深圳市委组织部老干部肖某生在福田区益田村的一小区里因路滑跌倒,脸部朝下,路人与保安无一敢上前搀扶,只是拨打"110"报警以及去派

---

① 参见江龙:《中国好人网评选揭晓扶人 3 小孩获"委屈奖"》,载《成都商报(电子版)》2014 年 3 月 18 日,第 19 版。

② 参见李星文:《重庆万鑫案留下的欣慰与遗憾》,载《北京青年报》2010 年 11 月 15 日,第 1 版。

③ 参见张朝、王玮皓、渠雪冰:《郑州老太摔倒小伙救人还是肇事 法院判三次都没结果》,载映象网 2013 年 1 月 7 日,http://news.hnr.cn/snxw/201301/t20130107_290406.html。

④ 参见王蔷:《"最牛碰瓷老人"8 年蒙 156 人骗钱 13 万获刑 7 年》,载《北京晚报》2010 年 12 月 7 日,第 1 版。

⑤ 参见《云南一老人摔倒路边路人不敢扶 网友:不扶是人性》,载百度 2021 年 4 月 25 日,https://baijiahao.baidu.com/s?id=1696195564806184261&wfr=spider&for=pc。

出所请警察，最后是老人的儿子发现后拨打了“120”，但其最终抢救无效后死亡。保安部负责人的说法是害怕老人有个三长两短，保安若触碰了老人，便说不清楚了，因此保安已经尽其所能了。奥一网的调查显示，1414 名网友中有超过 83% 的网友表示不会帮忙搀扶，其中 67.4% 的网友表示会帮忙拨打“120”报警，也还有 16% 的网友表示只是旁观或路过视而不见。而影响最大的应属 2011 年 10 月的佛山小悦悦事件：年仅两岁的女孩小悦悦在广东省佛山市南海黄岐广佛五金城，被面包车和小货车相继碾压。而从小悦悦被车撞倒到被救助的 7 分钟内，共有 18 名路人走过，但均是视而不见或左右张望后漠然绕过，最后是一位拾荒阿姨陈某妹将其抱起。小悦悦最终经医院抢救无效离世。该事件备受全国人民关注。在谴责见死不救以及试图唤醒路人麻木灵魂的同时，我们也不得不深思，是什么导致了上述情况的发生？为何路人不去或不敢去救助？是否有好人被诬陷，行善尚存风险等因素？

第三节　权利与反权利的双重合理性困境

权利间相互冲突的现象众多，如娱乐权和休息权、隐私权和知情权、隐私权与言论自由权、环境权和适当排污权等。这些相互对立的权利主张，从某些角度来说，均具备一定的合理性，由此带来了是否构成侵权、是否构成权利滥用等很难鉴定的难题，造成权利与反权利的双重合理性困境。“之所以对权利进行限制，关键就是因为权利之间存在冲突。”[①]故此，本书提出，在这些场景中，通过禁止权利滥用是无法解决问题的，需要依靠权利人主动自觉地审慎节制主张权利，即权利谦抑。合法性权利在行使过程中同其他人同样的合法性权利发生冲突的情况大有所在。[②] 限于篇幅，本书以下将主要通过休息权与娱乐权、吸烟权与健康权、女性堕胎权与胎儿生命权、男性生育权与女性生育权、动物权利与动物利用权等五

① AndreiMamor, *On the Limits of Rights*, Law and Philosophy 1997(16).

② 参见刘作翔：《权利冲突：一个应该重视的法律现象》，载《法学》2002 年第 3 期。

个方面的案例展示上述内容。①

一、休息权与娱乐权的对立

现实生活中,曾经争议较大的“钢琴案”“麻将案”“广场舞案”等,一方面涉及娱乐权,另一方面涉及休息权,两方都认为自己是合理的,因此陷入了权利的相互对立之中,造成了权利与反权利的双重合理性困境。

“钢琴乐音与噪声之争”:1993 年,退休职工司某阳搬进昆明市政小区,其平生喜好弹钢琴,且也在家中招收学生教授琴技,因此每天早上 9 点至深夜 11 点,除中午一小段休息外,其家中琴声不断。对于司某阳来说,钢琴声是陶冶情操的美妙音乐,钢琴教学活动是自己发挥余热奉献社会的方式。然而,邻居们认为其学习和休息的环境受到了严重影响,宁静生活被打破,被迫长期聆听的钢琴声让他们不堪其扰。经小区居委会与公安机关调解无效,2001 年 4 户代表提起诉讼,要求司某阳“停止钢琴声造成的干扰及侵害,赔礼道歉,赔偿精神损失每户 200 元”。官渡区人民法院最终判决被告侵犯了原告享有居住环境安静的权利,应立即停止侵害,自判决生效之日起 30 天内在琴房中加装隔音设施,并承担这一案件的诉讼费用 100 元整。原告的其他诉讼请求由于没有证据,被法院予以驳回。②

“麻将噪声案”:成都市金牛区百寿巷第二居委会居民余某军女士,因其卧室窗户正对着老年活动中心棋牌室,因此总是会被夜间突然的麻将吵闹声吵醒而失眠,甚至患有神经衰弱症,故此,其要求禁止在活动室夜间打麻将或者关闭活动室。然而,虽然也有居民反映受活动室噪声影响,但更多的居民或者老同志要求享有娱乐休闲的自由与权利,特别是活动室规定了夜间 11 点钟关门。激愤之下,余某军采取了剪断电线的非常手段。在这一事件后,居委会召开了居民代表扩大会议,69 名代表参加会议,赞成晚上打麻将的 67 票,反对的 1 票,弃权的 1 票。而

---

① 类似案件还有记者的新闻自由权与公众的隐私权;游乐园自拍的权利与他人隐私权;自家门口安装监控的权利以及他人的隐私权;外放声音的权利与免受他人干扰的权利,如在家里看电视、听音响、举行聚会等影响楼下住户休息;网络言论自由与平台自动屏蔽辱骂等话语以保护网络秩序或者网络暴力防范的权利;公交车上,老年人要求让座的权利与年轻人不让的权利;患方的知情权与医方的诊断权;患者的隐私权与医方的诊疗权;患方的同意医疗权与医方的紧急处置权;等等。

② 参见李舒、李自良:《是乐音还是噪音——记一起发生在云南的钢琴扰民案》,载《新华社》2001 年 6 月 12 日。

后，余某军将居委会告上了法庭，要求居委会消除侵害，把活动室恢复为以往的阅览室，并赔偿自己因噪声致病而花费的医疗费等费用共计5000元。而受理该案的法庭认为，证明“打麻将”和“噪声污染”之间的必然联系是此案的关键，故法庭安排成都市环境监测局对噪声指数进行测定，并决定以此为依据对该案进行审理与判决。

“广场舞系列案”：因跳广场舞时音乐声量大，广场舞跳舞时间长，散场时间晚等噪声污染，以及争夺篮球场、占用车位、拉线围地、占用小区出入路口以及其他公共空间等“霸占”居民公共活动场所，侵犯其他居民正常活动和休息的事件时有发生。对于跳舞者来说，这是对其业余生活的丰富，是其应该享有的娱乐权与健身权。然而，对另一方来说，可能破坏了其安静生活的环境，也可能同样妨碍了其活动娱乐权。对抗广场舞的各种招数也层出不穷，如温州的“噪声对决”事件、[①]武汉的“高楼泼粪”事件[②]、北京的“鸣枪放狗”事件、[③]长春的“车位地锁”事件[④]以及桂林的“大悲咒”事件，[⑤]甚至出现了砍人泄愤的事件。[⑥]

“钢琴乐音与噪声之争”“麻将噪声案”“广场舞系列案”问题的解决均需考虑噪声污染有没有超过一定的标准，若超过法定的音量则非常好处理，这也是前两个案件法院审理的关键性依据。然而，若上述噪声没有超过一定的标准呢？相对应的权利与反权利两者之间怎么寻求平衡是现实中存在的难题。这就是为什么“广场舞系列案”屡禁不绝的原因。从法理的角度分析，其实这些案件中都体现出权利限度的问题，也就是权利的行使需要注意其特定的时间和空间，否则会同其他权利相冲突。这时候，若僵硬地适用法律的“合法性”规定不一

---

① 2014年3月，温州“新国光商住广场”业主们筹资共26万元购买高音炮，即“远程定向强声扩音系统”，循环播放“请遵守中华人民共和国环境噪声污染防治法，立即停止违法行为……”以噪制噪。

② 2013年10月，武汉“汉口中央嘉园小区”业主，不堪广场舞长期噪声困扰，高楼泼粪驱赶跳舞人群。

③ 2013年8月，北京昌平某水泥厂的一当地居民，不满球场上广场舞扰民，通过朝天鸣放双筒猎枪以及放出三只藏獒的方式驱赶参与广场舞的人群。

④ 2014年10月，长春市“永畅美域”小区物业无奈在小区前空地上安装了50个“车位地锁”，以此占用跳广场舞的场地，阻止广场舞的发生。

⑤ 2020年9月，广西桂林一小区居民对楼下广场舞劲爆音乐烦不胜烦，故此，其用家里的大功率功放，轮流播放着《大悲咒》和《lost rivers》以此对抗。

⑥ 2014年5月，广西北海男子持刀砍伤3名正在跳广场舞的市民。

定能解决问题，由此本书提出权利谦抑这一理论，试图强调权利主张的良善与无恶性、要求权利人节制主张权利并宽容缓解权利与反权利的合理性困境，构建和谐社会。

二、吸烟权与健康权的背反

《世界卫生组织烟草控制框架公约》[World Health Organization Framework Convention on Tobacco Control（WHO FCTC）]，2003 年 5 月 21 日批准、2005 年 2 月 27 日实施，我国于 2003 年 11 月 10 日正式签署，2005 年 10 月 11 日 正式批准该公约。然而，据统计我国现有烟民人数超 3 亿，被动吸烟的人数达 7 亿多。抽烟有害健康已成为常识，二手烟的危害也极大。据全球疾病负担报告，中国每年因为使用烟草或者暴露于二手烟而死亡的人数超过 100 万。[①]

我国虽然暂无国家层面的专门控烟的法律法规，但《未成年人保护法》《烟草专卖法》《广告法》《慈善法》《基本医疗卫生与健康促进法》等法律有相关的控烟条款。而截至 2024 年 5 月 30 日，我国已有 24 个省份出台省级控烟相关法规，254 个城市出台市级控烟相关法规。据新探健康发展研究中心副主任姜垣介绍，事实上，254 个已经出台控烟相关法规的城市中，真正符合《世界卫生组织烟草控制框架公约》“全面无烟”标准的，[②]只占 10% 左右。[③] 由此可以看出，一方面，部分城市有控烟立法，另一方面，符合“全面无烟”标准的数量却很少，且还有不少城市没有相关立法，甚至在控烟立法实施过程中还存在落实不到位等情形，因此吸烟问题并没有得到很好的控制，甚至在吸烟者看来吸烟权作为推定权利当然存在。本书将从这个角度来论述，吸烟者要求享受其抽烟的自由，被动吸烟者要求

① 参见张佳琪：《〈2020 中国控烟观察—民间视角〉报告发布：2022 年全国无烟法规覆盖 30% 人口比例需付出“超常努力”》，载人民政协网，http://www.rmzxb.com.cn/c/2021-04-01/2819968.shtml。

② 据新探健康发展研究中心副主任姜垣向界面新闻介绍，“全面无烟”的判断标准，参照《世界卫生组织烟草控制框架公约》第 8 条及其实施准则的规定，“禁烟场所应覆盖所有室内公共场所、室内工作场所以及公共交通工具”，如果以列举方式规定禁烟场所则至少覆盖世界卫生组织推荐的 8 类场所（医疗卫生机构、中小学校、大学、政府公共设施、办公室、餐饮场所、酒吧等娱乐场所、公共交通工具）。

③ 参见张倩楠、刘海川：《254 个城市已出台法规，但控烟立法仍“道阻且长”》，载百度 2024 年 6 月 1 日，https://baijiahao.baidu.com/s?id=1800649264357091993&wfr=spider&for=pc。

维护其呼吸健康权,由此产生的二者之间的冲突。

当然,因为抽烟问题闹上法庭或者引起关注的案例在现实生活中也存在。如江苏南京潘姓男子已有烟龄25年,然而其妻子和儿子却以“抽烟有害健康”为由控制其抽烟,甚至在发生其因烟瘾难耐而偷开抽屉被老鼠夹夹伤事件后,家里人对他的控烟更加严格。故此,其向玄武区法律援助中心申请法律援助,要求工作人员为其向家人讨要“抽烟权”。最终双方达成烟量增加到8根的调解协议。再如,2009年迈皋桥某小区的张老太因楼下人家在楼道抽烟导致其家里被烟熏而影响生活,于是向当地司法所反映,主张呼吸权。而楼下住户认为其未在公共场所等禁烟区域抽烟,不承认存在错误。最终在司法所和社区的多次调解下双方达成协议。楼下住户答应白天不在楼道里抽烟,且社区帮助张老太修缮好了门窗。还如,2021年四川成都一女子在某火锅店用餐时请求邻桌男子不要在室内抽烟,第一次得到了较好的配合,而第二次时发生争执甚至被泼不明液体,而周围食客甚至说“成都人都室内抽烟”,火锅店此前也没有禁烟要求。事后,涉事火锅店公司认为该门店违反了“室内公共场合禁止吸烟”的相关规定,对其罚款5万元,并表示再有类似事件发生,立即关停,取消其加盟资格。更有甚者,还因为劝阻电梯抽烟发生了备受争议的“河南电梯劝烟猝死案”。①

另外,在现实中,吸烟权与健康权冲突较大的地方是人行道、地铁、写字楼、医院出入口、公园等,因为人们经常会在那些地方遭遇到“抽游烟”的现象。调查显示92.4%的市民很是反感,但仅极少数会当面直接制止或以举报等其他方式间接阻止,选择赶紧躲开的人数占63.4%,认为只能默默忍受的占26.8%。上述吸烟权与健康权两种权利冲突的问题确实较为难解,而若引入权利谦抑这一法理原则,是否可以让吸烟者意识到就算没有相关的控烟立法,也应该适当控制不在公

① 该案发生于2017年5月2日的郑州,当时段某礼在电梯内吸烟,被需要乘坐电梯的医生杨某劝阻,双方因此发生争执,又一同去到物业办公室,但没多久后,69岁的段某礼突然倒地,突发心脏病死亡。段某礼的妻子田某兰向郑州市金水区人民法院提起诉讼,要求杨某赔偿40余万元。一审判决认为杨某的行为与段某礼的死亡之间虽然并无必然的因果关系,但确实段某礼是因为与杨某发生言语争执后猝死,因此依照《侵权责任法》第24条的规定,在受害人和行为人对损害的发生都没有过错的,根据实际情况由双方分担损失,判决杨某向死者家属补偿1.5万元。而后,原告不服上诉至郑州市中级人民法院,郑州市中级人民法院认为,杨某劝阻段某礼在电梯内吸烟的行为是正当劝阻,未超出必要限度,因此判决杨某不承担侵权责任,撤销一审判决,驳回田某兰的诉讼请求。

共场所吸烟,以及不在人流较多的地方“抽游烟”,尊重他人的健康权,并宽容对待他人的吸烟劝阻,而不是一定非得闹上法庭通过诉讼解决?

三、妇女堕胎权与胎儿生命权的张力

女性堕胎也许是妇女出于对自己身体的保护,也许是对其生活的自主安排,或许是避免成为避孕失败的生育机器,甚或者可能是逃避强奸受孕的伤害等。然而,堕胎毕竟会造成对生命的遗弃,在什么时间、何种情况下女性可以堕胎,而在哪些情况下则必须保障胎儿的生命,这是存在争议的。

特别是在美国,尤其在选举期间,妇女堕胎权与胎儿生命权一般都会成为热门议题。其中美国的共和党、保守派一般反对堕胎,主张以胎儿生命为重。例如,2003 年时任美国总统布什签署了《禁止晚期堕胎法案》。美国民主党、自由派一贯支持妇女拥有堕胎的权利,主张以妇女权益为重。例如,2008 年奥巴马上任不久后便撤销了布什政府的这一禁令。而从关于美国女性堕胎争议的历史来看,在 19 世纪中叶以前,美国大多数州允许胎动以前堕胎。1845 年到 1910 年,除肯塔基州外,其余各州均将堕胎定为重罪。而后 1973 年“罗诉韦德案”标志着美国妇女取得了堕胎权。具体为:1969 年 8 月美国得克萨斯州女子诺玛·麦考维化名简·罗意外怀了第三胎,但其居无定所、薪水微薄、生活艰难而不具备抚养孩子的能力,因此决定堕胎。可在当时除非孕妇的生命受到威胁,否则堕胎在该州是非法行为。故此,在两位女权律师的帮助下,其将达拉斯地方检察官亨利·韦德告上法庭,要求取消堕胎禁令。1973 年美国联邦最高法院最终确定“妇女是否继续怀孕”的权利受《美国宪法》个人自主权和隐私权规定的保护,这也就是承认了堕胎在美国的合法性。但美国反对堕胎的声音一直都存在,并引发了保护生命团体与捍卫女权运动彼此间的激烈辩论并且争论不休。而 2022 年美国最高法院推翻“罗诉韦德案”,取消了《美国宪法》规定的堕胎权,交由各州自行立法决定是否允许女性堕胎,美国社会一片哗然。由此看来,在美国,关于妇女堕胎权与胎儿生命权的争议还是没能得到解决。

四、男性生育权与女性生育权的两难

生育是基于男女双方的共同行为,不可能依靠单一一方而实现,故此,在生育数量以及生育时间等这些需求方面，男女双方应该享有平等的权利，然而在现实中也不乏男性生育权与女性生育权相对立的情形。如在未怀孕的情况下，一方想要生孩子，而另一方不想要孩子，如何实现生育权？又或者在已怀孕的情况下，一方想生下孩子，另一方想要堕胎，这又将如何处理？

具体现实案例，如2005年美国的"男性生育权案"曾轰动一时。劳伦·威尔斯与马特·杜拜交往数月后分手，而分手后的威尔斯发现自己怀孕了。女方威尔斯想要生下孩子，然而男方杜拜却不想当父亲，拒绝支付抚养费，并提出了男性生育权，即男性享有与女性同等的通过堕胎来摆脱相应法律义务的权利。在该案中，据说是因为女方欺骗说吃了避孕药，所以才未做安全措施，其有权对计划外的孩子说"不"，不能强迫男性成为一名父亲。虽然该案最终杜拜败诉，但男方在生育问题上的选择权是否存在？男性是否有权要求女方堕胎？或者是在女方不愿意堕胎的情况下，男方是否有拒绝履行为人父的法律义务的权利？这些问题引发了广泛议论。2016年美国杂志《妇女健康》甚至发表言论："随着人流变得普遍，男人们发现自己必须大声说话，以获取生育自由。生育权不是女人独享的，节育和安全堕胎是能给每个人带来好处的事情，即便你不是女人，也有权免遭意外束缚。"

在我国也有类似案件，如2001年发生在武汉的夫妻之间生育权案，主要案情是妻子张某不愿意生孩子，因此总悄悄采取相应措施，这使其与丈夫胡某纠纷不断，因此胡某以妻子剥夺了他的生育权为由，坚决要求离婚并起诉至法院。该案的判决是，法院准许两人解除婚姻关系。但这引发了男女生育权的讨论。刘作翔在《权利冲突：一个应该重视的法律现象》一文中，认可了丈夫的生育权，但丈夫生育权的实现需要妻子的配合，否则将会导致权利不能实现。而针对这一案例，刘作翔的评论是法律的解决，并不是意味着让法律、法庭去裁决应不应该生孩子。法律、法庭不能强迫和要求任一方去生育或不生育，正如同法律、法庭不能强迫人们去相爱一样，而是在一方权利不能实现之时，只能采用排除权利实现障碍的办法，即解除婚姻的办法，使婚姻中的一方另外创造条件实现他的权利，来解决这一权利冲突。这既是法律的功能，同时也是法律的无奈，或曰局限性。[1] 而本书试

① 参见刘作翔：《权利冲突：一个应该重视的法律现象》，载《法学》2002年第3期。

图在想，上述权利冲突是否只能依据法律来解决，是否可以依据权利谦抑的相关法理和平解决纠纷，而不一定是僵硬地解除婚姻关系。

五、动物权利与动物利用权的冲突

随着城市现代性发展以及整个社会经济条件的改善，相比于动物的劳役性，我们更注重动物的娱乐性陪伴，出现了同伴动物、实验动物、展示动物、“行走的食物”（“经济动物”）、表演动物等，而与之相应地，也出现了动物福利与动物权利的争议。动物权利派认为，动物不应该被奴役、操纵、控制，要求禁绝动物利用。而动物利用派或动物福利派承认动物利用是现实基础，转而要求的是友善对待动物。故围绕动物权利与动物利用权，也引发了多种权利与反权利的双重合理的困境。

养宠物与反对养宠物：城市里有一部分人因为喜爱、需要陪伴、为培养孩童责任心等而支持饲养宠物。然而同时也有一部分人持反对意见，原因在于养宠物会带来众多问题，比如叫声扰民，随地大小便污染环境，传播病毒，可能被其咬伤抓伤、严重可能带来狂犬病，弃养导致流浪猫、狗出现，部分人天生怕狗或怕猫而由此造成各种限制，以及主人过度爱护宠物而带来的争吵等。

为缓解上述冲突与矛盾，各城市均出台了文明饲养宠物的规定，特别是针对养狗，提出了“养狗必须办证，遛狗必须拴绳，狗便必须清理，不能随意弃狗”等要求，甚至不少城市还出台了《限制养犬规定》等，以合理限制养狗人的权利，保护其他权益人。然而在现实中，养狗以及反养狗的人群还是出现了争执。如 2018 年 9 月，杭州一女网红在君尚金座酒店门口遛狗时未牵绳而惊扰到在此散步的孕妇，由此引发争吵以及肢体冲突，且最后查明该网红是在一般限养区饲养被禁止的烈性犬“斗牛”。2016 年吉林省松原市一物业公司发布通知“本区严禁饲养、携带宠物入内，违者停水停电”。禁令发布后，楼内的居民有赞同也有反对。2021 年 9 月，河南省郑州市冯庄社区通过了禁狗令，即《冯庄社区安置区管理措施实施办法》。该办法规定“裕园五号院、泰园二号院、祥园三个安置区禁止养犬，群众带头执行，租客由房东通知到人，所养犬只一个月内处理完毕，否则负连带责任”。《冯庄社区安置区管理措施意见征询问卷调查统计公示》显示 90.0% 的人同意“安置区内无论哪种犬都不允许饲养”，仅9.4%的人不同意该规定。

吃食动物与反对吃食动物：人类该不该吃食动物一直以来备受争议。大部分的人认为应该吃食，这是毋庸置疑的，因为人类需要通过动物获得蛋白质等，这是人类站在食物链顶端的大自然馈赠和法则。另外，如果人类不应该吃食动物，同理可得出人类也不应该吃食植物，由此人类则只能被饿死。然而，也有人认为动物是有感觉和感情的会痛苦的生命，因此动物被处理好作为肉食被吃掉是非常残忍的，故其十分抗拒荤菜鱼肉，进而出现了一批素食主义者。其中甚至还有苦行式的素食主义者，即严格遵守素食主义从不犯规，且也绝对不吃蛋、奶、黄油、奶酪等。一些极端的素食主义者还做出了损害他人权益的事情，如美国佛罗里达州一女子希拉崇尚素食主义，以素食喂养其18个月的儿子，最终导致小孩被活活饿死。法国北部城市里尔的克赖尔和玛蒂尔德夫妇，在2018年11月到2019年2月多次对该地区的肉铺、熟食店、餐馆和商店采取砸碎窗户、放火等暴力行为。

另外，一些人虽然不是素食主义者，但强烈反对食用猫、狗等可以作为宠物的动物。如2011年4月15日发生在京哈高速张家湾收费站附近的拦路救狗事件，当时货车上载有520条狗，是在河南偃师按照正常价格收购，送往长春一家屠宰场，满足饭店需求，且检疫运载证明等各种证照手续齐全。但该车被动物保护志愿者拦下，拒绝放行，引发网友关注，甚至有数百志愿者声援现场。备受关注的每年6月21日广西玉林荔枝狗肉节，每年都被声讨抗议，也有一些极端行为的发生，在“爱狗粉”与“爱狗肉粉”中展开了持久的网络口水战，甚至引发了现实暴力，如2014年6月首次发生的爱狗人士与当地食客间的伤人事件。

动物实验与反对动物实验：与之相类似的还有动物实验。有些人认为人类用动物做实验，导致动物受伤害或被杀害很是残忍与不人道，并且动物实验还存在不科学之处，从而导致生命的白白丧失，因而谴责或抵制动物实验。但现实是动物实验仍无法避免，虽然科学家们一直致力于寻找新方法，但在许多研究中，动物实验仍无法被替代。动物实验支持者们认为，在现有条件下，只能尽可能地保护动物权益，保障动物身心健康，遵守伦理规范，且不滥用动物实验。

然而，现实中不乏反对动物实验的极端活动。如2013年4月，反对迫害实验动物活动分子闯入米兰大学动物实验中心，释放掉实验动物且破坏实验。12月，博洛尼亚大学兽医学生因在Facebook上发布支持动物实验言论,引来了50次死亡诅咒留言和500次各种谩骂。2014年1月意大利的一些实验动物保护激进活动人士匿名派发了印有米兰大学从事动物实验研究的科学家的个人信息的传单,且将这些科学家比喻为“凶手”,并鼓动人们质问。①

使唤动物劳力与反对使唤动物劳力:动物表演能给人带来欢愉,动物劳力能帮助或协助人们劳作。然而,也总有一些人认为动物表演是对动物无情的驯化,动物劳力是对动物的虐待,因此进行抵抗。

如网民郑某泰2020年从新疆伊犁骑马回福建泉州,经过一年半时间,横行7000余公里。然而这一举动被一些网友指责为虐待动物。同样,2022年山东男子徐某显准备从西班牙骑马回国,被网友举报虐待动物,并引发了荷兰警察的排查。② 在泰国,猴子采摘椰子的历史已有400年,因为摘椰对于人类来说是一项危险的工作,但对于擅长高处运动的猴子来说却比较便利,甚至据了解泰国的椰子99%都是猴子摘的。然而,这一现象在2015年10月被美国加州的一个动物保护组织“动物广场”宣称为在泰国的椰子种植园里,猴子被当作了无止尽劳作摘椰子的奴隶,猴子们备受虐待。由此,椰子种植园的农夫们也受到了指责,各种椰子产品也受到抵制。③

上述动物权利与动物利用权的争议长期存在,确实在一定程度上动物权利稍弱于动物利用权,人类为了健康生存与合理发展,需要利用动物,但也应该秉持权利谦抑之原则,尽可能减少动物的痛苦,并且绝不虐待动物。

---

① 参见孙学军:《意大利动物实验学者受到传单恐吓》,载科学网博客2014年1月11日,https://blog.sciencenet.cn/blog-41174-757989.html。

② 参见陈玲红、许钹钹、吴嘉晓:《跨越近7000公里,历时1年5个月 这对“侠侣”新疆纵马到泉州》,载台海网,http://www.taihainet.com/news/fujian/shms/2021-09-16/2553676.html。

③ 参见互联网那些事:《泰国“椰子猴”事件,是科学与伦理的相互碰撞》,载百度2022年9月15日,https://baijiahao.baidu.com/s?id=1743999712951354186&wfr=spider&for=pc。

第五章　权利谦抑的实现路径

狂热的权利话语削弱了权利的道德伦理内涵，导致权利沦为浅薄的口舌，遵法成了合法与正当的“试金石”，因而，权利谦抑的达成不仅需要依靠权利的法律规范化或权利的社会规制，也应关注到权利的道德伦理内涵。具体权利谦抑的实现路径可以从内在要求与外在措施两个维度进行探讨，以双管齐下地构建完备的路径体系。

第一节　权利谦抑实现的内在要求

权利谦抑的内在实现路径，是围绕权利基本的内在标准而主张的，可以从权利观念以及公民美德等方面提出要求。至少可包括：正确权利观的塑造，如人本主义的权利主体观、权利的良善与无恶性、法律权利的审慎推定等；公民美德的培养，如节制主张权利与宽容他人权利等。

一、正确权利观的塑造

（一）人本主义的权利主体观

权利的本质是为人服务，就现代法律所普遍认可的法律关系主体而言，其主要包括自然人、组织和国家。自然人即个人主体，而组织和国家等也以人为组合，由此，人是法律关系主体的实质联结。至于动物乃至植物是否能够成为权利的主体，当下学者也有一些研究讨论。① 这一问题的结论，本书暂且搁置不论，但不管如何，动物权利抑或自然权利必须以人本主义为基础，这是对权利宗旨的基本认知，也由此可划定权利谦抑的主体范畴。

“动物权利”概念自1892年由英国学者亨利·塞尔特首创后，②在法学、伦理学等领域均存在争论。动物权利论者肯定动物拥有基本的道德权利，如辛格的动物解放论、雷根的强式动物权利论、沃伦的弱式动物权利论和弗兰西恩的动物权利论之法权思维，分别从功利主义、天赋价值、感受能力和法学的角度论证了动物拥有基本的道德权利。然而反对者则持否定态度，科亨为动物利用辩护，其认为停止利用动物是根本不可能的；阿兰·怀特从“权利”概念出发认为，动物无法谈论完整的权利话语因而不具备权利；简·纳韦逊认为，权利应该建立在契约之上，而人与动物之间不可能存在契约关系；马肯和斯泰因伯格则主要从“道德”入手，认为道德生活为人类所独有并不存在于动物之间，以此批评动物权利论。③ 同样，在我国，动物权利的争论也由来已久，一些学者④认为应该赋予动物权利，然而另外一些学者⑤认为动物没有理性思维，不是社会主体只是被动地接受福利，不会有权利的行使和义务的履行，且根据现有法学语境存在的主客体二元划分，

---

① 如美国1978年帕里拉属鸟诉夏威夷土地与资源管理局，这是人类法律史上第一次以非人类作为原告提起的诉讼，最终法院判决帕里拉属鸟胜诉。该案表明，自然体可以成为法律主体，可以享有权利。在日本，1995年日本奄美4类野生保护鸟类同样作为原告向鹿儿岛地方法院提起行政诉讼。徐国栋在《动物民法地位的四类重设与我国的应然选择》一文中也指出：“在世界上有民法典的91个国家和地区中，有26个国家和地区的民法典重设了动物民法地位，4个国家正打算进行重设，形成一股潮流。所谓重设，就是不再把有生命的动物与无生命的物件等同。重设的模式有四类，即动物非物模式、动物有感生灵模式、特殊客体模式（又称全动物模式）、有限主体模式。一旦完成动物民法地位重设，民法整体必须经受或大或小的重构。动物非物模式重构较小，有限主体模式重构最大。我国《民法典》未完成动物地位重设，没有采纳我国学界提出的特殊客体模式、有限主体模式重构建议。未来的《民法典》应采用有感生灵模式重设动物地位，同时吸收其他模式的合理因素对《民法典》相关制度进行完善。”参见徐国栋：《动物民法地位的四类重设与我国的应然选择》，载《西南政法大学学报》2023年第2期。

② “动物和人类一样，也拥有天赋的生存权和自由权。人类有人类法，动物有动物法。”参见何怀宏主编：《生态伦理：精神资源与哲学基础》，河北大学出版社2002年版，第376页。

③ 参见张姚：《国内外动物权利研究评述》，载《社会科学论坛》2019年第2期。

④ 参见何志鹏：《“自然的权利”何以可能》，载《法制与社会发展》2008年第1期；蔡守秋：《简评动物权利之争》，载《中州学刊》2006年第6期。

⑤ 参见严存生：《“动物权利”概念的法哲学思考》，载《东方法学》2014年第1期；常纪文：《“动物权利”的法律保护》，载《法学研究》2009年第4期。

动物不能成为权利主体而仅仅是客体。甚至还有学者提出“动物权利论”或“自然体权利论”是对整个权利理论的颠覆，最终带来的是权利的消解与终结。① 然而，无论是肯定还是否定动物权利，其出发点都应源自人本主义。

首先，无论是“动物权利”、“自然权利”还是“自然的权利”均以人类的需求为基础，是人类文明的产物。如有学者提出自然价值是自然权利存在的前提，自然价值包括自然的外在价值与自然的内在价值，其中外在价值讲的就是自然物对人的有用性，包括资源价值、美学价值、科学研究的价值、生态价值，以及一些未被发现或未被开发的价值；内在价值指的是人与自然界每一个物种彼此联结、相互利用以达到自然界或生态系统的动态平衡以及自满自足，其实质上是人与其他自然物互为价值关系。② 由此可以看出，无论是外在价值还是内在价值都与人息息相关。其次，自然权利是以人为本的权利，而不是以自然为本的权利，是需要以人为出发点去把握的。从权利的发生机制来看，权利是社会的，是历史的，是人的需求与社会发展程度的高度契合，与人类所承认的价值以及人类就此进行保护的可能性一脉相承。由此，本质上来说，权利与价值是相互联系的统一体。可以说，权利来源于人的需要。“所以，人的道德伦理观念和规范制度体系，包括权利义务的思想和机制在内，都必须与人类的自身感受相联结。”③

当然，人类也可以出于自身需要而赋予动植物等物种权利。正如《联合国人类环境会议宣言》（又称《斯德哥尔摩人类环境会议宣言》）以及《里约环境与发展宣言》都讲的是人类有权同大自然协调一致以过上健康、尊严和财富的生活，由此人类提出与实现环境权的目标是为满足人类自身的可持续发展需求。甚至也有学者提出，其实在我们的人性中就包含“能够关心动物、植物和自然界，在与动物、植物和自然界的关联中生活”的重要因素。④

但与此同时，我们在给予动物关爱的时候，应该注意到人类权利的优先性，并不能因为保护动物权利而有损或剥夺人类自身必需的福利。因而过分强调动物

---

① 参见徐祥民：《自然体权利：权利的发展抑或终结？》，载《法制与社会发展》2008 年第 4 期。

② 参见李建华、肖毅：《自然权利存在何以可能》，载《科学技术与辩证法》2005 年第 1 期。

③ 何志鹏：《“自然的权利”何以可能》，载《法制与社会发展》2008 年第 1 期。

④ See Martha Nussbaum, *Aristotelian Social Democracy*, in R. Bruce Douglas, Gerald M. Mara, and Henry S. Richardson ,eds. Liberalism and the Good, Routledge, 1990, p. 224 – 225.

权利,将动物权利与动物利用权相对立的观点是值得商榷的。在具体实践中,如美国动物福利观念经过了从动物福利、动物权利到动物关怀的演变过程,即美国的动物福利观念经历了从最初的反对虐待动物到以感觉、意识、道德身份、平等性为特点的动物权利保护再到以关怀的责任、整体性、崇高、信任及照管为特点的动物伦理关怀的发展过程,美国最终倡导人与自然和谐相处的善的生活方式,在承认动物的能力与价值的前提下,关注、回应、尊重动物的需求。这也充分说明了人的主体性与主导性。因此,本书第四章第三节所提到的"动物权利与动物利用权的冲突"也能得到比较好的解决。也就是说从权利谦抑论的理论来看,权利谦抑首先是将人作为权利主体范畴而不是动物,因此相对于动物权利来说,动物利用权处于优势地位。但这并不是说不要保护动物,同样,权利谦抑论要求动物利用权的行使应该审慎节制,尽可能地维护动物权利,对动物做到最少的伤害以及最大限度的保护。

(二)权利的良善与无恶性

早在古罗马时期,法学家乌尔比安就说过:"法是善良且公正的艺术。"就法律所承认和维护的权利而言,权利也应该是良善且是无恶的。就如当下有学者指出的,"一种行为被称为权利,并不是因为它能够给权利人带来利益,而是因为这种行为不会给社会、给他人造成损害"①。故此,本书认为正确的权利观应该是指,权利主体自身的权利主观的良善性以及权利对于社会他人的无恶性,这也是权利谦抑最根本的要求。

首先,权利主观的良善是对于权利主体而言的。利益价值与正当应得是权利的两大构成要素,也是权利主体为权利而积极斗争的前提。这就要求,权利主体所追求权利是要取得权利人的利益,而禁止其以权利为借口对自己造成伤害或者使自己丧失利益。这也就是说,法律上不允许自杀或自我伤害等行为存在的原因,甚至法律还会通过强制要求行为人为一定行为以对权利主体进行积极保护,如强令摩托车手在行车时戴安全帽等,这是法律"父爱主义"的体现,也是权利良

① 张恒山:《法理要论》,北京大学出版社2002年版,第377页。

善的要求。[①] 因此，本书第四章第三节所提及的“吸烟权与健康权的背反”，通过对权利谦抑之权利主观的良善这一要求可以得到正确认识以及较好解决。具体来说，自然人主体为了追求吸烟的自由享受而提出吸烟权，这一权利的主张是荒谬的，因为吸烟权的行使忽视了吸烟对主体的伤害。若是将吸烟这一行为确定为主体的权利，那么势必造成有损主体的身体健康甚至生命的后果。这样一来，便会产生一种悖论，即权利的行使或享有最终会导致权利主体受伤害甚至消亡。故此，吸烟权并不构成一种权利。也同理，自杀或自伤等行为，由于对主体来说并不是良善的，应该被排除在权利的范畴之外。特别就自杀而言，若将之视为一种权利，权利主体一旦自身身亡，那权利又将如何存在呢？也就是权利的行使最终无法导致权利的实现，这便陷入了无解之境。另外，自杀不违法，在《刑法》上不构成犯罪，但这并不是法律对自杀权的鼓励和认可，更不意味着自杀是一种合法权利，相反，各国的法律均倡导健康生活与珍爱生命。同理，控烟相关的立法允许设立吸烟区也不是对吸烟权的承认，要知道，控烟立法的本质在于控制吸烟。故此，自杀权或吸烟权等并不是作为法定权利而存在的，这些只是人们权利话语的主张，这就是权利谦抑论所要求的要对权利进行清楚理性的判断，正确认知权利，体会到权利的主观良善性。

其次，权利的社会无恶性是指，权利的实现对于权利主体之外的他人、社会集体、国家等而言，应该是良善与有益的，或至少应该是无害且无恶的。权利的行使只能出于善意，而不是恶意。[②] 如作为我国第一部《宪法》的“五四宪法”在第14条规定的“国家禁止任何人利用私有财产破坏公共利益”。现行《宪法》“八二宪法”在第51条规定的“中华人民共和国公民在行使自由和权利的时候，不得损害国家的、社会的、集体的利益和其他公民的合法的自由和权利”。1986年通过的《民法通则》（已失效）第7条规定的“民事活动应当尊重社会公德，不得损害社会公共利益，破坏国家经济计划，扰乱社会经济秩序”。2020年制定的《民法典》第132条规定的“民事主体不得滥用民事权利损害国家利益、社会公共利益或者他

① 2022年7月1日施行的《江苏省电动自行车管理条例》第41条规定，电动自行车驾乘人员未按照规定佩戴安全头盔的，由公安机关交通管理部门处警告或者20元以上50元以下罚款。

② 参见陈云生：《权利相对论》，人民出版社1994年版，第53页。

人合法权益”。从上述法律可以看出，我国法律上对权利无害性所作的要求从始至终存在。另外，法律是最低限度的道德，是人们最低的行为规范，因此法律所要求的是个体行为对于他者的无害性。但仅要求无害还不够，对于主观的权利，我们还进一步希求权利的无恶性，而不只是客观的法律所讲求的无害。这也是本书权利谦抑对权利所提出的最低标准。不仅如此，权利的社会无恶性是由权利的社会性与公共性所决定的，为减少社会冲突，更好地进行社会合作，权利主体不能只顾及个人利益，更需要关注到个人利益与社会利益的调和，以此促进社会共同获益。这也就要求权利个体对于除自己外的其他主体要良善。这是一种道德上的普遍律令，是人们较高的行为准则，也是本书权利谦抑论所希冀的。正如学者所提到的“正当”是一种关于某种行为的社会性价值判断，它表示某种行为无论是处于被做、暂时未做还是永久放弃状态，对社会、对他人都可能是一种好（善），至少是无害、无恶的。①

（三）法律权利的审慎推定

“权利”是存在于法学、伦理学、社会学之中的重要概念术语，既有法律意义上的权利，也有道德意义或社会学意义上的权利。其中法律权利是“法律所允许的权利人为了满足自己的利益而采取的、由他人的法律义务所保证的法律手段”②。相对于其他意义上的权利而言，法律权利具有法律性，需要国家法律规范的认定，以及国家强制力的保障等，是对有重要社会影响的行为的调整，且法律还具有一定的保守性。因此，对于需要通过法律所确立的权利而言，我们应该审慎推定法律权利。这也是本书权利谦抑对权利提出的另一要求。

道德权利是基于人生活本性的需要而提出的自然权利。如“安乐死”在我国并未合法化，但并不影响某些社会人士提出“安乐死权”以论证或强化自己发乎于心与出乎于情的某些诉求，但并不一定被法律所认可。相类似的还有“吸烟权”“养狗权”“亲吻权”等。道德权利是一种应当的权利，带有主观意欲的色彩，好似只要符合“我”“需要”“权利”的逻辑结构就可以拥有这一权利，而忽视了与权利相对应的义务责任维度。这其实就是权利泛化的具体原因之一。然而法律

---

① 参见张恒山：《法理要论》，北京大学出版社2002年版，第30页。

② 《法理学》编写组编：《法理学》（第2版），人民出版社与高等教育出版社2020年版，第133页。

意义上的权利必须具有正当性。“正当性即可以成为权利这一属概念的最基本的特征。”①同时,法律上的权利也应当具备合法性或者合乎规范性。“权利是得到社会承认并由国家加以维护的要求。因此,我的位置或地位及其附带物,只要经国家认可就构成了我的权利——这时是把它当作某种我所要求的或者我认为是有助于达到我的目的的东西。”②故,法律权利应该是经过立法的谨慎论证以及司法的实践证成而获得立法确认和司法保障的法定权利。

另外,基于法律的稳定性、滞后性,法律语言的抽象性、概括性等,法律无法预先囊括所有的权利,也由于法律体系的开放性,立法者和司法者可以根据国家和社会治理的现代化需要认定或推定某些权利。这也是道德权利、社会权利上升到法律权利,由应有权利向法定权利的转变。也就是说,基于权利的动态性以及权利的扩展适用能力,使道德权利等法律化。如“常回家看看”入法就是一种道德权利转化为法律权利的典型立法表现。③ 又如,学者所研究的隐私权,曾先后被附属于名誉权,作为法院承认的新型权利、《宪法》上的基本权利、法律值得保护的利益(“隐私利益”)、法定权利(“隐私权”)等多种方式予以保护。④ 由此也可以看出,法律权利的推定是一个相对漫长、审慎的过程。

但同时也应该关注到,道德权利法律化的过程中可能带来的权利滥用现象,即“泛化者将一些自然权利或法定权利以外的受法律保护的一些正当利益,未经法定程序,扩大、推广到法定权利形态,以法定权利的救济方式来寻求救济的现象”⑤。20 世纪以来,权利泛化严重,人们总想将自己的所有诉求都纳入法律权利话语中以寻求保护。“权利获得了相当受人肯定的声誉。权利话语在政治、法律及道德领域中广受欢迎。各种与政治生活和社会生活有关的立场、意见、主张、批

---

① 范进学:《权利政治论》,山东人民出版社 2003 年版,第 22 页。

② [英]鲍桑葵:《关于国家的哲学理论》,汪淑钧译,商务印书馆 1995 年版,第 207 ~ 208 页。

③ 2018 年 12 月 29 日通过的《老年人权益保障法》,第 18 条规定:“家庭成员应当关心老年人的精神需求,不得忽视、冷落老年人。与老年人分开居住的家庭成员,应当经常看望或者问候老年人。用人单位应当按照国家有关规定保障赡养人探亲休假的权利。”这一规定,被通俗地理解为“常回家看看”。

④ 参见张建文、高悦:《从隐私权的立法与司法实践看新兴权利保护的综合方式》,载《求是学刊》2019 年第 6 期。

⑤ 唐先锋:《试析国内“权利泛化”现象》,载《人大研究》2004 年第 7 期。

评或抱负，几乎都用‘权利’一词来加以表达和确认。”[①]甚至还有学者提出“这是一个权利意识张扬的时代，‘权利之声压倒一切’”[②]。然而，权利谦抑论所指向的法律权利有其规范性、正当性、合理合法性限制，对于一些随意性的、主观性的权利诉求，并不能抱有其获得法律认可及保障的强烈期待，需要认识到并非任意的权利口号都将得到法律支持。总之，我们可以基于人性的自然需求、社会中的道德意识，甚或者基于某地域的风俗习惯以及时代的经济科技等发展的需要等提出相关的主张，然而，能否将之简单僵硬地表述为法律上的权利话语，需要审慎思考。

二、公民美德的培养

（一）权利谦抑何以需要公民美德

由于自由主义与理性主义的大肆宣扬，美德作为私人品行的要求，一度不再被社会公共伦理当作辅助，而被合乎理性地忽视与弃绝。然而，在 1981 年麦金太尔发表的《追寻美德》一书中，其就提出“如果现代社会和现代人不再回避‘现代性道德’已然失败的后果，并且无法抛弃人类生活和人类尊严的道德之维的话，那么，就要把已然飘逝了的美德伦理重新找回来”[③]。甚至其痛声疾呼“近代以来西方文明社会中占主导地位的以自由主义为基本价值取向、以理性主义为基本方法所构建的普遍主义规范伦理（学）已然彻底失败”[④]。权利谦抑论的法理精神也要求重拾公民美德。

权利谦抑何以需要公民美德？公丕祥在《权利现象的逻辑》一书中曾写道在人类学本体性意义上，权利的限制问题更多地应当表现为内在的限制，而不应简单地归之于外在限制。并且，这种权利的内在限制，也不仅来自处于一定生产方式内的权利受到自己赖以存在的生活条件的限制，而且也来自社会主体自身的道

① Tom Campbell, *Rights*, *A Critical Introduction*, Routledge, 2006, p. 3.

② 魏治勋：《新兴权利研究述评——以 2012 ~ 2013 年 CSSCI 期刊相关论文为分析对象》，载《理论探索》2014 年第 5 期。

③ 万俊人：《美德伦理如何复兴？》，载《求是学刊》2011 年第 1 期。

④ ［美］A. 麦金太尔：《追寻美德》，宋继杰译，译林出版社 2003 年版，第 2 ~ 3 页。

德要求。[①] 从伦理学的视角来说,道德与美德是存在区别的。道德属于他律的范畴,而美德属于自律的范畴。道德是功利的,以自我利益持守为出发点,以实现个人利益为直接目的。美德是道义的,以自我利益放弃或超越为起步,以无私利他为基本准则,以履行责任之外的义务来增进他者利益为展开方式。[②] 由此,在本部分,我们提出权利谦抑的实现不应该局限于他律的规范,而更多地在于滋养利他的内在要求,亦即权利谦抑要求培养公民美德。

或许麦金太尔有关西方现代性道德理论完全失败的观点有点绝对,然而我们在谨慎客观分析后至少可以知道,人们对于该理论的现实实践是倍感困惑与失望的,现代社会有在试图回归于复兴美德伦理以寻求自我救赎。由此,本书提出,权利谦抑实现的内在维度要求培养公民的美德。具体来说,其体现在节制与宽容这两个方面,亦即格伦顿在《权利话语:穷途末路的政治言辞》一书中所提及的"一旦发生争执,宽容与节制的传统美德便会告诉我们,最好的事情就是'当我们面对他人的合理要求时,克制自己的主张,去权衡,并且至少撇开一些分歧'"[③]。具体到权利谦抑对于公民美德培养的内在路径,主要包括节制主张权利与宽容他人权利两方面的内容。

(二)节制主张权利

节制主张权利主要是从己方权利的行使来说的,也就是权利主体自己在行使权利的过程中要坚守权利的有限性,不能超过权利界限,应该自觉防范自我权利主张过度,甚至个人权利有时有必要做出一定的退让。具体来说,节制主张权利主要体现为不超出权限范围主张权利,必要时做出一点的权利让步,甚至是牺牲。

首先,基于权利与义务的一一对应关系,享有权利者也应该承担义务,即不超出权利范围主张权利。"没有无义务的权利,也没有无权利的义务。"权利人之所

---

① 参见公丕祥:《权利现象的逻辑》,山东人民出版社2002年版,第21页。

② 参见唐代兴:《道德与美德辨析》,载《伦理学研究》2010年第1期。客观论之,道德属于他律,是人人必须遵守的社会规范,所以,道德是功利的,它以自我利益持守为出发点,以权利与责任对等为基本原则,以实现个人利益为直接目的。道德是美德的基础,因而,美德属于自律,是对道德的卓越,是人人应该响应的社会倡导,所以,美德是道义的,它以自我利益放弃或超越为起步,以无私利他为基本准则,以履行责任之外的义务来增进他者利益为展开方式,以实现个性张扬和精神自由为直接目的。

③ [美]玛丽·安·格伦顿:《权利话语:穷途末路的政治言辞》,周威译,北京大学出版社2006年版,"译者序言"第7页。

以享有权利是因为义务人能够承担义务，因而，权利人行使的权利必须具有合理合法性，否则义务人可以不配合。这也就是说明，权利人在行使自己的权利的时候必然要承担一定的义务，即不能超出权利界限，不能过度主张权利。

其次，从个人权利与他人权利或社会利益相互关联的角度来说，权利主体不仅应该做到自觉防范自我权利的主张过度，甚至在面对他人权利或社会利益时有必要做出一定的让步。正如本书在上一节所提到的，权利对于权利主体而言应该具有主观的良善，对于权利主体之外的他人、社会集体、国家等主体应当是无恶的。这也就说明，个人权利的实现不能建立在损害他人权利或社会利益的基础上，所以作为一个具有美德的公民，应该时刻警醒防范自我权利过度，以免妨碍到他人权利或社会利益。在人与人的关系中，为了秩序、和谐和一致，人们的行为必须受一定的社会规范的制约，必须考虑到社会关系中他人的利益，这就必须要求培养自我约束意识，以便形成与社会合拍的自律观念。①

最后，为了他人权利或社会利益，个人权利还有必要做出一定的奉献牺牲。理由在于：人类社会的分工合作性也要求权利具有合作性。“权利的实现，不可能存在于以权利为封闭圈的自我中心之间。人类的合作史早就告诉我们，权利之所以可能，乃是合作、互惠、宽容之故。”②故此，个人权利的实现有赖于他人权利或社会利益的让渡，与此同时，个人权利的享有也受到他人权利或社会利益的制约。这就意味着，在权利的行使或实现中，个人不是绝对的、唯一的利益主体，他人、社会集体、国家等共同构成了整个权利体系的主体成员。因而，个体在享受自己权利的同时，必须共同承担为了他人权利或社会利益的实现而应承担的损失，甚至是为了实现他人权利或社会利益而承担对自己权利的“侵害”。所以我们在行使权利的时候需要保有对他人权利的共情，可以的话，作出一定的利他行为，这也是权利谦抑的高阶要求。

(三)宽容他人权利

黑格尔曾精辟指出，法的命令是“成为一个人，并尊敬他人为人”③。包尔生

① 参见游劝荣：《“正确的权利观”之我见》，载《现代法学》1989年第4期。

② 彭中礼：《论权利的社会利益限度》，载《法治论丛》2010年第5期。

③ [德]黑格尔：《法哲学原理》，范扬、张企泰译，商务印书馆1961年版。

也提到“在道德上尊重和保护权利的义务必须以公平和宽宏的要求来补充”①。上述节制主张权利，指的是己方在行使权利过程中的谦抑，而宽容他人权利则指的是在与他人权利发生联结时要秉承权利谦抑。具体来说，宽容他人权利是从对他人维度来说的，即当面对除自己以外的其他主体的权利时，首要的是要尊重他人权利，其次是当与他人权利发生冲突时应该宽仁以待。

对他人权利保有尊重，指的是传承人类“尊重”这一基本伦理理念，不对他人权益或国家集体社会公益造成损失，要尊重他人权利。“权利不仅体现为一系列物质性的规定、制度与组织结构，而且更为重要和更为深刻的是，它同时也是或者应当是人的一种生活态度、一种生活立场、一种精神与信仰，这就是把人要真正当做人，或者说不仅自我尊重其为人而且尊重所有的人为人。”②

首先，尊重他人权利是法律所预先设定的一项义务。权利是对人的利益、自由、资格等的认可或主张，而法律则是通过设定责任以及义务的方式，对其所认可的一些权利进行确定与保护。由此发现权利的实现并不是自给自足的，权利的涉他性决定了权利的实现需要他人的尊重与协助，权利的实现需要被尊重，并且法律将这一尊重形式确定了下来。以此，权利是社会成员间彼此承认的产物，尊重他人权利是一种法律义务。“法律将社会所认可的个人利益、自由以权利的形式固定下来，加以保护。凡侵犯他人的权利均要受到法律的否定性评价、制裁，承担法律上的责任。”③

其次，权利的存在并不一定是单一的，很多时候在同一个对象或客体上可能存在两个或两个以上权利，比如隐私权与言论自由权在很多场合就是同时存在的。这时候便需要权利间的互相尊重，需要权利主体均在各自法定的范围内行使权利，以此达至权利和谐的状态。比如伏尔泰的名言“我不同意你的观点，但我誓死捍卫你说话的权利”。这便是对他人权利的尊重。墨西哥前总统贝尼托·华雷斯则更加清晰地将尊重他人权利的必要性表达了出来，他曾说过“无论是人

① ［德］弗里德里希·包尔生：《伦理学体系》，何怀宏等译，中国社会科学出版社1988年版，第535页。

② 姚建宗：《法治的生态环境》，山东人民出版社2003年版，第276页。

③ 王克金：《权利冲突论——一个法律实证主义的分析》，载《法制与社会发展》2004年第2期。

与人还是国与国之间，尊重他人权利才能带来和平”[①]。

最后，我们还应进一步维护他人的尊严。有学者指出当代法学研究的重要命题是尊重他人权利，甚至还有学者直接提出人的尊严可以作为法学的核心范畴，其认为“权利本位”向“尊严本位”的转变是法学的趋势。[②] 也有学者提出法治价值观以人的尊严为导向，即“对当代国际人权法和法治理论进行考察，可以从中总结出以人的尊严为导向的法治价值观。这一法治价值观的核心命题包括：人的尊严是法治的终极价值；法治是人的尊严的构成要件；法治对人的尊严而言具有构成性内在价值”[③]。因此，我们不仅应该秉持权利谦抑精神以尊重他人权利，甚至还应该为维护他人尊严而宽仁忍让。

宽容他人权利的第二方面的要求即宽仁化解权利冲突，是要求权利冲突发生之时秉持权利谦抑精神。

何为权利冲突？本书借鉴刘作翔老师的观点：“权利冲突应该是指合法性、正当性权利之间所发生的冲突。”[④]另外，基于本书权利谦抑的主题，因此本书从发生学和现象学的角度来看，将权利冲突认定为法定权利、推定权利、道德权利等的冲突。在权利话语盛行的当下，权利冲突现象越来越普遍与突出，本书第四章第三节所提到的“权利与反权利的双重合理性困境”就是两种权利的冲突，如休息权与娱乐权、吸烟权与健康权、妇女堕胎权与胎儿生命权、男性生育权与女性生育权、动物权利与动物利用权等，不一而足。由此可见，宽仁化解权利冲突尤其重要。那何为宽仁化解权利冲突呢？

首先，宽容的核心要义是“它要求人们在人格平等与尊重的基础上，以理解宽谅的心态和友善和平的方式，来对待、容忍、宽恕某种或某些异己行为、异己观念，乃至异己者本身的道德与文化态度、品质和行为”[⑤]。《大不列颠百科全书》也有讲到“宽容是指允许别人有判断和行动的自由，耐心、不带任何偏见地容忍那

---

① 参见刘建超主编：《中国共产党与世界马克思主义政党论坛实录》，当代世界出版社2022年版，第50页。

② 参见黄鑫政：《论可作为法学核心范畴的“人的尊严”》，载《深圳社会科学》2023年第1期。

③ 李桂林：《法治价值观：以人的尊严为导向》，载《法学》2020年第4期。

④ 刘作翔：《权利冲突的几个理论问题》，载《中国法学》2002年第2期。

⑤ 万俊人：《寻求普世伦理》，商务印书馆2001年版，第507～508页。

些有别于自己或被普遍接受的观点、行为的人”。由此，宽容本质上就是一项我们应该拥有的美好品德。在中华民族的优秀文化传统里，我们也一直被教育着“己所不欲勿施于人”“推己及人”“设身处地”“将心比心”“老吾老以及人之老，幼吾幼以及人之幼”。甚至宽容在当今世界所扮演的角色要比过去来得重大，宽容应该成为多元社会的一项重要美德和重要法哲学价值。① 权利谦抑中的一项重要美德便是要求我们对他人保有推己及人的仁爱与友善。

其次，“一味追求权利和义务的对等将会削弱团结概念中的友爱互利成分，这也是现代法律所经常忽视的内容，此时，社会意识中的团结理念将起到重要的补充作用”②。当下的法律过于追求“合法化”而忽视了“正当性”，使“立法之法”陷入了形式化、空洞化危机。这也正是权利所面临的问题，一方面，权利话语被滥用、被削减；另一方面，基于权利滥用的防御性应对措施也时常可见。可正如一句西方谚语所言，各人的家是他的堡垒，主人尽可以在其堡垒中从事各种无害于他人的活动。从这句话中我们发现，就算在自家堡垒，其权利也应该受到限制，需要与无害于他人这一义务相关平衡妥协，并不是意味着在你的“王国”，你可以为所欲为。因而，也不是拥有权利就拥有了抵抗一切的话语，我们应当警惕权利话语的狂热，注意到自身权利的权限范围，保有对他人权利的尊重。

最后，权利之间的冲突是不可避免的，因而面对自己权利与他人权利冲突之时，我们并不能一味地为自己权利而斗，必须以宽容之心对待，必须考虑到他人所拥有的相应的同样正当的权利，并对他人的权利宽仁相待。比如本书第四章第三节所提到的，在享受自己的娱乐权，在弹钢琴、搓麻将、跳广场舞时，不能只想着自己权利的正当性，为自己所拥有的权利而辩护，应该保有的是推己及人的仁爱与友善，需要考虑到的是他人也同样拥有休息的权利，应该想到的是自己的权利会不会对他人的权利产生侵害，如果产生了侵害就应该主动将自己的权利限制在应有的范围内，而不是一味地去争夺自己的权利，从而产生“权利暴力”，甚至导致纠纷迭起。其实在有些时候，让他三分又如何呢？黑格尔就曾指出：“粗野小人

---

① 参见[德]考夫曼：《法律哲学》，刘幸义等译，法律出版社2004年版，第413页。

② 王晖：《法律中的团结观与基本义务》，载《清华法学》2015年第3期。

才最坚持自己的权利，而高尚的精神则顾虑到事物是否还有其他一些方面。”①在人与人的交往中，在各自权利实现的过程中，我们也需要妥协，需要掌握权力行使的适当的度，这是宽容以待他人权利所要求的，也是“和”社会的要义。“生活需要谦让、包容、互助，要‘难得糊涂’……但许多民法研究恰恰偏离了这一点，想方设法怂恿当事人锱铢必较，动不动就‘为权利而斗争’，争得死去活来。法律责任是分清了，但和谐关系也就没有了，这不是民法应该追求的境界。”②故此，面对权利冲突时，我们不能只高呼自己的权利，还要尊重他人的权利，以此才可以达致和合，实现社会和谐。

总之，在权利互相冲突之时，我们应该保有推己及人的仁爱与友善，警惕权利话语的狂热，宽仁以待他人权利。固守权利的绝对性，对任何其他权利均采取不容忍的态度，冷冰冰地直面自我权利，其实最终体现的只是没有人性的自私而已，得到了最终的公正但失去的只会更多，就像没有绝对的平等，也无绝对的公平正义。如果认定权利对于权利人来说是一切而不太去照顾权利相对人的利益，认为权利不允许利益平衡而权利主体的权利是全有或全无的，这一观点其实是不正义的，因而我们需要允许权衡的存在。“如采用妥协而不是武力的解决方法，正确的原则很可能终于居于优势。如果把具有远见的接受与表里不一等同起来，如果错误用坚持原则作为决不妥协的理由，那就是民主的灾难。”③

第二节　权利谦抑实现的外在措施

权利谦抑的外在实现路径可以理解为权利内在伦理的应用实践，可以从立法、司法、社会舆论等方面把握。如立法方面，立法谦抑即立法前注意甄别权利，审慎创设权利条款；完善权利谦抑相关原则制度，包括在《民法典》中直接确立禁止权利滥用或权利谦抑原则，扩大自甘风险条款的范围，确定容忍义务的一般性

① ［德］黑格尔：《法哲学原理》，范扬、张企泰译，商务印书馆1961年版，第47页。

② 邱本：《当前我国民法研究中的几种错位——兼论法学研究方法》，载《法制与社会发展》2016年第2期。

③ ［美］科恩：《论民主》，聂崇信、朱秀贤译，商务印书馆2005年版，第185页。

规定;加大相关法律法规与司法解释等的宣传普及。司法方面,主要是强化对滥用诉权行为的甄别审查,建立规制滥用诉权行为的配套机制;及时处罚违法行为。社会舆论方面,即要求舆论客观公正以及舆论应勇于批评权利狂热现象。

一、立法方面

(一)权利谦抑要求立法谦抑

"法律繁杂带来的是人们对权利主张的狂热,因而可能会妨碍公正。"[①]故此,本书提出,权利谦抑首要要求便是立法谦抑。从立法谦抑的角度来看,我们提出以下三点要求:

第一,立法前应注意甄别权利。理论上,权利一般被认为是权利主体的正当利益诉求。然而,在现实生活中,未必所有的权利主张均以正当为前提。另外,从权利的历史渊源来看,权利一度被视为公民与政府博弈过程中所争取到的弥足珍贵的人权,是公权不可侵犯的领域,由此更增添了其神圣性。然而现代社会中的权利,很多时候沦为了一种欲望的主张。正如玛丽·安·格伦顿在《权利话语:穷途末路的政治言辞》中写道的,新的权利修辞较少涉及人的尊严和自由,而更多的是咄咄逼人、永无止境的个人欲望[②]。甚至防御性的个人权利反转过来变成进攻性的,成为向其他自由公民索取的权利,权利由此也可能变成暴力。"与防止政府权力侵犯的宪法权利不同的是,这些新权利则为公民配备了刺向其他自由公民的利剑。"[③]这就要求我们在立法的时候,要甄别权利话语,要审慎对待权利。立法者选择法律化的权利应该是在社会中已经获得广泛共识的,能反映社会基本善的权利观念。

第二,审慎创设权利条款。法律不只代表着国家对权利主体权益的保护,反向地,法律又为权利主体的权利证成或者权利诉求提供根本依据。浩如烟海的法律,会使整个社会被渲染过多的法律话语,而在这些法律实践中,会有正当的权益

---

① 吴玉姣:《地方立法谦抑论》,知识产权出版社有限责任公司2020年版,第151页。

② [美]玛丽·安·格伦顿:《权利话语:穷途末路的政治言辞》,周威译,北京大学出版社2006年版,第226页。

③ [美]菲利普·K.霍华德:《无法生活:将美国人民从法律丛林中解放出来》,林彦、杨珍译,法律出版社2011年版,第19页。

受到法律保护,但也会为一些民众提供更多主张法律权利的借口。权利在普通民众眼里,或者在日常生活交流中,被赋予了天然的正当性,随着法律的加持,民众对权利话语盲目信仰加码,甚至会有某些公民在本无权利正当性的时候仍诉求法律支撑依据,认为由此可以突破法律界限。在我国出现的“赔衣门事件”就是最好的印证——2017 年 9 月武汉某医院在抢救患者时,医务人员为争取时间剪开了患者的衣物,几天后患者据此要求医院赔偿 1500 元,[①]在遭到院方拒绝后,患者方选择报警,经过警察的调解,最终医院赔偿 1000 元停止了这场闹剧。试想下,如果医生行为没有过错,不赔偿又如何呢? 由此可以看出,权利滥用的情形本就存在,而若立法不够审慎,这将在一定程度上诱发更多的权利滥用,甚至会造成他人权利的减损。在《无法生活:将美国人民从法律丛林中解放出来》一书中霍华德就给我们展示了这样的情形,如残障儿童或孤独症儿童主张必须在正常课堂上上课,但这会降低整个课程的水平。这种权利诉求其实跟尊严和自由无关,体现的是个人欲望的永无止境。而当这种权利被法律保障后,其实是对其他人的强制,对其他学生、教师、学校来说这并不是一种公平和正义。这也就要求我们要慎重立法,特别是法律对新权利的确认应该审慎。

第三,法律不能过度关注小概率事件,也不能仅考虑某一个人的影响,我们需要保护个人权利,但前提是要平衡好其与公共利益的关系,不得使其他权益因此受到损害。并且,经法律所确定的权利需要具备现实的普遍可行性。因此,在立法时应该充分考虑权利的可实现性,否则法律的规定将没有社会意义,或者将沦为一纸空文。“权利应是法律能够保护的利益,应可以通过制度的实施得到实现,不计后果地提出权利话语只会导致权利话语之间的强烈冲突乃至公众对法律丧失信心。”[②]上述均是对立法谦抑所提出的要求,试图通过立法谦抑来奠定权利谦抑的制度基础,为权利谦抑提供法律依据与保障。

(二)完善权利谦抑相关原则制度

如本书第三章第二节所梳理的,我国现有的关于权利谦抑的相关原则制度主

---

① 包括剪坏的衣裤、短裤里的 500 元现金、身份证、银行卡、数据线等财物,总计 1500 元。

② 王方玉:《权利的内在伦理解析——基于新兴权利引发权利泛化现象的反思》,载《法商研究》2018 年第 4 期。

要有宪法基本权利滥用禁止原理、民法禁止权利滥用原则以及其他部门法中的权利不得滥用规定三类，然而，这些原则还存在问题，以《民法典》为例，其还应该在禁止权利滥用、自甘风险、容忍义务三个方面加强相关规定。

第一，直接在《民法典》中确立禁止权利滥用原则，甚至在该立法中确立权利谦抑原则。从我国目前的立法现状看，虽然本书认定《宪法》中确立了基本权利禁止滥用原理，《民法典》中包括了禁止权利滥用原则，其他相关法律法规中均有关于禁止权利滥用的原则或条款，然而有关《民法典》中的禁止权利滥用条款属于规则还是原则的争议不断。这在本书的第三章第二节也已经提到。基于禁止权利滥用在当下的重要性以及现实需求，本书建议应该将其明确为原则条款，即将现有的第 132 条禁止权利滥用的条款调整至第一章的原则部分，可以放在第 8 条公序良俗原则之后，形成平等原则、自愿原则、公平原则、诚实信用原则、公序良俗原则、禁止权利滥用原则、绿色原则等七项原则。王利明也提出，有必要在《民法典》中将权利滥用升格为基本原则。[①] 甚至，如有可能，还可以直接在《民法典》中规定权利谦抑这一原则。"'权利'从根本上而言，永远是一个伦理范畴内的概念。"[②]也就是立法文本将"民事主体不得滥用民事权利"这一反向的、消极的表述改成"民事主体主张民事权利时，应秉持谦抑之精神，不损害国家利益、社会公共利益或者他人合法权益"类似正向的、积极的立法表达。也有学者将禁止权利滥用的性质视为伦理性规范。"禁止权利滥用原则具有强烈的道德属性，体现民法的伦理性，是法律化的道德准则。禁止权利滥用原则，将道德规则与法律规则合为一体，兼有道德规范与法律规范的特性，兼具道德调节和法律调节的功能。"[③]这就说明，伦理理念是可以在立法中得到体现的。法律与伦理道德有着共同的追求即"法律、伦理道德与礼教具有共同的出发点——求善"[④]。道德法律化的情形也时有发生。另外，如前所述，权利谦抑是权利有限性、权利禁止滥用、权利相对性的进阶理论。因而，在将来，权利谦抑原则也可以作为立法的一项原则确定在

---

① 参见王利明：《民法总则研究》，中国人民大学出版社 2012 年版，第 455 页。

② 袁瑜琤：《"权利"的伦理属性——解读古罗马人的"父权"观念及其限定继承制度》，载《外国法制史研究》2010 年第 1 期。

③ 朱玉川：《论禁止权利滥用原则》，西南政法大学 2005 年硕士学位论文，"内容提要"。

④ 黄源盛：《汉唐法制与儒家传统》，广西师范大学出版社 2020 年版，第 234 页。

《民法典》之中。

第二,扩大《民法典》中自甘风险条款的范围。自甘风险条款规定在《民法典》第1176条第1款。[①] 自甘风险条款的确立有助于责任的清晰界分,在一定程度上有益于制止权利狂热主张。如在我们的日常生活中,学生在校园内参加文体活动而导致意外受伤的情形时有发生,而每当此时,学校或教师往往会被家长们作为首要索赔对象,甚至一言不合就上升到"校闹"的程度。然而,"校闹"本身就是一种违法甚至犯罪行为,"校闹"行为人可能因此受到惩罚,"校闹"也将侵害其他学生、老师的受教育权、财产权、人身权等,甚至也会给学校带来损害。与此同时,教师以及学校等教育机构在深受其害后,为规避这一风险,所采取的防御性措施便是不组织或不轻易组织具有对抗性的文体活动,不再组织春游、秋游等,甚至还要求家长填写各种承诺书、告知书。而法院常以学校未尽到教育管理或安全保障责任为由,判令其承担赔偿责任,或者以公平责任之名判令学校承担"人道主义补偿"责任。在裁判过程中,这种"和稀泥"式判决往往牵涉无辜,因此也饱受社会各界诟病,而自甘风险条款的出台则是对这种情况的合理纠偏。自甘风险条款不但让文体活动中发生意外赔偿纠纷处理时有法可依,在各方主体责任承担上也更加公平合理,责任范围更加清晰明白,告别了过去"受伤即有理"的处理方式,让法、理、情更加相融相通。

然而,我国《民法典》现有的自甘风险条款也存在自身的局限。比如其适用范围针对的是具有一定风险的文体活动,这就未能将具有风险的非文体活动包括在内。这一规定体现的是立法的保守和审慎,然而自甘风险的概念其实可以更为宽泛。如德国学者克雷斯蒂安·冯·巴尔指出的,自甘风险是指受害人已经意识到某种风险存在,或者明知将遭受某种风险,却依然冒险行事,致使自己遭受损害。[②] 中国学者曾世雄也提到自甘风险是指被害人原可以预见损害之发生而又自愿冒损害发生之危险,而损害结果不幸发生。[③] 另外,最高人民法院的相关书

---

① 即"自愿参加具有一定风险的文体活动,因其他参加者的行为受到损害的,受害人不得请求其他参加者承担侵权责任;但是,其他参加者对损害的发生有故意或者重大过失的除外"。

② 参见[德]克雷斯蒂安·冯·巴尔:《欧洲比较侵权行为法》(下卷),焦美华译,法律出版社2001年版,第636页。

③ 参见曾世雄:《损害赔偿法原理》,中国政法大学出版社2001年版,第261页。

籍中也认为自甘风险是指受害人事先了解为某项行为可能伴随着风险、损失或事故,但仍自愿为此行为,并同意自行承担可能的后果。[①] 杨立新《民法典侵权责任编(草案二审稿)》第954条之一关于“自愿参加具有危险性的活动受到损害的,受害人不得请求他人承担侵权责任,但是他人对损害的发生有故意或者重大过失的除外”的规定更为适当。故此,本书认为,在今后的立法活动中,可以考虑适当扩大《民法典》中自甘风险条款的适用范围,以此尽可能削减此领域中权利主张狂热的行为,确保权利谦抑。

第三,在《民法典》中确定容忍义务的一般性规定。“私法意义上的容忍义务,涉及的是私权主体之间的一种权利的克减与限制。”[②]因而可以说,容忍义务也是权利谦抑的重要保障。具体来说,“容忍义务系指对他人所致合理正当限度内微额不利益或不便原本有权提出异议,但此时却以不作为方式予以忍受以确保他人获取利益之拘束力”[③]。关于容忍义务的内涵,不少学者都做过相应的论述,[④]在实践中,也有不少规定对此义务提出了要求。《德国民法典》第912条,[⑤]

---

① 参见最高人民法院民法典贯彻实施工作领导小组主编:《中华人民共和国民法典理解与适用·侵权责任编》,人民法院出版社2020年版,第111页。

② 胡杰:《论私法意义上的容忍义务》,载《江海学刊》2015年第2期。

③ 秦伟、杨琳:《民法容忍义务哲学意蕴考》,载《文史哲》2013年第6期。

④ 德国法学家卡尔·拉伦茨在其著作《德国民法通论》中提到,容忍义务与其他一般性义务相比较是具有特殊性的。一般来说,权利与义务是有对应性的,但容忍义务没有对应的权利。在这样的语境下,拉伦茨对容忍义务内涵的解读为:“实际上,在某些情形下,与权利相对应的不一定是义务,也有可能是法律的约束。在德语中,这个法律的约束还没有一个合适的词语来定义和界定。当行为人侵犯权利人的权益时,在这个法律约束之下,权利人需容忍之,但权利人是本不必要容忍的。我们可以把这个法律约束叫作容忍义务,它与不作为义务是有很大区别的。”参见[德]卡尔·拉伦茨:《德国民法通论》(上册),王晓晔、邵建东、程建英等译,法律出版社2013年版。[德]卡尔·拉伦茨:《德国民法通论》(下册),王晓晔、邵建东、程建英等译,法律出版社2013年版。葡萄牙民法学家宾度(也有译作平托)在其著作《民法总论》中认为,容忍义务是一种不可抗拒的、必需性的“屈从”,即,法律在赋予权利人某项权利的同时,权利人在某种意义上也必须遵守法律设定的“约束”,遵守法律性质的“屈从”。参见[葡萄牙]Carlos Alberto da Mota Pinto:《民法总论》,林炳辉等译,法律翻译办公室、澳门大学法学院2001年版。美国学者Victor E Schwarz和Phil Goldberg在他们的文章*The Law of Public Nuisance: Maintaining Rational Boundaries on a Rational Tort*中提出,容忍义务是当侵权人的行为虽然侵害了他人的利益,但该行为合理有依据或侵扰程度微不足道时,被侵权人本应有权提出反对却应以不作为的方式容忍该侵权行为的义务。Victor E Schwarz, Phil Goldberg, *The Law of Public Nuisance: Maintaining Rational Boundaries on a Rational Tort*, 3 Washburn Law Journal 541(1964).

⑤ 即“土地所有人在建造建筑物时越界建筑,而无故意或重大过失的,邻地所有人必须容忍该越界建筑,但邻地所有人已在越界前提出异议,或在越界后立即提出异议的除外”。

我国《物权法》第92条规定的相邻不动产权利人容忍义务,[①]《合同法》第180条规定的供电人容忍义务、[②]第202条规定借款人的容忍协助义务、[③]第260条规定承揽人的容忍义务。[④] 这些条款在《民法典》中都有体现。然而,我国《民法典》未明确将其作为一般性规则规定。

而当时在《民法总则》的编纂过程中,也曾有过将容忍义务作为一般性规定的建议。如2015年6月24日中国法学会民法典编纂项目领导小组和中国民法学研究会组织撰写的《中华人民共和国民法典·民法总则专家建议稿》正式被提交给全国人大常委会法制工作委员会,其第206条就规定:“权利人正当行使权利给他人造成的不便,该他人负有适当容忍的义务。”2016年3月1日中国社会科学院民法典立法研究课题组发布的《民法总则(建议稿)》第265条也规定:“民事主体行使其权利时对他人形成的可以容忍的不便,他人负有适当容忍的义务。但该义务的承担以法律规定为限。民事主体行使权利造成他人不便者,应采取措施尽力限制其消极影响,在有可能时对容忍其消极影响者予以适当补偿。”而学者们也在积极提议将容忍义务增加为一般规定,如“容忍义务作为对民事权利的特别限制,属于‘民事基本制度’,是对权利人的权利保护和他人的行为自由权衡过程中的重要价值判断问题,归立法权立法保留的范畴,是立法中的价值判断问题,应该在《民法典》总则中做一般性规定、在分则中做具体展开”[⑤]。但最终在《民

---

① 即“不动产权利人因用水、排水、通行、铺设管线等利用相邻不动产的,应当尽量避免对相邻的不动产权利人造成损害;造成损害的,应当给予赔偿”。《民法典》第296条修改为:“不动产权利人因用水、排水、通行、铺设管线等利用相邻不动产的,应当尽量避免对相邻的不动产权利人造成损害。”

② 即“供电人因供电设施计划检修、临时检修、依法限电或者用电人违法用电等原因,需要中断供电时,应当按照国家有关规定事先通知用电人。未事先通知用电人中断供电,造成用电人损失的,应当承担损害赔偿责任”。《民法典》第652条修改为:“供电人因供电设施计划检修、临时检修、依法限电或者用电人违法用电等原因,需要中断供电时,应当按照国家有关规定事先通知用电人;未事先通知用电人中断供电,造成用电人损失的,应当承担赔偿责任。”

③ 即“贷款人按照约定可以检查、监督借款的使用情况。借款人应当按照约定向贷款人定期提供有关财务会计报表等资料”。《民法典》第672条修改为:“贷款人按照约定可以检查、监督借款的使用情况。借款人应当按照约定向贷款人定期提供有关财务会计报表或者其他资料。”

④ 即“承揽人在工作期间,应当接受定作人必要的监督检验。定作人不得因监督检验妨碍承揽人的正常工作”。《民法典》第779条修改为:“承揽人在工作期间,应当接受定作人必要的监督检验。定作人不得因监督检验妨碍承揽人的正常工作。”

⑤ 王雷:《论容忍义务在我国民法典中的体系位置》,载《河南财经政法大学学报》2017年第1期。

法典》中未有对于容忍义务的一般规定。本书权利谦抑论的提出,将重提这一建议,认为应该在《民法典》中增加容忍义务这一内容的一般性规定。

（三）加大相关法律法规等的宣传普及

我国对于权利主张过度行为的立法规制已经较多。比如“校闹”“医闹”这些权利主张过度行为甚至都有可能触犯《刑法》构成犯罪。另外,专门性的国家法律或地方性法规等中也有相应规定。但权利滥用现象还是得不到有效遏制,其中原因之一在于普法宣传并未到位。以“校闹”这一权利滥用问题为例,针对“校闹”问题,中央以及地方立法层面都有相关规定,并且制定时间较早,最早可追溯至 1999 年。具体情况如下:

有关“校闹”的中央层面的立法主要集中在四个文件:第一,《学生伤害事故处理办法》(已被修改)是教育部在 2002 年 8 月 21 日发布的部门规章,关于“校闹”的规定具体见第 36 条。[①] 第二,《中小学幼儿园安全管理办法》是教育部、公安部等于 2006 年 6 月 30 日联合发布的部门规章,其第 63 条规定有涉及“校闹”。[②] 但以上这两个部门规章都没有直接提炼出“校闹”的概念。第三,《国务院办公厅关于加强中小学幼儿园安全风险防控体系建设的意见》是国务院办公厅在 2017 年 4 月 25 日发布的规范性文件。该文件明确提及了“校闹”这一概念,并将“校闹”行为具体化为围堵校园、殴打侮辱教师、干扰学校正常教育教学秩序三类,[③]但归纳得并不全面,也没有涉及较为常见的挂横幅、摆花圈等“校闹”形式。第四,《教育部等五部门关于完善安全事故处理机制　维护学校教育教学秩序的意见》是教育部等五个部门在 2019 年 6 月 25 日联合发布的规范性文件。这可以说是一部专门针对“校闹”的文件,该文件可以说是“依法治理‘校闹’的意见”。该意见总共有 15 条,包括四个方面的具体内容,即“健全学校安全事故预

---

① 《学生伤害事故处理办法》第 36 条规定:“受伤害学生的监护人、亲属或者其他有关人员,在事故处理过程中无理取闹,扰乱学校正常教育教学秩序,或者侵犯学校、学校教师或者其他工作人员的合法权益的,学校应当报告公安机关依法处理;造成损失的,可以依法要求赔偿。”

② 《中小学幼儿园安全管理办法》第 63 条规定:“校外单位或者人员违反治安管理规定、引发学校安全事故的,或者在学校安全事故处理过程中,扰乱学校正常教育教学秩序、违反治安管理规定的,由公安机关依法处理;构成犯罪的,依法追究其刑事责任;造成学校财产损失的,依法承担赔偿责任。”

③ 《国务院办公厅关于加强中小学幼儿园安全风险防控体系建设的意见》中规定:“……对围堵校园、殴打侮辱教师、干扰学校正常教育教学秩序等‘校闹’行为,公安机关要及时坚决予以制止。”

防与处置机制”,“依法处理学校安全事故纠纷”,“及时处置、依法打击‘校闹’行为”,“建立多部门协调配合工作机制”。而有关“校闹”行为的具体表现,该意见也予以明确了,详细列举了8个类别,[①]较为全面具体。可以说,该文件开辟了治理“校闹”问题的规范化、专门化路径。

从上述四个文件可以看出,随着时间的推移和发展,一方面,相关法律文件对于“校闹”问题的规定越发详细具体,然而从另一方面也反映了,“校闹”问题也越来越成为一个较为严重的社会难题。为维护学校师生的合法权益,保障教师该有的尊严以及维系社会的稳定,在中央层面已出台了有关“校闹”的专门性文件。这一做法,适应了社会的需求,值得肯定。下一步,还应该采取措施,细化《教育部等五部门关于完善安全事故处理机制　维护学校教育教学秩序的意见》的内容,出台相关配套性的实施办法,以期能更好地为“校闹”问题的解决提供依据。

而有关“校闹”的地方立法,大体可以分为两类,一类是在学生伤害处理的相关地方立法中涉及“校闹”问题的处理,另一类是在学校安全管理的相关地方立法中涉及“校闹”问题的处理。通过对北大法宝法律法规数据库的检索,截至2021年3月1日,以学生伤害事故处理为主题的地方性法规一共是17部,其中省级地方性法规6部,市级地方性法规11部。最早制定的是《上海市中小学校学生伤害事故处理条例》(已被修改),通过时间为2001年7月13日;最新的是《湖南省学校学生人身伤害事故预防和处理条例》,通过时间为2018年3月31日。[②] 以学校安全为主题的地方立法总共有19部,其中地方政府规章3部,地方性法规16

---

① 《教育部等五部门关于完善安全事故处理机制　维护学校教育教学秩序的意见》是教育部、最高人民法院、最高人民检察院、公安部、司法部等五个部门在2019年6月25日联合发布的规范性文件。该文件规定,依法惩处“校闹”人员。实施下列“校闹”行为,构成违反治安管理行为的,公安机关应当依照《治安管理处罚法》相关规定予以处罚:(1)殴打他人、故意伤害他人或者故意损毁公私财物的;(2)侵占、毁损学校房屋、设施设备的;(3)在学校设置障碍、贴报喷字、拉挂横幅、燃放鞭炮、播放哀乐、摆放花圈、泼洒污物、断水断电、堵塞大门、围堵办公场所和道路的;(4)在学校等公共场所停放尸体的;(5)以不准离开工作场所等方式非法限制学校教职工、学生人身自由的;(6)跟踪、纠缠学校相关负责人,侮辱、恐吓教职工、学生的;(7)携带易燃易爆危险物品和管制器具进入学校的;(8)其他扰乱学校教育教学秩序或侵害他人人身财产权益的行为。“校闹”行为造成学校、教职工、学生财产损失或人身伤害,被侵权人依法追究“校闹”人员侵权责任的,应当予以支持。同时,可以通过联合惩戒机制,对实施“校闹”、聚众扰乱社会秩序的人员实施惩戒。

② 经过修改的地方性法规有3部,其中《西安市中小学生人身伤害事故预防与处理条例》经过了2010年、2016年两次修正。

部。具体为1部省级地方政府规章,2部市级地方政府规章,9部省级地方性法规,7部市级地方性法规。这些地方立法中最早制定的是《黑龙江省学校环境管理条例》,制定于1999年8月11日,现已失效。在现行有效地方立法中最新的是《甘肃省中小学校安全条例》,制定于2020年12月3日。①

具体内容方面,地方立法中之前仅概括式地规定了不得扰乱教育教学秩序,如2007年制定的《云南省学校安全条例》第48条的规定。② 近几年,相关立法才开始将扰乱教育教学秩序的行为具体化,并且立法中归纳总结的类型越来越全面。如2018年出台的《山东省学校安全条例》的第51条以及2018年出台的《湖南省学校学生人身伤害事故预防和处理条例》第40条,③均详细列举了干扰事故处置和调查处理的几种行为。然而,还未发现有地方立法直接提及"校闹"相关概念或规定的。究其原因,大概是"校闹"一词有一定的敏感性,因而未直接规定。

虽然"校闹"相关的地方立法较多,制定时间也较早,但"校闹"问题治理收效甚微。究其原因,其中宣传较少,不太为权利人所熟知是一个比较大的因素。如当时2015年《刑法修正案(九)》出台后,大家欢呼"校闹"行为终于入刑了,可实

---

① 经过修改的地方立法为《宁波市学校安全条例》《深圳市学校安全管理条例》《黑龙江省学校安全条例》《广州市学校安全管理规定(试行)》。其中《宁波市学校安全条例》,制定于2003年9月26日,2020年5月15日修正;《深圳市学校安全管理条例》在2004年12月30日制定,经过2014年、2019年两次修正;另外《黑龙江省学校安全条例》在2010年12月17日制定,经过2018年修改,而该省最早的学校安全立法制定于1999年,于2005年修正。

② 2007年《云南省学校安全条例》第48条规定:"学生及其监护人或者其他人员在事故处理过程中违反治安处罚规定,扰乱学校正常教育教学秩序的,由公安机关依法进行处理;造成学校财产损失的,依法承担赔偿责任;构成犯罪的,依法追究刑事责任。"

③ 2018年《山东省学校安全条例》第51条规定:"发生学校安全事故,学生家长、学生以及其他人员不得有下列干扰事故处置和调查处理的行为:(一)侮辱、威胁、恐吓、故意伤害学生、教师以及其他职工、事故调查处理人员或者限制其人身自由;(二)围堵学校扰乱学校教育教学秩序;(三)侵占、损毁学校设施、设备;(四)携带危险物品和管制刀具进入学校;(五)制造、散布谣言;(六)其他违法行为。发生前款行为,涉嫌违法犯罪的,学校应当立即向所在地公安机关报案;公安机关应当依法及时采取措施,予以处置,维护教育教学秩序。"

2018年《湖南省学校学生人身伤害事故预防和处理条例》第40条规定:"学生人身伤害事故发生后,任何单位和个人不得采用下列违法方式表达意见和要求:(一)侮辱、威胁、恐吓、故意伤害教职工、学生或者非法限制教职工、学生人身自由;(二)在学校停放尸体;(三)围堵学校或者进入学校扰乱教育教学活动;(四)侵占、毁损学校房屋、设施设备;(五)蓄意进行不实报道或者制造、散布谣言;(六)其他违法方式。"

质是早在1979年《刑法》颁布之时,其第158条规定的扰乱社会秩序罪中就对教学、科研有了规定。[①] 另外,这一现象从当时《教育部等五部门关于完善安全事故处理机制 维护学校教育教学秩序的意见》所引起的广泛讨论以及影响等也可见一斑。相信随着中央《教育部等五部门关于完善安全事故处理机制 维护学校教育教学秩序的意见》的出台,地方层面的相关立法将会呈上升趋势,且关于"校闹"问题的内容也将更加全面完善具体。而有关"校闹"难题的专门性地方性法规的出台也是可以期待的。这势必有利于"校闹"问题的解决。

又如,虚假诉讼的相关制度,在我国也早有专门的法律规定。如针对虚假刑事诉讼,我国《刑法》规定了诬告陷害罪,早在1979年《刑法》中第138条就有规定。[②] 民事诉讼方面,如2012年《民事诉讼法》修正时就增加了虚假诉讼等的规制要求,人民法院可以驳回起诉、罚款、拘留以及追究刑事责任。[③] 另外,在2015年《关于执行〈中华人民共和国刑法〉确定罪名的补充规定(六)》中还明确了虚假诉讼罪这一新罪名。[④] 此外,虚假诉讼违法行为还可能涉嫌诈骗罪、合同诈骗罪等刑事犯罪。

专门司法解释方面,2013年以来,最高人民法院先后下发大量司法解释以规制虚假诉讼现象。如2013年6月28日发布的《关于房地产调控政策下人民法院严格审查各类虚假诉讼的紧急通知》(法明传〔2013〕359号)。[⑤] 2015年4月15

① 即"禁止任何人利用任何手段扰乱社会秩序。扰乱社会秩序情节严重,致使工作、生产、营业和教学、科研无法进行,国家和社会遭受严重损失的,对首要分子处五年以下有期徒刑、拘役、管制或者剥夺政治权利"。

② 即"严禁用任何方法、手段诬告陷害干部、群众。凡捏造事实诬告陷害他人(包括犯人)的,参照所诬陷的罪行的性质、情节、后果和量刑标准给予刑事处分。国家工作人员犯诬陷罪的,从重处罚。不是有意诬陷,而是错告,或者检举失实的,不适用前款规定"。

③ 如《民事诉讼法》(2012年)第112条规定:"当事人之间恶意串通,企图通过诉讼、调解等方式侵害他人合法权益的,人民法院应当驳回其请求,并根据情节轻重予以罚款、拘留;构成犯罪的,依法追究刑事责任。"第113条规定:"被执行人与他人恶意串通,通过诉讼、仲裁、调解等方式逃避履行法律文书确定的义务的,人民法院应当根据情节轻重予以罚款、拘留;构成犯罪的,依法追究刑事责任。"

④ 2015年《刑法》第307条之一规定:"以捏造的事实提起民事诉讼,妨害司法秩序或者严重侵害他人合法权益的,处三年以下有期徒刑、拘役或者管制,并处或者单处罚金;情节严重的,处三年以上七年以下有期徒刑,并处罚金……"

⑤ 提出三个方面要求,即密切关注和高度重视已经出现和可能出现的虚假诉讼问题;在审理相关纠纷案件时认真审查当事人的诉讼请求及相关的证据,慎重对待并妥善处理相关情况;认真研究和及时应对与层报出现的包括虚假诉讼在内的新问题、新情况。

日《最高人民法院关于人民法院登记立案若干问题的规定》(法释〔2015〕8 号)出台,也涉及滥用诉权的行为规定了罚款、拘留、刑事责任等。① 2016 年 6 月 20 日印发《最高人民法院关于防范和制裁虚假诉讼的指导意见》(法发〔2016〕13 号)。② 2016 年 9 月 12 日《最高人民法院关于进一步推进案件繁简分流优化司法资源配置的若干意见》第 22 条规定在诉讼费、律师费以及合理赔偿等方面规制滥用诉权的行为。③ 2017 年 8 月 31 日《最高人民法院关于进一步保护和规范当事人依法行使行政诉权的若干意见》(法发〔2017〕25 号)提出对于滥用诉权行为不予立案,且从严审查。④ 而在 2018 年 9 月 26 日还发布了《最高人民法院、最高人民检察院关于办理虚假诉讼刑事案件适用法律若干问题的解释》(法释〔2018〕17 号),包括捏造的事实提起民事诉讼时"以捏造的事实提起民事诉讼"行为、"妨害司法秩序或者严重侵害他人合法权益"、"情节严重"的认定等十二条内容。2021 年 3 月 4 日出台了《最高人民法院　最高人民检察院　公安部　司法部关于进一步加强虚假诉讼犯罪惩治工作的意见》(法发〔2021〕10 号),包括总则、虚假诉讼犯罪的甄别和发现、线索移送和案件查处、程序衔接、责任追究、协作机制、附则等

---

① 《最高人民法院关于人民法院登记立案若干问题的规定》第 16 条规定:"人民法院依法维护登记立案秩序,推进诉讼诚信建设。对干扰立案秩序、虚假诉讼的,根据民事诉讼法、行政诉讼法有关规定予以罚款、拘留;构成犯罪的,依法追究刑事责任。"

② 主要规定了虚假诉讼包含的要素,在立案窗口及法庭张贴警示宣传标识与发布虚假诉讼法律责任告知书,加大证据审查力度,实质审查力度,公开审判力度,罚款、拘留、刑事责任等法律适用力度,虚假诉讼失信人名单制度,多部门协调配合的综合治理机制,公布虚假诉讼典型案例等内容。

③ 《最高人民法院关于进一步推进案件繁简分流优化司法资源配置的若干意见》第 22 条规定:"引导当事人诚信理性诉讼。加大对虚假诉讼、恶意诉讼等非诚信诉讼行为的打击力度,充分发挥诉讼费用、律师费用调节当事人诉讼行为的杠杆作用,促使当事人选择适当方式解决纠纷。当事人存在滥用诉讼权利、拖延承担诉讼义务等明显不当行为,造成诉讼对方或第三人直接损失的,人民法院可以根据具体情况对无过错方依法提出的赔偿合理的律师费用等正当要求予以支持。"

④ 《最高人民法院关于进一步保护和规范当事人依法行使行政诉权的若干意见》中规定:"二、正确引导当事人依法行使诉权,严格规制恶意诉讼和无理缠诉等滥诉行为……15. 要依法制止滥用诉权、恶意诉讼等行为。滥用诉权、恶意诉讼消耗行政资源,挤占司法资源,影响公民、法人和其他组织诉权的正常行使,损害司法权威,阻碍法治进步。对于以危害国家主权和领土完整、危害国家安全、破坏国家统一和民族团结、破坏国家宗教政策为目的的起诉,人民法院依法不予立案;对于极个别当事人不以保护合法权益为目的,长期、反复提起大量诉讼,滋扰行政机关,扰乱诉讼秩序的,人民法院依法不予立案。……17. 在认定滥用诉权、恶意诉讼的情形时,应当从严掌握标准,要从当事人提起诉讼的数量、周期、目的以及是否具有正当利益等角度,审查其是否具有滥用诉权、恶意诉讼的主观故意。对于属于滥用诉权、恶意诉讼的当事人,要探索建立有效机制,依法及时有效制止。"

七章,共二十九条。2021 年 11 月 4 日发布了《最高人民法院关于深入开展虚假诉讼整治工作的意见》(法〔2021〕281 号),进一步提出较为全面具体的各项措施共二十四条。[①] 2021 年 11 月 11 日公布了《最高人民法院印发〈关于在民事诉讼中防范与惩治虚假诉讼工作指引(一)〉的通知》(法〔2021〕287 号),包括一般性指引(构成要素和主要表现形式、发现途径和防范措施、惩治措施及案件处理),典型案件指引(民间借贷纠纷案件、买卖合同纠纷案件、房屋买卖合同纠纷、"以物抵债"协议纠纷、执行异议案件、参与分配程序案件、申请执行仲裁裁决案件、申请执行公证债权文书案件),工作机制,其他等共计 78 条内容。2022 年 1 月 29 日发布了《最高人民法院关于证券市场虚假陈述侵权民事赔偿案件诉讼时效衔接适用相关问题的通知》(法〔2022〕36 号)。2022 年 1 月 21 日公布了《最高人民法院关于审理证券市场虚假陈述侵权民事赔偿案件的若干规定》(法释〔2022〕2 号),包括一般规定、虚假陈述的认定、重大性及交易因果关系、过错认定、责任主体、损失认定、诉讼时效、附则等八章三十五条内容。

同时,最高人民法院还发布了相关虚假诉讼案例。如 2021 年 11 月 9 日公布的《最高人民法院发布十起人民法院整治虚假诉讼典型案例》;[②]2023 年 12 月 27

---

① 具体有:提高思想认识,强化责任担当;精准甄别查处,依法保护诉权;把准特征表现,做好靶向整治;聚焦重点领域,加大整治力度;坚持分类施策,提高整治实效;加强立案甄别,做好警示提醒;坚持多措并举,查明案件事实;慎查调解协议,确保真实合法;严格依法执行,严防虚假诉讼;加强执行审查,严查虚假非诉法律文书;加强证据审查,查处虚假执行异议之诉;厘清法律关系,防止恶意串通逃避执行;加强甄别查处,防范虚假民间借贷诉讼;严查借贷本息,依法整治违法民间借贷;严审合同效力,整治虚假房屋买卖诉讼;坚持查假纠错,依法救济受害人的权利;依法认定犯罪,从严追究虚假诉讼刑事责任;保持高压态势,严惩"套路贷"虚假诉讼犯罪;做好程序衔接,保持刑民协同;加强队伍建设,提升整治能力;强化配合协调,形成整治合力;探索信用惩戒,助力诚信建设;开展普法宣传,弘扬诉讼诚信,以及实施日期等内容。

② 案例 1. 被执行人捏造事实,冒用他人名义制造系列虚假诉讼案件的,应当从重处罚;案例 2. 隐瞒民间借贷债务已经全部清偿的事实提起民事诉讼,要求他人履行已经消灭的债务的,构成虚假诉讼;案例 3. 为逃避执行,依据虚假离婚协议向人民法院提出执行异议的,构成虚假诉讼;案例 4. 公司与员工恶意串通虚构劳动债权,意图骗取拆迁补偿款的,构成虚假诉讼;案例 5. 当事人因虚假诉讼行为被追究刑事责任后,仍应当为其侵权行为承担民事赔偿责任;案例 6. 故意捏造债权债务关系和以物抵债协议,向人民法院提起民事诉讼,致使人民法院开庭审理,干扰正常司法活动的,构成虚假诉讼罪;案例 7. 捏造事实骗取民事调解书,据此申请参与执行财产分配的,构成虚假诉讼罪;案例 8. 依法严厉打击"套路贷"虚假诉讼违法犯罪;案例 9. 法院工作人员利用职权与他人共同实施虚假诉讼犯罪的,从重处罚;案例 10. 律师多次为当事人出谋划策,共同伪造证据进行虚假诉讼并在民事诉讼中担任代理人的,构成虚假诉讼共同犯罪。

日公布的《最高人民法院发布五起依法惩治通过虚假诉讼逃废债典型刑事案例》;[①]2024年11月公布的《最高人民法院发布五个打击通过虚假诉讼逃废债典型民事案例》;[②]2025年2月20日公布的《最高人民法院发布4个依法惩治虚假诉讼犯罪典型案例》。[③]

因此,我们下一步应该加强的是加大对于涉及权利滥用等相关法律法规与司法解释等的宣传普及,使全社会学法、知法、懂法、守法、用法、尊法,化解权利滥用之行为,保有权利谦抑之精神。

二、司法方面

(一)甄别与规制滥用诉权行为

权利不谦抑表现在司法程序方面则是滥用诉权,诸如虚假诉讼、恶意诉讼、无理缠诉以及滥用具体诉讼权利等,好似任何人几乎可以就任何事情提起诉讼,司法沦为了以正义为幌子的贪婪行为。因而需要对滥用诉权行为进行甄别,划定合理边界,引导当事人依法理性诚信行使诉权,把不合情理的诉讼请求挡在法院之门外,同时也需要规制与治理此类行为,肃清社会风气,更好地维护权利与司法权威。

第一,强化滥用诉权行为的甄别审查。

---

① 案例1.周某琼等虚假诉讼案——通过虚假诉讼转移财产逃避履行债务;案例2.刘某春、杨某勇虚假诉讼案——通过虚假诉讼阻碍执行被查封财产;案例3.胡某利、陶某云虚假诉讼案——以捏造的事实提出执行异议和执行异议之诉;案例4.周某云虚假诉讼案——虚构职工工资提起虚假诉讼逃避履行债务;案例5.郑某等虚假诉讼案——利用虚假诉讼申报虚假破产债权。

② 案例1.股东在追加被执行人异议之诉中循环转账捏造虚假出资事实逃避执行的,属于通过虚假诉讼逃废债——陈某、甘某诉甲公司等追加被执行人异议之诉案;案例2.捏造借贷关系提起虚假诉讼由被执行人实际领取执行款以逃避执行的,属于通过虚假诉讼逃废债——曹某东诉尹某安民间借贷纠纷案;案例3.虚构借贷债务起诉意图转移财产逃避执行的,属于通过虚假诉讼逃废债——王某科诉冯某军民间借贷纠纷案;案例4.捏造房屋买卖合同提起执行异议之诉的,属于通过虚假诉讼逃废债——侯某某诉某发展公司案外人执行异议之诉案;案例5.虚假诉讼行为人应当向虚假诉讼受害人承担赔偿损失责任——张某某诉田某某、朱某某财产损害赔偿纠纷案。

③ 案例1.刘某秀、李某虚假诉讼案——与夫妻一方串通捏造夫妻共同债务提起虚假诉讼;案例2.何某虚假诉讼案——滥用"保护性查封"通过虚假诉讼逃避履行债务;案例3.唐某祥虚假诉讼案——隐瞒债务已经全部清偿的事实提起虚假诉讼;案例4.段某虚假诉讼案——利用虚假诉讼手段违规提取住房公积金。

对于"滥用诉权行为"的具体类型,有学者认为其包括滥用起诉权、反诉权、上诉权、申诉权、申请财产保全和先予执行权、申请回避权和申请强制执行权等。[①] 有文章将滥用诉权行为的表现方式归结为恶意诉讼、欺诈诉讼、轻率诉讼、重复诉讼、虚假诉讼五种类别,同时其又将合理败诉、琐碎性诉讼、盲目性诉讼排除在外。[②] 本书认为,应该在保障当事人诉权以及防止诉权滥用之间寻找平衡,不应该过分扩大滥用诉权的类型。相较之下,2015 年《关于人民法院推行立案登记制改革的意见》提到的虚假诉讼、恶意诉讼、无理缠诉等应该归属于滥用诉权行为。当然具体诉讼权利的滥用也应该被规制。比如滥用管辖权异议、滥用撤诉权、滥用诉讼保全程序、滥用申请回避,这些具体诉讼权利表现形式很多,是无法一一穷尽列举的。因而本书认为滥用诉权行为包括两类,第一类是虚假诉讼、恶意诉讼、无理缠诉等;第二类是具体诉讼权利的滥用。

至于滥用诉权的判定,在审判过程中,对于诉讼行为的滥用的甄别较为容易,比如加大证据审查力度,加强对当事人的询问调查,注重查明认定案件事实,慎重审查公证债权文书、仲裁裁决书、调解书等法律文书,强化公开审判透明力度等。而在立案登记过程中,其实也应该防范滥用诉权行为。

2015 年《关于人民法院推行立案登记制改革的意见》颁布,为解决立案难,立案审查制改成了立案登记制,以坚持做到有案必立、有诉必理,但该意见同时规定了不予立案的四种情形。[③] 这也就说明,立案登记制与强化立案阶段滥用诉权行为的审查并不矛盾。立案登记制针对的是初始案件,上诉、申请再审、申诉等案件均不适用,故此,这些案件是需要实质审查的。另外,该意见第五部分具体规定了对虚假诉讼的依法惩治,包括驳回请求、罚款、拘留以及追究刑事责任等;同时规定了健全立法以明确虚假诉讼、恶意诉讼、无理缠诉等滥诉行为的行政、司法与刑

---

① 参见郭卫华:《滥用诉权之侵权责任》,载《法学研究》1998 年第 6 期。

② 参见李昶:《民事滥用诉权行为的法律规制研究》,江西财经大学 2018 年硕士学位论文,第 7~9 页。

③ 《关于人民法院推行立案登记制改革的意见》中规定:"……有下列情形之一的,不予登记立案:(一)违法起诉或者不符合法定起诉条件的;(二)诉讼已经终结的;(三)涉及危害国家主权和领土完整、危害国家安全、破坏国家统一和民族团结、破坏国家宗教政策的;(四)其他不属于人民法院主管的所诉事项。"

事处罚标准。[1] 这表明对滥诉行为是严格禁止的，且并不仅是案件审判后的规制，需要在立案阶段就将滥诉行为挡在司法之外。如2021年11月4日印发的《最高人民法院关于防范和制裁虚假诉讼的指导意见》第六点就明确规定“加强立案甄别，做好警示提醒”，提出在立案阶段可以借助立案辅助系统、中国裁判文书网等信息平台核查当事人是否有关联案件，当发现有虚假诉讼嫌疑时，警示提醒行为人，并标记提示相关部门重点关注。如2021年浙江全省法院系统上线“虚假诉讼协同智治”应用，实则就是通过司法大数据智能提升法院防范与识别虚假诉讼的能力的具体实践。总之，本书建议在立案阶段，也应该加强对虚假诉讼、恶意诉讼、无理缠诉等滥用诉权行为的甄别。

第二，建立规制滥用诉权行为的配套机制，主要措施包括建立承诺告知机制、公布典型案例、设立滥用诉权不良案件信息平台以及负面清单制度，以此在司法方面震慑权利滥用行为，防范滥用诉权行为。

首先，承诺告知机制是指在立案阶段就应该告知当事人滥用诉权的法律后果，让当事人承诺其未有滥用诉讼权利等行为，由此主动劝阻滥诉的发生。如可以通过立案窗口、法院宣传栏、各级官方网站以及微信公众号等渠道张贴警示宣传标识。还可以采用新闻发布会、直播以及公开观摩庭审、典型案例分析研讨会等多样化宣传方式。2020年12月11日最高人民法院举办了“严厉打击虚假诉讼　助力诚信社会建设”主题新闻发布会，这也是很好的宣传方法。同时在立案登记时，应明确告知当事人滥用权利的法律责任，并要求当事人签署承诺书，引导其诚信诉讼。在审批过程中，还可以要求当事人或者证人签署相关保证书。

其次，各级人民法院要充分发挥一线办案优势，深入剖析滥诉相关案例，及时总结司法实践经验并公布典型案例，以弘扬诚实信用原则与权利谦抑精神，威慑权利滥用行为。2021年11月9日最高人民法院公布了十个整治虚假诉讼典型案例，介绍了基本案情、处理结果、案例分析、典型意义等内容；而各地方法院也积

---

① 《关于人民法院推行立案登记制改革的意见》中规定：“（一）依法惩治虚假诉讼。当事人之间恶意串通，或者冒充他人提起诉讼，企图通过诉讼、调解等方式侵害他人合法权益的，人民法院应当驳回其请求，并予以罚款、拘留；构成犯罪的，依法追究刑事责任。……（四）健全相关法律制度。加强诉讼诚信建设，规范行使诉权行为。推动完善相关立法，对虚假诉讼、恶意诉讼、无理缠诉等滥用诉权行为，明确行政处罚、司法处罚、刑事处罚标准，加大惩治力度。”

极响应,如2022年3月18日,宁波市中级人民法院发布了打击虚假诉讼十大典型案例,并依托宁波市政府新闻办举行新闻发布会,且通过宁波发布视频号、抖音号,宁波市中级人民法院视频号,甬上App等平台现场直播。上述举措取得了较好效果。

最后,可以将虚假诉讼的典型案例拓展至滥诉案件,至于普法渠道,不仅可借助新闻发布会或者直播的形式,还可以通过微信公众号、抖音小视频等进行普法传播,进一步加强宣传教育效果。此外,可以建立滥诉专门案例库,以及进一步加大数字化建设与应用力度,建立全国法院系统的“滥用诉权不良案件信息平台”。在立案登记时,自动检索当事人、案由、裁判文书等相关信息,以防止“缠诉”“滥诉”等发生,实现自动识别与自动预警,并且主动披露当事人的不诚信行为,公示其处罚,以实现对他人的警示作用。若有可能,甚至还可以构建起法院、检察院、公安、司法行政部门以及地方政府社区等之间的信息共享平台,实现多部门协调配合的综合治理。在典型案例库的基础上还应该进一步探索建立“滥用诉权行为的负面清单”制度,总结滥诉行为所聚焦的重点领域,并在现有规定的基础上明确滥用诉权而不予受理案件的范围,进一步细化其案件类型,以便具体化列举。如2021年11月4日最高人民法院发布的《关于深入开展虚假诉讼整治工作的意见》就总结了十大类案件是虚假诉讼的易发领域,要求各级法院加大审查力度,一旦发现虚假诉讼,及时追究相关法律责任。

(二)及时处罚违法行为

“法的生命在于实施。”立法需要通过司法来获得遵守,这就要求对相关违法犯罪行为要及时处罚,以此遏制权利的狂热。现实中之所以一些权利滥用的行为肆起,其主要原因在于违法犯罪行为得不到及时遏制。以权利滥用行为典型之“校闹”为例,“校闹”行为是一种违法或犯罪行为,然而当事人却很少会受到应有处罚。

2015年《刑法修正案(九)》通过,《刑法》第290条规定:“聚众扰乱社会秩序,情节严重,致使工作、生产、营业和教学、科研、医疗无法进行,造成严重损失的,对首要分子,处三年以上七年以下有期徒刑;对其他积极参加的,处三年以下有期徒刑、拘役、管制或者剥夺政治权利……”社会舆论普遍认为当时《刑法》的重大变化之一就是将“医闹”同“校闹”均纳入了法律规制的范围内，甚至还有一位老校长发表了《“医闹”入刑搞得那么热闹“校闹”入刑为何无人关注?》的文章。[①] 然而，人们所忽视的是，并不是如大多数人所以为的“校闹”在2015年才入刑。需要澄清的是，早在1979年《刑法》颁布时，其第158条就规定了扰乱社会秩序罪，其中就对教学、科研有规定。[②] 而1997年《刑法》对原第158条进行了修改，其中针对扰乱教学、科研秩序的处罚还存在，在其第290条。[③] 由此可见，《刑法》中关于“校闹”行为的处罚一直存在，只是在2015年修改时增加了医疗方面的聚众扰乱社会秩序罪。综上，关于“校闹”行为的《刑法》规定并不是不存在，只是没有引起相应的重视。究其原因，可能是现实中针对“校闹”行为的刑事处罚较少。

另外，“校闹”行为入刑不只反映在聚众扰乱社会秩序罪这一个罪名上，针对“校闹”中的一些违法犯罪行为，《刑法》中可适用的罪名至少有七种，如妨害公务罪、寻衅滋事罪、聚众扰乱社会秩序罪、故意毁坏财物罪、非法拘禁罪、故意伤害罪和聚众扰乱公共场所秩序、交通秩序罪等。针对因教学管理和学生伤亡而出现的“校闹”行为，对之进行相应刑事处罚的案件也是存在的。根据笔者对中国裁判文书网的检索，发现其中最多的是寻衅滋事罪、聚众扰乱社会秩序罪，而故意毁坏财物罪、非法拘禁罪现在还没有相关案例。

对“校闹”行为处以妨碍公务罪的案件：如2018年张某因其孙女被校车撞击身亡且尚未收到理赔款，便于幼儿园门口搭建灵棚，因与民警发生争执并使用暴力阻碍民警执行职务，最终以妨碍公务罪追究其刑事责任。[④]

对“校闹”行为处以寻衅滋事罪的案件：如2017年邵某因其子孙某在校期间

---

① 参见孙光友：《“医闹”入刑搞得那么热闹“校闹”入刑为何无人关注?》，载搜狐网2015年9月15日，https://www.sohu.com/a/31907414_241736。

② 《刑法》(1979年)第158条规定：“禁止任何人利用任何手段扰乱社会秩序。扰乱社会秩序情节严重，致使工作、生产、营业和教学、科研无法进行，国家和社会遭受严重损失的，对首要分子处五年以下有期徒刑、拘役、管制或者剥夺政治权利”。

③ 《刑法》(1997年)第290条规定：“聚众扰乱社会秩序，情节严重，致使工作、生产、营业和教学、科研无法进行，造成严重损失的，对首要分子，处三年以上七年以下有期徒刑；对其他积极参加的，处三年以下有期徒刑、拘役、管制或者剥夺政治权利”。

④ 参见安徽省阜阳市颍泉区人民法院刑事判决书，(2019)皖1204刑初49号。

被同班同学打伤，不满赔偿问题，先后在学校门口及校内等地吵闹、上吊、割腕、割脖子，严重扰乱了公共场所的正常秩序，最终以寻衅滋事罪追究其刑事责任。①

对“校闹”行为处以聚众扰乱社会秩序罪的案件：如2017年张某因其子在大学宿舍自缢身亡，纠集多名亲属多次在学校门口采取拉横幅、摆花圈、封堵大门、烧纸、穿状衣的方式聚众扰乱社会秩序，最终以聚众扰乱社会秩序罪追究其刑事责任。②

对“校闹”行为处以故意伤害罪的案件：如2013年敏某因侄子被体罚一事来到学校，与正在上课的教师陆某发生争执并将其打成轻伤，最终以故意伤害罪追究其刑事责任。③

对“校闹”行为处以聚众扰乱交通秩序罪的案件：如2015年李某为阻止麻风病康复者子女与其小孩一同上学，组织游行使得公路交通堵断，甚至将公路交通堵断，严重地扰乱了道路交通秩序，造成了恶劣的社会影响，最终以聚众扰乱交通秩序罪追究其刑事责任。④

对“校闹”行为处以聚众扰乱公共场所秩序、交通秩序罪的案件：如2013年张某因女儿不符合小学就读条件被拒，聚集二十余人在小学围堵校门、打横幅、举标语牌、演讲，引起大量群众围观，严重影响了该校教学秩序，并阻碍、抗拒公安民警依法执行职务，造成该校门前周边地区秩序严重混乱，最终以聚众扰乱公共场所秩序、交通秩序罪追究其刑事责任。⑤

但是“校闹”行为最终受到刑事处罚的案例其实是极少的。“校闹”行为的犯罪都是造成了教学秩序的扰乱，因而通过以“教学秩序”为关键词搜索中国裁判文书网，是较为全面的。2025年4月8日，笔者以“教学秩序”为关键词，通过全文检索的方式，检索裁判文书网，发现共有刑事案件才189件。而具体以湖南省

---

① 参见山东省烟台市中级人民法院刑事裁定书，(2019)鲁06刑终29号。
② 参见陕西省汉中市中级人民法院刑事裁定书，(2019)陕07刑终63号。
③ 参见甘肃省临潭县人民法院刑事判决书，(2013)潭刑初字第27号。
④ 参见云南省彝良县人民法院刑事判决书，(2015)彝刑初字第61号。
⑤ 参见安徽省蚌埠市蚌山区人民法院刑事判决书，(2013)蚌山刑初字第00316号。

为例,共检索到相关刑事案件 15 件,而其中与“校闹”有关的案件仅 3 件。[①] 具体为 2015 年嘉禾县第五中学初三学生到钟水河游泳不幸溺水身亡,家属以学校有责任为由提出高额索赔请求,以堵大门、拉横幅、挂遗像、烧纸钱等方式扰乱学校教学秩序。[②] 2017 年郴州市综合职业中专学校一学生猝死,死者亲属不顾劝阻,打伤执法人员。[③] 2020 年因幼儿熊某在某某幼儿园死亡,熊某家属在该幼儿园维权时,被告人张某某打了辅警李某一巴掌,导致李某耳外伤、鼓膜穿孔、耳聋。后张某某被判妨害公务罪,判处有期徒刑八个月。[④]

最后,针对“校闹”行为的治安处罚也是存在法律依据的,但是现实中案例却寥寥无几。笔者经过检索才发现个别案例报道,如 2019 年 8 月的某天上午某县一小学新生报名,一男子突然来到老师的办公室,上来就给了招生老师一巴掌,后该犯罪嫌疑人已因故意殴打他人被拘留。[⑤]

---

① 另外,据本书作者已发表论文《法治思维破解家校难题之困境及出路》,当时查到相关案例为 5 个。包括:2013 年曹某甲接到其儿子调皮和老师打架的电话,其儿子谎称是薛老师打的,因此,曹某甲等四人将正在上课的老师薛某某打倒在地,后又在学校门口殴打校长。[参见湖南省芷江侗族自治县人民法院曹某甲、曹某乙寻衅滋事一审刑事判决书,(2013)芷刑初字第 123 号。]2015 年某中学学生在河里洗澡溺水身亡(校外),其家属将尸体抬至学校。[参见湖南省邵阳市中级人民法院袁某甲、杨某乙聚众扰乱社会秩序二审刑事裁定书,(2016)湘 05 刑终 127 号。湖南省绥宁县人民法院袁某某、杨某甲、杨某乙、杨某丁聚众扰乱社会秩序一审刑事判决书,(2015)绥刑初字第 129 号。]2015 年某县一中学学生到钟水河游泳不幸溺水身亡,家属以学校有责任为由提出高额索赔请求,以堵大门、拉横幅、挂遗像、烧纸钱等方式扰乱学校教学秩序。[参见湖南省嘉禾县人民法院雷某某等人聚众扰乱社会秩序一审刑事判决书,(2015)嘉刑初字第 106 号。]2015 年长沙市岳麓区镇一中学某生在校外自杀,其家属以自杀跟学校老师的教育有关为由,多次学校门口以打横幅、设灵堂、放鞭炮、将一煤气罐搬至某中学班级教室门口的方式扰乱学校教学秩序。[参见湖南省长沙市岳麓区人民法院李某甲寻衅滋事罪一审刑事判决书,(2015)岳刑初字第 347 号。]2017 年某市一中专学校一名学生猝死,死者亲属不顾劝阻,打伤执法人员。[参见湖南省郴州市北湖区人民法院段某某犯妨害公务罪一审刑事判决书,(2018)湘 1002 刑初 141 号。]吴玉姣:《法治思维破解家校难题之困境及出路》,载《黑龙江省政法管理干部学院学报》2024 年第 1 期。

② 参见湖南省嘉禾县人民法院雷某某等人聚众扰乱社会秩序一审刑事判决书,(2015)嘉刑初字第 106 号。

③ 参见湖南省郴州市北湖区人民法院段某某犯妨害公务罪一审刑事判决书,(2018)湘 1002 刑初 141 号。

④ 参见湖南省益阳市赫山区人民法院张某某妨害公务罪刑事一审刑事判决书,(2021)湘 0903 刑初 443 号。

⑤ 参见《教育部严惩校闹,管用了:因孩子报名材料不全掌掴老师之人被抓》,载网易 2019 年 8 月 23 日,https://www.163.com/dy/article/EN8MHM1R054527G8.html。

通过上述分析可以发现,“校闹”是一种违法或犯罪行为,然而当事人却很少会受到应有处罚,这就导致“校闹”现象屡禁不止。由此,我们应当加大对因权利不谦抑而违法犯罪行为的及时处罚力度,以此维护法律权威,也使得法律获得人民的普遍信仰,进而要求民众秉持权利谦抑之精神。

三、社会舆论方面

我们已跨入自媒体时代,媒体舆论辐射面广、传播速度快,已然成为不能忽视的强大力量。还是以权利滥用之“校闹”为例,社会舆论在“校闹”事件上表现出来的能量亦是如此强大。然而,媒体舆论在对“校闹”事件产生正向影响的同时,也很可能带来一些问题。如基于家属方确实承受了伤害和损失的事实,以及在相较于学校这一事业单位时家属方好似处于弱势地位,因而媒体或社会舆论往往倾向于同情家属方。甚至在家属方出现某些过激的行为时,社会舆论一般也是抱有同情理解的态度,而不会给予过多的指责批评。这就导致了社会舆论不能站在客观角度上评价“校闹”事件,同时可能会更为诱发家长方的“校闹”行为。

另外,在当今网络时代,“校闹”事件的相关媒体舆论极易迅速产生、发酵与放大,有些家属也可能会利用媒体舆论这一武器来为自己获得利益增力。因而,家属方可能在散布媒体舆论时,往往不够客观,总会有意无意地隐瞒对自己有害的事实而放大对自己有利的情节,从而误导公众,试图通过舆论来促使“校闹”事件发酵。如此一来,避重就轻的报道、断章取义的理解等,都会导致事实支离破碎,不能还原现实真相,进而引发舆论对学校的误解。一方面是同情家属方,另一方面是误会学校方,最终从社会舆论中获得利益的是“校闹”的家属方。故此,家属方也愿意通过舆论来促使“校闹”事件的发酵,进而“校闹”也因此愈演愈烈。

因此,笔者建议权利谦抑实现的外在路径之一是应该加大对舆论的正确引导。对媒体舆论的首要要求应该是保持客观中立。社会舆论只有在了解事件的原委和全貌的情形下,才能进行评论和传播,以客观公正地报道事实。特别在自媒体时代,不能为了点击量而刻意断章取义、避重就轻地报道,不能因为是较为敏感的家校矛盾不查清楚事实就争相报道或强化报道,这样会助燃家属方权利主张的狂热。很多涉及教育惩戒的案件之所以扩大化,其中媒体就占有一部分因素。

并且这样一来，只会引起其他家长的效仿，会一有事情就寻求媒体报道，又进一步引发家长方维权。只有客观公正的舆论，才不会轻易被家长方所利用，助长其“校闹”的气焰。而且，对于“校闹”行为以及权利主张狂热的行为，媒体也不能想当然地认为学生是弱势群体，仅站在家属方的角度对新闻事件进行讲述。最重要的是，对于“校闹”行为以及权利主张狂热的行为，舆论也要敢于批评，而不是一味地同情和容忍。这样才能打击家长方的“校闹”情绪，使相关事件得到公正处理。

结语 权利谦抑的限度

"当代中国社会这种权利话语的张扬,权利主张的扩展,权利类型的增加,以及权利实践的深化,一方面,使我们的社会尽显现代社会的时代风貌,高扬现代法治的核心价值理念,表征中国社会主义法治建设的初步成就;另一方面,权利话语的滥觞,权利主张的乖戾,权利实践的非理性张扬,确实也存在着使权利庸俗化的极大可能,从而使权利本身也自我蒙羞。"[①]本书并非一味地否定权利狂热现象背后所体现的公民权利意识的觉醒、公民积极维权的正向意义以及公权力由此得到一定限制所带来的正面影响。正如笔者曾在《由教师教育惩戒缺位引发的权利谦抑之法理思考》一文中提到的"当然,本文也不是一味地强调教师的教育惩戒,在保护教师教育惩戒权的同时,本文也主张对教师教育惩戒权进行规范,以防止其侵害学生权益。另外一方面,本文也不是主张家属方要一味地忍让而不维权,本文只是强调家属方应该与教师形成合力,一起培育学生成才,因而呼吁可以给予教师适度的宽容和空间。至于,权利谦抑的度在哪里,这又是一个值得深入思考的问题。本文暂且提出这样一种理念,呼吁大家能秉承尊师重道的优良传统,给教师以教育惩戒权"[②]。那权利谦抑的限度为何?本书试着提出三个方面的限制。

第一,权利谦抑与权利保护并重。

在当下,权利并不是不需要保障。可以说,限制权利行使并不是要阻碍权利的保护,而是为了更好地规范以及实现权利。"有了权利的人也不能对权利肆意放纵,掠夺式的权利不仅会使人丧失尊严,而且也会毁坏秩序的和谐。"[③]我们确

---

① 姚建宗:《新兴权利论纲》,载《法制与社会发展》2010年第2期。

② 吴玉姣:《由教师教育惩戒缺位引发的权利谦抑之法理思考》,载《齐齐哈尔大学学报(哲学社会科学版)》2021年第10期。

③ 程燎原、王人博:《权利论》,广西师范大学出版社2014年版,第1页。

应秉承权利谦抑之精神。然而，本书也认同学者郭道晖所阐明的，在权利限制与权利保障之间，保障权利才是最重要的，但同时限制权利和保障权利是辩证统一的关系，限制权利是为了保障权利。①

权利谦抑旨在要求公民保有权利谦抑之精神，在享有或行使自己的权利，以及在面对他人的权利主张时，注意到权利的有限性，秉承推己及人的宽仁与友善，以达至道德内敛的自由王国。权利谦抑的终极目标在于提升权利实现之品质，避免对权利的片面认知以及曲解滥用等，这与权利保护并不是对立的。甚至，本书也认可，公民的某些特定权利在任何情况下都不能被减损。如《公民权利和政治权利国际公约》第4条、②《保护人权和基本自由的欧洲公约》第15条③和《美洲人权条约》第27条④中所列明

---

① 参见郭道晖：《法的时代挑战》，湖南人民出版社2003年版，第351页。具体表达为，限制与保障两者须分主次，保障是主要的，限制是次要的。限制也是为了保障，限制和保障是辩证统一的。

② 《公民权利和政治权利国际公约》第4条规定："一、在社会紧急状态威胁到国家的生命并经正式宣布时，本公约缔约国得采取措施克减其在本公约下所承担的义务，但克减的程度以紧急情势所严格需要者为限，此等措施并不得与它根据国际法所负有的其他义务相矛盾，且不得包含纯粹基于种族、肤色、性别、语言、宗教或社会出身的理由的歧视。二、不得根据本规定而克减第六条【生命权】、第七条【禁止酷刑】、第八条（第一款和第二款）【禁止奴隶制、奴隶买卖和强迫役使】、第十一条【禁止因无力履行债务而被监禁】、第十五条【罪刑法定和刑法无追溯力】、第十六条【法律前的人格】和第十八条【思想、良心和宗教自由】。三、任何援用克减权的本公约缔约国应立即经由联合国秘书长将它已克减的各项规定、实行克减的理由和终止这种克减的日期通知本公约的其他缔约国家。"

③ 《欧洲保障人权与根本自由公约》第15条规定："1. 战时或者遇有威胁国家生存的公共紧急时期，任何缔约国有权在紧急情况所严格要求的范围内采取有悖于其根据本公约所应当履行的义务的措施，但是，上述措施不得与其根据国际法的规定所应当履行的其他义务相抵触。2. 除了因战争行为引起的死亡之外，不得因上述规定而削弱对本公约第2条所规定的权利的保护，或者是削弱对本公约第3条、第4条（第1款）以及第7条所规定的权利的保护。3. 凡是采取上述克减权利措施的任何缔约国，应当向欧洲委员会秘书长全面报告它所采取的措施以及采取措施的理由。缔约国应当在已经停止实施上述措施并且正在重新执行本公约的规定时，通知欧洲理事会秘书长。"

④ 《美洲人权公约》第27条规定："暂停保证 1. 遇有战争、公共危险或者威胁到一个缔约国的独立和安全的其他紧急情况时，该缔约国可以采取措施，在形势紧迫所严格要求的范围和期限内，克减其根据本公约所应当承担的义务，如果这些措施与该缔约国根据国际法所担负的其他义务不相抵触，并且不引起以种族、肤色、性别、语言、宗教或者社会出身为理由的歧视的话。2. 上述规定不得许可暂停执行下列各条：第3条（法律人格的权利）、第4条（生命的权利）、第5条（人道待遇的权利）、第6条（不受奴役的权利）、第9条（不受具有溯及既往效力的法律的约束的权利）、第12条（良心和宗教自由）、第17条（家庭的权利）、第18条（姓名的权利）、第19条（儿童的权利）、第20条（国籍的权利）和第23条（参加政府的权利），或者暂停为保护这些权利得以实施的司法保证。3. 行使暂停保证权的任何一个缔约国应当立即将该国已暂停保证的各项规定、导致暂停保证的理由和终止这种暂停保证的日期，通过美洲国家组织秘书长告知其他缔约国。"

的不可克减权力清单，以及国际习惯法规则[①]中的禁止种族歧视和种族隔离、禁止酷刑、禁止奴役和强迫劳动、禁止种族灭绝等不可克减权利。同时，本书也承认，在现实中，还存在权利保护不足的情形。如蔡宝刚所提到的"我国近年来公民享有的权利总体上的数量得以不断成长，但公民的权利意识、权利内容和权利行使等权利质量方面仍然显得不平衡和不充分，尤其是一些重要的公民权利还滞留了法律文本的宣誓层面"[②]以及《权利的时代》一书所指明的"有些著作盛赞今天为一个权利的时代，而另外一些著作则证明今日大多数人'未享有权利'"[③]。上述不可克减权利以及权利保护的不足都要求我们一如既往地为权利而斗争。

党的十八届四中全会通过的《中共中央关于全面推进依法治国若干重大问题的决定》提出"法律是治国之重器，良法是善治之前提"，"善治"一词首次被提出，"善治"中国由此启航。[④] 有别于西方个人主义"权利优先于善"的观念，中国正在走向的"善治"之路，应该是个体有效实现"个人善"，共同体有效实现"共同善"的社会之路。而本书试图建立的正是这一种将"个人善"和"共同善"融合成有机体的"善"的理论，其中"个人善"强调的是个人合法权益的拥有与实现，"共同善"则要求保护共同体中的每个个体间的共同目标与共同利益。具体来说，该理论指我们在注重权利保护的同时要兼顾权利谦抑，通过权利谦抑与权利保护并重，要求个体坚守公共生活底线，杜绝权利任性，以使个人在尊重公共权利的前提下实现个人权利，进而合理配置"共同善"和"个人善"。

第二，对新兴权利应审慎认定与适当宽容。

对于新兴权利，"如果都加以认可则难免陷入超越现行法律规定并纵容权利泛滥的指责；但如果都加以否定，裁判结果又会显得过分保守，不符合社会发展的趋势"[⑤]。因此，我们应该保持审慎的态度认定新兴权利，同时也应该对新兴权利予以适当的宽容。

---

① 参见龚刃韧：《不可克减的权利与习惯法规则》，载《环球法律评论》2010 年第 1 期。

② 蔡宝刚：《权利制约权力何以可能的法理解答》，载《求是学刊》2019 年第 5 期。

③ [意]诺伯托·博比奥：《权利的时代》，沙志利译、赵文校，西北大学出版社 2016 年版，第 16 页。

④ 参见程冠军：《善治是中华民族的美好追求》，载人民网，http://theory.people.com.cn/n/2015/1008/c40531-27671185.html。

⑤ 王方玉：《新兴权利司法推定：表现、困境与限度——基于司法实践的考察》，载《法律科学(西北政法大学学报)》2019 年第 2 期。

首先,我们必须承认新兴权利的相继出现是权利史或社会史上的客观现象。“立法超前的有限性,决定了立法上的既有权利规定只是当下的,新型权利会随着社会交往方式的发展而不断出现。”①如个人信息权利等均是顺应新的社会情境变迁以及实践生活的需求而产生的,经历了从权利观念的不断更新强化,到法律制度的逐步发展完善,并最终被确定为法定权利。总之,新兴权利是可以也是应该获得法律肯定与确认保护的。因而,这就要求我们一方面要秉承权利谦的精神,另一方面则不应该对新兴权利一味地简单否定,应该宽容接纳新兴权利的出现,保持一个动态开放的权利体系。“这也意味着权利体系的存在是一个动态的过程,新兴权利的提倡以及不断进入法律并不意味着权利体系的不稳定,而是权利体系有活力的表现。”②

其次,对于新兴权利的认定应该抱有审慎的态度,应冷静认真对待新兴权利,确认其合理、合法、可行性等,不能陷入权利的狂欢;同时,也要防止其与其他权益冲突或者对其他权利造成损害。如学者在相关研究中就论证了新兴权利要形成法律上的权利,应该通过立法的“创制”与“设定”,立法的“确认”与“转化”,“合法性”司法解释对相关法律规定的权利内涵挖掘与权利主体延展或限缩,日常生活中的合情、合理、合法的权利推定等四种渠道。③ 而鉴于很多新兴权利均是先在司法实践中被提出的现实情形,很多时候不免会陷入当事人扩张性地在诉讼中提出新兴权利的诉求而法院审判又会因严格遵循法律而保守裁判的困境,故此,也有学者指出为避免权利泛滥或裁判保守,应该对新兴权利司法推定有基本的限度。新兴权利司法证成应符合实质论据、形式依据与技术方法的三阶要件,其中实质论据展现新兴权利的现实来源和内在正当性,形式依据起到补强论证的效果,技术方法通过法官合理的论证说理增强裁判结果的可接受性,以此证成的新兴权利既符合时代发展需要,又不脱离既有法律秩序。④ 不仅如此,学者还撰文

---

① 谢晖:《论新型权利生成的习惯基础》,载《法商研究》2015 年第 1 期。

② 朱振:《认真对待理由——关于新兴权利之分类、证成与功能的分析》,载《求是学刊》2020 年第 2 期。

③ 参见姚建宗:《新兴权利论纲》,载《法制与社会发展》2010 年第 2 期。

④ 参见王方玉:《新兴权利司法证成的三阶要件:实质论据、形式依据与技术方法》,载《法制与社会发展》2021 年第 1 期。

研究新兴权利提出和证成的路径以及各自存在问题，以此说明对待新兴权利时应审慎宽容。具体来说，新兴权利证成的路径有体现自然法思维的自然路径、基于法律的实证路径以及带有法社会学色彩的社会路径，但同时这三种路径各自存在问题——自然法路径容易使权利话语流于宽泛，实证法律路径过于保守，社会现实路径可能导致权利泛化和过于功利。[①]

第三，权利谦抑与限制公权间的平衡。

私权的滥用很有可能导致公权的极度保守，如本书第四章第二节所提到的“权利主张过度行为与防御性应对措施”，这将会导致公权为规避风险而不作为或不负责，会导致程序冗杂、权威消减、决策能力丧失等，会贬损侵害权利，因此本书提出权利谦抑。但与此同时，我们也应该关注到公权膨胀的危害。本书权利谦抑所指向的对象更多的是私主体的私有权利，要求的是私领域的权利谦抑，而对于权利谦抑所导向的公权力，本书则是秉承着私主体应不违法滥用权利的警示即可的态度。由此，本书呼吁处理好权利谦抑面向公权的限度问题，找准私权利与公权力之间的平衡，以形成良性互动，一方面时刻警惕公权力对私权利的肆意侵害，另一方面也应充分发挥私权制约公权的重要作用。

孟德斯鸠曾论述过“一切有权力的人都容易滥用权力，这是万古不易的一条经验。有权力的人往往使用权力一直到遇有界限的地方才休止”。这也正是耶林提出的“为权利而斗争是权利人对自己的义务”这一观点的具体场域。根据这些理论可以看到，公权比私权更容易滥用与扩张，“限制公权”与“保护私权”，这也是学界最基本的共识。因此，为避免私权受到公权的限制与侵害，我们对公权的确定以及行使等提出了一系列规范化要求，即公权应该以法律明确授权为前提，且必须严格遵守法定方式、步骤、时限等程序要求，符合法律保留原则，同时公权的行使也应该符合比例原则，如限制私权的目的只能是保护社会公共利益或者是居于更高权利位阶的其他权利，限制措施应该满足最少侵害性，将不良影响降到最低。

不然，公民权利的怯懦势必会诱导公共权力的扩张，所以要勇敢地为权利而

---

① 参见王方玉：《自然、法律与社会：新兴权利证成的三种法哲学路径——兼驳新兴权利否定论》，载《求是学刊》2022年第3期。

斗争。不仅如此，权利还能够进一步制约权力，具体来说，“所谓的在法治语境下的反腐败工作应当是以权利制约权力，主要依靠的是权利，是全体公民，依靠每一个人的权利意识”①。也就是说，因为法律权利体现人民主体地位，权利主体是众多的公民，权利意味着自由和利益，权利之中蕴藏丰富权能，权利有着多种表现形式，权利能够形成结构体系，因而相应地权利具有制约权力的根本性、广泛性、激励性、内生性、多样性和系统性等功能优势。②

一如公丕祥在《权利现象的逻辑》一书中提到的权利限制的本质在于“从直接的现实意义上讲，为了防止滥用权利而对权利的实现作出某种限制，主要是出于对社会秩序的维护。但是，如果权利的限制仅仅是为了维护社会利益，那么，这种限制本身的价值就大可怀疑了。从社会人类学本体论的角度出发，我认为，对权利本身的限制，应当树立崇高的人类意识，即把限制权利看作是防止权利遭到更大侵害的重要环节或条件，看作是权利的运用获得更多有益性的基本方式，也看作是进一步确证人的价值的可靠途径”③。总之，限制权利的本质是为了保护权利、实现权利和扩大权利，而非限制削减权利或废除消亡权利，由此既要保有权利谦抑之精神，又要防止权利受到公权的侵害；既要防止权利滥用将人引向更加自私，又要避免公权“不求有功但求无过”的消极不作为，正确处理好“权利保护”“权利谦抑”“权力规制”“权力作为”四者的关系。

---

① 刘金国、彭钊：《以权利制约权力——法治语境下的反腐败》，载北京市社会科学界联合会、北京师范大学编：《2008 学术前沿论丛 · 科学发展：社会秩序与价值建构——纪念改革开放 30 年论文集》（上卷），北京师范大学出版社 2008 年版，第 536 页。

② 参见蔡宝刚：《权利制约权力何以可能的法理解答》，载《求是学刊》2019 年第 5 期。

③ 公丕祥：《权利现象的逻辑》，山东人民出版社 2002 年版，第 21 页。

参考文献

一、中文著作

（一）古籍文本

《春秋繁露》
《大学》
《道德经》
《春秋繁露·循天之道》
《管子集校》
《国语》
《汉书》
《后汉书》
《老子》
《礼论》
《论语》
《春秋繁露·基义》
《旧唐书》
《孟子集注》
《大明律集解》
《墨子间诂》
《南史》
《谦》
《孝经》
《新五代史》

《荀子》

《饮冰室合集》

《中庸章句》

《左传》

（二）现当代著作

张玉书撰、冯涛主编：《康熙字典》，九州图书出版社 1998 年版。

《法理学》编写组编：《法理学》（第 2 版），人民出版社、高等教育出版社 2020 年版。

《民法总则立法背景与观点全集》编写组编：《民法总则立法背景与观点全集》，法律出版社 2017 年版。

《世界各国宪法》编辑委员会编译：《世界各国宪法》（亚洲卷），中国检察出版社 2012 年版。

北京大学哲学系外国哲学史教研室编译：《古希腊罗马哲学》，商务印书馆 1982 年版。

北京市社会科学界联合会、北京师范大学编：《2008 学术前沿论坛 · 科学发展：社会秩序与价值建构——纪念改革开放 30 年论文集》（上卷），北京师范大学出版社 2008 年版。

蔡墩铭主编：《民法立法理由 · 判解决议 · 实务问题 · 令函释示汇编》（第 8 版），台北，五南图书出版公司 1996 年版。

陈华彬：《物权法》，法律出版社 2004 年版。

陈华彬：《物权法论》，中国政法大学出版社 2018 年版。

陈锐雄：《民法总则新论》，台北，三民书局 1982 年版。

陈守一、张宏生主编：《法学基础理论》，北京大学出版社 1981 年版。

陈信勇等编著：《民法》（修订版）（第 2 版），浙江大学出版社 2011 年版。

陈云生：《权利相对论》，人民出版社 1994 年版。

陈云生：《宪法监督司法化》，北京大学出版社 2004 年版。

程燎原、王人博：《权利论》，广西师范大学出版社 2014 年版。

程燎原、王人博：《赢得神圣——权利及其救济通论》，山东人民出版社 1993

年版。

崔建远:《物权法》,中国人民大学出版社 2009 年版。

杨一凡、田涛主编,戴建国点校:《庆元条法事类》,黑龙江人民出版社 2002 年版。

窦仪等撰、吴翊如点校:《宋刑统》,中华书局 1984 年版。

段姝编著:《快乐悦读:哲学知识》,现代出版社 2014 年版。

范进学:《权利政治论》,山东人民出版社 2003 年版。

房绍坤主编:《民法》(第 2 版),中国人民大学出版社 2011 年版。

甘雨沛、何鹏:《外国刑法学》(上册),北京大学出版社 1984 年版。

公丕祥:《法制现代化的理论逻辑》,中国政法大学出版社 1999 年版。

公丕祥:《权利现象的逻辑》,山东人民出版社 2002 年版。

郭成伟点校:《大元通制条格》,法律出版社 2000 年版。

郭道晖:《法的时代呼唤》,中国法制出版社 1998 年版。

郭道晖:《法的时代挑战》,湖南人民出版社 2003 年版。

高学友:《检察官的法治思维及其养成》,载胡卫列、韩大元主编:《法治思维与检察工作——第九届国家高级检察官论坛论文集》,中国检察出版社 2013 年版。

何怀宏主编:《生态伦理:精神资源与哲学基础》,河北大学出版社 2002 年版。

彭时:《世界民法思潮的新趋势》,载何勤华、李秀清主编:《民国法学论文精萃》(第 3 卷),法律出版社 2001 年版。

何勤华、魏琼主编:《西方民法史》,北京大学出版社 2006 年版。

侯海军:《民事诉讼中权利滥用行为研究》,人民法院出版社 2011 年版。

侯宗源主编:《马克思主义法学原理与社会主义法制建设》,河南人民出版社 1992 年版。

胡平仁主编:《法理学》,湖南人民出版社 2008 年版。

胡玉鸿主编:《法律原理与技术》,中国政法大学出版社 2002 年版。

黄枬森、沈宗灵主编:《西方人权学说》(上),四川人民出版社 1994 年版。

黄薇主编:《中华人民共和国民法典总则编解读》,中国法制出版社 2020 年版。

黄先雄:《司法谦抑论:以美国司法审查为视角》,法律出版社 2008 年版。

胡传胜:《自由的幻像——伯林思想研究》,南京大学出版社 2001 年版。

黄源盛:《汉唐法制与儒家传统》(增订本),广西师范大学出版社 2020 年版。

黄源盛:《民初大理院与裁判》,台北,元照出版有限公司 2011 年版。

黄源盛纂辑:《晚清民国民法史料辑注》,台北,犁斋社 2014 年版。

孔安、孔颖达:《尚书正义·商书·仲虺之诰》,上海古籍出版社 2007 年版。

孔庆明主编:《马克思主义法理学》,山东大学出版社 1990 年版。

李超杰:《哲学的精神》(第 3 版),商务印书馆 2018 年版。

李步云、徐炳:《权利和义务》,人民出版社 1986 年版。

李艳:《从私法的角度规制知识产权滥用问题》,法律出版社 2013 年版。

李永军:《民法总则》,中国法制出版社 2018 年版。

李宇:《民法总则要义:规范释论与判解集注》,法律出版社 2017 年版。

李肇伟:《法理学》(第 4 版),中国人民大学出版社 1979 年版。

梁慧星:《民法总论》,法律出版社 1996 年版。

梁慧星:《民法总论》(第 6 版),法律出版社 2021 年版。

梁慧星编:《中国民法典草案建议稿附理由:总则编》,法律出版社 2013 年版。

梁漱溟:《人心与人生》,上海人民出版社 2005 年版。

梁治平:《寻求自然秩序中的和谐:中国传统法律文化研究》,中国政法大学出版社 1997 年版。

吕明瑜:《知识产权垄断的法律控制》,法律出版社 2013 年版。

吕世伦主编:《西方法律思潮源流论》(第 2 版),黑龙江美术出版社 2018 年版。

吕世伦、文正邦主编:《法哲学论》,中国人民大学出版社 1999 年版。

吕世伦、文正邦主编:《法哲学论》,黑龙江美术出版社 2018 年版。

刘建超主编、郭业洲副主编:《中国共产党与世界马克思主义政党论坛实录》,当代世界出版社 2022 年版。

刘金国、张贵成主编:《法理学》,中国政法大学出版社 1992 年版。

刘晓星:《论我国民法的基本原则 · 民法硕士论文选》,群众出版社 1988 年版。

柳经纬主编:《民法总论》(第 2 版),厦门大学出版社 2005 年版。

罗竹风主编:《汉语大词典》(第十一卷)(上册),上海辞书出版社 2008 年版。

世界著名法典汉译丛书编委会编:《十二铜表法》,法律出版社 2000 年版。

马建石、杨育棠主编:《大清律例通考校注》,中国政法大学出版社 1992 年版。

明辉、姜小蕾主编:《西方法律思想史教程》,对外经济贸易大学出版社 2011 年版。

彭万林主编:《民法学》,中国政法大学出版社 1994 年版。

彭万林、覃有土主编:《民法学》(第 9 版),中国政法大学出版社 2022 年版。

丘汉平:《法学通论》,商务印书馆 1935 年版。

冉克平:《民法教程:民法总论 · 物权法》,广西师范大学出版社 2016 年版。

扫叶山房辑:《百子全书》(第 1 册),浙江人民出版社 2013 年版。

沙莲香:《中国民族性》(二)(第 2 版),中国人民大学出版社 1992 年版。

沈玮玮:《持法深者无善治:中国古代立法繁简之变》,法律出版社 2016 年版。

史尚宽:《民法总论》,中国政法大学出版社 2000 年版。

苏力主编:《法律书评》第 3 辑,法律出版社 2005 年版。

栗劲、李放主编:《中华实用法学大辞典》,吉林大学出版社 1988 年版。

孙国华:《法学基础理论》,天津人民出版社 1988 年版。

佟柔主编:《中国民法学 · 民法总则》,中国人民公安大学出版社 1990 年版。

万俊人:《寻求普世伦理》,商务印书馆 2001 年版。

王弼、孔颖达:《周易正义 · 谦》,北京大学出版社 1999 年版。

王伯琦:《王伯琦法学论著集》,台北,三民书局 1999 年版。

王利明、郭明瑞、方流芳:《民法新论》(上),中国政法大学出版社 1988 年版。

王家福主编:《民法债权》,中国社会科学出版社 2015 年版。

王利明:《民法总论》(第 2 版),中国人民大学出版社 2015 年版。

王利明:《民法总则研究》(第 2 版),中国人民大学出版社 2012 年版。

王世杰、钱端升:《比较宪法》,商务印书馆 1999 年版。

王先林等:《知识产权滥用及其法律规制》,中国法制出版社 2008 年版。

王勇飞、张贵成主编:《中国法理学研究综述与评价》,中国政法大学出版社 1992 年版。

魏振瀛主编:《民法》,北京大学出版社、高等教育出版社 2000 年版。

魏振瀛主编:《民法》(第 4 版),北京大学出版社、高等教育出版社 2010 年版。

魏振瀛主编:《民法》(第 8 版),北京大学出版社、高等教育出版社 2021 年版。

吴玉姣:《地方立法谦抑论》,知识产权出版社 2020 年版。

夏勇:《人权概念的起源》(修订版),中国政法大学出版社 2001 年版。

谢晖:《法律信仰的理念与基础》(2003 重印),山东人民出版社 1997 年版。

徐国栋主编:《魁北克民法典》,孙建江等译,中国人民大学出版社 2005 年版。

徐国栋:《民法典与民法哲学》,中国人民大学出版社 2007 年版。

徐寒主编:《世界历史百科全书》,吉林文史出版社 2005 年版。

徐显明主编:《公民权利义务通论》,群众出版社 1991 年版。

杨海坤、上官丕亮、陆永胜:《宪法基本理论》,中国民主法制出版社 2007 年版。

杨立新:《民法总则》,法律出版社 2017 年版。

杨立新主编:《中华人民共和国民法总则要义与案例解读:总体说明 · 逐条释义 · 案例解读》,中国法制出版社 2017 年版。

姚建宗:《法治的生态环境》,山东人民出版社 2003 年版。

姚瑞光:《民法总则论》,中国政法大学出版社 2011 年版。

于海涌编著:《中国民法典草案立法建议(提交稿)》,法律出版社 2016 年版。

俞可平:《社群主义》,中国社会科学出版社 1998 年版。

余治平:《忠恕而仁:儒家尽己推己、将心比心的态度、观念与实践》,上海人民出版社 2012 年版。

袁坤祥:《法学绪论》,台北,三民书局 1981 年版。

曾世雄:《损害赔偿法原理》,中国政法大学出版社 2001 年版。

张恒山:《法理要论》,北京大学出版社 2002 年版。

张伟君:《规制知识产权滥用法律制度研究》,知识产权出版社 2008 年版。

张文显:《二十世纪西方法哲学思潮研究》,法律出版社 2006 年版。

张文显主编:《法理学》,高等教育出版社 1999 年版。

张文显主编:《法理学》(第 2 版),高等教育出版社 2003 年版。

张文显:《法学基本范畴研究》,中国政法大学出版社 1993 年版。

张文显主编:《马克思主义法理学——理论、方法和前沿》,高等教育出版社 2003 年版。

郑玉波:《法学绪论》(影印本),台北,三民书局 1981 年版。

郑玉波:《法谚》(一),法律出版社 2007 年版。

郑玉波:《民法总则》,中国政法大学出版社 2003 年版。

郑玉波:《民法总则》(影印本),台北,三民书局 1979 年版。

郑玉波:《民法总则论文选辑》(下),台北,五南图书出版公司 1984 年版。

郑玉波:《民商法问题研究》(一),台北,台湾大学法律学系法学丛书编辑委员会 1976 年版。

中国大百科全书出版社编辑部编:《中国大百科全书·法学》,中国大百科全书出版社 1984 年版。

周辅成编:《从文艺复兴到十九世纪资产阶级哲学家政治思想家有关人道主义人性论言论选辑》,商务印书馆 1966 年版。

《奥地利普通民法典》,周友军、杨垠红译,清华大学出版社 2013 年版。

卓泽渊主编:《法理学》,法律出版社 2002 年版。

朱熹:《四书章句集注》,中华书局 2008 年版。

最高人民法院民法典贯彻实施工作领导小组主编:《中华人民共和国民法典

理解与适用·侵权责任编》,人民法院出版社 2020 年版。

二、译著

《奥地利普通民法典》,戴永盛译,中国政法大学出版社 2016 年版。

[德]弗里德里希·包尔生:《伦理学体系》,何怀宏、廖申白译,中国社会科学出版社 1988 年版。

[德]黑格尔:《法哲学原理》,范扬、张企泰译,商务印书馆 1961 年版。

[德]卡尔·拉伦茨:《德国民法通论》(上册),王晓晔等译,法律出版社 2013 年版。

[德]卡尔·拉伦茨:《德国民法通论》(下册),王晓晔等译,法律出版社 2013 年版。

[德]康德:《法的形而上学原理》,沈叔平译,商务印书馆 1991 年版。

[德]考夫曼:《法律哲学》,刘幸义等译,法律出版社 2004 年版。

[德]克雷斯蒂安·冯·巴尔:《欧洲比较侵权行为法》(下卷),焦美华译,法律出版社 2004 年版。

[美]列奥·施特劳斯:《自然权利与历史》,彭刚译,生活·读书·新知三联书店 2003 年版。

[德]马克思、恩格斯:《马克思恩格斯选集》(第 3 卷),中共中央马克思恩格斯列宁斯大林著作编译局译,人民出版社 1972 年版。

[德]马克斯·韦伯:《论经济与社会中的法律》,埃德华·希尔斯、马克思·莱因斯坦英译,张乃根译,中国大百科全书出版社 1998 年版。

《德国民法典》(第 4 版),陈卫佐译注,法律出版社 2015 年版。

[法]托克维尔:《论美国的民主》(上册),董果良译,商务印书馆 1988 年版。

《法国民法典》,罗结珍译,北京大学出版社 2010 年版。

[法]费雷德里克·巴斯夏:《财产、法律与政府》,秋风译,贵州人民出版社 2003 年版。

[法]莱昂·狄骥:《公法的变迁·法律与国家》,郑戈、冷静译,辽海出版社、春风文艺出版社 1999 年版。

[法]卢梭:《社会契约论》,何兆武译,商务印书馆 2003 年版。

[法]罗伯斯比尔:《革命法制和审判》,赵涵舆译,商务印书馆 1965 年版。

[法]路易·若斯兰:《权利相对论》,王伯琦译,中国法制出版社 2006 年版。

[法]孟德斯鸠:《论法的精神》,张雁深译,商务印书馆 2004 年版。

[法]雅克·盖斯旦、吉勒·古博:《法国民法总论》,陈鹏等译,法律出版社 2004 年版。

[古巴比伦]《汉谟拉比法典》,杨炽译,高等教育出版社 1992 年版。

[古罗马]优士丁尼:《法学阶梯》,徐国栋译,中国政法大学出版社 1999 年版。

[古希腊]柏拉图:《理想国》,郭斌和、张竹明译,商务印书馆 1986 年版。

[古希腊]色诺芬:《回忆苏格拉底》,郑伟威译,商务印书馆 1984 年版。

《荷兰民法典》(第 3、5、6 编),王卫国主译,中国政法大学出版社 2006 年版。

[加]L. W. 萨姆纳:《权利的道德基础》,李茂森译,中国人民大学出版社 2011 年版。

[捷]奥塔·锡克:《经济—利益—政治》,王福民、王成稼、沙吉才译,中国社会科学出版社 1984 年版。

[美]埃尔曼:《比较法律文化》,高鸿钧等译,生活·读书·新知三联书店 1990 年版。

[美]艾伦·德肖维茨:《你的权利从哪里来?》,黄煜文译,北京大学出版社 2014 年版。

[美]萨拜因:《政治学说史》(上册),盛葵阳、崔妙因译,商务印书馆 1986 年版。

[美]E. 博登海默:《法理学:法律哲学与法律方法》(修订版),邓正来译,中国政法大学出版社 2004 年版。

[美]伯纳德·施瓦茨:《美国法律史》,王军等译,法律出版社 2007 年版。

[美]菲利普·K. 霍华德:《无法生活:将美国人民从法律丛林中解放出来》,林彦、杨珍译,法律出版社 2011 年版。

[美]惠顿:《万国公法》,丁韪良译,中国政法大学出版社 2003 年版。

[美]加里·B.赫伯特:《权利哲学史》,黄涛、王涛译,华东师范大学出版社2020年版。

[美]卡尔·科恩:《论民主》,聂崇信、朱秀贤译,商务印书馆2005年版。

[美]凯斯·R.桑斯坦:《权利革命之后:重塑规制国》,钟瑞华译,中国人民大学出版社2008年版。

[美]理查德·A.爱波斯坦:《简约法律的力量》,刘星译,中国政法大学出版社2004年版。

[美]路易斯·亨金:《权利的时代》,信春鹰等译,知识出版社1997年版。

[美]路易斯·亨金、阿尔伯特·J.罗森塔尔编:《宪政与权利》,郑戈等译,生活·读书·新知三联书店1996年版。

[美]罗伯特·C.埃里克森:《无需法律的秩序:相邻者如何解决纠纷》,苏力译,中国政法大学出版社2016年版。

[美]罗纳德·德沃金:《认真对待权利》,信春鹰、吴玉章译,中国大百科全书出版社1998年版。

[美]罗斯科·庞德:《通过法律的社会控制》,沈宗灵译,商务印书馆2010年版。

[美]玛丽·安·格伦顿:《权利话语:穷途末路的政治言辞》,周威译,北京大学出版社2006年版。

[美]莫里斯编:《伟大的法律哲学家》,张学仁译,美国宾夕法尼亚大学出版社1959年版。

[美]史蒂芬·霍尔姆斯、凯斯·R.桑斯坦:《权利的成本:为什么自由依赖于税》,毕竟悦译,北京大学出版社2004年版。

[葡萄牙]Carlos Alberto da Mota Pinto:《民法总论》(第3版),澳门翻译公司等译,法务局、澳门大学法学院2001年版。

[日]芦部信喜著、高桥和之增订:《宪法》(第3版),林来梵等译,北京大学出版社2006年版。

[日]平野龍一、岩波书店编:《岩波讲座现代法.11,現代法と刑罰》,岩波書店1965年版。

《日本民法典》,刘士国等译,中国法制出版社 2018 年版。

《瑞士民法典》,戴永盛译,中国政法大学出版社 2016 年版。

[美]A. 麦金太尔:《追寻美德》,宋继杰译,译林出版社 2003 年版。

[苏]雅维茨:《法的一般理论——哲学和社会问题》,朱景文译,辽宁人民出版社 1986 年版。

[意]彼德罗 · 彭梵得:《罗马法教科书》,黄风译,中国政法大学出版社 1992 年版。

[意]布鲁诺 · 莱奥尼:《自由与法律》,冯辉译,湖南教育出版社 2008 年版。

[意]诺伯托 · 博比奥:《权利的时代》,沙志利译,西北大学出版社 2016 年版。

[印度]《摩奴法论》,蒋忠新译,中国社会科学出版社 2007 年版。

[英]弗里德利希 · 冯 · 哈耶克:《法律、立法与自由》(第 1 卷),邓正来等译,中国大百科全书出版社 2000 年版。

[英]弗里德利希 · 冯 · 哈耶克:《法律、立法与自由》(第 2、3 卷),邓正来等译,中国大百科全书出版社 2000 年版。

[英]凯伦 · 阿姆斯特朗:《轴心时代:人类伟大思想传统的开端》,孙艳燕、白彦兵译,上海三联书店 2019 年版。

[英]梅因:《古代法》,沈景一译,商务印书馆 1984 年版。

[英]J. S. 密尔:《代议制政府》,汪瑄译,商务印书馆 1982 年版。

[英]A. J. M. 米尔恩:《人的权利与人的多样性——人权哲学》,夏勇、张志铭译,中国大百科全书出版社 1995 年版。

[英]休谟:《休谟政治论文选》,张若衡译,商务印书馆 1993 年版。

[英]沃克编:《牛津法律大辞典》,李双元译,光明日报出版社 1988 年版。

[英]鲍桑葵:《关于国家的哲学理论》,汪淑钧译,商务印书馆 1995 年版。

[澳]麦克拉斯基:《权利》(英文版),载《哲学季刊》1965 年第 15 卷。

[澳]H. J. 麦克洛斯基:《权利:若干概念问题》(英文版),载《澳洲哲学家杂志》1976 年第 54 卷。

三、期刊论文

暴侠:《教师教育惩戒权行使的规范与协同》,载《教育学术月刊》2019年第12期。

蔡宝刚:《权利制约权力何以可能的法理解答》,载《求是学刊》2019年第5期。

蔡守秋:《简评动物权利之争》,载《中州学刊》2006年第6期。

常纪文:《"动物权利"的法律保护》,载《法学研究》2009年第4期。

陈宝英:《论消费者维权过度——自权利滥用的视角》,载《河南师范大学学报(哲学社会科学版)》2010年第4期。

陈醇:《集中性民事权利的滥用及其控制——兼论公法控权理论之引入》,载《法商研究》2008年第6期。

陈根发:《宽容的权利》,载《法学研究》2009年第4期。

陈林林:《反思中国法治进程中的权利泛化》,载《法学研究》2014年第1期。

陈景辉:《回应"权利泛化"的挑战》,载《法商研究》2019年第3期。

陈堂发:《网民批评性表达追责应体现权力谦抑品质》,载《贵州省党校学报》2017年第5期。

陈伟伟、王海容等:《"医闹"入刑的实证研究——以近6年我国"医闹"入刑案件为研究对象》,载《中国卫生事业管理》2019年第6期。

陈兴良:《刑法谦抑的价值蕴含》,载《现代法学》1996年第3期。

陈雪萍:《诚实信用原则与民事诉讼权利滥用之制约》,载《当代法学》2002年第8期。

陈玉璜:《G市"医闹"案件原因探析及对策建议》,载《法治论坛》2017年第4期。

崔越:《论滥用通知行为的法律规制及其完善》,载《电子知识产权》2016年第10期。

戴国立:《"校闹"生成的机理与法律治理路径》,载《青少年犯罪问题》2019年第6期。

邓佑文:《谦抑理念在行政处罚中的展开》,载《法学》2022年第10期。

董如英:《诉讼权利滥用的类型及成因分析》,载《黑龙江省社会主义学院学报》2011 年第 3 期。

董卫国:《忠恕之道思想内涵辨析》,载《中国哲学史》2013 年第 3 期。

杜强强:《概括权利条款与基本权利限制体系——对我国〈宪法〉第 51 条的另一种建构方案》,载《人权》2023 年第 1 期。

杜颖:《网络交易平台上的知识产权恶意投诉及其应对》,载《知识产权》2017 年第 9 期。

段晖、周卫军:《缓刑的刑罚谦抑性考察——兼缓刑的发展趋势探究》,载《当代法学》2001 年第 7 期。

段晓彦、徐琨捷:《"权利不得滥用"原则在近代中国的继受——以民初大理院民事裁判为中心》,载《法治现代化研究》2021 年第 5 期。

冯辉:《判决、公共政策与社会主流价值观——"跌倒争议案"的法理省思》,载《政法论坛》2012 年第 4 期。

傅穹、虞雅曌:《控制股东滥用权利规制的司法观察及漏洞填补》,载《社会科学战线》2022 年第 1 期。

盖威:《禁止权利滥用原则在我国民法典中的地位》,载《理论界》2009 年第 3 期。

高慧铭:《论基本权利的滥用禁止》,载《清华法学》2015 年第 1 期。

高慧铭:《论基本权利滥用的认定标准》,载《比较法研究》2016 年第 1 期。

龚刃韧:《不可克减的权利与习惯法规则》,载《环球法律评论》2010 年第 1 期。

龚炜、徐婷:《论禁止权利滥用与和谐社会》,载《学习与探索》2007 年第 2 期。

管华:《教育惩戒权的法理基础重述》,载《华东师范大学学报(教育科学版)》2020 年第 3 期。

郭卫华:《滥用诉权之侵权责任》,载《法学研究》1998 年第 6 期。

郭云忠、常艳、杨新京:《检察权谦抑性的法理基础》,载《国家检察官学院学报》2007 年第 5 期。

韩赤风:《论知识产权权利滥用的界定——以立法和司法实践为视角》,载

《法治研究》2011 年第 7 期。

何志鹏:《“自然的权利”何以可能》,载《法制与社会发展》2008 年第 1 期。

贺雪峰:《半熟人社会》,载《开放时代》2002 年第 1 期。

贺茜:《股东滥用权利的司法规制——法院适用〈公司法〉第 20 条的实证分析》,载《山东大学学报(哲学社会科学版)》2017 年第 6 期。

胡杰:《论私法意义上的容忍义务》,载《江海学刊》2015 年第 2 期。

胡素清、郑国庆:《从 SARS 防治看患者权利的相对性》,载《中国医学伦理学》2003 年第 3 期。

胡肖华、徐靖:《论公民基本权利限制的正当性与限制原则》,载《法学评论》2005 年第 6 期。

黄俊辉:《论相对性是权利的基本特征》,载《社科纵横》2008 年第 10 期。

黄柳:《破解“过度医疗”疑点需因症施策》,载《中国医院院长》2024 年第 5 期。

黄凯:《法哲学视野中的权利滥用》,载《湖北社会科学》2007 年第 7 期。

黄文艺:《谦抑、民主、责任与法治——对中国立法理念的重思》,载《政法论丛》2012 年第 2 期。

黄温泉:《论行政行为的谦抑性——从“馒头必须是圆的”谈政府行为的边界》,载《江汉大学学报(社会科学版)》2012 年第 1 期。

黄鑫政:《论可作为法学核心范畴的“人的尊严”》,载《深圳社会科学》2023 年第 1 期。

贾林青:《论法国公司法关于防止股东滥用权利制度的借鉴价值》,载《法学家》2007 年第 2 期。

蒋大兴:《股东滥用诉权损害公司利益之研究——从雪莱特公司诉李正辉滥用股东权利赔偿案说起》,载《人大法律评论》2016 年第 1 期。

孔明:《刑法对经济犯罪规定的谦抑性缺失分析——以经济犯罪刑罚的现实配置为视角》,载《湖南社会科学》2008 年第 3 期。

郎健:《“医闹”“医暴”治理策略的探索与应用》,载《中国卫生法制》2021 年第 4 期。

雷磊:《法律权利的逻辑分析:结构与类型》,载《法制与社会发展》2014 年第 3 期。

李桂林:《法治价值观:以人的尊严为导向》,载《法学》2020 年第 4 期。

李寒冰、史慧敏:《新民诉法实施后民事诉讼权利滥用问题研究——以广东省某基层法院的司法实践为样本》,载《华南理工大学学报(社会科学版)》2015 年第 2 期。

李建华、肖毅:《自然权利存在何以可能》,载《科学技术与辩证法》2005 年第 1 期。

李林:《人权的普遍性与相对性:一种国际的视角》,载《学习与探索》2006 年第 1 期。

李敏:《我国民法上的禁止权利滥用规范——兼评〈民法总则〉第 132 条》,载《法律科学(西北政法大学学报)》2018 年第 5 期。

李燕:《未经同意的治疗:知情同意权的相对性——兼评〈侵权责任法〉第 56 条》,载《法学论坛》2011 年第 5 期。

李奕:《论禁止权利滥用原则的司法适用》,载《公民与法(法学版)》2014 年第 6 期。

李颖怡、罗君丽:《产业标准与知识产权结合引致的权利滥用问题》,载《学术研究》2005 年第 6 期。

刘大洪、段宏磊:《从"国家干预"到"谦抑干预"——谦抑性理念下中国经济法学逻辑起点之重构》,载《经济法研究》2015 年第 1 期。

刘大洪、段宏磊:《谦抑性视野中经济法理论体系的重构》,载《法商研究》2014 年第 6 期。

刘冬梅:《中小学教师惩戒权的调查与思考》,载《教师教育研究》2016 年第 2 期。

刘萍:《专利侵权诉讼中的权利滥用》,载《天津大学学报(社会科学版)》2009 年第 5 期。

刘权:《权利滥用、权利边界与比例原则——从〈民法典〉第 132 条切入》,载《法制与社会发展》2021 年第 3 期。

刘淑珺:《日本刑法学中的谦抑主义之考察》,载《刑事法评论》2008 年第 1 期。

刘旭东:《教育惩戒权的立法规制研究》,载《湖南师范大学教育科学学报》2020 年第 1 期。

刘作翔:《权利冲突:一个应该重视的法律现象》,载《法学》2002 年第 3 期。

刘作翔:《权利冲突的几个理论问题》,载《中国法学》2002 年第 2 期。

刘作翔:《权利相对性理论及其争论——以法国若斯兰的“权利滥用”理论为引据》,载《清华法学》2013 年第 6 期。

刘作翔:《社会利益问题:理论与实践的背反及其争论》,载《东方法学》2013 年第 5 期。

吕绍忠:《禁止权利滥用的立法与实践:基于社会变迁的视角》,载《湖北警官学院学报》2018 年第 2 期。

龙大轩:《和合:中华法系的总体特征》,载曾宪义主编:《法律文化研究》第 1 辑(2005 年),中国人民大学出版社 2006 年版。

楼秋然:《〈公司法〉第 20 条中“滥用股东权利”规定的理论与实践》,载《西部法学评论》2016 年第 3 期。

栾永、孟华:《医闹种类、特征、危害与成因对策研究》,载《医学与哲学(A)》2012 年第 5 期。

马焕灵、曹丽萍:《论教育惩戒的限度》,载《湖南师范大学教育科学学报》2020 年第 4 期。

马焕灵、陈美艾:《教育惩戒权的生成逻辑与立法思考》,载《教育科学研究》2021 年第 8 期。

马振云、朱成科:《中小学教师惩戒权的现实失落与理性回归》,载《现代中小学教育》2018 年第 3 期。

穆翎:《美国公立中小学教育惩戒的改革实践与价值转变——从“零容忍”到支持性教育惩戒》,载《比较教育研究》2020 年第 9 期。

彭诚信:《论禁止权利滥用原则的法律适用》,载《中国法学》2018 年第 3 期。

彭中礼:《论权利的社会利益限度》,载《法治论丛》2010 年第 5 期。

浦江潮:《行政权力要恪守谦抑》,载《山东人大工作》2014 年第 8 期。

卜学民、马其家:《论数据主权谦抑性:法理、现实与规则构造》,载《情报杂志》2021 年第 8 期。

钱卫清、沈庆中:《滥用起诉权的民事责任》,载《法律学习与研究》1989 年第 6 期。

钱玉林:《禁止权利滥用的法理分析》,载《现代法学》2002 年第 1 期。

乔锦忠:《防范"校闹"需"多管齐下"》,载《人民教育》2016 年第 2 期。

秦伟、杨琳:《民法容忍义务哲学意蕴考》,载《文史哲》2013 年第 6 期。

秦鑫鑫:《我国中小学教师教育惩戒行为与能力的实证研究》,载《湖南师范大学教育科学学报》2020 年第 2 期。

邱本:《当前我国民法研究中的几种错位——兼论法学研究方法》,载《法制与社会发展》2016 年第 2 期。

任海涛:《"教育惩戒"的概念界定》,载《华东师范大学学报(教育科学版)》2019 年第 4 期。

石文龙:《论公民行使权利和自由的限制与"限制"的规范——对我国〈宪法〉第 51 条的研究》,载《政治与法律》2013 年第 7 期。

石文龙:《我国宪法第 51 条研究》,载《中国宪法年刊》2011 年第 1 期。

司晓、范露琼:《知识产权领域"通知—删除"规则滥用的法律规制》,载《电子知识产权》2015 年第 1 期。

Azure Sun:《美国如何对待"医闹"》,载《党员文摘》2020 年第 5 期。

孙世彦:《从〈公民权利和政治权利国际公约〉看人权的普遍性与相对性》,载《人权》2009 年第 4 期。

孙天全:《权利滥用概念解析》,载《北京理工大学学报(社会科学版)》2005 年第 5 期。

谭晓玉:《教育惩戒权的法理学思考——兼评〈青岛市中小学校管理办法〉》,载《复旦教育论坛》2017 年第 2 期。

汤梅、叶敏:《论服务型政府的谦抑性》,载《社会科学辑刊》2008 年第 6 期。

唐代兴:《道德与美德辨析》,载《伦理学研究》2010 年第 1 期。

唐先锋:《试析国内“权利泛化”现象》,载《人大研究》2004 年第 7 期。

万俊人:《美德伦理如何复兴?》,载《求是学刊》2011 年第 1 期。

汪太贤:《权利泛化与现代人的权利生存》,载《法学研究》2014 年第 1 期。

汪渊智:《论禁止权利滥用原则》,载《法学研究》1995 年第 5 期。

王春业:《论立法权扩容背景下地方立法的节制》,载《法学论坛》2018 年第 1 期。

王春业:《论行政权谦抑性品格》,载《广东行政学院学报》2015 年第 1 期。

王方玉:《权利的内在伦理解析——基于新兴权利引发权利泛化现象的反思》,载《法商研究》2018 年第 4 期。

王方玉:《新兴权利司法推定:表现、困境与限度——基于司法实践的考察》,载《法律科学(西北政法大学学报)》2019 年第 2 期。

王方玉:《新兴权利司法证成的三阶要件:实质论据、形式依据与技术方法》,载《法制与社会发展》2021 年第 1 期。

王方玉:《自然、法律与社会:新兴权利证成的三种法哲学路径——兼驳新兴权利否定论》,载《求是学刊》2022 年第 3 期。

王海英:《驰名商标权利滥用的法律规制——以驰名商标的“霸权”主义倾向为视角》,载《东南学术》2007 年第 5 期。

王晖:《法律中的团结观与基本义务》,载《清华法学》2015 年第 3 期。

王惠:《试论税法谦抑性》,载《税务研究》2011 年第 2 期。

王克金:《权利冲突论——一个法律实证主义的分析》,载《法制与社会发展》2004 年第 2 期。

王雷:《论容忍义务在我国民法典中的体系位置》,载《河南财经政法大学学报》2017 年第 1 期。

王利明:《论禁止滥用权利——兼评〈总则编解释〉第 3 条》,载《中国法律评论》2022 年第 3 期。

王立争:《民法谦抑性的初步展开》,载《法学杂志》2009 年第 7 期。

王连国:《诉讼权利的滥用与规制》,载《上海政法学院学报(法治论丛)》2012 年第 5 期。

王先林:《若干国家和地区对知识产权滥用的反垄断控制》,载《武汉大学学报(社会科学版)》2003 年第 2 期。

王晓强、戴栗军:《教育惩戒权的行政法规制》,载《高教探索》2020 年第1 期。

王学辉、邓蔚:《物权的行政法保护与规制》,载《现代法学》2006 年第 2 期。

王艳玲:《关于民法中确立禁止权利滥用原则的思考》,载《河北法学》2006 年第 7 期。

王英伟:《医闹行为的归因模型构建及干预路径选择——基于扎根理论的多案例研究》,载《公共行政评论》2018 年第 6 期。

魏治勋:《新兴权利研究述评——以 2012 ~ 2013 年 CSSCI 期刊相关论文为分析对象》,载《理论探索》2014 年第 5 期。

文正邦:《有关权利问题的法哲学思考》,载《中国法学》1991 年第 2 期。

闻志强:《教育惩戒的中国问题及其应对》,载《大连理工大学学报(社会科学版)》2020 年第 2 期。

吴富丽:《刑法谦抑之司法实现》,载《国家检察官学院学报》2008 年第 6 期。

吴玉姣:《法治思维破解家校难题之困境及出路》,载《黑龙江省政法管理干部学院学报》2024 年第 1 期。

吴玉姣:《由教师教育惩戒缺位引发的权利谦抑之法理思考》,载《齐齐哈尔大学学报(哲学社会科学版)》2021 年第 10 期。

武长海:《论民法之权利不得滥用原则》,载《政法论丛》2009 年第 6 期。

夏新华、吴青山:《我国宪法权利限制性条款的重构——以宪法第 51 条为中心》,载《湘潭大学学报(哲学社会科学版)》2017 年第 1 期。

夏勇:《权利哲学的基本问题》,载《法学研究》2004 年第 3 期。

谢晖:《论新型权利生成的习惯基础》,载《法商研究》2015 年第 1 期。

徐岱、王军明:《刑法谦抑理念下的刑事和解法律规制》,载《吉林大学社会科学学报》2007 年第 5 期。

徐国栋:《动物民法地位的四类重设与我国的应然选择》,载《西南政法大学学报》2023 年第 2 期。

徐国栋:《论权利不得滥用原则》,载《中南政法学院学报》1992 年第 3 期。

徐卫东、[日]西原春夫、[日]关哲夫等:《刑法谦抑在中国——四校刑法学高层论坛》,载《当代法学》2007 年第 1 期。

徐祥民:《自然体权利:权利的发展抑或终结?》,载《法制与社会发展》2008 年第 4 期。

徐显明:《论权利》,载《文史哲》1990 年第 6 期。

严存生:《"动物权利"概念的法哲学思考》,载《东方法学》2014 年第 1 期。

晏扬:《权力越谦抑,权利越自觉》,载《领导科学》2008 年第 15 期。

杨猛:《消费者权利滥用行为的刑民法域定性逻辑》,载《法律方法》2021 年第 2 期。

姚建宗:《新兴权利论纲》,载《法制与社会发展》2010 年第 2 期。

杨春福:《论权利的起源与基础》,载《南京大学法律评论》1998 年第 1 期。

杨立新、贾一曦:《〈民法总则〉之因见义勇为受害的特别请求权》,载《国家检察官学院学报》2017 年第 3 期。

叶金育:《税法解释中纳税人主义立场的证成——以谦抑理念为观测中心》,载《人大法律评论》2017 年第 2 期。

易继明:《禁止权利滥用原则在知识产权领域中的适用》,载《中国法学》2013 年第 4 期。

尹田:《法国合同法对消费者权益的特殊保护》,载《外国法译评》1994 年第 3 期。

尹雅丽、马早明:《严守戒尺的"界"与"度":澳大利亚新南威尔士州教育惩戒政策探索》,载《外国教育研究》2020 年第 7 期。

游劝荣:《"正确的权利观"之我见》,载《现代法学》1989 年第 4 期。

余雅风、张颖:《论教育惩戒权的法律边界》,载《新疆师范大学学报(哲学社会科学版)》2019 年第 6 期。

余治平:《谦谦君子,卑以自牧——由〈周易〉谦卦而引申出的一种儒家修身工夫》,载《哲学分析》2013 年第 5 期。

袁瑜琤:《"权利"的伦理属性——解读古罗马人的"父权"观念及其限定继承制度》,载《外国法制史研究》2010 年第 1 期。

张贵成:《论权利》,载《政法论坛》1988 年第 1 期。

张恒山:《论具体权利概念的结构》,载《中国法学》2021 年第 6 期。

张恒山:《权利:本能自由、本益禁侵与公意自由——古典自然法学权利观辨析》,载《行政法学研究》2023 年第 5 期。

张弘:《论行政权的谦抑性及行政法的相应对待》,载《政法论丛》2017 年第 3 期。

张建文、高悦:《从隐私权的立法与司法实践看新兴权利保护的综合方式》,载《求是学刊》2019 年第 6 期。

张明楷:《论刑法的谦抑性》,载《法商研究(中南政法学院学报)》1995 年第 4 期。

张文显、姚建宗:《权利时代的理论景象》,载《法制与社会发展》2005 年第 5 期。

张曦:《"权利泛化"与权利辩护》,载《华东政法大学学报》2016 年第 3 期。

张晓薇:《规制滥用诉权行为的场域选择》,载《河北大学学报(哲学社会科学版)》2005 年第 1 期。

张晓薇:《滥用诉权行为的法律规制》,载《求索》2004 年第 8 期。

张晓薇:《滥用诉权行为的性质和法律规制》,载《云南大学学报(法学版)》2005 年第 2 期。

张晓薇:《滥用诉讼权利之比较研究》,载《比较法研究》2004 年第 4 期。

张晓薇:《论民事诉权滥用在我国出现的外在诱因》,载《河北大学学报(哲学社会科学版)》2006 年第 3 期。

赵雅琦:《论堕胎权的合理限制》,载《北京航空航天大学学报(社会科学版)》2011 年第 2 期。

张姚:《国内外动物权利研究评述》,载《社会科学论坛》2019 年第 2 期。

张勇:《论公民基本权利限制的法哲学基础》,载《经济与社会发展》2007 年第 7 期。

赵宏:《限制的限制:德国基本权利限制模式的内在机理》,载《法学家》2011 年第 2 期。

赵晓耕、沈玮玮:《专业之作:中国三十年(1979—2009)立法检视》,载《辽宁大学学报(哲学社会科学版)》2010 年第 5 期。

郑丽清、俞煌霞:《被救助者讹诈行为的法律规制途径探析——以"扶老人被讹"为视角》,载《行政与法》2016 年第 9 期。

张光博:《试论法定权利的界限》,载《社会科学战线》1981 年第 4 期。

张立波:《论"中"》,载《湖北大学学报(哲学社会科学版)》2006 年第 6 期。

张立文:《佛教与宋明理学的和合人文精神》,载《世界宗教研究》1996 年第 2 期。

张烁:《"老师不敢批评学生"谁之过》,载《云南教育(视界综合版)》2017 年第 2 期。

郑智航、王刚义:《宽容意识与权利话语的逻辑转向》,载《法制与社会发展》2009 年第 3 期。

周宏、郝志梅:《基于 Alexa 国内综合排名前三网站报道的"医闹"发生情况分析》,载《中国医院管理》2019 年第 12 期。

周华:《以权利为视角论民法之谦抑性》,载《学术交流》2015 年第 5 期。

周沂林:《权利观念史论》,载《中国社会科学院研究生院学报》1985 年第 4 期。

周贤日:《论教师教育惩戒权》,载《华南师范大学学报(社会科学版)》2020 年第 4 期。

周赟:《立法语言的特点:从描述到分析及证立》,载《法制与社会发展》2010 年第 2 期。

朱振:《认真对待理由——关于新兴权利之分类、证成与功能的分析》,载《求是学刊》2020 年第 2 期。

四、报纸文章

陈露:《网购退货成生意　揭开运费险薅羊毛产业链》,载《中国证券报》2024 年 11 月 14 日,A04 版。

陈杨园:《"平均一个订单亏损 10 元"运费险背后隐藏骗保"黑灰产"》,载

《第一财经日报》2024 年 8 月 1 日，A10 版。

邓海建：《“停网停机”与立法的谦抑精神》，载《中国青年报》2013 年 9 月 25 日，第 2 版。

董芳：《顾客给网店差评遭整蛊：有人收裹尸布有人收大便》，载《金羊网－新快报》2015 年 7 月 7 日，第 1 版。

冯琪：《五部门发文严惩 8 类“校闹”行为：安全事故学校确有责任的要依法、及时进行伤害赔偿，责任明确前学校不得赔钱息事》，载《新京报》2019 年 8 月 21 日，A01 版。

江龙：《中国好人网评选揭晓扶人 3 小孩获“委屈奖”》，载《成都商报电子版》2014 年 3 月 18 日，第 19 版。

冷翠华：《起底“职业退货人”：薅运费险羊毛危害电商生态》，载《证券日报》2024 年 11 月 7 日，B01 版。

李舒、李自良：《是乐音还是噪音——记一起发生在云南的钢琴扰民案》，载《新华社》2001 年 6 月 12 日，第 8 版。

李思睿：《保研推免被鸽，问题出在哪？》，载《光明日报》2021 年 4 月 27 日，第 1 版。

李星文：《重庆万鑫案留下的欣慰与遗憾》，载《北京青年报》2010 年 11 月 15 日，第 1 版。

李小伟、沈祖芸：《教育惩戒，在雷池边缘行走：一个困扰学校教师、学生的话题》，载《中国教育报》2002 年 12 月 28 日，第 3 版。

林克：《师生“互鸽”，让保研充满博弈？》，载《光明日报》2024 年 11 月 11 日，第 1 版。

刘永刚：《把惩戒权还给老师》，载《中国教育报》2007 年 3 月 27 日，第 1 版。

孟伟：《根治“校闹”尚需依法治教》，载《法治周末》2019 年 8 月 28 日，第 1 版。

王蔷：《“最牛碰瓷老人”8 年蒙 156 人骗钱 13 万获刑 7 年》，载《北京晚报》2010 年 12 月 7 日，第 1 版。

温远灏：《滥用“七天无理由退货”规则，谁为不诚信买单？》，载《法治日报》

2024年7月16日,第4版。

许俏文:《教师遭遇"暴力"怎么办?》,载《广州日报》2002年12月11日,第1版。

张德卿:《"医闹"现象该叫停了》,载《开封日报》2006年4月11日,第003版。

钟声:《滥用国际法就是挖国际秩序墙脚》,载《人民日报》2016年6月28日,第21版。

朱玉、刘奕湛:《卫生部:"医闹"违法》,载《新华每日电讯》2006年7月12日,第002版。

五、学位论文

谷峻杰:《禁止权利滥用理论研究——步入权利时代的民法规制》,吉林大学2004年硕士学位论文。

顾越:《民事权利滥用理论研究》,山东大学2013年硕士学位论文。

贾妍:《滥用信访权利行为的刑事评价研究》,内蒙古科技大学2020年硕士学位论文。

孔杨:《论我国行政信访权利的滥用与防范》,南京师范大学2011年硕士学位论文。

李昶:《民事滥用诉权行为的法律规制研究》,江西财经大学2018年硕士学位论文。

李云鹏:《论滥用诉讼权利及其规制》,中国政法大学2012年硕士学位论文。

刘静致:《论我国堕胎权的法律保障与限制》,江西师范大学2015年硕士学位论文。

杨尚源:《禁止民事权利滥用研究》,云南财经大学2020年硕士学位论文。

于颖颖:《论滥用诉讼权利问题及其防治机制之构建》,中国政法大学2009年硕士学位论文。

王文文:《禁止权利滥用原则司法适用研究》,山西大学2019年硕士学位论文。

张晓丽:《权利人滥用"通知—删除"的行为规制研究》,华东政法大学 2020 年硕士学位论文。

张晓薇:《民事诉权滥用规制论》,四川大学 2005 年博士学位论文。

张佐国:《基本权利限制理论研究》,西南政法大学 2019 年博士学位论文。

郑伟:《禁止权利滥用原则研究》,上海交通大学 2012 年硕士学位论文。

章彦淋:《论信访者的权利滥用及其法律规制》,南京师范大学 2012 年硕士学位论文。

朱玉川:《论禁止权利滥用原则》,西南政法大学 2005 年硕士学位论文。

六、网络文章

《职业"刷手"的背后:商家所需平台所困》,载百度 2021 年 3 月 12 日,https://baijiahao.baidu.com/s? id = 1694021718164820207&wfr = spider&for = pc。

陈玲红、许铱铱、吴嘉晓:《跨越近 7000 公里,历时 1 年 5 个月这对"侠侣"新疆纵马到泉州》,载台海网,http://www.taihainet.com/news/fujian/shms/2021—09—16/2553676.html。

程冠军:《善治是中华民族的美好追求》,载人民网 2015 年 10 月 8 日,http://theory.people.com.cn/n/2015/1008/c40531 – 27671185.html。

曹伟:《男子叫外卖给差评被打进 ICU 商家:怀疑恶意刷差评》,载网易新闻 2017 年 9 月 18 日,https://www.163.com/news/article/CUK1R505000187VG.html? Baike。

《泰国"椰子猴"事件,是科学与伦理的相互碰撞》,载百度 2022 年 9 月 15 日,https://baijiahao.baidu.com/s? id = 1743999712951354186&wfr = spider&for = pc。

张倩楠、刘海川:《254 个城市已出台法规,但控烟立法仍"道阻且长"》,载百度 2024 年 6 月 1 日,https://baijiahao.baidu.com/s? id = 1800649264357091993&wfr = spider &for = pc。

《六尺巷传说》,载百度,https://baike.baidu.com/item/六尺巷传说/12775296。

七彩云南青年社:《云南一老人摔倒路边路人不敢扶网友:不扶是人性》,载百度 2021 年 4 月 25 日,https://baijiahao.baidu.com/s? id = 16961955648061

84261&wfr = spider&for = pc。

苏钢、何苗:《我市三级公立医院实现检查检验结果互认:涵盖97个临床检验项目、100项医学影像检查》,载益阳市人民政府网2024年9月24日,http://bb.yiyang.gov.cn/yiyang/2/3/73/content_1989723.html。

孙光友:《"医闹"入刑搞得那么热闹"校闹"入刑为何无人关注?》,载搜狐网2015年9月15日,https://www.sohu.com/a/31907414_241736。

孙学军:《意大利动物实验学者受到传单恐吓》,载科学网博客2014年1月11日,https://blog.sciencenet.cn/blog-41174-757989.html。

唐斓:《最高人民检察院工作报告》,载新华网2019年3月19日,http://www.xinhuanet.com/politics/2019-03/19/c_1124253998.htm。

魏旻:《医疗纠纷大数据,你想知道的都在这里》,载健康界2020年4月16日,https://www.cn-healthcare.com/articlewm/20200416/content-1104662.html。

徐贲:《宽容、权利和法制》,载搜狐网2016年5月19日,https://www.sohu.com/a/76277436_120059。

徐机玲、王骏勇:《南京市委常委、市政法委书记刘志伟:不应被误读的"彭宇案"》,载上海政法综治网2012年1月17日,http://www.shzfzz.net/node2/zzb/shzfzz/jrgz/node1745/u1ai146965.html。

杨洋、张璇、吴帅帅:《当"七天无理由退货"遇上"恶意买家"谁在为不诚信买单?》,载百度2019年5月16日,https://baijiahao.baidu.com/s?id=1633681439472666483&wfr=spider&for=pc。

张朝、王玮皓、渠雪冰:《郑州老太摔倒小伙救人还是肇事　法院判三次都没结果》,载映象网2013年1月7日,http://news.hnr.cn/snxw/201301/t20130107_290406.html。

张佳琪:《〈2020中国控烟观察—民间视角〉报告发布:2022年全国无烟法规覆盖30%人口比例需付出"超常努力"》,载人民政协网,http://www.rmzxb.com.cn/c/2021—04—01/2819968.shtml。

张香梅:《医生抢救患者剪坏衣物遭索赔千元称理解家属索赔行为》,载人民政协网,https://www.rmzxb.com.cn/c/2017-09-23/1811394.shtml。

指尖教育:《教育部严惩校闹,管用了:因孩子报名材料不全掌掴老师之人被抓》,载网易 2019 年 8 月 22 日,http://3g.163.com/news/article_cambrian/EN6S331A053670L5.html。

中国法学会民法典编纂项目领导小组:《中国法学会〈中华人民共和国民法典·民法总则专家建议稿(征求意见稿)〉》(下),载中国政法大学罗马法典意大利法研究中心 2015 年 4 月 19 日,http://lmydlf.cupl.edu.cn/info/1032/1607.htm。

中国社会科学院民法典立法研究课题组:《民法总则建议稿》,载原创力文档知识共享平台 2016 年 3 月 12 日,https://max.book118.com/html/2016/0303/36786473.shtm。

[日]中山研一:《専門の法律用語》,载中山研一の刑法学ブログ博客 2005 年 10 月 15 日,https://knakayam.exblog.jp/2893851/。

七、外文文献

Alan Gewirth, *Are There any Absolute Rights?*, 122 The Philosophical Quarterly 1(1981).

Alan Gewirth, *There Are Absolute Rights*, 129 The Philosophical Quarterly 1(1982).

Alan R. White, *Rights*, Clarendon Press, 1984.

Andrei Marmor, *On the Limits of Rights*, 1 Law and Philosophy 1(1997).

Andre Tunc, *Torts*, *Introduction*, International Encyclopedia of Comparative Law 4(1974).

Austin, *The Province of Jurisprudence Determined*, Weidenfeld & Nicholson, 1954.

Christopher A. Ford, *The Indigenization of Constitutionalism in the Japanese Experience*, 1 Case Western Reserve Journal of International Law 3(1996).

G. Palombolla, *The Abuse of Rights and the Rule of Law*, in Andras Sajo, ed., Abuse: The Dark Side of Fundamental Rights, Eleven International Publishing, 2006.

Hugo Grotius, *On the Rights of War and Peace*, in C. Morris, The Great Legal Philosophers – Selected Readings in Jurisprudence, University of Pennsylvania Press, 1959.

Joel Feinberg, *Duties, Rights and Claims*, 2 American Philosophical Quarterly 137(1966).

Joel Feinberg, *The Nature and Values of Rights*, 4 Journal of Value Inquiry 243 (1970).

L. W. Summer, *The Moral Foundation of Rights*, Clarendon Press, 1987.

Marc Galanter, *Law Abounding: Legalisation Around the North Atlantic*, 1The Modern Law Review 1 (1992).

Martha Nussbaum, *Aristotelian Social Democracy*, in R. Bruce Douglas, Gerald M. Mara & Henry S. Richardson eds., Liberalism and the Good, Routledge, 1990.

Michael Freeden, *Right*, Open University Press, 1991.

Mill, Utilitarianism, *On Liberty and Considerations on Representative Government*, J. M. Dent & Sons Ltd., 1972.

Tom Campbell, *Rights, A Critical Introduction*, Routledge, 2006.

Victor E. Schwarz & Phil Goldberg, *The Law of Public Nuisance: Maintaining Rational Boundaries on a Rational Tort*, 3 Washburn Law Journal 541(2006).